Tierra Firme

LA NARRACIÓN COMO EXORCISMO

BIRGER ANGVIK

LA NARRACIÓN
COMO EXORCISMO

Mario Vargas Llosa, obras (1963-2003)

FONDO DE CULTURA ECONÓMICA

PERÚ

Primera edición, 2004

La publicación de esta obra se hace posible gracias al
auspicio del Consejo Noruego para la Investigación

Ilustración de portada: Calle Neptuno-gráfica

Capítulos 1 a 4 publicados previamente en *A Novelist
Who Feeds on Social Carrion: Mario Vargas Llosa*.
Traducción de Luis Alberto Carrión.
© Editorial Porvenir, S. A., San José de Costa Rica, 1997.

Capítulos 6 a 8 reelaborados por el autor en español para
la presente edición. Versiones originales en *La ausencia
de la forma*.
© Fondo Editorial de la Pontificia Universidad Católica
del Perú, Lima, 1999.

© 2004, Birger Angvik
© 2004, Fondo de Cultura Económica
Carretera Picacho-Ajusco, 227, 14200 México D. F.
© 2004, Fondo de Cultura Económica del Perú
Jr. Berlín, 238; Miraflores, Lima 18
www.fondodeculturaeconomica.com
www.fceperu.com.pe

ISBN: 9972-663-40-X
Depósito legal: 1501412004-8659
Impreso en el Perú

ÍNDICE

Til Elianna

En el Perú todo es así. Todos somos
lo que no parecemos.

MARTÍN ADÁN

PRÓLOGO

ATOPÍAS Y UTOPÍAS EN LECTURAS LEJANAS

La literatura me mantuvo, durante la infancia y la adolescencia, alejado de lo peor del mundanal ruido de la época, materializado en la invasión y ocupación alemana de Noruega y las amenazas y la inseguridad que ésta trajo consigo. Las lecturas cuidaban, cobijaban, envolvían y conducían a mundos muy distantes de la Noruega de postguerra inmediata, hacia reinos fantaseados en los que la felicidad parecía anidar como posibilidad para los sobrevivientes de la barbarie, muy lejos de los recuerdos materiales y emocionales inhumanos de la ocupación nazi, que dejó partes del país arrasadas y en ruinas y causó estragos, escaceses y carencias. El país se levantó de los escombros y las cenizas gracias a la participación solidaria de todos y bajo los auspicios del Arbeiderpartiet (Partido Laborista) y de la izquierda política organizada, alimentados por grandes visiones utópicas.

Marcado para siempre, después, la literatura –sobre todo la novela– seguía ejerciendo su atracción sobre un joven en busca de humanidad, de cultura, de paz y de concordia, y la biblioteca pública se convertía en la administradora de lecturas que estuvieran al alcance y que se proporcionaran al compás del ritmo de crecimiento y de maduración del lector.

En la universidad, ya sabía que la asignatura favorita sería la de literatura, y en el Departamento de Estudios Británicos de la Universidad de Bergen buscaba con avidez la literatura inglesa. Recuerdo todavía las excelentes clases del maestro Georg Roppen quien nos hacía gozar de la lectura de Shakespeare y de la poesía de los autores del romanticismo inglés. El maestro se había educado con los maestros y fundadores de la escuela anglo-americana del New Criticism (Nueva Crítica), y el texto literario en todos sus detalles –los detalles más minúsculos y su función en la producción de significado– ocupaba el interés en los seminarios. Descubrir la importancia significativa de los pormenores textuales, en apariencia insignificantes, hacía de las lecturas ya no sólo un medio de evasión hacia reinos imaginarios, sino que atraía el interés hacia la materialidad misma, concreta y casi prosaica del lenguaje de los textos literarios, desde la que el disfrute de la ensoñación levantaba el vuelo de la imaginación y de la fantasía.

Maravillosas clases de literatura inglesa en la Universidad de Bergen entre las que, en algún momento de discusión de la novela inglesa del siglo XVIII, surgió el título de la novela española más importante de la historia literaria: *Don Quijote* (lo pronunciaron "Don Kuicksout"). La mención despertó curiosidad y decidí leer esta novela en el original (en español), para saber, entre otras cosas, pronunciar correctamente el título, y, dadas las pocas posibilidades para iniciar y desarrollar estudios hispánicos en los países nórdicos en aquella época –después de necesarios cursos introductorios para principiantes en el aprendizaje del español–, una beca para estudiar lengua y literatura españolas en la Universidad de Salamanca abrió las puertas al mundo literario soñado.

A las clases inolvidables del maestro Rokkan de la Universidad de Bergen, las iban a seguir las de un maestro inolvidable de literatura española de la Universidad de Salamanca: Don Fernando Lázaro Carreter. No perdía ni una de sus clases que versaban sobre literatura española. Que, en aquellos tiempos de la dictadura del Generalísimo Francisco Franco, las clases no llegaran a tratar de la literatura moderna española, ni mucho menos de la literatura contemporánea, se sentía como algo aparte. Pero el maestro Carreter, y su asistente, el profesor Senabre, hacían que la literatura española del pasado se hiciera presente –casi actual– por medio de sus enfoques teórico-metodológicos modernos y muy actualizados. Los métodos de investigación, de lectura, de análisis y de enseñanza llevaban muchas veces los análisis hacia las fronteras de lo que la dictadura toleraba, y a veces producían escalofríos cuando el atrevimiento provocaba tensiones y suspenso en el estudiantado de Salamanca.

Si no se enseñaba en la Universidad de Salamanca de entonces la literatura moderna y contemporánea de España, mucho menos la literatura contemporánea hispanoamericana. Muchas obras españolas tenían que leerse en la clandestinidad: Federico García Lorca, por ejemplo. Recuerdo haber hecho un viaje –una especie de peregrinaje– a Granada para respirar el aire, la naturaleza y el ambiente que habían rodeado y enriquecido al poeta y dramaturgo, músico y dibujante, en su infancia y adolescencia: el Sacromonte, el Albaicín, la Alhambra, la Vega, las altas cumbres de la Sierra Nevada que dan a la ciudad algo de su particular encanto.

El descubrimiento de Granada coincidió con el de la nueva novela latinoamericana en libros que, a partir de 1963, se habían publicado en la España de Franco. La lectura de esta nueva novela hispanoamericana trajo consigo un placer añadido: la sensación de haberse burlado de la censura de Franco. Pasar de las lecturas de la literatura del Siglo de Oro español al descubrimiento del placer de una narrativa contemporánea, escrita en un español moderno, atrevido, atractivo y provocador –en *La ciudad y los perros* de Mario Vargas Llosa– era como volver a nacer a los momentos dorados de las experiencias infantiles.

La lectura de *La ciudad y los perros* fue libremente escogida –por placer, no por deber– para gozar del placer de un español que fascinaba, teñido de los usos y el habla limeños. Una lectura hecha por trozos, por trocitos, para disfrutar como frente a una cajita de bombones, para poder gozar mejor de la prosa, las frases, los diálogos, la narración, la prosodia de esa novela nueva que se explayaba en un lenguaje también nuevo, rico, provocador: ¡inolvidable! Inolvidables momentos dorados del descubrimiento de una novela contemporánea, una novela distinta, hecha de lenguajes distintos, una novela joven y a la vez juvenil que desarrollaba en su transcurso la promesa de una posible felicidad allende el mar, en unas representaciones de la atopía de las circunstancias narradas que se abrían a una visión utópica, de un reino imaginario distinto de los conocidos hasta entonces.

La lectura me hizo descubrir el español del Perú, de Lima, de Miraflores, que se instalaba como lenguaje literario para un placer de primer orden. Me hizo descubrir también el Perú, la Lima de aquellos tiempos, sobre todo el distrito de Miraflores. La edición de la novela llevaba en la hoja de guarda un mapa de la Lima metropolitana con sus suburbios y de Miraflores, de una parte de Miraflores. Iba recorriendo, con la lectura, las calles de Diego Ferré y de Porta; bajaba curioso a la playa por Balta, frente al Terrazas y, creo haber llegado a saborear incluso el chupe de camarones del Haití. Inolvidable descubrimiento el de Miraflores, de Lima, del Perú, en una aventura literaria sin igual que me condujo a un interés permanente por la narrativa de Vargas Llosa, a un amor permanente por la literatura peruana y a una cultura tan lejana al parecer, y tan distinta de la propia.

El descubrimiento de Mario Vargas Llosa como novelista y narrador abría las puertas de la imaginación a viajes y descubrimientos geográficos, históricos, culturales, literarios, sociales, políticos, psicológicos y gastronómicos inolvidables. "La literatura establece contactos y relaciones a larga distancia" dijeron, alguna vez en Bergen, Betty y Alberto Escobar. Parecía cierto, por seguro. Y a veces la literatura habrá llegado a producir una especie de ciudadanía particular para el lector en una patria que, por ser literaria, se ha presentado con las posibilidades de producción de una felicidad que brilla con su ausencia en otros reinos más reales. Las novelas de Mario Vargas Llosa representaron críticas sociales que producían en muchos momentos visiones de una patria nueva en otro lugar, o en ningún lugar, una utopía en la que la felicidad la compartiríamos todos. Sus novelas han seguido ejerciendo, durante cuarenta años ya, una atracción que no cesa –aún con sus sobresaltos antiutópicos–, y el interés constantemente renovado a lo largo de los años ha desembocado en este trabajo que se publica ahora.

B. A.

Miraflores, noviembre de 2004

INTRODUCCIÓN

El año 2003 marcó el cuarenta aniversario en la carrera literaria de Mario Vargas Llosa, y la publicación de textos tan distintos como la novela *El Paraíso en la otra esquina* y el *Diario de Irak* señaló dos de sus principales preocupaciones para el siglo XXI: la literatura y la política. En 2003 Mario Vargas Llosa, a cuarenta años de su estreno como novelista de éxito internacional, sigue publicando –novelas, piezas de teatro, artículos periodísticos, ensayos y un diario de viajes, por ejemplo– a un ritmo infatigable. La división de sus intereses en dos –actividades literario-culturales e intereses políticosociales– hace tiempo que viene acompañando a Vargas Llosa, y en algunos momentos históricos latinoamericanos o peruanos, se ha visto hundido y emergido en tensiones políticas que lo han marcado para siempre en su fuero interno y en su relación con el público lector y la crítica literaria.

Lo han marcado para siempre, también, los éxitos literarios de la década de los sesenta. Con la publicación de *La ciudad y los perros* se ganó de golpe el interés y el respeto del lector peruano, latinoamericano e internacional, y la crítica saludó con ovaciones a este joven novelista peruano en su estreno internacional. En el año 2000, con la publicación de *La fiesta del chivo*, la crítica volvió a usar superlativos en la recepción de una novela de Vargas Llosa.

La publicación de su primer libro en 1963 ha sido señalada por muchos como el año del nacimiento de la "nueva novela" latinoamericana y de la fundación del *boom* entre narradores hispanoamericanos. Vargas Llosa se perfiló pronto como portavoz de un grupo de escritores de diferentes países, como defensor de sus gustos estéticos y literarios y como promotor de sus preferencias políticas en una década en la que la Cuba de Fidel Castro se proponía como modelo de cambios políticos para muchos intelectuales y artistas.

La vocación por la literatura que declaró Vargas Llosa desde sus inicios y su famosa dedicación al quehacer del escritor, al trabajo arduo deseado y cultivado, dieron por resultado el caso de un intelectual que se había entregado con obstinación y confianza a su oficio y que había logrado realizar sus objetivos en los géneros literarios de la novela, el ensayo, el periodismo y la crítica literaria.

Casi todos los artículos publicados por Vargas Llosa en Lima en la década de 1950 y antes de su viaje a Europa se ocupaban de la literatura peruana. Sólo unos pocos de los autores peruanos que analizaba parecían haber dejado alguna huella duradera en él, aunque posteriormente llamó la atención sobre José María Arguedas y Sebastián Salazar Bondy, afirmando que habían sido dos autores peruanos que lo habían marcado de por vida. En la década de 1960, en artículos críticos publicados en Lima, el Vargas Llosa crítico de la literatura mostró su interés incansable por la literatura contemporánea, sobre todo la narrativa, europea, norteamericana y latinoamericana. En muchos de estos artículos salió en defensa de autores que habían sido tratados negativamente por la crítica literaria convencional o que habían sido incapacitados por la censura. En todos los casos, y a lo largo de su carrera, Vargas Llosa ha venido distinguiéndose como un intelectual que ha sido lector ávido para luego ser escritor dedicado, y los textos producidos por Vargas Llosa se insinúan siempre como cajas de resonancia en las que se escuchan los ecos de los autores que han alimentado su escritura.

Los estudios que se presentan en *La narración como exorcismo* se dividen en dos partes. La primera parte se concentra sobre todo en la producción literaria de Vargas Llosa que parece formar un cuerpo coherente entre 1963 y 1972. Los estudios de esta primera parte han sido traducidos del inglés por Luis Alberto Carrión, de mi libro *A Novelist Who Feeds on Social Carrion: Mario Vargas Llosa*, publicado en San José de Costa Rica en 1997. La traducción ha sido revisada y reelaborada para los fines de este libro. En la segunda parte se presentan tres estudios de diferentes libros publicados por Vargas Llosa entre 1984 y 1996. Las publicaciones de esta segunda etapa se caracterizan, de manera general, y comparadas con los libros de la primera etapa, por cierta incoherencia e inestabilidad en la selección de los géneros literarios (la novela cómica, la autobiografía o las memorias, el ensayo literario). Los tres estudios son revisiones y reelaboraciones de capítulos incluidos en mi libro titulado *La ausencia de la forma* publicado en Lima en 1999.

La división entre la primera y la segunda parte de este libro está marcada por la descripción de un momento de la historia y de la política hispanoamericana, centrada en Cuba en 1971. Este momento político se ha destacado entre otros porque la historia invadió de manera significativa el mundo de la cultura y de la literatura, y terminó generando malestar y repercusiones personales y profesionales, tal como se hizo notar en el caso de Vargas Llosa.

Todos estos estudios se nutren de teorías de la lengua, del sujeto, de los géneros sexuales, de la sexualidad y de la textualidad, de la escritura y de la lectura. La lectura, por ejemplo, se ve como un proceso de trabajo en el que se producen significaciones/significancias en movimientos constantes, en el sentido que Roland Barthes dio al término significancias, es decir, la concepción de lo plural del texto, la apertura de sus sentidos, de sus connotaciones, más que su significado "estable". Se relativizan, por lo tanto, las caracterizaciones literarias tradicionales, y las categorías literarias convencionales no parecen capaces de encerrar, de una vez por todas, las múltiples significaciones generadas en las lecturas de los textos de Vargas Llosa.

El primer capítulo se ha basado en artículos y ensayos de Vargas Llosa en los que desde muy temprano ha ido esbozando su "retórica de la ficción", como Henry James, o sus "aspectos de la novela", como E. M. Forster, pero concentrado en Gustave Flaubert para fundamentar las ideas de su novela "realista". En estos trabajos explicita algunos de sus ideales de la metodología elaborada para el proceso de composición de su propia escritura, y a la vez echa luz sobre algunos de los principios que subyacen a su práctica como crítico literario.

Las clasificaciones que se refieren a la "novela autónoma" y a la "novela total", así como la discusión en torno del "elemento añadido" han surgido de este material en el que el ideal del novelista y de la novela han sido enunciados de manera minuciosa.

Por medio del rejuvenecimiento y de la modificación y modernización de técnicas, Vargas Llosa ha cultivado su proyecto de "novela autónoma", y el progreso desde *La ciudad y los perros*, pasando por *La Casa Verde* y *Los cachorros*, hasta *Conversación en La Catedral* ha dado testimonio de sus logros. Cada uno de los capítulos restantes de la primera parte del libro se centra en una de las novelas de la primera etapa.

El método de estudio desemboca en una estructura casi fija. Se estudia la génesis de la novela en el imaginario del escritor; se analiza la recepción que la crítica en su momento brindó a cada una de las novelas, y, sobre todo, la crítica en Lima; se dialoga con los críticos en una lectura alternativa de la novela; y se dialoga con Mario Vargas Llosa en relación con las ideas enunciadas y su posible materialización en cada una de las novelas.

Los estudios de las tres primeras novelas de la carrera literaria de Vargas Llosa son relacionales, es decir, se leen junto con ciertos discursos teóricos, con textos de diferentes críticos literarios y con gran número de textos del propio Vargas Llosa. Los estudios aquí presentados dependen de estas relaciones contextuales para realizarse como crítica literaria. El quinto capítulo representa una transición. Se estudian textos que tienen que ver con la historia y con la política. Todos los textos versan sobre la Cuba de Castro y algunos eventos históricos cobran gran envergadura. Muchos textos –artículos y cartas– de Vargas Llosa se generaron en torno de las actitudes de Castro frente al desenlace de la primavera de Praga y a los diferentes "casos Padilla" en Cuba. El año 1971 vino a marcar una línea divisoria entre dos etapas de la vida pública del autor peruano. En la segunda parte del quinto capítulo se discuten algunas de las repercusiones que tuvo para el autor la ruptura con la Cuba de Fidel.

El sexto capítulo se dedica a una lectura de *Historia de Mayta*. Esta novela es tratada aquí como la máxima representación de otra "nueva novela" en la carrera de Vargas Llosa. Se inscribe como distinta de las novelas realistas de la década de 1960 y representa innovaciones y modernizaciones tanto técnicas como temáticas en la novelística de Vargas Llosa que se desarrolla después de 1971.

Entre 1987 y 1990 la historia y la política llegaron a invadir la vida de Vargas Llosa. El fracaso político en las elecciones de 1990 en el Perú generó impactos en el ciudadano y en el novelista. El séptimo capítulo intenta ser una lectura crítica de las memorias y de la autobiografía publicadas en *El pez en el agua*, y la lectura indica entre otras cosas que el género de las memorias y el de la autobiografía no son simples y transparentes con respecto de la vida de un intelectual que ha sufrido un fracaso político.

La figura de José María Arguedas había acompañado a Vargas Llosa como lector de novelas peruanas desde los comienzos de su carrera. Llegó a ser descrito como un modelo literario para la representación del "indio auténtico" en el Perú, y fue el único novelista peruano digno de ganar el interés y la admiración del joven escritor de fama internacional. Arguedas fue presentado como el único novelista peruano que toma la figura de "padre" literario para Vargas Llosa.

Las condiciones de lectura cambiaron, al parecer, y Vargas Llosa publicó en 1996 el libro titulado *José María Arguedas y las ficciones del indigenismo*. El libro se inscribió entre otros tratados literarios publicados por Vargas Llosa, y representó a Arguedas de maneras distintas a las que anteriormente había sostenido. El tratado de 1996 parece desarrollar una especie de "nueva crítica" para la novela peruana. Este estudio intenta describir ciertas facetas de esta crítica neoconservadora dentro de la literatura peruana.

El título del libro, *La narración como exorcismo*, nace de la temática de los "demonios personales" en la metodología de la novela de Vargas Llosa. La escritura se presenta a veces en Vargas Llosa como una forma de terapia, cuando con la vocación y la dedicación de siempre, el novelista invierte grandes dosis de trabajo en el proceso creativo que le ha mantenido ocupado durante más de cuarenta años. El proceso de producción desemboca en las grandes novelas y en piezas de teatro, en memorias y autobiografía, y también en ensayos y tratados de literatura, y en crítica literaria. Son estos "demonios" los que parecen mantener al autor en actividad, y al principio de un nuevo siglo no hay señales de que haya exorcizado todavía a todos los demonios que se generan y no le dejan en paz.

Sin embargo, habrán algunas ausencias notables. No se presentarán aquí análisis detallados de libros como *García Márquez: historia de un deicidio*, *La orgía perpetua: Flaubert y* Madame Bovary (1975), *Entre Sartre y Camus* (1981), *La verdad de las mentiras: ensayos sobre la novela moderna* (1990), *La guerra del fin del mundo* (1981), *La fiesta del chivo* (2000), *El paraíso en la otra esquina* (2003), *Diario de Irak* (2003), ni *La tentación de lo imposible* (2004). Tampoco se verán tratados muchos artículos que han sido escritos por Vargas Llosa sobre política y cultura internacionales.

Los estudios aquí presentados se concentran de manera particular en libros de Vargas Llosa que contextualizan problemáticas peruanas: las innovaciones en la novela peruana, los testimonios personales de política peruana, y la incursión en el campo de la crítica literaria peruana en el caso particular de José María Arguedas. Esta concentración se debe también a la observación de los usos magistrales del habla peruana que enriquecen la escritura de Vargas Llosa y, en ciertos momentos, hacen del español de Lima una de las lenguas literarias hispánicas más estimulantes para el lector.

Los libros arriba mencionados tratan de temáticas literarias no peruanas; se ambientan en regiones geográficas distintas –*La guerra del fin del mundo*, *La fiesta del chivo*, *El paraíso en la otra esquina*, *Diario de Irak*– e intentan superar posibles deficiencias lingüísticas y posibles deficiencias referenciales más bien con grandes dosis del "elemento añadido", defendido por el autor, en la representación de ambientaciones, personajes y conflictos. Estos libros de Vargas Llosa, y muchos artículos y ensayos publicados por él, formarán, sin duda, materiales para otros estudios futuros, con objetivos distintos a los que nos ocupan.

El estudio tampoco incluye los libros de teatro publicados por Vargas Llosa –*La señorita de Tacna* (1981), *Kathie y el hipopótamo* (1983), *La Chunga* (1986), *El loco de los balcones* (1993) y *Ojos bonitos, cuadros feos* (1996)–, su excursión en la narrativa policiaca con *¿Quién mató a Palomino Molero?* (1986), ni las novelas eróticas *Elogio de la madrastra* (1988) y *Los cuadernos de Don Rigoberto* (1994).

Los libros aquí agrupados merecerán futuros estudios para enriquecer la crítica y la historia de la literatura relacionadas con Mario Vargas Llosa.

I

LA TEORÍA DE LA NOVELA DE MARIO VARGAS LLOSA Y SU APLICACIÓN EN LA CRÍTICA LITERARIA

UN NOVELISTA NACE, EL TALENTO SE PRODUCE

Mario Vargas Llosa se ha referido en numerosas ocasiones a qué provoca que una persona se decida a escribir novelas. El primer incentivo para convertirse en novelista es un sentimiento básico de conflicto con el mundo. El individuo se siente rechazado, alienado, escindido por el mundo, y quizá rechace la vida opaca, mecánica y competitiva de la sociedad moderna y los problemas del Tercer Mundo que afectan al hombre moderno tanto moral como físicamente. Insatisfecho, irreconciliado con el mundo, el novelista es un disidente, un *outsider* que no acepta el mundo como lo percibe.[1] En respuesta a esta situación existencial empieza a escribir novelas, no para cambiar al mundo ni para cambiarse a sí mismo, sino para llenar un vacío y cerrar la brecha entre el individuo y el mundo, y curar las heridas abiertas en su ser. La novela registra un intento de comprender la totalidad perdida y crea una imagen del sujeto que concuerda consigo mismo y su contexto. De este modo, la novela enriquece el mundo y lo hace más completo, así como más aceptable y soportable, y el escritor puede sentirse más aliviado porque la novela le ha hecho posible vivir una o más vidas alternativas.

A partir de una descripción general de lo que podría ser una experiencia común, Vargas Llosa finaliza con una referencia particular al nacimiento

---

[1] Vargas Llosa usa los términos "vacíos" y "deficiencias", en artículos y entrevistas. Podrían referirse a cualesquiera problemas políticos, sociales, económicos, religiosos, culturales, literarios, psicológicos, sexuales o de otro tipo en la relación entre el individuo y el mundo. Los términos, en consecuencia, tienen una función metafórica y dan a entender más de lo que significan de modo inmediato.

del novelista. Este aparece como el "hombre poseído por más sensibilidad orgánica que la habitual", y es una persona especialmente dotada que expresa la realidad tal como la percibe en una novela que posibilita que otros individuos la reconozcan como verdadera. Pero algunas personas se convierten en escritores y otras no. Algunos escritores se vuelven poetas, dramaturgos, ensayistas, y algunos, novelistas. Así, ya desde el principio hay implicancias de relaciones jerárquicas entre la gente, entre los géneros literarios, y entre los subgéneros, y Vargas Llosa casi siempre aboga por un tipo de literatura, por un tipo de ficción, por un tipo de novela, la novela realista.

El énfasis sobre el individuo en relación con el mundo y la vida lleva a Vargas Llosa a decir que los novelistas construyen sus novelas a partir de la única materia prima que poseen: sus experiencias personales. Un novelista no inventa sus temas sino que la realidad le provee de experiencias cruciales que están depositadas en su mente como espíritus malignos que lo acechan, y el escritor trata de librarse de ellos a través de un proceso de exorcismo: la escritura de novelas. Las experiencias personales, los "demonios", fuerzan a una persona a convertirse en escritor de novelas.[2] La escritura se ve también como un proceso a través del cual el escritor trata de recapturar experiencias personales pasadas que lo han convertido en lo que es o en lo que siente que es. La escritura es una búsqueda de las raíces de la insatisfacción y un intento de reintegrarse a la sociedad de la cual se siente excluido. De acuerdo con Mario Vargas Llosa, la escritura de *La ciudad y los perros* lo libró de los traumas creados por ciertas experiencias en el Colegio Militar Leoncio Prado, y la escritura de *La Casa Verde*, de los traumas causados por experiencias de su niñez en Piura y por breves visitas a las regiones selváticas del Perú.[3]

La definición de escritura en esta etapa está basada principalmente en la suposición de que las novelas tratan sobre la vida, sobre la experiencia personal, y que esa es la fuente de su autenticidad. La escritura combate el sentimiento de alienación y fragmentación experimentado por el sujeto en la sociedad y crea una armoniosa totalidad en la vida humana. A la escritura se le considera una suerte de proceso terapéutico, importante sólo para el novelista mismo debido a que le posibilita enfrentarse al mun-

    [2] La metáfora de los "demonios" aparece en diversos artículos y entrevistas, pero es hasta el extenso ensayo *García Márquez: Historia de un deicidio* [Barral Editores, Barcelona, 1971], donde Vargas Llosa especifica diferentes categorías de "demonios": personales, culturales, históricos, literarios, etc.
    [3] Mario Vargas Llosa, *Historia secreta de una novela*, Tusquets, Barcelona, 1971.

do. Vargas Llosa concentra parte de su poética o de su estética en torno de una preocupación por el autor y su autobiografía de un modo que recuerda a la del romanticismo y a las teorías del siglo XIX antes que a la de la mayor parte de la crítica literaria del siglo XX. El énfasis puesto sobre las experiencias personales excluye el compromiso con cualquier otra actividad no artística o extraliteraria. Al novelista lo gobiernan sus experiencias personales cruciales, y su tarea consiste en dejarlas fluir sin encauzarlas de acuerdo con preceptos morales o ideológicos.

Vargas Llosa se limita a un tipo de novela motivada por el material autobiográfico, novela que está cualitativamente situada en la cima de una jerarquía implícita de novelas, y limita la función del lector a la de buscador del núcleo de un material localizado en experiencias traumáticas de la vida del escritor. Vargas Llosa invita al estudiante y al crítico a compartir la premisa normal con respecto a la novela: el significado no es sino el autor ubicado dentro del texto, y el lector debería leer para llegar a conocer al autor y para percibir y juzgar la interpretación del mundo ofrecida por él, cuya autonomía es la fuente de la verdad de la interpretación. De esta manera el autor parece estar en control absoluto de la novela y del lector. Ambos son secundarios y están al servicio del autor mismo, y el lector no ejerce ninguna influencia sobre el novelista.[4]

Esta actitud hacia la importancia del autor como el único componente realmente activo en la producción de significado presenta la novela como una especie de monólogo coherente que fluye desde el novelista hasta el lector por intermedio de la lectura. Explicar el texto significa explicarlo desde el punto de vista de las ideas, estado psicológico o antecedentes sociales del autor, significa buscar los "demonios" implantados en el texto. El mismo autor ofrece esta forma de aproximarse a la literatura no como una práctica autoconsciente y deliberada, como un método basado en una posición teórica razonada, sino como una manera natural de leer, de comunicar en la literatura. Se enfatiza la importancia del control racional y la importancia de la novela como sentido cerrado y coherente, gobernado por la intención del autor. Pero lo que no toma en cuenta es el hecho de que las novelas no siempre determinan las maneras en que deben ser leídas. El significado no es una esencia fija inherente al escritor o al texto. También lo construye el lector, que no es sólo un consumidor pasivo de un mensaje transmitido, sino también un activo productor de significado.

---

[4] "Trece preguntas a Mario Vargas Llosa", *Expreso*, Lima, 10 de junio de 1966; "Once preguntas claves a Mario Vargas Llosa", *Caretas*, 359, Lima, 1967.

Mientras que el primer incentivo para convertirse en novelista es una compulsión inconsciente gobernada por circunstancias autobiográficas, el segundo impulso es descrito como una elección vocacional o profesional consciente. La escritura no cierra la brecha entre el individuo y el mundo, no cura la herida, y no lo integra a la sociedad de la cual se siente excluido. En el ejercicio de la vocación literaria, la escritura se vuelve una tarea fundamental que llena el vacío y se vuelve su principal razón de ser. Es una vocación exclusiva que demanda dedicación completa de parte del novelista. La literatura es su único amo; específicamente el tipo de novela cultivado por Vargas Llosa, le ayuda a superar los problemas del individuo alienado y le ayuda a sobrevivir, porque en su escritura puede ser libre y puede experimentar a través de este acto de la imaginación lo que no puede realizar en la vida real. Así, la escritura adquiere una función secundaria pero vital: es un reino aislado al que el autor puede retirarse para lamer las heridas que le ha infligido un mundo hostil.

Parece que esta postura linda con un individualismo radical, llega a ser una defensa coherente de la independencia del escritor con respecto a cualquier ideología, moral o fe. Su único compromiso, aparentemente, es de orden estético, un compromiso con la literatura, con la novela, con un tipo particular de novela. En este momento surgen muy claramente algunas nociones jerárquicas. El *buen* novelista es aquel capaz de dedicar toda su energía a escribir un tipo específico de novela. Otros escritores, quizá incluso la mayoría de escritores latinoamericanos que escriben a tiempo parcial y que acaso estén comprometidos en actividades políticas, o que tal vez cultivan otros subgéneros de la novela, no son percibidos como buenos novelistas. Sin embargo, si la novela y sus subgéneros no son categorías meramente formales, sino también distinguibles unas de otras como portadoras de significados ideológicos distintos, el novelista no puede eludir el sentido ideológico latente en su elección de una categoría formal, ni podemos considerar su dedicación a la literatura como ideológicamente neutral.

En la visión romántica del escritor como un genio inspirado, la mística que rodea al escritor y al proceso de escribir alcanza su punto culminante. Al escritor se lo considera un ser sobrehumano, fuera de este mundo, visitado por musas misteriosas, que crea en medio de la soledad. En contraste con la idea de que sus demonios lo eligen y que es forzado a convertirse en un escritor, Vargas Llosa declara que su vocación no depende de las musas, ni del Espíritu Santo. Se elige la vocación como una necesidad y, luego de aceptar dicha necesidad, el escritor tiene que trabajar como un peón. Considera el talento un resultado de la paciencia, de la fuerza de voluntad y de una pizca de locura. Al discutir qué es innato y qué es aprendido,[5] Vargas Llosa sostenía que lo que puede ser calificado como genio no es innato ni es resultado de una iluminación. Se produce ante nosotros en un proceso en el cual facultades humanas como la fuerza de voluntad y la perseverancia intervienen decisivamente.

A las nociones metafísicas e idealistas de genio, talento, inspiración y creatividad, Vargas Llosa opone aquí una noción materialista del arte como resultado de un trabajo duro, paciencia, fuerza de voluntad y perseverancia. La insistencia en la vocación y el trabajo duro emparenta a Vargas Llosa con Flaubert, y en repetidas ocasiones menciona la autodisciplina y el trabajo duro en su rutina diaria.[6] Una de las razones de su admiración por otros escritores, por ejemplo Carlos Fuentes y Julio Cortázar, es su capacidad para el trabajo duro, y llega a abogar por el exilio en Europa para el escritor latinoamericano, porque en Europa encontrará una atmósfera cultural rica e intensa que lo estimulará para realizar un trabajo riguroso, y porque ello también le posibilitará tener un público lector más numeroso en Europa y en Latinoamérica.[7]

En la concepción vargasllosiana, el autor no tiene que buscar un tema apropiado: el mundo se lo proporciona por medio de las experiencias personales, y de esta manera, después de haber asumido la vocación de escritor y aceptar la necesidad de un trabajo duro, surge la pregunta: ¿Con qué tiene que trabajar? La respuesta es que tiene que trabajar con problemas formales: "La técnica es la herramienta básica de todo escritor. La literatura, el arte en general es, fundamentalmente, técnica, procedimiento, uso de la palabra". El contenido es considerado secundario y relegado a un lugar en el que tiene poca importancia para la calidad del trabajo, mientras que la forma, la manera en que se trabaja, es privilegiada y considerada esencial para la calidad de la obra. Esto conduce a Vargas Llosa a sostener que a un novelista no se le debería pedir cuentas por sus demonios, porque él no los elige, pero que sí se lo debería considerar responsable por la manera en que organiza los materiales producidos.[8]

---

[5] Ricardo Cano Gaviria, *El buitre y el ave fénix. Conversaciones con Mario Vargas Llosa*, Anagrama, Barcelona, 1972, p. 63.

[6] Francisco Bendezú, "El escritor debe trabajar como un peón", entrevista con Mario Vargas Llosa, *Oiga*, 177, Lima, 1966.

[7] Mario Vargas Llosa, "Literatura y exilio", *Caretas*, 370, Lima, 1968.

[8] "Tres periodistas en busca de Mario Vargas Llosa", *7 Días*, Lima, 27 de julio de 1969.

Se invita al estudiante y al crítico a disfrutar de las sutilezas técnicas del autor, no sólo de su biografía y de sus intenciones, y la dicotomía entre forma y contenido es llevada hasta sus últimas consecuencias. El escritor tiene un control absoluto sobre los procedimientos formales y goza en sus elecciones de una libertad y una autonomía igualmente absolutas. Vargas Llosa parece limitar la función y el objeto de la crítica literaria a lo meramente formal, como si estuviera promoviendo una imagen de lector-crítico que en parte corresponde a la de un representante de la escuela angloamericana de la Nueva Crítica –la cual pasa por alto la biografía del autor y desdeña la búsqueda de sus intenciones– pero que sin embargo trabaja meticulosamente con la "unidad" y la "sutileza" en busca de lo que "parece que el autor tiene en mente".

El formalismo de Vargas Llosa no es completamente puro pues está contaminado por lo autobiográfico y la fuerte presencia autoral en la jerarquía de comunicación establecida entre el autor, la obra y el lector. El lenguaje y la forma son importantes y se enfatiza el hecho de que son fundamentales, pero al mismo tiempo se descuidan o se suprimen a favor de una búsqueda del significado en la experiencia o en la mente del autor, o en ambas. La subjetividad se convierte entonces en la fuente de la verdad a pesar de la insistencia en la importancia de la forma.

¿No existe un límite para la libertad del autor con relación a los procedimientos formales? Se introduce, en el nivel formal, una distinción entre tradición e innovación. La distinción se aplica al lenguaje que preexiste como sistema, y a un sistema narrativo preestablecido. A la tradición se la considera un tipo de orden establecido que viene desde el pasado hasta el presente. Al escritor se le considera alguien que se mueve entre las posibilidades formales de expresión literaria pasadas y presentes, y la libertad de innovación es la posibilidad de modificar ciertas tendencias tradicionales. El genio, la originalidad y el talento, que anteriormente se presentaban como el resultado de un trabajo riguroso, ahora se tratan como un problema formal en la relación entre la tradición y el escritor individual.

Tal postura, naturalmente, plantea muchas preguntas. Podríamos preguntarnos si existe sólo una tradición o si debemos tener en cuenta varias tradiciones. Si sólo hay una, ¿cómo apareció, qué criterios emplearemos para reconocerla y quién elige estos criterios? Debe haber una actividad selectiva previa a la formación de una tradición que excluye un gran número de textos literarios. También existe el problema de la historicidad. Si se supone que esta tradición existe independientemente de la historia, de las constelaciones y los cambios históricos, se infiere que para Vargas Llosa la tradición es una selección de procedimientos formales del presente y el pasado que le posibilitan la creación del tipo de novela que defiende y cultiva. La libertad de elección artística o intelectual parece ser el valor más importante implícito en las ideas del autor en relación con la tradición. No está esclavizado por las convenciones contemporáneas. Los escritores son capaces de innovar, no sólo de repetir los eternos patrones de significación. La teoría crítica actual generalmente acepta la proposición de que el autor construye un texto ensamblando fragmentos intertextuales de tal manera que rara vez es completamente original. Selecciona y combina elementos extraídos de la tradición literaria. En un sentido, el autor determina cómo construirá su obra. Al mismo tiempo, sin embargo, esta decisión es también influenciada por la fuerza de las estructuras narrativas seleccionadas de la tradición. Así, la autonomía del autor es hasta cierto punto ilusoria, y puede que a la tradición y a la forma se las considere no exentas de contaminación en el terreno del significado, de la ideología y de la política. Entonces sería posible detectar una contradicción entre el proyecto consciente expresado por el autor y las fuerzas formales que podrían arrastrarlo en direcciones diferentes y significativas sin que él sea consciente de ello.

Para responder a las preguntas sobre qué interviene en la unión del contenido y la forma, del consciente y el inconsciente, de lo irracional y lo racional, Vargas Llosa utiliza expresiones como "la intervención de un factor irracional", "el efecto de mecanismos inconscientes", "la fuerza incontrolable y espontánea", "la intuición y la imaginación", y lo que anteriormente se calificó de esfuerzo consciente y trabajo duro aparece ahora como "la más elevada y misteriosa facultad humana: el poder de crear". Se nota esta tendencia a idealizar el proceso de unión del contenido con la forma en *Historia de un deicidio*, el extenso ensayo sobre Gabriel García Márquez, en que el escritor es llamado repetidamente "creador", y el producto final, "creación".[9] Lo que en otros tiempos se atribuyó a los esfuerzos y habilidades del autor, ahora es considerado, un tanto contradictoriamente, como un estado místico y misterioso de la mente del autor pero distinto de la obra que conscientemente realiza al escribir. De nuevo nos encontramos con una noción romántica del escritor y del proceso de escribir. Samuel

---

[9] Cf. Mario Vargas Llosa, *Historia de un deicidio*, p. 82; "Los secuestradores de Altona", *Expreso*, Lima, 3 de octubre de 1965; "Una exposición sarcástica en la novela española", *Expreso*, Lima, 9 de enero de 1966; Elena Poniatowska, editora, *Antología mínima de Mario Vargas Llosa*, Editorial Tiempo Comtemporáneo, Buenos Aires, 1969, p. 51.

Taylor Coleridge explicaba este proceso haciendo énfasis en la imaginación, que, en oposición a fantasía, daba por resultado una obra que mostraba una unidad orgánica en oposición a una unidad mecánica. Benedetto Croce explicaba el proceso mediante una intuición que combinaba ambos elementos, la forma y el contenido, en una unidad indivisible que, en su opinión, suprimía la necesidad de considerar estos dos elementos como una dicotomía.

Cuando Vargas Llosa se refiere a la "imaginación" y a la "intuición", evoca tradiciones románticas e idealistas de teoría estética que contrastan fuertemente con su propio concepto manifiestamente materialista del escritor como trabajador y productor. Su actitud hacia la tradición estética es comparable a su actitud hacia la tradición literaria: son sistemas preexistentes que coexisten sincrónicamente, y el escritor y el teórico se ocupan de moverse libre y eclécticamente seleccionando los elementos que consideran necesarios para la construcción de una teoría. Vargas Llosa se apropia de elementos provenientes de varias tendencias críticas y trata de reconciliarlos, pero no confronta las implicaciones que él mismo origina. La visión inspiradora de la producción artística contradice el concepto que considera al escritor como un trabajador y un productor situado en la historia, la sociedad y la vida, y que tiene ciertos medios de producción literaria a su disposición.

El proceso de unir la forma con el contenido sirve finalmente para llevar a cabo el ideal del autor con respecto a su novela. La categoría genérica que un autor determinado elige no es inocente o pura con respecto a la ideología y el significado. Puede decirse que las diferentes categorías de la novela llevan consigo significados ideológicos, y el factor unificador de la visión del mundo que tiene el autor podría ser decisivo en su elección del género. Desde mi punto de vista, la categoría elegida entre las categorías existentes es de crucial importancia. El problema es diferente del planteado por Georg Lukács:

> ¿Qué determina el estilo de una obra de arte determinada? ¿Cómo la intención determina la forma? [...] Es la visión del mundo, la ideología o *Weltanschauung* que subyace tras la obra de un escritor lo que importa. Y es el intento de parte del autor de reproducir esta visión del mundo lo que constituye su intención y el principio formador que subyace tras el estilo de un texto determinado.[10]

---

[10] Georg Lukács, *The Meaning of Contemporary Realism*, traducción al inglés de John y Necke Mander, Merlin Press, Londres, 1957 (segunda reimpresión, 1969), p. 62.

Mi hipótesis es más formalista: creo que la categoría o subgénero –elegido por el autor entre los sistemas lingüísticos y literarios significativos disponibles, con el objeto de crear una ficción inteligible– puede intervenir como mediador entre la intención original y el producto final, y en consecuencia revelar no sólo un todo "orgánico" unitario y coherente, sino también lo que escapó del control del autor. El autor no crea los materiales con los que trabaja y no ejerce sobre ellos un control consciente absoluto. El papel del lector es mucho más activo y creativo que el propuesto tanto por Vargas Llosa como por Lukács. El lector es un productor de significado y no simplemente un consumidor pasivo de un determinado mensaje gobernado por la intención del autor.

LA NOVELA TOTAL

Además de sus declaraciones sobre la formación y el papel del novelista, Vargas Llosa también presta mucha atención al producto final, la novela misma. En sus ensayos, entrevistas y otras declaraciones emplea constantemente el concepto de "novela total".

En un artículo se refiere a dos categorías de novela: la novela "total" y la novela "totalitaria". La primera es una novela que nos da la impresión de "incluir toda la realidad, de descubrir la realidad en sus más ocultas manifestaciones". Es una representación que revela la verdadera relación entre el individuo y el mundo en una situación fragmentada y alienada. Los escritores más representativos de esta categoría son Cervantes, Balzac y Tolstoi. La segunda categoría universaliza un aspecto de la vida y reduce la realidad a uno de sus innumerables componentes, enfatiza un aspecto de la realidad a expensas de otros y se convierte en unilateral o parcial. Los personajes y los objetos carecen de significado, el individuo se pierde en un mundo caótico, y la obra no ofrece una totalidad armoniosa. Son representativos de esta categoría Franz Kafka, Jean Paul Sartre y Alain Robbe-Grillet. El primer tipo de novelista, según Vargas Llosa, no está interesado en servir a una sociedad o una revolución; la sociedad y la revolución más bien están al servicio del escritor.[11]

Vargas Llosa opta por la primera categoría como un estándar para su propia novelística, modificándola a menudo con variaciones y elabora-

---

[11] "*Muerte y resurrección de la novela*: un ensayo de Romain Gary", *Expreso*, Lima, 12 de diciembre de 1965 y pássim.

ciones. Está particularmente interesado en la idea de "inclusividad", y su ideal es "escribir un libro que abarque la totalidad de la realidad y parezca ser, como la realidad, inagotable". La idea es "competir" con la realidad, incorporar todo lo que existe en la vida y la fantasía humanas, darle a la novela un status de "creación paralela", tan variada como la realidad misma. La repetida insistencia en la cantidad le permite sostener que no hay tema que sea inadecuado para la novela y compara al escritor con un "buitre que se alimenta de la carroña social".[12] La selectividad debería eliminarse y los signos de selectividad reconocibles también.

Según este concepto de realidad, no existe una división discernible entre objetividad y subjetividad, entre realidad externa e interna. Ambas se consideran componentes inseparables de la realidad, y es esto lo que el novelista trata de capturar en todas las facetas de dicha realidad. La novela debe representar para el lector cada detalle –por más insignificante– que sea una parte genuina de esa experiencia. El resultado debería ser una novela fantástica, histórica, militar, social, erótica, psicológica, un "objeto verbal que comunique la misma impresión de pluralidad que la realidad". Esto es el "realismo total".[13]

Vargas Llosa expone y modifica algunas ideas de algunos otros críticos sobre la novela realista como un reflejo de la realidad, y hay, en particular, coincidencias interesantes entre las ideas de Vargas Llosa y las del crítico marxista Georg Lukács. Lukács es un gran admirador de la novela realista, que representa para él el epítome de la literatura narrativa. Encuentra en Balzac y en Tolstoi, los dos grandes realistas del siglo XIX, el ideal de novela. Fue un crítico normativo, contrastaba la literatura realista con la modernista-formalista de una manera que podría ser similar al contraste introducido por Vargas Llosa entre "total" y "totalitario", en el cual la literatura totalitaria es considerada inferior. Ahora bien, el concepto de totalidad en Lukács puede ser similar al de Vargas Llosa en el sentido de que la ficción de un gran realista refleja, de una forma microcósmica, la pluralidad de la realidad, y el gran artista recaptura y recrea una totalidad armoniosa de la vida humana.

Pero si se insiste en llevar el concepto de mimesis hasta sus límites con el objeto de que el arte represente totalmente a la naturaleza, sin ninguna

---

[12] Cano Gaviria, cit.; Mario Vargas Llosa, "*El Sexto* de José María Arguedas: la condición marginal", prólogo a José María Arguedas, *El Sexto*, Laia, Barcelona, 1974, p. 40.

[13] Mario Vargas Llosa, "*Muerte y resurrección de la novela...*", *Expreso*, cit.; "La obra de arte y el infinitivo", *Expreso*, Lima, 27 de marzo de 1966; "Tres notas sobre Arguedas" en Jorge Lafforgue, editor, *La nueva novela latinoamericana*, I., Paidós, Buenos Aires, 1969, p. 20; *García Márquez: historia de un deicidio*, p 177

selección u orden, entonces el concepto de realismo necesita ser redefinido. En la creación artística la selección, la organización y la interpretación son necesariamente factores esenciales, de manera que considerar la literatura como una reproducción de la realidad a la cual todos accedemos directamente implica también la idea de una forma "correcta". Para Lukács esta forma es la que refleja la realidad de la manera más objetiva. Al usar la metáfora del escritor, este "buitre que se alimenta de la carroña social", Vargas Llosa evita todo tipo de especificación, dejándole al escritor la libertad para que en cualquier momento decida qué es y dónde está la carroña social que selecciona y de la cual quiere alimentarse. Pero el principio de selección que aparentemente trata de evitar en otras declaraciones está implícito en la metáfora misma.

En la lista de ingredientes que forman parte de su novela total, Vargas Llosa utiliza algunos de los términos que normalmente se usan en las definiciones de varios posibles subgéneros de la novela hispanoamericana. Pero luego procede a cambiar estos términos, emplea clasificaciones genéricas y describe sus novelas –en su definición de realidad– como "ni más ni menos que la realidad". Se espera que las categorías genéricas de la historia de la literatura sirvan para una definición de realidad. La opinión de Vargas Llosa podría considerarse entonces un argumento en contra de la pureza de los géneros y a favor de una mezcla de un gran número de subgéneros. Un argumento que parece referirse al contenido es realmente un argumento sobre la forma literaria, o sobre la tradición, como dice Vargas Llosa. La novela total puede entenderse entonces como una combinación de "novelas parciales" (o pequeñas novelas totalitarias). Así, el concepto de totalidad en Vargas Llosa no parece ser diferente del de Lukács:

> Por supuesto, el ideal de totalidad en el arte no puede ser nunca más que un principio orientador, aplicado a un determinado aspecto de la vida. Jamás puede ser más que una aproximación a la totalidad.[14]

Esta observación de Lukács también puede valer para Vargas Llosa en el sentido de que los diferentes elementos, manifestaciones o ingredientes del lenguaje en el universo de la novela los presentan narradores, organizados en jerarquías, y la novela evidencia una dificultad para presentar todas las cosas y a todos los personajes con el mismo tipo de integridad, imparcialidad e independencia. Parecería que Lukács y Vargas Llosa compartieran la opinión de que una forma correcta debe "reflejar la realidad

14 Lukács, p. 100.

de la manera más objetiva", y es interesante observar que la concordancia entre Lukács y Vargas Llosa llena un vacío que muchos críticos radicales en el Perú encuentran constantemente entre el novelista, sus novelas y la realidad peruana.

LA NOVELA AUTÓNOMA

La insistencia en la novela total tiene su contraparte, en artículos y ensayos, en la perspectiva de la "novela autónoma". La calidad de la novela no depende de si expresa sucesos externos de una manera verídica, sino de su coherencia interna, de qué manera los personajes y las acciones se adaptan a las leyes propias de la novela como creación autónoma. La novela es vida: un organismo, un cuerpo viviente. Se desarrolla y se transforma de acuerdo con sus propios mecanismos internos y es el género literario más adecuado para ofrecer la perspectiva de un universo autónomo.

La autonomía de la novela la establece el novelista, y el tratamiento del tiempo es importante para lograr este efecto. Cuando el novelista reordena la sucesión temporal, proporciona a la novela un tiempo propio, diferente del tiempo real. La circularidad se presenta entonces como el tiempo de la novela autónoma porque proporciona un sentido de entidad autosuficiente, de realidad soberana. La circularidad es un factor formal importante al crear la novela autónoma, pero ésta siempre tiene que desarrollar una rígida estructura interior.

Esta rígida estructura no está definida en sus artículos y sus ensayos, pero parece referirse a la estructura de la categoría elegida por el autor, la novela realista. Otro importante requisito para la realización de la novela autónoma es que el autor desaparezca de la obra. Existe entonces una necesidad de crear procedimientos o técnicas narrativas que sirven para eliminar y borrar las huellas del creador. Las palabras clave referidas a las técnicas narrativas son: objetivo, impersonal, desinteresado, imparcial, neutral.[15]

Cuando Vargas Llosa se refiere en general a todas las novelas, está hablando en realidad de un tipo de ficción, el mismo que él defiende y culti-

[15] Mario Vargas Llosa, "Una teoría iconoclasta", *Expreso*, Lima, 19 de agosto de 1964; "Una narración glacial", *Expreso*, Lima, 26 de agosto de 1964; "El vicario, una apasionada exposición", *Expreso*, Lima, 29 de septiembre de 1964; "Los secuestradores de Altona"; "Tres notas sobre Arguedas", p. 20; *García Márquez: historia de un deicidio*, pp. 264-265; Cano Gaviria, p. 64.

va. No muestra interés ni respeto por cualquier otro desarrollo novelístico ni por cualquier otra tradición en la narrativa. Hay cierta falta de flexibilidad en la presentación de sólo un tipo de novela como buena novela. Este es el punto de partida que le permite establecer una rígida jerarquía normativa, y esto también regirá su actividad de lector de novelas hispanoamericanas.

Pero otros subgéneros de la novela tienen también sus leyes, su vida, y el asunto del gusto literario se tiñe de relatividad. Esto también se aplica a los "realistas" diferentes de Vargas Llosa, quien comparte una tradición normativa en la crítica semejante a gran parte de la crítica literaria peruana del siglo XX. Es igualmente importante tratar de observar qué clase de autonomía busca Vargas Llosa. El escritor francés Gustave Flaubert escribió una vez que

> [...] lo que quisiera hacer es escribir un libro sobre nada, un libro sin ninguna referencia a nada fuera de sí mismo, que se sostendría por sí mismo con la fuerza interna de su estilo, así como la Tierra se mantiene sin ayuda en el espacio; un libro que apenas tuviera un tema, o en cualquier caso uno que fuera escasamente perceptible, si ello fuera posible.[16]

La escuela de la Nueva Crítica desvinculaba el texto literario del escritor y de la sociedad. Examinaba el texto en una comunicación íntima con un lector supuestamente perspicaz que se entregaría al placer de una "lectura profunda" para incorporar todos sus elementos en una percepción coherente de su unidad orgánica y de lo que "parecía que el autor tenía en mente". Vargas Llosa tiene una visión diferente. Él excluye definitivamente al lector, considerándolo un factor carente de importancia para su trabajo como escritor. Aparentemente incluye a la sociedad en su noción de novela total, pero también intenta eliminar su importancia defendiendo la autonomía de la novela e insistiendo en la importancia de la forma. Aboga por la desaparición del autor, aunque basa firmemente la motivación y sus temas fundamentales en las experiencias personales.

Su defensa de la novela autónoma es, en realidad, una ardiente defensa de la libertad e independencia del autor, en la metáfora del "buitre que se alimenta de la carroña social". La intrusión directa del autor llega a considerarse una incorrección. La narración impersonal que muestra la verdad en lugar de decirla es un requisito para la novela autónoma de Vargas

---

[16] Citado en Miriam Allott, *Novelists on the Novel*, Routledge and Kegan Paul, Londres, 1968, p. 242.

Llosa. Narra acontecimientos aparentemente sin la intervención de un relator, presente como una autoridad imprecisa y como la fuente de la autenticidad de la ficción. Esta autonomía del autor es la fuente de la verdad de la interpretación, es lo que proporciona algún tipo de unidad a todas las contradicciones, metáforas y paradojas que se encuentran en artículos y ensayos de Vargas Llosa, y da coherencia a las discrepancias aparentes entre la profesión del escritor y la práctica sociopolítica, materia de discusión en el debate entre Vargas Llosa y Günther Grass sobre "literatura y compromiso político".[17]

EL ELEMENTO AÑADIDO

La oposición aparente entre novela total y novela autónoma puede considerarse como una reformulación de la oposición entre forma y contenido. La pregunta ahora es cómo los dos componentes se unen en la novela como obra literaria.

Por lo menos desde 1964, Vargas Llosa ha venido refiriéndose a lo que podemos llamar "el autor implícito" como una presencia en la novela. Desde 1971 se ha vuelto cada vez más específico en sus declaraciones, y en algunos artículos publicados en 1985, así como en una conferencia realizada en Lima en diciembre del mismo año, concede mucha importancia a este punto.[18]

En la novela, definida como creación paralela, hay un dios, un creador, y esta entidad, se afirma, está presente en todas las partes de la novela pero no es visible en ninguna. El autor debe dar la ilusión de que ni siquiera él existe. Si se sospecha por un momento que está tras bambalinas, controlando las vidas de los personajes, parecerá que no es libre. Sólo son aceptables las técnicas literarias que parecen conceder una genuina libertad a los personajes. El lector no debe percibir ninguna indicación del principio ordenador de la novela. Dar a entender un orden siempre destruirá el

---

[17] "Polémica Vargas Llosa-Gunther Grass", *Quehacer* 42, Lima, 1986, pp. 76-86.

[18] Mario Vargas Llosa, "Espinosa Dueñas: un grabador comprometido", *Expreso*, Lima, 1 de julio de 1964; "Una teoría iconoclasta"; "Una narración glacial"; "Literatura confidencial", *Expreso*, Lima, 30 de octubre de 1964; "Tres periodistas en busca de Mario Vargas Llosa"; "Impresión de Dublín", *Caretas* 372, Lima, 1968; "Carta de batalla por *Tirant lo Blanc*", prólogo a Joanot Martorell, *Tirant lo Blanc*, Alianza Editorial, Madrid, 1969, pp. 20 y 23; *Historia secreta de una novela*, 1971, pp. 60, 286, 564-565, 570; "El arte de mentir", *El País*, Madrid, 25 de julio de 1984; "El oficio del escritor", conferencia en Lima, 20 de diciembre de 1985; Cano Gaviria, cit., *pássim*.

sentido de libertad del lector ante el universo de la novela. A esto también se alude en su metáfora recurrente del escritor como sustituto de Dios. Las novelas no son productos humanos sino criaturas naturales, como plantas o acontecimientos. Para que una novela sea realista según la concepción que representa Vargas Llosa, debe ser diferente de una descripción histórica o periodística del mundo. La versión literaria siempre será diferente de su modelo, porque es tanto una interpretación como una descripción.

En estas metáforas la actividad artística se presenta como un campo de trabajo masculino, y al escritor se lo presenta como el "padre" de su texto, a imagen de un dios creador; el *autor* como origen y fuente única de su ficción. Se nos invita a considerar al autor como el origen y el significado último del texto.

Con el objetivo de describir esta relación entre el novelista y su novela, Vargas Llosa introduce la noción de "elemento añadido". Es aquí donde debe encontrarse la originalidad del novelista. Vargas Llosa explica que consiste en un orden, una coherencia, un sistema, un punto de vista, que convierten en simple y coherente una compleja realidad. Tiene entonces que ver con el contenido, pero luego esta declaración es aparentemente contradicha por referencias repetidas a las técnicas narrativas. El escritor siempre expresa sus significados, pero estos siempre serán desfigurados, enmascarados por una apariencia de objetividad lograda a través de la técnica.[19]

La idea de reflejo adquiere aquí un doble significado. El escritor representa (refleja) la realidad y al mismo tiempo expresa una percepción personal y particularmente incisiva de la realidad. La representa subjetivamente, y esta representación diferente también es precisa. La novela describe el mundo de las relaciones sociales y al mismo tiempo transmite la experiencia interior del individuo en busca de identidad. Esto parece ser una combinación de la idea aristotélica de mimesis, el arte como imitación de la realidad, combinada con la idea romántica de que la literatura refleja la realidad tal como la percibe un individuo (especialmente dotado) que la expresa de una manera que posibilita que otras personas reconozcan su valor. El texto se presenta como un reflejo de las convicciones del autor y su experiencia como parte de la realidad externa en un momento preciso, y el escritor debe representar fielmente el mundo exte-

---

[19] Mario Vargas Llosa, "*El Sexto* de José María Arguedas: la condición marginal", cit., *pássim*.

rior y al mismo tiempo expresar los pensamientos y sentimientos que este evoca en él.

El contraste entre la novela autónoma y el elemento añadido es un comentario sobre el dilema entre la teoría y la práctica del realismo en la novela. En su descripción de la novela objetiva e impersonal, Vargas Llosa enfatiza la necesidad que tiene el autor de desaparecer del universo literario de una manera que recuerda a Sartre.[20] En su discusión sobre el elemento añadido defiende la presencia, en este universo, del principio ordenador del autor implícito al modo de Roland Barthes al describir el objetivo estructuralista.[21] Vargas Llosa no trata de presentar la novela como una "realidad sin intermediación", como si fuera un registro sin editar, sino que trata firmemente de ocultar la mediación comunicándola, por decirlo así, "por la puerta falsa", de una manera comparable a los procedimientos técnicos que disfrazan la presencia del principio ordenador, lo que Wayne C. Booth califica de "subjetivismo alentado por técnicas impersonales".[22]

En este punto también es importante la idea de que el escritor no debe estar ideológica ni políticamente comprometido en su novela. No es fácil comprender cómo logra el escritor suspender sus compromisos personales, como ser vivo situado en la historia, a través del elemento añadido. Vargas Llosa ha alentado al lector a que identifique los elementos autobiográficos depositados en los textos como el residuo de demonios personales. Éste podría ser su modo de desalentar la definición de actitudes y posturas ideológicas implícitas en los textos. Sin embargo, Vargas Llosa emerge como escritor no comprometido en el sentido de que no indica ninguna solución directa a los problemas que plantea, y en sus novelas no se adhiere abiertamente a ningún grupo ni organización políticos.

Pero reclama libertad e independencia absolutas para el escritor, otorgándole el papel de vidente y profeta. A pesar de defender la teoría de la objetividad en la novela, en un sentido tradicional en el nivel técnico, Vargas Llosa rechaza los resultados cuando dicha teoría es llevada más allá por los representantes de la Nueva Novela francesa. Éstos, especialmente Alain Robbe-Grillet y Nathalie Sarraute, son rechazados por ser demasiado objetivos, porque representan un desarrollo que teme que podría resultar en

---

[20] Wayne C. Booth, *The Rhetoric of Fiction*, University of Chicago Press, Chicago/Londres, primera edición británica, 1961; novena edición americana, 1969, p. 50 y ss.

[21] Roland Barthes, *Essais critiques*, 1964. Traducción al español: *Ensayos críticos*, Seix Barral, Barcelona, 1967, *pássim*.

[22] Booth, p. 77 y ss., 83.

formalismo. Peor aún los escritores realistas que cultivan otros subgéneros de la novela y que tienden a ser ideológica y políticamente comprometidos de un modo mucho más explícito.

LA PRESENCIA DEL LECTOR

Diversas escuelas de teoría y crítica literaria han atribuido posiciones diferentes al lector. Para Sartre, por ejemplo, el lector es una dimensión constitutiva del significado de la literatura y un factor necesario en el establecimiento del significado de la novela.[23]

La lectura es parte del proceso de producción del significado mismo, es un proceso activo y creativo en el que no sólo las intenciones conscientes expresadas por el autor entran en juego, sino también todo tipo de significados inconscientes y no premeditados inherentes al texto. Además, no existe un lector, sino muchos lectores condicionados social, política e históricamente por el contexto en que viven. Ya sea que el escritor se lo proponga o no, es posible rastrear en el texto una que otra imagen del lector implícito (o proyectado) depositada por el lenguaje y las técnicas empleadas en el texto, la persona imaginaria hacia la cual el escritor dirige su trabajo incluso si trata de minimizar su importancia como lo ha hecho Vargas Llosa. Existe una oposición entre el escaso interés que Vargas Llosa ha demostrado teóricamente por este factor, y la fuerte presencia del lector implícito en sus novelas.

Vargas Llosa se refiere a veces a su propio gusto en la selección de novelas y películas, y enfatiza que los novelistas que relee no son los que le piden ser un admirador a la distancia sino más bien los que lo cautivan e instalan en su mundo, y así le permiten, a él, descubrir su propio mundo. Tratándose de novelas y películas, tiene que creer en las historias, ser forzado a entrar en el juego. De lo contrario, no le interesan.[24] En su opinión, este juego se sustenta en la persuasión y la colaboración, que crean la fuerte ilusión necesaria para cautivar al lector y forzarlo a identificarse con lo narrado.

Por ello a veces Vargas Llosa sostiene que el único criterio para la autenticidad y la verdad en la ficción es su poder para convencer al lector. El

---

[23] Jean Paul Sartre, *Situations II*, 1948. Traducción al español: Losada, Buenos Aires, tercera edición, 1962.

[24] "Mario Vargas Llosa habla de cine", *Hablemos de cine* 52, Lima, marzo-abril de 1970.

poder de persuasión, afirma, depende de la técnica, no de lo que se dice sino de cómo se dice.[25] Convencer al lector de la probabilidad y la verdad de lo que se narra es pues un problema formal; el lector deberá estar tan cautivado por este poder persuasivo como para abandonar su juicio consciente y sumergirse en la ficción.[26]

Aunque Vargas Llosa ha manifestado en repetidas ocasiones que no tiene interés en el lector de sus novelas, que es absolutamente indiferente a quien lee su obra, a veces ha creído necesario esclarecer su posición. Enfatiza entonces la necesidad de una complicidad por parte del lector si ha de ser persuadido para "creer en un mundo diferente", y también subraya algún tipo de función didáctica cuando declara que los lectores van a

descubrir sus propios rostros, los vicios, los defectos y también la belleza y el éxito creados en el mundo, y por consiguiente pueden proceder a transformar o a modificar el mundo, pueden actuar.[27]

En este caso, el escritor es un "agitador subversivo" que evita que los lectores "sucumban a la autosatisfacción" y a la "parálisis espiritual" y los ayuda a llegar a "comprender y a formular mejor sus propias contradicciones, amarguras y rebeliones". Otra vez, podría decirse que el énfasis está puesto sobre la función del autor antes que en la del lector. El escritor es el visionario, el vidente, el profeta, quien es capaz de ayudar al lector a descubrir y a definir el mundo, la acción posible y a sí mismo. Hay pues un cambio desde el énfasis en la lectura como terapia para el escritor individual hasta la escritura como profecía para los lectores.

El papel del escritor se presenta como activo, creativo, importante, valioso y rebelde, independiente y poseedor de una total libertad. La imagen del lector es la de un receptor pasivo de un mensaje formulado y entregado, coherente y no contradictorio, y que tiene que ser decodificado. La única función del lector es descifrar el mensaje que se propone dar el autor, cuya autonomía es la fuente de la interpretación válida, y entonces, si lo hace correctamente, será capaz de proceder a realizar algún tipo de acción.

Aquí no se menciona el hecho de que una novela podría ser un documento contradictorio, paradójico y confuso, abierto a una variedad de lecturas discrepantes independientes de la intención del autor. La insis-

---

[25] Cano Gaviria, pp. 103 y 105.

[26] "Intervención de Vargas Llosa" en *Primer encuentro de narradores peruanos* [1965], Casa de la Cultura del Perú, Lima, 1969, p. 162.

[27] Luis Harss, *Los nuestros*, cap. "Mario Vargas Llosa y los vasos comunicantes", Editorial Sudamericana, Buenos Aires, tercera edición, 1969, p. 439.

tencia de Vargas Llosa sobre la importancia de cómo se narra por encima de qué se narra, y la calidad moral de lo narrado, revela una gran confianza en el poder manipulador del escritor con respecto a la obra de ficción. Los lectores "sumisos" pueden convertirse en competentes autores-lectores si la actividad crítica se considera un proceso dinámico en la producción de significado en la literatura.

Los novelistas que participaron en la formación del *boom* de la narrativa hispanoamericana al comienzo de la década de 1960 formaron un "gremio" de lectores activos que presentan interpretaciones alternativas de textos importantes de la narrativa hispanoamericana. Pero en la opinión de Vargas Llosa este papel del lector activo puede limitarse a los autores mismos. Nuevamente Vargas Llosa sugiere una jerarquía en la habilidad de los lectores en esta presentación de su función como receptores y decodificadores pasivos de mensajes ya producidos, según el modelo jerárquico de comunicación literaria en el cual el autor entrega al lector dichos mensajes a través de su obra.

Pero la meta del lector y el crítico no es siempre ser un consumidor pasivo o un reproductor de mercancías ya hechas, ni buscar siempre la resolución de las posibles antítesis, como hacían los Nuevos Críticos. Debe de haber algunos lectores y críticos en busca de la multiplicidad y la diversidad a medida de que las partes inacabadas, las omisiones y contradicciones presentes en el material textual se abren a un proceso dinámico de lectura y evitan un consumo meramente estático. Este es el lector que examina el proceso de producción de significado de la novela a partir de los materiales disponibles y de su disposición en la obra, y no ateniéndose a la experiencia privada del autor individual.

Existe un contraste entre la descripción constante de la función del lector, y la imagen del lector implícito depositada en algunas de las novelas de Vargas Llosa, por ejemplo en *La ciudad y los perros*, *La Casa Verde*, *Los cachorros* y *Conversación en La Catedral*. La mayoría de críticos subrayan el sentimiento de libertad e independencia de que gozan los lectores de las novelas, y la mayoría de estos críticos consideran esta función abierta una cualidad positiva y no una debilidad. Mientras que Vargas Llosa opina que el lector es un consumidor pasivo, el escritor, sin embargo, reserva para sí mismo una posición especial como lector y crítico subjetivo y activo, y nuevamente es la independencia y la libertad personales lo que Vargas Llosa más valora.[28]

---

[28] Cano Gaviria, cit.

Vargas Llosa como crítico de la narrativa hispanoamericana

Se ha dedicado un gran corpus crítico a las novelas de Vargas Llosa. En muchos casos se hace referencia a su teoría de la novela y se la describe. Carlos Rincón, Ángel Rama, Malva E. Filer y Carlos Peregrín Otero se concentraron en los ensayos que Vargas Llosa había escrito sobre algunos de sus autores y novelas favoritos, que en conjunto forman parte de la "tradición" vargasllosiana, del "grupo selecto" que ha considerado merecedor de ovación crítica. Estos ensayos no han sido crítica literaria en sí mismos. Son, más bien, ejercicios prácticos de teorías personales aplicadas en la crítica práctica a las obras de otros autores y, como tales, han revelado tanto la validez como las debilidades latentes en dichas teorías. No obstante, para el esclarecimiento de las teorías de Vargas Llosa y de su práctica crítica, son de gran interés los artículos en donde aplica su estética a los autores y novelas que no forman parte del grupo de sus elegidos.

Lo que en la teoría era interesante y estimulante se convertía en una práctica crítica problemática cuando la jerarquía de valores de Vargas Llosa se hacía evidente en las evaluaciones que ejercía. Estas actitudes críticas podían observarse en sus ensayos literarios y reseñas de las décadas de 1960 y 1970, y surgieron nuevamente en los años ochenta durante el debate con Günther Grass que empezó en la reunión del Pen Club de enero de 1986. En el meollo de los problemas críticos que observamos en estas declaraciones, estaban los temas que surgieron de la discusión sobre el papel del intelectual en la sociedad durante el período comprendido entre 1968 y 1971.[29]

Teóricamente, Vargas Llosa mostraba una gran comprensión por las formas y expresiones literarias, mientras que en su práctica como crítico de novelas hispanoamericanas adoptaba una posición exclusivista y rechazaba muchas de las formas literarias que contribuyen a la creación de variedad y complejidad en la narrativa hispanoamericana. Cuando leía y evaluaba la narrativa hispanoamericana contemporánea, Vargas Llosa basaba su método en la exclusión inflexible, no en la inclusión; y esta exclusión se enraizaba en la preferencia por su propio tipo de novela, y desde el vértice de esta pirámide construía una jerarquía descendente.

---

[29] Óscar Collazos, Julio Cortázar, Mario Vargas Llosa, *Literatura en la revolución y revolución en la literatura*, cap. "Luzbel, Europa y otras conspiraciones", Siglo XXI Editores, México, 1970, pp. 78-93; "Polémica Vargas Llosa-Gunther Grass", cit.; Ángel Rama, Mario Vargas Llosa, *García Márquez y la problemática de la novela*, Corregidor-Marcha Ediciones, Buenos Aires, 1973.

En un artículo titulado "Primitives and Creators",[30] los autores llamados "creadores" se libran de la crítica, son por el contrario tratados de una manera apologética y casi complaciente, y sus cualidades positivas reciben grandes elogios. Estos conforman el "grupo selecto" de escritores de diversos países hispanoamericanos y se los presenta como los creadores de una "tradición" hispanoamericana en la que Vargas Llosa incluye a muy pocos y excluye a muchos. El único novelista peruano merecedor de ser incluido es José María Arguedas (1911-1969), pero el elogio crítico se basa principalmente en *Los ríos profundos*.[31]

En su más extenso ensayo hasta entonces, el ya citado *Historia de un deicidio*, podíamos observar a Vargas Llosa trabajando como crítico de uno de los "elegidos". Veíamos al novelista en acción proyectando sus propias ideas, ideales y normas sobre las obras del autor colombiano, encontrando su propia imagen del "buen novelista" y de la "buena novela" reflejada en los relatos y las novelas de García Márquez. Vargas Llosa emite juicios de acuerdo con unas normas o estándares implícitos para el "buen lector", que en su manifestación ideal parece ser un "lector sumiso" que sucumbe a la novela y se sumerge en el proceso de lectura, un proceso concebido como una experiencia similar a la contemplación del Universo y del poder creador de Dios. El grave problema con este tipo de experiencia literaria es que también resulta impresionista y subjetiva, incluso cuando se realiza en un metalenguaje consistentemente crítico escogido eclécticamente de entre una gran variedad de escuelas de crítica literaria.[32]

Los "creadores" han sido seleccionados de entre una multitud de novelistas y escritores que han surgido en épocas diversas, en diferentes países, en varios géneros y subgéneros narrativos, con estilos e intenciones personales que han concitado la atención de críticos e historiadores lite-

[30] "Primitives and Creators", *Times Literary Supplement*, Londres, 14 de noviembre de 1968, pp. 1287-1288.
[31] Los "creadores" eran Jorge Luis Borges (1899-1986), Argentina; Alejo Carpentier (1904-1980), Cuba; Juan Carlos Onetti (1909-1994), Uruguay; José Lezama Lima (1910-1976), Cuba; José María Arguedas (1911-1969), Perú; Julio Cortázar (1914-1984), Argentina; Juan Rulfo (1918-1986), México; Carlos Fuentes (1929), México; Gabriel García Márquez (1928), Colombia.
[32] Esta actitud "sumisa" está presente en sus ensayos sobre *Tirant lo Blanc* y sobre Flaubert. Los problemas de la crítica subjetiva *versus* la crítica objetiva y la elección de términos críticos ha sido discutida por Carlos Rincón ("Para un plano de batalla de un combate por una nueva crítica en Latinoamérica", *Casa de las Américas* 67, La Habana, julio-agosto de 1971, pp. 39-59), pero este, a su vez, parece estar demasiado predispuesto contra Vargas Llosa como para ser capaz de juzgar y evaluar objetivamente las propuestas del autor.

rarios de Hispanoamérica y seguramente también del resto del mundo. No puede esperarse, ciertamente, que un breve artículo en una revista literaria incluya todo. Las exclusiones del canon vargasllosiano, sin embargo, parecen estar condicionadas por una actitud patriarcal puesto que no incluye ni a una sola escritora hispanoamericana contemporánea entre los merecedores de un juicio positivo.

En "Primitives and creators", Vargas Llosa presenta su visión del desarrollo de la narrativa hispanoamericana desde José Joaquín Fernández de Lizardi (México, 1776-1827), pasando por Jorge Isaacs (Colombia, 1837-1895), hasta Alberto Blest Gana (Chile, 1830-1920), y Ricardo Palma (Perú, 1833-1919). Vargas Llosa define el trabajo de estos escritores como un "fenómeno derivado" hacia el cual sus objeciones principales son formales, en el sentido de que juzga que las novelas no tienen "suficiente poder de persuasión verbal" como "creaciones autónomas" para impactar al lector, y que carecen de "un punto de vista propio". En consecuencia "nos dicen más sobre lo que el autor ha leído que sobre lo que ha visto, más sobre los vacíos culturales de una sociedad que acerca de sus problemas concretos.[33]

Estos son comentarios negativos, teniendo en cuenta el punto de partida de Vargas Llosa con respecto a que "todas las novelas son autobiográficas" y provienen de los demonios personales. También sostiene que el novelista no debe mostrar ningún signo de su control, pues hacerlo revela que está jugando a ser dios, y condena, en un gesto de ruptura radical con el pasado, casi toda la narrativa hispanoamericana anterior, incluyendo la que escribieron ávidos practicantes de la objetividad y de la impersonalidad. Descuida, sin embargo, la importante cuestión del género y el subgénero así como también la situación de los escritores en las estructuras socioeconómicas de sus países en aquella época.

Una crítica literaria europea, Jean Franco, definió la situación en Hispanoamérica hacia 1830 como desastrosa: "casi todas las partes del subcontinente presentaban un espectáculo de guerra civil, violencia o dictadura", y esto condujo a los pocos escritores e intelectuales a "ser dejados de lado o a ser forzados a ir a la guerra. Abundan quejas en el sentido de que la prosecución del arte era imposible a comienzos del siglo XIX".[34]

[33] "Primitives and Creators", cit.
[34] Jean Franco, The Modern Culture of Latin America. Society and the Artist, Pall Mall Press, Londres, 1967 pp. 12-13.

En otras palabras, comprender a estos escritores es necesario para establecer la responsabilidad del escritor-intelectual como individuo dentro de un contexto más amplio. También es necesario enfatizar que algunas de las condiciones que para Vargas Llosa debían poseer las "buenas" novelas, como la libertad del escritor para escoger la escritura como vocación y dedicar toda su energía y vida a cultivar la literatura, simplemente no existían para la mayoría de los escritores de la época. Sólo a partir de finales del siglo XIX y principios del siglo XX, con el movimiento modernista, se notan los inicios de un esfuerzo consciente de parte de escritores que se proponen establecerse como un "gremio" de profesionales que exigen reconocimiento social y político, y remuneración e independencia económicas.

Igualmente problemática es la valoración de Vargas Llosa, en "Primitivos y creadores", de la larga serie de novelistas hispanoamericanos de finales del siglo XIX y de la primera parte del siglo XX. Califica sus obras de "primitivas", y nuevamente sus objeciones son mayormente de carácter formal; por ejemplo:

> [...] el autor interfiere y se aventura a dar sus opiniones entre los personajes, sin prestar atención a la noción de objetividad en la ficción, y con ello pisotea los variados puntos de vista [...]

O también: "el autor no trata tanto de mostrar como de demostrar". Pero la exigencia de una "novela objetiva" es, históricamente, un hecho relativamente reciente, y ha habido diferentes tendencias y períodos en el desarrollo de la literatura hispanoamericana, como lo comprende y describe, por ejemplo, Fernando Alegría.[35] Los autores que Vargas Llosa trata de "primitivos" han exigido, y siguen exigiendo interés por derecho propio, independientemente del *boom* de la ficción hispanoamericana desde el año 1963, aproximadamente. También ellos formaron parte de un *boom* en su propia época, tanto nacional como internacionalmente, y la nueva novela hispanoamericana, representada entre otros por Vargas Llosa y su "grupo selecto" es, desde esta perspectiva, sólo una de las más recientes de una serie de *booms* de la novela hispanoamericana que tuvieron lugar en épocas diferentes de la historia de la cultura y la literatura del subcontinente.[36]

---

[35] Fernando Alegría, *Historia de la novela hispanoamericana*, Ediciones de Andrea, México, tercera edición, 1966.

[36] Ángel Rama, p. 63.

Otro problema formulado por muchos autores del *boom* es la cuestión de la existencia, en Hispanoamérica, de literaturas nacionales. Asumir que el desarrollo de la novela latinoamericana, o parte de él, constituye una totalidad coherente es problemático con relación a la historia literaria tal como se la ha formulado en la presentación de las literaturas nacionales. Se presentan entonces innumerables interrogantes teóricas y metodológicas. La existencia de una literatura chilena, peruana, colombiana o mexicana ha sido defendida por historiadores de la literatura y presentada como evidencia de la existencia de nacionalidades de diferentes repúblicas latinoamericanas.

Algunos críticos e historiadores también insisten en la existencia de varias literaturas mexicanas o peruanas, en plural porque observan la existencia de diversas naciones y no sólo una dentro de los límites geopolíticos de estos países. La "perspectiva continental" que sostienen los escritores del *boom* representa una posición en conflicto con conceptos tales como "mexicanidad", "argentinidad", etc., según los cuales las literaturas nacionales son consideradas como la expresión de características nacionales distintas que varían de una nación a otra y que las distinguen de otras naciones y culturas.

A pesar de que la mayor parte de la crítica contra la novela "primitiva" parece ser formal y estética, Vargas Llosa también discute el contenido de las novelas. Nos encontramos en realidad con otro tipo de exclusión, la exclusión de la "novela comprometida" y del "novelista comprometido" y, especialmente, de la novela del "realismo socialista". Los revolucionarios militantes, dijo en París en 1970,[37] piensan que un escritor puede transmitir sus convicciones políticas a sus obras literarias de una manera coherente y lógica, y en consecuencia proponen ciertas reglas y normas para la creación artística y literaria. Estas reglas y normas, según Vargas Llosa, tienden a eliminar la espontaneidad en la creación literaria, el factor que puede intervenir y contradecir las ideas revolucionarias ortodoxas sobre el progreso y el cambio. El realismo socialista es, en su opinión, un ejemplo de la intención de resolver el problema del posible divorcio entre el hombre de izquierda y el escritor, y establecer una unidad entre los dos. También piensa que los resultados literarios, en el caso del realismo socialista, han sido lamentables.

Anteriormente hemos observado cómo Vargas Llosa establece un conjunto de reglas y normas flexibles para su propia producción literaria. La

---

[37] "El escritor y la política según Mario Vargas Llosa", *Triunfo*, Madrid, 27 de junio de 1970.

base de estas reglas y normas es, sin embargo, muy estrecha, y depende de un número limitado de novelas y no de un interés por otros desarrollos de la ficción hispanoamericana. Crea una norma a partir de una forma narrativa, la novela realista, y luego, de manera dogmática, exige que todas las novelas se conformen con este modelo. Como crítico de otros novelistas, en consecuencia, sus reglas y normas no dejan lugar a la relatividad ni a la flexibilidad, no concede ningún valor ni calidad a los subgéneros que rechaza. En este tipo de crítica existe un rechazo dogmático de un amplio grupo de novelistas y novelas hispanoamericanas y de otros lugares, y Vargas Llosa se muestra reacio a considerar la posibilidad de que el realismo socialista pueda ser una tradición en un proceso de evolución de la narrativa hispanoamericana durante un período de tiempo.

La oposición entre la crítica del contenido y la crítica de la forma también está presente en el rechazo de Vargas Llosa hacia otro subgénero de la novela que él llama la "pseudonovela". Este incluye a las novelas "folclóricas" y "pedagógicas" que pretenden ser un testimonio objetivo de la realidad. Éstas no son consideradas como literatura porque carecen del elemento añadido que da autonomía a la obra y le concede una vida propia.[38] Los escritores que señala como representativos de este tipo de obra son Oscar Lewis y Miguel Barnet, y sus obras son, según Vargas Llosa, apreciables cuando se las compara con la realidad; de hecho están subordinadas a la realidad, y esto se opone a lo que sucede en una obra literaria.

La pseudonovela, en el decir de Vargas Llosa, es la novela que normalmente se califica en las historias de las literaturas hispanoamericanas como sociológica o antropológica. Uno de sus primeros representantes ha sido Ricardo Pozas Arciniega (1952); luego fue desarrollada por Oscar Lewis (1959), Miguel Barnet (1968), y por escritores de Perú, Bolivia, Guatemala y otros países. En Oscar Lewis[39] el principal objetivo es tratar de representar auténticamente a la gente involucrada en el experimento antropológico y literario. El elemento añadido, si aceptamos por un instante el término usado por Vargas Llosa, no pertenece al antropólogo ni al sociólogo. El antropólogo se retira, por así decirlo, y deja el campo libre al narrador que puede así "colorear" la narración con su visión del mundo, del hombre y de la literatura, o con la ausencia de tales visiones.

[38] Cano Gaviria, p. 52.
[39] Oscar Lewis, *Five Families (Mexican Case Studies in the Culture of Poverty)*, Basic Books, Nueva York, 1959. Traducción al español, *Antropología de la pobreza*, Fondo de Cultura Económica, México, 1961, pp. 16-32.

Este puede en consecuencia ser un subgénero valioso e interesante en un continente donde tanta gente ha estado y continúa estando separada de la institución literaria. Ha sido calificado con términos más positivos por historiadores y críticos literarios. Seymour Menton[40] sostiene que al menos dos libros de Miguel Barnet han sido tan importantes para el desarrollo de la novela cubana como las obras de José Lezama Lima, uno de los "buenos" autores según Vargas Llosa.

Vargas Llosa parece pues dejarnos con cinco tipos de novelas realistas: la "creativa", la "derivada", la "primitiva", la "socialista" y la "pseudonovela". De estas categorías sólo una es merecedora del mayor elogio y en consecuencia es colocada junto con sus autores en la cúspide de una pirámide jerárquica. La crítica ejercida por Vargas Llosa condena la pluralidad de géneros en el desarrollo pasado y en la situación presente de la narrativa hispanoamericana y, por exclusión, escoge un subgénero y lo llama literatura, novela, arte.

Después de haber rechazado los subgéneros que son normalmente asociados con el compromiso, Vargas Llosa sostiene que toda buena literatura es revolucionaria y favorece el cambio, el progreso y "lo que es humano", en declaraciones que repiten una opinión similar a la expresada por Georg Lukács, con relación a que todo gran arte es socialmente progresista; cualesquiera que sean las simpatías políticas conscientes del autor, este dará a conocer las fuerzas significativas de una época que apuntan al cambio y al progreso. La forma de obra literaria correctamente construida, reflejará la forma del mundo de una manera artística impuesta en un contenido que luego asumirá una configuración llena de significado.

Esta declaración deja dos problemas no resueltos. Primero, existe una "buena literatura" que, en apariencia es un término amplio y general, pero que en realidad está limitado a la novela creativa cultivada por Vargas Llosa. Segundo, está el término "revolucionario", un término sociopolítico con implicaciones radicales para la transformación de la sociedad. Vargas Llosa, sin embargo, da a este término las connotaciones de cambio, progreso, y lo que es humano, y entonces el término revolucionario se vuelve relativo, apolítico y abierto a redefiniciones cuando el novelista lo juzgue necesario.

Vemos pues una intención de defender su escritura como revolucionaria, pero, de manera más importante, revela una compulsión por defender la libertad y la independencia del escritor, de su profesión y voca-

---

[40] Seymour Menton, *La narración de la revolución cubana*, Editorial Playor, Madrid, 1978, p. 90.

ción, dentro de toda sociedad concebible. Y Vargas Llosa también reclama para sí mismo esta libertad e independencia cuando toma el papel de lector de literatura y de crítico literario.

En una declaración de 1972 establece una interesante distinción entre el "crítico crítico" y el "crítico practicante".[41] El primero debe aspirar a la objetividad, mientras que la segunda categoría, a la cual pertenece el autor-crítico, es libre de ser subjetivo en sus evaluaciones.[42]

Esta es una distinción interesante porque incluso si Vargas Llosa reduce conscientemente la importancia del lector implícito en sus novelas, y disminuye también conscientemente el papel del crítico crítico, acuña un término para su propio uso –el "crítico practicante"– y se dota de toda la libertad necesaria para ser subjetivo como lector y crítico literario. Defiende vigorosamente la subjetividad cuando actúa como crítico literario, y esto lo coloca en una posición privilegiada en relación con otros críticos y lectores de literatura a quienes relega a posiciones de segundo o tercer orden en la jerarquía de lectores y críticos. Esta privilegiada posición de autor por un lado, y crítico de novelas y escritores por el otro, es la que Vargas Llosa se reserva para sí mismo y para unos pocos más.

LOS CRÍTICOS Y VARGAS LLOSA

La mayor parte de los críticos literarios peruanos coinciden en que la década de los cincuenta vio un florecimiento de la narrativa peruana. Alberto Escobar,[43] recordando los años cincuenta, observa la aparición de todo un grupo de escritores que se "dedican seriamente al trabajo creador". José Miguel Oviedo habla de una "generación completa de narradores", "la generación de los cincuenta".[44] Tanto Escobar como Oviedo incluyen a Vargas

[41] Cano Gaviria, pp. 22-25.

[42] En 1971, Carlos Rincón publicó sus críticas a las implicaciones teóricas y metodológicas del prólogo de Vargas Llosa a *Tirant lo Blanc* ("Para un plano de batalla...", cit.). En 1972, Ángel Rama publicó el artículo en el que criticaba a Vargas Llosa en su calidad de crítico literario de la obra de Gabriel García Márquez (*García Márquez y la problemática de la novela*, cit.); Existe la posibilidad de que la distinción introducida por Vargas Llosa haya sido provocada por la crítica adversa.

[43] Alberto Escobar, editor, *La narración en el Perú: Lima*, "Prólogo", Librería Editorial Mejía Baca, Lima, segunda edición, 1960, p. xxxiii.

[44] José Miguel Oviedo, *Mario Vargas Llosa: la invención de una realidad*, Barral Editores, Breve Biblioteca de Respuesta, Barcelona, 1970 (posteriormente editado en Seix Barral, Barcelona, 1982), p. 45.

Llosa como cuentista –con *Los jefes* (1959)– en este importante movimiento, pero Oviedo se rehúsa a vincular al novelista de *La ciudad y los perros* (1963) con él. Por el contrario, enfatiza la posición solitaria de Vargas Llosa y considera esta novela no como la expresión de "un fértil esplendor" sino más bien como el "síntoma" de la efímera importancia de la generación de los cincuenta.

Oviedo sostiene también que *La ciudad y los perros* no ha sido un estímulo para la más reciente generación de escritores peruanos, sino que, por el contrario, muchos recién llegados fueron "aplastados por su sombra afortunada".[45] Escobar observa que con esta novela "aparece un nuevo período en la narrativa peruana".[46]

Escobar es un "tradicionalista" en el sentido de que sus argumentos, explícita o implícitamente, se basan en la firme creencia de la existencia de una tradición literaria peruana. Oviedo es "moderno" en el sentido de que es renuente a incluir al Vargas Llosa novelista dentro de esa tradición, y cuando hace una relación de los antecesores de esta novela todos son extranjeros.[47] Oviedo opone pues una tradición cosmopolita a una nacional. Pero es interesante observar cómo termina en una posición ambigua debido a que también es el editor de antologías de *Cuentos peruanos*[48] en las que incluye a Vargas Llosa.

Rosa Boldori fija firmemente a Vargas Llosa en una tradición literaria peruana y defiende sus puntos de vista de manera convincente con interesantes comentarios sobre algunos rasgos comunes en la caracterización de los personajes y las similitudes temáticas entre representantes de la generación de los cincuenta y *La ciudad y los perros*.[49] Incluso llama a Vargas Llosa "figura central" del grupo.[50] Pero Boldori no desarrolla un argumento convincente acerca de semejanzas en procedimientos formales y técnicas narrativas.

Estuardo Núñez, Mario Castro Arenas y Luis Alberto Sánchez, incluyen al novelista Vargas Llosa en sus presentaciones de la historia literaria

---

[45] *Ibid.* P. 51.

[46] Alberto Escobar, "Impostores de sí mismos", *Revista Peruana de Cultura*, 2 de julio de 1964, pp. 119-125.

[47] *Ibid.*, p. 120-121.

[48] José Miguel Oviedo, "El cuento peruano contemporáneo", en José Miguel Oviedo, editor, *Narradores peruanos. Antología*, Monte Ávila Editores, Caracas, 1968, pp. 7 26.

[49] Rosa Boldori, *Mario Vargas Llosa y la literatura en el Perú de hoy*, Instituto Argentino de Cultura Hispánica de Rosario, Colección Hipanoamérica, Rosario, 1969.

[50] *Ibid.*, p. 17.

peruana.[51] Pero en el curso de los sesenta surgió una actitud diferente hacia la narrativa hispanoamericana en diferentes partes del continente y entre autores y críticos. Luis Harss, Carlos Fuentes, Jorge Lafforgue, José Donoso, y Emir Rodríguez Monegal evitan, en sus exposiciones sobre el desarrollo de la novela, hacer referencias a las literaturas peruana, chilena, o mexicana, adoptando una perspectiva continental, y se refieren a una tradición literaria "hispana" o "latinoamericana".[52] Tienden a ver el desarrollo de la novela como un proceso cualitativo que se mueve de formas simples hacia otras más complejas, y observan que este movimiento alcanza su punto culminante en los años sesenta con una serie de autores y novelas que marcan un "momento decisivo"[53] en la historia de la narrativa hispanoamericana, cuyos productos son cualitativamente superiores a los de períodos anteriores. Donoso confirma esta visión del desarrollo de la novela, y se refiere a la fase final, la novela de los años sesenta, como una "cumbre extraordinaria".[54] Donoso es bastante arrogante en sus referencias a las literaturas nacionales, a períodos anteriores y a subgéneros diferentes en la novela, y su exposición evidencia que trabaja con la exclusión, no con la inclusión. En consecuencia, se refiere constantemente a la nueva progenie de escritores como "huérfanos de padre",[55] después de haber participado él mismo en el proceso de "parricidio" por su rechazo de tendencias narrativas pasadas y presentes diferentes de la que él defendía.

Estos escritores no son solamente "parricidas", sino también "fratricidas" en cuanto que niegan algunas tendencias de la novela contemporánea escrita por hombres y mujeres a los que tienen aversión porque no incorporan tendencias tales como el realismo social, la literatura documental, etc., en su fórmula de la "nueva novela". Y, muy curiosamente, matan a sus "madres" silenciando todas las referencias a la literatura hispanoamericana escrita por mujeres.

[51] Estuardo Núñez, *La literatura peruana en el siglo xx (1900-1965)*, Editorial Pormaca, México, 1965; Mario Castro Arenas, "El *boom*: guerrilleros de la novela" *7 Días*, Lima, 18 de mayo de 1969; "Una 'conversación' que no convence" *7 Días*, Lima, 8 de febrero de 1970; Luis Alberto Sánchez, *Introducción crítica a la literatura peruana*, Lima, 1974.

[52] Luis Harss, cit.; Carlos Fuentes, *La nueva novela hispanoamericana*, Joaquín Mortiz, México, 1969; Jorge Lafforgue, cit.; José Donoso, *Historia personal del* boom, Anagrama, Barcelona, 1972; Emir Rodríguez Monegal, *El* boom *de la novela latinoamericana*, Editorial Tiempo Nuevo, Caracas, 1972.

[53] Harss, p. 49.

[54] *Historia personal del* boom, p. 11.

[55] *Ibid.*, pp. 20-21.

Entre los "huérfanos" que representan la nueva novela hispanoamericana, Harss y Donoso incluyen sólo a un novelista peruano: Mario Vargas Llosa. Lafforgue, en su colección de artículos que giran en torno a la "nueva novela latinoamericana", también incluye un artículo escrito por Vargas Llosa sobre José María Arguedas.[56] Carlos Fuentes adopta la perspectiva continental, y gasta muy poco espacio y energía en el proceso del "parricidio". Además de echar abajo los límites nacionales, sin embargo, su intención es suspender las barreras entre ser escritor en América Latina y ser escritor en Europa o Norteamérica. Aboga por la abolición de la "tradicional insularidad de nuestra novela",[57] porque el fin del "regionalismo latinoamericano coincide con el fin del universalismo europeo";[58] "todos seremos centrales en el grado en el cual todos somos excéntricos".

Desde este punto de vista sólo unos pocos novelistas son dignos de ser incluidos en el canon; Vargas Llosa es el único representante peruano. En 1969, él mismo esclareció su posición cuando rechazó la existencia de una literatura peruana y creyó más razonable hablar de una literatura latinoamericana, diferente de la literatura europea o norteamericana. Ariel Dorfman suscribe esta visión moderna de la novela hispanoamericana. Su libro *Imaginación y violencia en América*[59] se centra en algunos de los novelistas mencionados por Harss, Lafforgue, Fuentes y Donoso. En su interesante comparación entre José María Arguedas y Mario Vargas Llosa,[60] sin embargo, es capaz, dentro del contexto de la literatura peruana, de señalar detalles minuciosos de la técnica, del proceso narrativo y de la estructura temática que enfatizan semejanzas más que accidentales entre los dos escritores peruanos. Dorfman, junto con Rosa Boldori, parece pues capaz de cerrar la brecha de manera fructífera entre dos tendencias críticas distintas que a veces funcionan desde posiciones antitéticas. Ambos muestran sus intentos de incluir y de reconciliar, en sentido contrario a la tolerancia ausente, por ejemplo, en Donoso.

Todos los críticos peruanos se refieren a la narrativa vargasllosiana como literatura realista. Escobar afirma incluso que el realismo es un "rasgo característico", un "factor dominante y permanente" en la narra-

[56] "Tres notas sobre Arguedas", p. 30-54.
[57] Carlos Fuentes, p. 77.
[58] *Ibid.*, p. 97.
[59] Ariel Dorfman, *Imaginación y violencia en América*, Editorial Universitaria, Santiago de Chile, 1970.
[60] *Ibid.*, p. 193-223.

tiva peruana.[61] Escobar hace afirmaciones generales y no ofrece ejemplos, pero cuando los críticos pretenden especificar el concepto de realismo –Oviedo con términos como "realismo neonaturalista" o "realismo urbano";[62] Boldori con "realismo urbano", "neorrealismo urbano" y "realismo crítico";[63] Núñez con "novela urbana" y "neoobjetivismo";[64] Castro Arenas con "neorrealismo", "realismo indigenista", "realismo urbano";[65] Sánchez con "neorrealismo" y "tecnicalismo"–[66] la necesidad de definiciones para limitar la problemática complejidad inherente al tema en términos literarios aparentemente simples se hace evidente.

Algunos términos, no obstante, se repiten con más frecuencia que otros, y el término de "realismo urbano" es uno de los que se reiteran a menudo en los intentos de describir el universo narrativo de Vargas Llosa. Este parece ser un término aplicable en parte a *La ciudad y los perros*, pero *La Casa Verde* escapa casi completamente de tal clasificación, y lo mismo ocurre en gran medida con *Conversación en La Catedral*.

CONCLUSIÓN

Este capítulo ha señalado algunos de los elementos centrales de la teoría vargasllosiana de la novela y algunos de los problemas en su aplicación en la crítica literaria. Cuando Vargas Llosa escribe acerca de su propio trabajo como novelista y establece una teoría sobre su propia obra, realiza una actividad que resulta interesante y emocionante para el lector y para el estudiante de literatura como una introducción a su método de creación.

Por otro lado, cuando en su calidad de crítico aplica su teoría a un examen de las obras de otros autores, se ve forzado a crear por lo menos cuatro categorías de novelas realistas y al menos dos categorías de críticos y dos grupos de normas para la práctica de la crítica.

Generalmente reserva para el autor un máximo de libertad que no está disponible para otros seres, y ello de conformidad con la concepción del autor que se infiltra en todo el corpus de sus escritos teóricos.

[61] Escobar, *La narración en el Perú: Lima*, cit.
[62] Oviedo, *Mario Vargas Llosa: la invención de una realidad*, pp. 45-46.
[63] Boldori, pp. 21-22, 26.
[64] Núñez, cit.
[65] Castro Arenas, cit.
[66] Sánchez, p. 266.

Desde esta posición elevada evalúa a novelistas y novelas, períodos y movimientos de una manera que le sirve, una vez más, para colocar sus novelas favoritas en una categoría superior, calificándolas de buena literatura.

En la falta de flexibilidad y en la crítica subjetiva e impresionista resultantes, no se hace justicia a períodos, géneros, novelas y novelistas que en conjunto hacen que la tradición de la ficción hispanoamericana sea heterogénea y compleja.

II

¿EXISTE UN MUNDO FUERA DE ESTE TEXTO?

LOS CRÍTICOS Y *LA CIUDAD Y LOS PERROS*

Alberto Escobar parece ser el portavoz de un consenso casi unánime entre los críticos literarios peruanos respecto de *La ciudad y los perros*.[1] La calificó de obra maestra madura y de innovación en la narrativa peruana.

Críticos literarios de otras partes de Latinoamérica también saludaron al novelista y la novela, y los consideraron representantes de las nuevas tendencias dentro de un contexto hispanoamericano más amplio, incorporando inmediatamente a Vargas Llosa dentro del nuevo movimiento del *boom* narrativo de los años sesenta.

Así, Carlos Fuentes reconoció al momento una novela que enfrenta la realidad latinoamericana no como un hecho regional sino más bien como un asunto "que afecta a todos los hombres" y, por ello, no puede definirse con "sencillez maniquea", sino que "revela un movimiento de conflictos ambiguos".[2] José Donoso concedió más importancia aun a Vargas Llosa y la publicación de su novela. Se produjo un gran "estallido", afirmó Donoso cuando Vargas Llosa obtuvo el Premio Biblioteca Breve en 1962.[3] Esto significó que en Europa y en particular en España, los escritores hispanoamericanos ya no "pertenecían a una raza inferior a la de los semidioses que entonces leíamos".[4] Esta novela, sostuvo, provocó que todo el continente latinoamericano hablara de ella.[5] Vargas Llosa fue pues un éxito literario desde un principio, y fue reconocido inmediatamente tanto por críticos peruanos como por hispanoamericanos.

---

[1] Escobar, "Impostores de sí mismos", *Revista Peruana de Cultura*, 2 de julio de 1964, pp. 119-125.

[2] Carlos Fuentes, *La nueva novela hispanoamericana*, Joaquín Mortiz, México, 1969, p. 36.

[3] José Donoso, *Historia personal del* boom, Anagrama, Barcelona, 1972, p. 67.

[4] *Ibid.*, p. 80.

[5] *Ibid.*, p. 68.

Un factor común en las valoraciones peruanas e hispanoamericanas de *La ciudad y los perros* fue la presteza para aceptar la novela como un documento social. El Colegio Militar Leoncio Prado se prestaba rápidamente para tal lectura, pero los críticos presentaron variantes diferentes. Algunos observaron la estructura jerárquica dentro del colegio y la compararon con estructuras paralelas presentes en la ciudad, es decir, Lima.[6] Algunos observaron en el colegio un reflejo en miniatura del Perú, por lo menos en lo que respecta a los grupos étnicos representados entre los cadetes.[7] Dorfman leyó en la novela una "visión de nuestra América",[8] y Fuentes la vio como un reflejo de la realidad latinoamericana o de la sociedad en general.[9]

En estas críticas una de las premisas fundamentales era la de que la novela es un reflejo de alguna realidad o de alguna sociedad. El proceso de lectura y de evaluación fue interrumpido, por así decirlo, por este postulado básico que limita las reacciones de los críticos, y todos los elementos narrativos observados se reconcilian en una oposición binaria entre un microcosmos y un macrocosmos. Los detalles que escapan a esta fórmula o bien no se comentan o bien se critican como errores de composición. Surge de este enfoque una lectura integrada, consistente e independiente que resuelve internamente todas las posibles contradicciones, paradojas, antítesis, etc. de la novela, y se supone que dicha lectura a su vez recrea una pretendida intención estable de parte del autor.

Leer una novela como si fuera un documento o un reflejo de la sociedad tiene una larga tradición. Es un enfoque normal y no puede descartarse como si careciera de importancia o de interés. En este ensayo, la lectura de la novela como documento que refleja la sociedad no es central así como tampoco la lectura integrada de la intención del autor. El enfoque más importante está dirigido aquí hacia el texto mismo. De este modo, el estudio se concentra en la novela y no en alguna realidad extraliteraria detrás del lenguaje o la técnica literaria. En lo que concierne a la intención del autor, cualquier intento de aislarla sería fútil. La forma de la novela

[6] Oviedo, *Mario Vargas Llosa: la invención de una realidad*, Barral Editores, Breve Biblioteca de Respuesta, Barcelona, 1970 (posteriormente editado en Seix Barral, Barcelona, 1982), y Escobar, "Impostores de sí mismos", cit.

[7] Boldori, *Mario Vargas Llosa y la literatura en el Perú de hoy*, Instituto Argentino de Cultura Hispánica de Rosario, Colección Hipanoamérica, Rosario, 1969; Oviedo, cit.; Mario Benedetti, *Letras del continente mestizo*, Arca Editorial, Montevideo, segunda edición, 1969.

[8] Dorfman, *Imaginación y violencia en América*, Editorial Universitaria, Santiago de Chile, 1970.

[9] Fuentes, pp. 36-37.

surgirá entre el autor y el lector por un proceso de mediación, y es concebible que la forma novelística tenga su propia fuerza, una fuerza que revele no una intención autoral definida y estable sino más bien contradicciones, paradojas, detalles aparentemente impertinentes que no se someten fácilmente a una lectura unificada.

La observación realizada por Boldori en el sentido de que los lectores son incapaces de encontrar una interpretación racional e inequívoca de la obra es interesante debido a que esto era, en efecto, lo que la mayoría de los críticos, incluyendo a Boldori, trataron de hacer,[10] mientras que en este estudio se señala que algunos principios formales unificadores funcionan pero que al mismo tiempo contradicen y limitan algunos de los objetivos formulados explícitamente por el autor.

Casi todos los críticos mencionados hicieron del determinismo un asunto central en su discusión sobre la novela, pero presentaron opiniones diferentes en este aspecto. Es posible distinguir en los críticos un "determinismo moral",[11] un "determinismo naturalista",[12] un "determinismo social"[13] y un "determinismo ambiental".[14] Al referirse a Harss y a Boldori, Oviedo no discutió los problemas planteados sino que simplemente los descartó, considerando que el fatalismo era el elemento que dio a la novela su fuerza y su valor trascendental, su pasión y belleza,[15] aunque en apariencia se contentaba con dejar sin definición esos términos generales y abstractos.

Pero al mismo tiempo se provoca una controversia al discutir qué adjetivo es el correcto, y es posible continuar enumerando determinismos –institucionales, profesionales, militares, religiosos, psicológicos, femeninos, biológicos– ad infinitum. Tales discusiones mostrarían cuán evasivo es el término "determinismo" y su aplicación, cuando se trata de una novela moderna. Las consideraciones sobre el determinismo constituyen un enfoque reduccionista que se propone localizar un significado coherente

---

[10] Rosa Boldori, "La ciudad y los perros, novela del determinismo ambiental", Revista Peruana de Cultura, Lima, 9-10 de diciembre de 1966, p. 93.

[11] Escobar, "Impostores de sí mismos", cit.; Benedetti, cit., Castro Arenas, "El boom: guerrilleros de la novela" 7 Días, Lima, 18 de mayo de 1969, Lafforgue, editor, La nueva novela latinoamericana, I., Paidós, Buenos Aires, 1969.

[12] Harss, Los nuestros, cap. "Mario Vargas Llosa y los vasos comunicantes", Editorial Sudamericana, Buenos Aires, tercera edición, 1969; Oviedo, "El cuento peruano contemporáneo", en José Miguel Oviedo, editor, Narradores peruanos. Antología, Monte Ávila Editores, Caracas, 1968; Dorfman, cit.

[13] Boldori, "La ciudad y los perros...", cit.

[14] Harss, cit.; Boldori, cit.

[15] Oviedo, Mario Vargas Llosa: la invención de una realidad, pp. 95-97.

al transmitir una visión de la novela como si se tratara de un documento estático, con un mensaje estable referido al mundo, a la realidad o a la sociedad.

En la primera novela de Vargas Llosa cada narrador está condicionado, determinado por sus técnicas formales y narrativas, más o menos personales, que hacen de la lectura un proceso dinámico, impulsado, entre otras cosas, por la representación de los personajes, de las relaciones interpersonales, y por último, pero no por ello menos importante, por los procedimientos narrativos empleados en la novela. La mayoría de los críticos coincidieron en que el proceso de individualización narrativa en la novela era demasiado importante como para que se lo minimizara o dejara de lado. Los personajes se individualizan de acuerdo con sus antecedentes, circunstancias presentes y perspectivas para el futuro, y siempre de acuerdo con las relaciones con los demás. Muchos críticos leyeron esto como si se tratara de una especie de determinismo que circunscribe al individuo a una existencia de la cual no puede escapar. Pero hay una acción dinámica en la novela, y existen conflictos tanto al interior de los individuos como entre ellos y, si hay un determinismo, este parece ser de naturaleza lingüística, narrativa y formal. Esta posibilidad no ha sido considerada por las lecturas deterministas arriba mencionadas.

La mayoría de críticos trataron de encontrar un común denominador que pudiera incorporar la mayor parte de los "determinismos" y otros detalles en el complejo tejido textual que expone Vargas Llosa. Podría formularse una oposición binaria entre "ser" y "parecer" a partir de la observación de que la mayoría de los personajes interpretan papeles impuestos por algún tipo de entidad impersonal y abstracta que no conocen, que no cuestionan o que no tratan de analizar racionalmente. Son víctimas bajo el dominio de algo indefinido e incomprendido, y en consecuencia fuera de control. Padres, maestros, funcionarios interpretan sus partes, y a su vez se vuelven modelos –los únicos modelos existentes para ser imitados por los jóvenes estudiantes– porque en esta novela no se presenta ningún modelo alternativo, ni siquiera como una posibilidad ficticia. Y la novela asigna papeles textuales a los personajes dentro de una mascarada formal en que cada personaje recibe su propia máscara y con ello se incorpora simultáneamente a una jerarquía de máscaras. Los personajes no son iguales en este sistema pues los procedimientos narrativos los representan de manera diferente.

Este tipo de determinismo no es lo que normalmente se entiende por determinismo naturalista, moral, social o ambiental. Ha de localizarse en un nivel distinto de los asuntos relacionados con la economía, los problemas sociales y los problemas de clase, en un nivel que no considera categorías sociopolíticas como capitalismo o socialismo. Está restringido a una cuestión de lenguaje y de forma literaria. Ya sea que el autor se lo proponga o no, la novela aparentemente nos deja en un nivel de abstracción donde la mayoría de las contradicciones y paradojas pueden encontrarse y unirse: el nivel de la representación indirecta de lo que puede llamarse un sistema jerárquico. Y en este sistema literario los personajes representan e interpretan roles porque "parecer" es más importante que "ser". Aquí es donde las estructuras jerárquicas mencionadas por los críticos entran en juego y contrarrestan cualquier intento de cambiar modelos de comportamiento dentro del universo narrativo de la novela.

Los epígrafes de la novela parecen permitirnos una lectura que nos presenta una mascarada, el fingimiento y la pretensión de ser lo que uno no es, y un estudio detallado de las técnicas narrativas también autoriza este tipo de lectura. Debido a que el autor implícito también se oculta en esta novela detrás de una serie de máscaras –es una preocupación esencial en él no aparecer claramente en el texto, no "decir" sino "mostrar"– también parece participar en la mascarada. Parece difícil aislar su ser borroso formulando un simple significado integrado entre las diferentes representaciones que adopta el texto a lo largo de la novela y que imponen restricciones formales a su desarrollo. Todo es apariencia y toda apariencia nos parecerá igualmente válida.

Este aspecto desdibuja hasta cierto punto la estructura jerárquica de las voces narrativas de la novela, y en consecuencia es difícil estipular un mensaje moral o intención consciente de parte del autor. Parece ser más fructífero buscar el mensaje de la novela en la mascarada y en la ausencia del agente central, el distribuidor de los papeles, el "director", en el mundo de los personajes de la novela y en la relación entre autor y lector. Quizá el mensaje de la novela puede ilustrarse mejor por medio de una analogía: el trabajo que tiene que invertir el lector para leer e interpretar la novela es análogo al trabajo que tiene que invertirse para interpretar el mundo, para leerlo como si fuera un texto. En este caso el mensaje tiene que ver con la metodología, con la epistemología. No es una teoría para la acción práctica sino más bien un ejercicio práctico que permite saber cómo adquirir algún tipo de conocimiento detallado para "ser" y no sólo para "parecer". En este caso, el tono dominante de la novela sería irónico y este no sería sólo un resultado de influencias extranjeras sobre los escritores hispanoamericanos. También es el resultado de algunas tradiciones profundamente enraizadas en la literatura española, desde *El Lazarillo* y la novela picaresca española, hasta *El Quijote*, *El gran teatro del mundo* y *La vida es sueño*. La mayoría de los críticos leyeron la novela como una declaración sobre problemas morales (Escobar, Harss, Fuentes, Lafforgue, Castro Arenas, Oviedo) y trataron de encontrar una analogía entre la novela y el mundo. Algunos críticos llegaron a incluir a la ética dentro de un contexto político más amplio (Boldori, Lafforgue, Dorfman) y presentaron los problemas ideológicos como un problema de conciencia y actitudes del autor. En su artículo, Escobar describió el problema moral que surge a partir de su lectura de la novela, relacionándolo con las estructuras sociales de las realidades existentes en Lima y en el resto del Perú. Su artículo sólo se proponía ser una explicación del contenido y aclaró muy bien las implicancias étnicas de la novela y su valor representativo en relación con la composición racial de una sociedad peruana determinada. Boldori observaba un dilema entre la posición política declarada de Vargas Llosa y el mensaje moral que extraía de la novela.[16] Se presentó como una de las primeras representantes de la crítica ideológica en contra de Vargas Llosa, la cual se volvió muy áspera y desfavorablemente sesgada luego del "caso Padilla", entre 1968 y 1971.

La mayoría de los críticos se refería, de una manera o de otra, a las técnicas literarias y a los procedimientos narrativos. Luego, la narrativa se convirtió en un asunto secundario pues el tema más importante para los críticos se definía en el examen de la novela como documento social, como testimonio del autor y reflejo directo de la sociedad. Pero la novela es una obra de arte lingüística y el resultado de un proceso creativo de producción realizado a través de una selección, organización e interpretación. Algunos "medios de producción literaria" –procedimientos lingüísticos, técnicos y narrativos– hacen del texto algo más que un documento sobre la sociedad o un mero reflejo de la realidad. En su interesante artículo, Ariel Dorfman incorporaba una discusión formal. Observó que a Vargas Llosa le importaba la búsqueda de un significado que sabía que no existe.[17] Vargas Llosa, en consecuencia, se concentraba en la operación creativa y lingüística que él comprendía o intuía. En su argumentación, Dorfman prestaba atención a la forma y al contenido, pero lo hacía para aislar la presencia de la posición política y artística del autor y no para examinar la importancia de la forma literaria en el tejido textual y su importancia para la lectura de la novela.

---

[16] Boldori, "*La ciudad y los perros...*", p. 44.
[17] Dorfman, p. 208.

Oviedo ha sido uno entre muchos críticos que presentaron una lista de antecedentes literarios extranjeros para Vargas Llosa.[18] Es decir, en ninguna de estas listas había referencias a influencias o a predecesores peruanos, ni a la tradición narrativa hispánica. Este también ha sido el caso de otros críticos que enfatizan este punto. En contraste con esto encontramos la detallada comparación de Dorfman entre José María Arguedas y Vargas Llosa en la que señalaba algunos elementos literarios peruanos distintivos en las novelas de ambos.

Además, quisiera señalar en este estudio la tendencia en parte de la narrativa peruana a elegir una institución social como escenario de la acción para los casos de la novela y el cuento. César Vallejo lo hace en algunos de sus relatos, y también José María Arguedas utiliza escenarios institucionales, por ejemplo en *Los ríos profundos* y en *El Sexto*.[19] Vargas Llosa escoge ese mismo tipo de escenario para su primera novela, un factor que merecería ser examinado más de cerca. La "innovación" y la "renovación" que los críticos han mencionado deberían referirse principalmente a las técnicas narrativas empleadas en esta novela. Tal análisis sería útil para señalar las cualidades de la narración en la primera persona del singular y para buscar posibles predecesores por ejemplo en la tradición picaresca española, porque, si es una observación válida afirmar que la novela presenta una visión irónica del mundo como en el escenario de un teatro, Cervantes y Calderón de la Barca deben ser añadidos a la lista de los predecesores de la novela.

GÉNESIS DE LA NOVELA

Esta novela le valió al autor el Premio Biblioteca Breve en 1962 y el Premio de la Crítica en 1963, ambos españoles, y fue inmediatamente lanzada con gran éxito por la Editorial Seix-Barral de Barcelona.

El material autobiográfico es la base de la génesis tanto como del contenido de la novela. Oviedo, bien informado respecto a los datos biográficos, escribió que Vargas Llosa ingresó al Colegio Militar Leoncio Prado en 1950 y lo abandonó en diciembre de 1952, sin haber concluido el último trimestre.[20] Vargas Llosa ha destacado en numerosas ocasiones el golpe

---

[18] Oviedo, *Mario Vargas Llosa: la invención de una realidad*, p. 120.

[19] José María Arguedas, *El Sexto*, Laia, Barcelona, 1974; *Los ríos profundos*, Casa de las Américas, La Habana, 1965.

[20] Oviedo, *Mario Vargas Llosa: la invención de una realidad*, cit.

traumático creado por las experiencias a las que estuvo expuesto durante
su estadía en el colegio, y hablaba del sufrimiento y sobre cómo aquellos
años lo "estigmatizaron" de por vida.[21] También sostenía que sólo era posible escribir novelas a partir de las experiencias personales,[22] y que esa
escritura es una defensa, una salvación, o que representa un intento de
reintegración respecto de una sociedad de la cual el escritor se sentía excluido.[23] Vargas Llosa pareció invitar al lector-crítico a buscar en la biografía del autor, en su estado emocional y en su intención, el sentido de la
lectura de la novela.

Vargas Llosa pasó tres años creando la novela,[24] y tuvo cierta dificultad
para elegir un título apropiado; finalmente dejó de lado el título provisio-
nal de *Los impostores* y una tercera opción, *La morada del héroe* durante
ese proceso de composición.[25] Vargas Llosa definió esta novela como un
"testimonio" sobre ese período, ese ambiente y ese estado mental.[26]

Esto resulta muy esclarecedor, pues los críticos se han concentrado en
las nociones que aluden a lo testimonial y a la novela como reflejo de una
sociedad determinada, como vimos anteriormente. Pero se ha prestado
muy poca atención a ese período, ese ambiente y ese estado mental que
representa en realidad, el período histórico que produjo las ideas, el estado psicológico y el trasfondo social reflejados en la novela. Esa etapa –la
de las experiencias personales e históricas, si tratamos de limitar la formulación a su correlato autobiográfico, de 1950 a 1952– fue el inicio del
período en el que Odría fue electo presidente. Un descripción bastante
afable de esa época, emitida por Hubert Herring, se refería a que

> [...] se abandonó toda pretensión de democracia, un Congreso muy selecto
> cumplía las órdenes de Odría, una prensa disciplinada evitaba las críticas, y el
> ejército gobernaba.[27]

Odría fue el exponente peruano de la política anticomunista maccartista,
y sus opositores políticos eran perseguidos y en muchos casos enviados al
exilio. El dirigente del partido aprista, Víctor Raúl Haya de la Torre, por

---

[21] En Harss, p. 422.
[22] *Ibid.*, p. 433.
[23] *Ibid.*, p. 435.
[24] *Ibid.*, p. 423.
[25] *Ibid.*, p. 428.
[26] *Ibid.*, p. 434.
[27] Hubert Herring, *A History of Latin America*, Alfred A. Knopf, Nueva York, tercera
edición, 1968, p. 603.

ejemplo, se refugió en la embajada colombiana en Lima y estuvo asilado entre 1949 y 1954.

En contraste con las posible lecturas formuladas por Vargas Llosa, la mayoría de los críticos han leído la novela como el testimonio de un estado de cosas generalizado o de una naturaleza humana peruana, hispanoamericana, latinoamericana y universal. Pero también existe ciertamente una posibilidad que la crítica no ha desarrollado hasta ahora, de leer la novela como una representación de las experiencias juveniles de un período y un estado mental característicos de cierto tipo de gobierno (un régimen autoritario y dictatorial) en un lugar específico (Lima y el Perú) y en un momento definido de la historia (1950-1952). Sería por ello posible considerar la novela como un claro antecedente de *Conversación en La Catedral*, y como un temprano ejemplo de novela de dictadores, un tipo de narrativa desarrollado más plena y conscientemente por Vargas Llosa en su tercera novela (1969) y en *La fiesta del chivo* (2000).

Si incluyéramos en ese período los años formativos de la infancia de los jóvenes cadetes que entran al colegio militar en 1950, tendríamos que poner atención a la historia peruana de los años cuarenta y considerar los períodos presidenciales de Manuel Prado (1939-1945) y José Luis Bustamante y Rivero (1945-1948), y sus gobiernos parlamentarios, para establecer un contraste histórico entre la previa educación "democrática" de los muchachos y la colisión producida en el texto entre ese trasfondo y sus experiencias "reales" en una institución militar bajo un régimen autoritario.

Es interesante señalar que Vargas Llosa no escribió la novela en el Perú durante el régimen odriísta. En esa época era estudiante, trabajaba como periodista y escribía relatos que fueron publicados en 1959 –durante el segundo período presidencial de Manuel Prado– bajo el título de *Los jefes*. No escribió su primera novela sino hasta después de abandonar el Perú, viajando primero a Madrid en 1958 y luego a París en 1959. Cuando la novela se publicó en España, Fernando Belaúnde Terry encabezaba en el Perú un gobierno democráticamente electo.

Entre 1950-1952 y 1960-1962 han transcurrido diez años que separan el proceso de escribir –el proceso de la composición en el presente– de las experiencias autobiográficas que forman el material básico para su representación narrativa: las experiencias vividas en el pasado. Hay una brecha temporal entre "la persona que experimenta" y "la persona que narra", de por lo menos diez años, y el material empleado aparentemente se reservó para la novela y no se usó en los cuentos publicados en 1959.

Esta brecha es similar a la que se encuentra en una novela autobiográfica o en una autobiografía, entre el "yo que experimenta" y el "yo que narra", distancia que coloca al escritor en una posición de omnisciencia desde la cual observa una serie de acontecimientos pasados sobre los que aparentemente ejerce un completo control. El acto de leer es alejado aún más de las experiencias históricas básicas y se invita al lector a compartir una posición privilegiada desde la cual puede observar acontecimientos pasados. Según las indicaciones del autor, uno de los temas importantes para la crítica debería ser el intentar aislar las experiencias biográficas del autor localizadas en el texto, pero la mayoría de los críticos han leído la novela como si transcurriera durante el gobierno de Belaúnde Terry (1962-1968) o como si intentara representar cualquier período histórico peruano. De esta manera no han seguido la línea de pensamiento indicada por el autor, sino que han preferido, por el contrario, una manera más general y universal de leer la novela como representación o reflejo de una situación social y política general en el Perú y en Latinoamérica, o como una representación de la situación existencial del ser humano en general.

Vargas Llosa llegó a definir el término "testimonio" añadiendo que la novela quiso ser una "transposición" de la realidad, pues el escritor tiene que transformar, manipular y unir los elementos de una manera muy especial para que ello se vuelva "literatura".[28] Muchos críticos se han concentrado en la primera noción general de testimonio como documento o reflejo de la sociedad; pocos, si los hubo, han discutido seriamente la manera muy especial por medio de la cual el novelista convierte esta noción en literatura, un objeto estético merecedor de lectura, investigación y estudio. Mientras Vargas Llosa hablara sobre su relación con la realidad, la relación entre la realidad y la literatura y la relación entre sí mismo y la novela, sus declaraciones estarían necesariamente condicionadas por su propia definición de literatura como realismo, y por su concepción de la "novela realista" como la única que él cultiva y que condiciona hasta cierto punto la manera en que convierte la novela en transposición de la realidad.

La insistencia de Vargas Llosa en la importancia de los datos biográficos, la realidad social y el estado de ánimo del autor, ha ejercido a su vez una influencia decisiva sobre la crítica literaria, la cual ha respondido del mismo modo insistiendo en que el significado de la novela ha de encontrarse en el reflejo natural del mundo que esta esboza y en su expresión de

---

[28] Harss, p. 438.

la intención del autor. Hasta cierto punto los críticos han aceptado las declaraciones explícitas de Vargas Llosa durante su discusión de los términos generales "literatura" y "novela". Los críticos se han adherido al modelo tradicional de comunicación en su interpretación de la novela en donde la secuencia jerárquica que va desde el autor –a través de la obra– hasta el lector, deja para el lector-crítico únicamente la posición de consumidor y reproductor pasivo de los significados pretendidos por el autor y que han sido depositados en y transmitidos por el texto.

Entre las experiencias del autor y el texto impreso hay brechas temporales y espaciales, como se ha indicado, y hay momentos en que la forma literaria interviene y transforma el material mientras ejerce una influencia formal sobre él. Es posible que durante este proceso la forma literaria pueda desviar y transformar las intenciones autorales al imponer restricciones o aperturas formales no controladas por el escritor. El escritor puede entonces convertirse también en objeto de algún tipo de control formal del cual no pueda escapar. La novela no sólo es tan completa y unitaria como muchos críticos han tratado de demostrar, sino que es también un constructo complejo abierto a la contradicción y a la paradoja. Las contradicciones y las paradojas no son "errores" del autor; los episodios en los que figura Teresa en *La ciudad y los perros* –tan a menudo criticados– no son entonces "defectos" de construcción. Resultan, quizá, ser indicaciones de ciertas contradicciones existentes entre las intenciones del autor y la forma literaria empleada: son "efectos" más que "defectos", y también indican algunas de las limitaciones implícitas en un género literario determinado y en los medios de producción literaria al servicio del escritor en el tratamiento y la representación de los personajes femeninos.

Si se libera a la novela de la atribución casi dogmática por parte de la ortodoxia crítica de unas limitaciones impuestas por el autor respecto de la lectura, con el fin de hacerla accesible al lector en toda su complejidad, el proceso de lectura resulta en una experiencia mucho más gratificante y estimulante que una simple búsqueda reduccionista de la intención del autor, de un estado de ánimo, de un reflejo de la sociedad y de un período histórico. Es "normal" buscar datos empíricos en la realidad extraliteraria y convertirlos en la prueba de una búsqueda científica. Los datos concretos más importantes para la lectura se encuentran, sin embargo, en el texto. La novela es un constructo producido a partir de medios de producción literaria existentes. El proceso de producción motiva una transformación de los materiales, y es fútil tratar de aislar la "materia prima" aun si el autor invita al lector a hacerlo. El significado no es coherente, unitario, no puede reducirse a un solo tipo o fuente. El significado es complejo y desigual e invita a una producción dinámica de significados durante el proceso de lectura.

MICROCOSMOS Y MACROCOSMOS

Si se juzga por su hilo narrativo central, *La ciudad y los perros* puede ser calificada como una novela "cerrada" espacialmente, desde que la acción principal se restringe a *la ciudad* y al Colegio Militar Leoncio Prado, donde los cadetes son los "perros". Su acción está limitada geográficamente a Lima y a una institución militar que forma parte de un *establishment* educativo más amplio. Los estudiantes pasan parte de sus años de formación en la academia para prepararse para la vida madura en el mundo exterior, y algunas escenas familiares y de la vida social, por ejemplo los pasajes en que los cadetes están de permiso, aluden a estructuras educativas correspondientes que funcionan en varias instituciones sociales.

Esta primera novela de Mario Vargas Llosa elabora de manera más modernizada un modelo de narrativa cultivado por José María Arguedas Arguedas y por muchos escritores de la generación de los cincuenta (Enrique Congrains Martín, Luis Loayza, Julio Ramón Ribeyro, Oswaldo Reynoso, por ejemplo). La narrativa centrada en la iniciación, formación, educación y socialización de jóvenes, varones en la mayoría de los casos, en escenarios reconocibles como "peruanos" en virtud de la representación lingüística y geográfica desarrollada en esta narrativa. En este sentido, *La ciudad y los perros* construye y desarrolla ciertas tradiciones literarias que pueden denominarse nacionales y peruanas.

Novela de educación o formación, nos muestra la preparación de estudiantes varones para el mundo adulto dominado por hombres. Esta preparación es militar, moral, social, política, psicológica, sexual y artístico-literaria, y tanto la institución militar como el contexto social más amplio se revelan como moralmente "pervertidos", y se sirven recíprocamente dentro de un proceso de degradación del ser humano.[29] En este proceso educativo la comunicación sincera es imposible: en el colegio debido a la rígida jerarquía militar; en la ciudad debido a una estructura social patriarcal y machista que mantiene a hombres, mujeres y niños

[29] Escobar, "Impostores de sí mismos", cit., Castro Arenas, cit.

en posiciones fijas en donde el elitismo clasista y la discriminación étnica regulan las relaciones entre las personas.

El retrato de uno de los colegios militares peruanos mejor conocidos ha sido leído por los críticos como un documento realista de la inhumanidad, brutalidad, violencia y disciplina "prusiana" representadas por los oficiales y los cadetes más fuertes en contra de sus víctimas débiles e indefensas. Esta representación microcósmica es leída habitualmente como un espejo del macrocósmico universo de Lima y del Perú. El colegio militar se describe como una institución social que funciona dentro de estructuras sociopolíticas coordinadas más amplias y generalizadas y similares, caracterizadas por las escenas situadas en la ciudad y en la vida familiar fuera del colegio:

> se ve al hombre como un eterno derrotado, incapaz de controlar su mundo, naufragando en una fatalidad ineludible. [...] En *Los jefes* y en *La ciudad y los perros* se muestra a seres encarcelados dentro de un sistema, y se entiende que ese colegio militar imita la estructura férrea de la realidad misma.[30]

Este método de lectura busca paralelismos en la relación entre el universo de la novela y la realidad. Pero la *realidad literaria* es el elemento dominante en esta variante de determinismo naturalista, y la descripción mencionada tendría que haber sido respaldada por una referencia al universo literario heterogéneo y complejo: la encarnación formal de estructuras literarias jerárquicas que determinan, a través de múltiples dispositivos textuales, el impacto de las inquebrantables estructuras formales de las cuales los personajes y la acción no pueden escapar.

Estructurada alrededor de una diversidad de destinos individuales, diferenciados por ambiente, espacio geográfico, etnia, clase social, psicología individual y procedimiento narrativo, por medio de la incorporación de tres (mini) biografías personales fragmentadas que se alternan con el relato en la acción principal, la novela cuenta historias que corren paralelamente sin siquiera entrecruzarse y que describen la formación y la educación de personajes diferentes y diferenciados antes de su ingreso en el colegio militar. Estas historias variadas desestabilizan la lectura y se abren paso a través del relato principal sobre la experiencia común de los cadetes en la academia. El colegio militar y la sociedad fuera del colegio están jerárquicamente estructurados, y la estructura literaria de la novela misma también se estructura de manera jerárquica.

---

[30] Dorfman, p. 198.

La novela desarrolla una jerarquía interna de comunicación literaria y de voces o conciencias narrativas, luego congela las diferencias y confirma un estado de cosas que no es analizado ni cuestionado por ninguna conciencia individual ni colectiva. Es deprimente observar cómo, uno por uno, los miembros del grupo fracasan cuando piensan que tienen éxito, escribió Alberto Escobar,[31] y Ariel Dorfman indicó que en la novela observamos que el hombre siempre es derrotado, incapaz de controlar su mundo, náufrago de una fatalidad ineluctable.[32] Esto es inevitable no sólo porque el mundo exterior y las intenciones del autor se reflejan en la novela, como Escobar y Dorfman parecen deducir, sino también porque las restricciones formales inherentes a la novela controlan la historia y le dan direcciones formales que el escritor no revoca ni anula.

El escritor puede estar entrampado en dilemas concernientes a la elección y la libertad de acción similares a los que se consideran típicos de los personajes de la novela y de la gente del mundo real. En consecuencia, puede justificarse que consideremos la relación entre el escritor y la realidad, y entre la ficción y la realidad, como de naturaleza formal. Desde el punto de vista del género narrativo, *La ciudad y los perros* es una novela híbrida y compleja, de espacio cerrado, que se ocupa de la formación y la educación de jóvenes varones, compuesta por biografías individuales y por experiencias comunes, que representa psicologías individuales tanto como normas sociales y patrones de conducta.

Comparada con el más amplio patrón de desarrollo de la narrativa peruana de la década de 1950, representa un avance en virtud de la introducción de numerosas técnicas narrativas modernas. Esta modernización e innovación técnica se impone sobre patrones narrativos tradicionales de la novela peruana, hispanoamericana y española entre otras, es decir, sobre los patrones de estructuras lingüísticas y literarias deterministas que se mantienen intactas y subyacentes y condicionan la organización jerárquica del universo de la novela.

[31] "Impostores de sí mismos", p. 120.
[32] Dorfman, p. 198.

EL COLEGIO MILITAR:
PUNTOS DE VISTA CAMBIANTES, POSTERGACIÓN, MISTERIO Y SUSPENSO

La novela está dividida en dos partes y un epílogo. Cuarenta y dos de los ochenta episodios distribuidos a lo largo de la primera y segunda partes desarrollan la historia central de la novela, la narración de la experiencia común compartida por los cadetes cuando se encuentran en el Colegio Militar Leoncio Prado. El primer capítulo del epílogo también está estrechamente vinculado con este eje narrativo.

El tiempo a lo largo del cual se desarrolla este relato está limitado estrictamente y se hace alusión a él sólo indirectamente. La acción empieza un 13 de septiembre y termina cuatro o cinco semanas después en el último de los tres años de formación que los cadetes pasan en el colegio.[33] En el epílogo, el capítulo vinculado con la historia central se centra en el período de las vacaciones inmediatamente después de dejar la academia, y el capítulo tres se centra en un tiempo indefinido.

Las implicaciones temporales de la novela están relacionadas con las perspectivas y los puntos de vista desarrollados en ella. Parecería una generalización válida sostener que para la narrativa peruana de la generación de los Cincuenta, e incluso antes, el patrón normal de desarrollo de la novela y del cuento limita el punto de vista narrativo a la perspectiva de un solo personaje, normalmente el protagonista. En su primera novela Vargas Llosa organiza las variadas voces únicas de sus diversos narradores en una sinfonía de múltiples puntos de vista. Este aspecto de innovación formal repercute en la representación temporal que las narraciones implican. Por ello proporciona a la novela calidades épicas características de un tipo de novela moderna.

La novela se inicia dramáticamente con el robo de las preguntas de los exámenes cometido por Cava, una acción a la que lo ha empujado una circunstancia del azar externa y fortuita al menos en última instancia: un juego de dados. Se comete un delito –una infracción a las normas del colegio– y en su ansiedad por la posibilidad de que este sea descubierto, el mismo Cava alude a la posibilidad de que se localice a los autores del crimen (p. 15).[34] Esta pista sobre un desarrollo potencial del texto se deja

---

[33] Mario Vargas Llosa, *Historia secreta de una novela*, Tusquets, Barcelona, 1971, pp. 131 y 241-246.

[34] Las referencias a pasajes de *La ciudad y los perros* corresponden a la edición de Seix Barral, Biblioteca Breve, Barcelona, novena edición, 1967. En lo sucesivo se indicarán entre paréntesis en el texto los números de página para cada referencia.

abierta durante un tiempo considerable por medio de la intercalación en el relato central de diferentes episodios de otras líneas narrativas, y no es sino mucho después (p. 99) que el presentimiento de Cava se hace realidad: el robo se descubre. El lector y algunos cadetes, principalmente los del "Círculo", saben quién es el culpable, pero la mayoría de los cadetes y los oficiales no, y esto deja al lector en la privilegiada posición de reconocer la "ironía dramática" y de compartir con el autor información que muchos de los personajes de la novela no poseen.

El involucramiento de la institución educativa en las acciones de la primera parte de la novela se manifiesta en la forma lingüística de las órdenes militares que influyen directamente sobre la vida de los cadetes. La reclusión impuesta acentúa la intolerable situación psicológica de Ricardo, el denunciante, que sufre por esta reclusión debido a que tiene una cita con Teresa en Lima y quiere escaparse; percibe una solución y actúa de acuerdo con su decisión: denuncia al ladrón (p. 121). El resultado de esta deslealtad es una nueva orden de la institución militar y un nuevo misterio para los cadetes (p. 131), quienes tratarán de descubrir al traidor. Una explicación posible de la grave herida infligida a Ricardo durante un ejercicio de rutina (pp. 167-168) es que alguien ha descubierto su traición y se ha vengado.

En este momento el texto cambia de punto de vista y deja entrever las reacciones entre los oficiales. El capitán Garrido interpreta el accidente como una amenaza para su carrera de oficial, un caso de negligencia durante el servicio cuya responsabilidad debe a toda costa tratar de evitar. La historia de los cadetes, sin embargo, no sigue desarrollándose hasta el final del primer capítulo de la segunda parte de la novela (p. 207) cuando Ricardo muere. En el episodio siguiente (pp. 210-217), la posibilidad de que se trate de un accidente se reduce debido a que ahora hay indicios de que fue herido a propósito por otro personaje. Este giro introduce un nuevo enigma a la novela. Sin embargo, el texto no da ninguna idea de esas percepciones, pasiones y acciones que permitirían acusar a algún cadete en particular de ser un asesino potencial.

Por otro lado, un cambio de perspectiva nos permite participar de la reacción de los oficiales, dramatizada en el caso del coronel (p. 212). Mientras que en el caso del capitán Garrido la reacción ha sido por entero personal y profesional, en el caso del coronel, se vuelve más impersonal e institucional en el sentido de que se esconde detrás de la institución y dirige su miedo, diluido por consideraciones personales, hacia un enemigo no identificado del colegio. Se le abren dos rumbos de acción posible.

El primero –investigar el asunto, con el fin ideal de descubrir al culpable y someterlo a una acción disciplinaria– podría en principio provocar una catarsis y una victoria para los principios éticos correctos, mientras que al mismo tiempo salvaría la reputación del colegio en un sentido social y político. El segundo rumbo, tomar precauciones –aparentemente para salvar el prestigio del colegio, es decir, sus apariencias de correcta moralidad– es en realidad una medida para encontrar una solución que borre toda sospecha de responsabilidad de parte de la institución y evite el riesgo de un desastre profesional y personal que amenace a sus servidores, como el coronel y el capitán. Las acciones tomadas por los oficiales para presentar el accidente como un suicidio (p. 216) favorecen esta última solución.

Posteriormente, en otro cambio de punto de vista, la novela presenta la aflicción de Alberto ante la pérdida de su amigo (p. 226) y permite seguir su proceso de análisis y percepción hasta que actúa deliberadamente y telefonea al teniente Gamboa, a quien le promete revelar quién es el asesino (p. 239). La denuncia del Jaguar y del "Círculo" hecha por Alberto es el primer paso tomado como una acción moralmente aceptable hacia una solución que la mayoría de los oficiales tratan de evitar, pero que Gamboa está dispuesto a realizar: una profunda investigación para establecer los hechos objetivos. Gamboa y Alberto parecen estar unidos ahora en contra de la institución, representada por el coronel y el capitán, y el conflicto entre dos estrategias alternativas se acentúa a medida que ascendemos por la jerarquía militar desde el capitán (pp. 261-264) hasta el comandante (pp. 275-278). En este proceso la oposición a la línea de acción de Gamboa se intensifica de manera correspondiente.

Gamboa gana aquí la simpatía del lector; se produce una fuerte expectativa de que su línea de acción tenga éxito. Sin embargo, hay indicios (p. 279) de que algo comienza a cambiar en Gamboa a medida que vive emociones impresionantes y sorpresivas, atípicas en él: falta de entusiasmo, indiferencia, pasividad y una falta de confianza en un desenlace positivo de su proyectada pugna con sus superiores. La revelación del estado de ánimo de Gamboa en este punto presagia el desenlace de la novela.

En una reunión con el coronel, Alberto también experimenta una sensación de futilidad similar (p. 285) y, en este momento, la revelación de la motivación –a medida que el personaje atraviesa las sucesivas etapas de pasión, propósito y posible acción– es entorpecida por la intervención del coronel quien, aunque actúa después de deliberar, está sin embargo condicionado por las circunstancias externas y las consideraciones sociopolíticas relacionadas con un sistema que considera digno de preservarse. Este giro de los acontecimientos traslada el interés que se tiene por el Jaguar como posible asesino de Ricardo hacia la responsabilidad por una acción moralmente desviada de parte de un grupo más grande de gente "respetable".

La responsabilidad y la disciplina se identifican con las acciones del coronel y con las de la dirección del colegio (p. 287), y con la obediencia a las órdenes de los superiores. Aquí la ironía impregna la historia, pues Alberto, el coronel, el autor implícito y el lector, cada uno desde su privilegiada posición, son conscientes de que esta es una acción inmoral. "responsabilidad" y "disciplina" consisten en ocultar hechos vitales que son esenciales para la solución públicamente aceptable de un grave problema. La corrupción moral toma el lugar de la justicia, y la corrupción, en consecuencia, se convierte en la nueva base moral sobre la cual se asienta la carrera misma de los oficiales. Esta suplantación de la justicia por la corrupción se discute cuando después de un cambio de perspectiva se narra la conversación entre Garrido y Gamboa (p. 296).

Que la corrupción moral es recompensada dentro del universo de la novela así como fuera de los límites de la institución militar, se exterioriza de manera irónica cuando el padre de Alberto lo felicita por haber terminado su educación (p. 327), y los términos con los que se expresa esta felicitación son repetidos casi palabra por palabra por el coronel cuando se dirige a Alberto en el momento en que se despiden (p. 332).

Al final, se muestra a por lo menos uno de los adolescentes, Alberto, que ha pasado el ritual de iniciación y educación para ser admitido en el mundo exterior al colegio. Alberto recibe las señales de paso de las manos del coronel y de su padre. Pero entre las líneas del texto el lector puede ver que este éxito es relativo, y que la aprobación que aparentemente ha ganado de parte del nivel superior de la jerarquía institucional masculina, implica realmente una disminución del valor moral personal. Los intereses de los dirigentes militares y de la cabeza de la familia – representada por el padre–, los intereses de la sociedad masculina en general han triunfado a expensas de la virtud y la integridad personal de otro padre en ciernes.

Al final se restablece el *status quo* inicial, el estado de cosas que estaba amenazado por la posibilidad de que se aplicase una solución alternativa a la crisis. Dicho estado ha sido desafiado momentáneamente por intentos personales de actuar de otra manera, pero ningún patrón de acción alternativo ha sido suficientemente consistente como para alterar los hábitos producidos y reproducidos por las autoridades. Los patrones habi-

tuales de pensamiento y de acción presentan obstáculos insuperables para
el cambio, pues están, en la novela, basados en el principio de poder
jerárquicamente organizado.

Los críticos calificaron como "determinismo", "fatalismo" y "pesimismo" este desenlace de la novela, y lo interpretaron normalmente como un
rasgo característico del temperamento del autor y del contexto
sociohistórico limeño, peruano y latinoamericano en general. Pero la sensación de desesperanza también podría estar determinada formalmente
por las restricciones del género narrativo y por la decisión de limitar el
centro narrativo principal a la vida común de los cadetes dentro del colegio militar. El sentimiento de futilidad, en consecuencia, podría ser el resultado de mecanismos formales que repetidamente interrumpen todo
ritmo prometedor que busca establecerse, al alentar por algún tiempo la
expectativa de una solución moralmente aceptable. Al introducir obstáculos a cualquier abertura formal que se presenta, todas las posibilidades
de desarrollos formales alternativos se reducen abruptamente y finalmente se excluyen.

Formalmente es posible situar esta novela dentro de una tradición narrativa que se remonta, en la historia de la narrativa hispanoamericana,
por lo menos a los períodos realistas y naturalistas. Dorfman, al referirse a
José María Arguedas, sostenía que la novela indigenista es una de las expresiones de la novela sobre la explotación social en América.[35] El interés
principal en este tipo de novelas es mostrar la opresión en la *sociedad* o en
la *realidad* extraliteraria:

> Esta visión no se debe a las condiciones históricas que prevalecían en esa épo-
> ca y que desafortunadamente aún persisten en parte en la nuestra, sino tam-
> bién a la influencia del determinismo naturalista en la literatura, el hombre
> como un ser abofeteado por la fatalidad exterior (su medio ambiente, sus
> circunstancias históricas) e interior (su raza y sus genes). Paradójicamente,
> esta visión se emparenta con la de la novela actual, que coloca al hombre en
> un mundo que tampoco entiende o domina.[36]

Y al mismo tiempo es posible que "la opresión" aparezca como efecto de
estructuras narrativas tradicionales empleadas en la novela modernizada
de Vargas Llosa. Puede haber restricciones formales que operan en el universo novelístico, independientes de la realidad extraliteraria y de los fe-

---

[35] Dorfman, p. 201.
[36] *Ibid.*, p. 202.

nómenos empíricos. Este "determinismo formal", inherente a las estructuras narrativas desarrolladas en la novela, controla y dirige a su vez los procesos de representación utilizados en el relato, formando un círculo vicioso que se autoperpetúa.

Las estructuras narrativas formales seleccionadas no permiten desviarse de la organización narrativa interna, de modo que introducir una acción moral y políticamente "heroica", realizada por uno o varios de los personajes, desestabilizaría el determinismo y la fatalidad observados como tradicionales. José María Arguedas, tal como observó Dorfman, muestra desde el principio la *rebelión*,[37] como "una ofensiva por instaurar un nuevo orden social y humano". Una acción "libertadora" significaría introducir en la novela de Vargas Llosa un tipo de desarrollo ejemplar que formalmente no es aceptable para el género narrativo que se cultiva.

FORMA LITERARIA Y TÉCNICA NARRATIVA

Adoptando la fórmula inventada por E. M. Forster en *Aspects of the Novel*,[38] sería posible resumir algunas de las experiencias del lector en relación con el encadenamiento cronológico de la historia central de *La ciudad y los perros* de la siguiente manera:

> [...] la base de una novela es una historia, y una historia es una narración de acontecimientos arreglados en una secuencia temporal.[39] [...] Como historia sólo puede tener un mérito: el de permitir que el público sepa qué sucede después.[40]

Para muchos lectores de *La ciudad y los perros* esta ha sido la sensación creada por las secuencias que tienen lugar en el Leoncio Prado, y la mayoría de los críticos se han concentrado en ellas.

Este estudio de las características formales de la novela conduce, además, a observar lo que en los estudios críticos de la literatura a veces se ha calificado de calidad dramática en las secuencias de una novela. En su discusión sobre el teatro, Francis Fergusson describe un "ritmo dramático" en términos reconocibles como apropiados también para el patrón de

---

[37] *Ibid.*, p. 203, subrayado en el original.
[38] E. M. Forster, *Aspects of the Novel*, Edward Arnold & Co., Londres, 1927.
[39] *Ibidem.*
[40] *Ibidem.*

desarrollo establecido en el hilo narrativo central de la novela de Vargas Llosa. "Forma" es, según Fergusson, un movimiento rítmico a través de las fases de "propósito", "pasión" y "percepción" en el personaje, movimiento que puede desembocar en algún tipo de acción y que provoca cierto efecto sobre la audiencia: "excitación", "interés", "suspenso" etc.[41]

Otro crítico, Edwin Muir, estableció criterios para la novela que llamaba "dramática", centrando su descripción en los personajes así como en el ritmo de la progresión narrativa:[42]

> Tendrá [la novela dramática] una progresión que es a la vez espontánea y lógica debido a que los personajes cambiarán, y el cambio creará nuevas posibilidades. Esta lógica espontánea y progresiva es el rasgo realmente distintivo del argumento de una novela dramática.[43]

En una novela de este tipo "dramático" las condiciones de los conflictos cambiarán, dando lugar a resultados imprevistos, dice Muir, y las consecuencias finales de la resolución de una novela dramática son muy raramente conocidos de forma inmediata ya sea por los actores o por el lector.[44]

En la sección anterior de este estudio los acontecimientos fueron reordenados en una secuencia cronológica corriendo el riesgo de realzar artificialmente la cualidad dramática de partes de la novela de Vargas Llosa. Pero un reordenamiento como este no siempre toma en cuenta las complejidades de la novela como totalidad. Entremezclados con las secuencias que tienen lugar en el Leoncio Prado –y que por estar situados allí dilatan el desarrollo de la historia, creando con ello en el lector la sensación de excitación y de suspenso– hay episodios y fragmentos que narran las historias de tres vidas individuales: las de Alberto, Ricardo y el Jaguar. Estas "biografías" contienen respectivamente cinco, cinco y doce episodios. Además, Alberto y el Jaguar actúan, cada uno, en el centro de un episodio del epílogo de la novela. Desarrollándose de forma paralela a la historia que transcurre en el Leoncio Prado también encontramos la historia de Boa a lo largo de trece episodios, la cual proporciona en verdad un comentario "coral" sobre los acontecimientos que ocurren en el colegio.

---

[41] Francis Fergusson, *The Idea of a Theater*, Doubleday Anchor Books, Nueva York, 1955, p. 48.
[42] Edwin Muir, *The Structure of the Novel*, The Hogarth Press, Londres, 1928.
[43] *Ibid.*, pp. 47-48.
[44] *Ibid.*, pp. 71 y 74.

Les ha sido demasiado fácil a los críticos descartar estas historias como si fueran secundarias y darles, en el mejor de los casos, un tratamiento apresurado en la crítica de la novela. Son secundarias sólo en el sentido de que no están dramáticamente presentes como las secuencias que tienen lugar en el colegio. Son primarias en el sentido de que están distribuidas, por un sistema de fragmentación y alternancia, de acuerdo con la necesidad de aplazamiento épico y dramático de los elementos de la trama lineal. Funcionan con el objetivo de crear interés y suspenso épico en los lectores, en una distribución de episodios que es enfatizada por la división de la novela en capítulos y partes.

En una extensa serie de artículos publicados en Lima entre 1964 y 1968, Vargas Llosa insistía, más que cualquier otro escritor peruano, en la importancia de la forma en su novela. Es ilusorio, afirmó, pensar que un tema original y fascinante es suficiente para generar una obra literaria.[45] En el teatro, en la poesía y en la novela el tratamiento lo es todo; la victoria o el fracaso dependen de él.[46] La forma es de suprema importancia en una obra de arte, afirmó en 1965, su existencia depende de la forma.

En el primer congreso de novelistas peruanos celebrado en Arequipa en 1965, se dedicó una sesión al "Sentido y valor de las técnicas narrativas".[47] En el contexto del congreso, Vargas Llosa lanzó en efecto un manifiesto radical y explícito sobre la importancia de la técnica narrativa cuando afirmó que el tratamiento lo es todo, que la forma tiene una importancia suprema en una obra de arte, y que su existencia misma depende de la forma. Este énfasis radical en la forma pareció ser uno de los factores principales que distinguían a Vargas Llosa en 1965 de sus compatriotas y contemporáneos en el Perú de los años sesenta. La declaración de Vargas Llosa iba de la mano con cierta reconsideración crítica expresada más tarde por Philip Stevick en el sentido de que las técnicas narrativas "no existen independientemente de su uso en novelas determinadas", y que

el tema que se trata en una novela −sus ideas, asuntos, su sistema de valores− no puede separarse de sus técnicas, puesto que sólo por medio de las técnicas estos temas y valores cobran existencia.[48]

[45] Cf. Mario Vargas Llosa, "Una narración glacial", Expreso, Lima, 26 de agosto de 1964; "La Sarraute y las larvas", Expreso, Lima, 5 y 15 de octubre de 1964.

[46] Mario Vargas Llosa, "Primitives and creators", Times Literary Supplement, Londres, 14 de noviembre de 1968, pp. 1287-1288.

[47] Primer encuentro de narradores peruanos [1965], Casa de la Cultura del Perú, Lima, 1969, pp. 167-222.

[48] Philip Stevick, editor, The Theory of the Novel, Collier-Macmillan, Londres, 1967, p. 46.

La fragmentación y la alternancia de secuencias forman parte de la técnica narrativa y, como se ha tratado de señalar, estos procedimientos formales provocan ciertos efectos sobre los lectores.

Los fragmentos entremezclados que sirven para detener el desarrollo de la acción colectiva en las secuencias que se despliegan en el colegio, exponen partes de la temática central que surge de las estructuras formales de la novela: la temática de la desigualdad humana y las desiguales oportunidades que viven los diversos personajes dentro de un universo narrativo complejo y heterogéneo.

Las biografías individuales se desarrollan y corren paralelamente, aunque las vidas "pertenecientes" a estas historias finalmente se entrecruzan en el contexto de la experiencia común compartida en el colegio militar. Pero las experiencias y reacciones individualizadas de los personajes en el colegio, motivadas por su "prehistoria" antes de entrar al colegio, son narradas simultáneamente con las historias de las vidas en el pasado.

Surge entre los lectores un conflicto de intereses de naturaleza formal cuando se convoca repetidamente su atención dramática para saber qué ocurrirá después, sólo para frenarlo con los fragmentos narrativos, épicos, que se alternan y que retrasan la acción. Los episodios distraen formalmente el interés del lector y lo proyectan hacia diversas "direcciones épicas" que se entrecruzan con la acción del colegio. Cada historia individual también exige atención en sí misma y reclama el deseo del lector por saber quién narra, por qué y desde qué situación épica. Se produce entonces una interesante oposición entre el interés "dramático" del lector (Muir) y la sensación de "interés" y "suspenso" (Fergusson) generada por las secuencias que tienen lugar en el Leoncio Prado.

La ambivalente respuesta de los lectores es exacerbada por el efecto causado por el cambio continuo de puntos de vista, cuyos relatos –las historias individuales referidas al pasado– mantienen un interés épico interno al estar, cada uno de ellos, concentrados en un solo personaje y narrados desde un punto de vista estable. El estilo y la manera de narrar, sin embargo, varían de una historia individual a otra, de manera que el interés del lector no está dirigido solamente a responder a la pregunta "¿Qué sucede después?", como ha indicado Forster, sino también a las preguntas ¿Quién narra y por qué? El texto retiene las respuestas a estas preguntas durante mucho tiempo, manteniendo al lector constantemente involucrado en los efectos misteriosos y enigmáticos producidos por la lectura.

La contribución de Mario Vargas Llosa a la novela peruana e hispanoamericana ha de encontrarse en su experimento formal radical, consistente en tejer historias individuales múltiples formando con ello un texto intrincado pero consistente. La alternancia heterogénea de personajes e historias está equilibrada y controlada, sin embargo, por una jerarquía formal impuesta, manipulada por el "autor implícito" y por lo que Vargas Llosa ha denominado, como se ha visto, el "elemento añadido". No obstante, algunos críticos –especialmente los que participaron en una mesa redonda sobre la novela en La Habana en 1965– se concentraron en demostrar que la novela desarrolla su acción principal a través de las etapas de planteamiento o exposición de la historia, nudo y presentación de conflictos, complicación, clímax y desenlace (casi una estructura literaria aristotélica tradicional), e identificaron estas etapas en *La ciudad y los perros*. Terminaron afirmando que esta es al mismo tiempo y de alguna manera una novela muy tradicional.

Se encuentra así un contraste entre innovación y experimentación, por un lado, y, por el otro, tradición y jerarquía establecida. También se encuentra una contradicción entre la posible novela dramática de desarrollo espontáneo, y las estructuras jerárquicas del colegio militar que congelan tal desarrollo. Las estructuras de "la ciudad" reproducen en jerarquías las del colegio, y son a su vez "reflejadas" por la estructura aristotélica tradicional de sucesión de incidentes y por una distribución jerárquica vertical de las diferentes voces narrativas de la novela. El control narrativo y el cierre final son las normas también del texto, y a este nivel la novela se encuentra atrapada en estereotipos que contradicen los intentos de renovación.

La jerarquía momentáneamente zarandeada del mundo del colegio, por ejemplo, está estabilizada permanentemente por las jerarquías formales establecidas por la novela y descubiertas durante el proceso de lectura. Lo que en el mundo del colegio es puesto en duda y amenazado, nunca es puesto en entredicho conscientemente en el universo textual y formal de la novela.

Una jerarquía de voces narrativas

Vargas Llosa no creía, según decía, en individualidades absolutas y soberanas sino en una interacción de posibilidades que son más o menos las mismas para todos pero que se manifiestan de acuerdo con las diferentes situaciones en las que viven los individuos.

Se interesaba por sobre todo en mostrar estas posibilidades en movimiento. Las diferencias en el comportamiento de cada uno proceden de diferencias en las circunstancias existenciales, de las diferentes fuerzas condicionantes de todo tipo: geografía, historia, experiencias infantiles y de adolescencia. Se interesaba por ello en las reacciones del individuo enfrentado a una situación determinada. Insistía en que la calidad excepcional de un individuo nunca proviene de algo que le es inherente sino más bien de una alianza de una serie de condiciones y factores externos, pues las cualidades innatas de cada individuo son comunes a la especie.[49]

Las afirmaciones generales sobre la naturaleza humana desde una perspectiva psicológica o conductista siempre parecen enfatizar en Vargas Llosa la relación entre la realidad y el individuo. Oviedo, por ejemplo, ubicaba en este sentido a Vargas Llosa dentro de una tradición filosófica sartreana, y presentó esta novela como un reflejo de la realidad y de la actitud del novelista hacia la naturaleza humana.[50] Pero, como se ha visto, Vargas Llosa subrayaba la importancia de la técnica y la estructura narrativa en la creación de sus novelas.

En 1970 declaró que en todas las obras que había escrito, la historia fue concebida en un comienzo como "imágenes, personas y situaciones", y que, en consecuencia, tuvo que trabajar duramente para encontrar el lenguaje más conveniente a la historia y la estructura en la que dicha historia tendría que organizarse.[51] Su énfasis se situaba en el papel de la técnica narrativa en el proceso de trasformación de las imágenes mentales en texto, de acuerdo con lo que describía como el requisito para crear personas reales, seres humanos concretos y objetivos situados histórica y socialmente. Su objetivo era describir la persona "en situación", en un escenario geográfico y social inestable que la hiciera inteligible.[52]

Aquí pasa de la trasformación de imágenes mentales por medio de la técnica a una representación textual de las personas situadas en una realidad exterior que condiciona el comportamiento de los personajes. El lenguaje y la forma literaria son en apariencia una "ventana" que se abre a una realidad exterior. Quizá este sea el momento para regresar a Forster, cuando observaba que una novela "es una obra de arte con sus propias reglas, las cuales no son las de la vida diaria, y un personaje novelístico es real cuando vive de acuerdo con dichas leyes".[53] No sólo el tema tratado

[49] Harss, p. 443.
[50] Oviedo, *Mario Vargas Llosa: la invención de una realidad*, cit.
[51] Mario Vargas Llosa, *Historia secreta de una novela*, pp. 30-35.
[52] Mario Vargas Llosa, "José María Arguedas y el indio", prólogo a Arguedas, *Los ríos profundos*, pp. xvii, xxi.
[53] Forster, p. 87.

no puede ser separado de la técnica, sino que, como sostiene Booth, no deberíamos contentarnos con una definición limitada de lo que es la técnica narrativa, porque una novela también puede ser considerada "una creación de una persona que escoge y evalúa en lugar de una cosa que existe por sí misma".[54]

La novela es el resultado de un proceso de trabajo y de construcción basada en selección, organización e interpretación, y muchos de estos factores son formales, tal como ha indicado Vargas Llosa. Existe una obvia contradicción entre las invitaciones de Vargas Llosa para buscar la intención autobiográfica, histórica y autoral, por un lado, y, por el otro, su insistencia en la forma literaria que emplea. Pero la temática de la novela –"sus ideas, temas, sistema de valores"– no puede ser separada de sus técnicas, puesto que sólo por medio de las técnicas existen estos temas y valores: el contenido y la técnica de la ficción son indivisibles.[55]

Los personajes de la novela de Vargas Llosa no son libres, no reaccionan como individuos independientes ante una determinada situación real y extraliteraria. En la realidad de la lectura, están limitados por más que un simple condicionamiento histórico, geográfico y social. Se encuentran limitados por la forma y atrapados dentro de una estructura narrativa elaborada en concordancia con las exigencias de un género narrativo, la novela realista, que también está organizado jerárquicamente. Se trata de una tradición que cultiva un determinismo formal, típico de gran parte de la ficción narrativa hispanoamericana.

Esto se nota, por ejemplo, en el hecho de que a pesar del vigor de los experimentos con la técnica narrativa que se observan, es necesario hacer una distinción entre la representación de los personajes masculinos y de los personajes femeninos de la novela. En lo que respecta a los personajes femeninos, la novela no tiene la flexibilidad narrativa necesaria para dibujarlos como relativamente libres: como sujetos actuantes. No se trata de seres humanos "concretos y objetivos"; el escenario geográfico y social no los hace inteligibles, plausibles. El retrato de los personajes femeninos de la novela se acerca en realidad a los límites de la variedad de opciones formales y de técnica narrativa.

La primera novela de Vargas Llosa carece de medios formales para proporcionar un tratamiento de personajes femeninos vivo y creíble. La novela peruana todavía no había desarrollado y no disponía de un corpus o

---

[54] Booth, The Rhetoric of Fiction, University of Chicago Press, Chicago/Londres, primera edición británica, 1961; novena edición americana, 1969, p. 74.
[55] Stevick, p. 46.

archivo de técnicas narrativas capaz de representar convincentemente personajes femeninos en la ficción. En este sentido los procedimientos empleados en la novela de Vargas Llosa pueden incluso contradecir la intención explícita expresada por el autor de crear su "novela total", y amenazan con desestabilizar la intención realista del texto.

La ciudad y los perros, aclamada generalmente por su imparcialidad o neutralidad frente a sus personajes, viola sus propias leyes internas y abandona los códigos realistas, especialmente en relación con Teresa y su tía. El retrato de la tía (p. 77) sorprende al ser exageradamente negativo, más aún porque no hay un personaje o narrador textual y presente que la observe y describa. Así, en ausencia de una presentación por parte de uno de los personajes, queda la posibilidad de que la caracterización de la tía sea producto de la visión autoritaria de la novela. Se podría aceptar la descripción que Alberto ofrece de la tía de Teresa (p. 86), aunque lleve la marca de la caricatura, si la novela se hubiera contentado con preservar la integridad de las emociones y pensamientos de Alberto, pero parece existir una especie de comunión entre texto y personaje que concede una posición privilegiada a Alberto, y a pesar de ello hace que el lector sospeche de su representación de la tía. En comparación con los personajes masculinos, la falta de medios formales para una presentación objetiva de la mujer –en el caso de Teresa y su tía– deja a los personajes femeninos como personajes de segunda clase en la representación textual: no pueden ser ignorados, pero tampoco pueden ser explicados.

Esta prisión formal de los personajes en una estructura jerárquica de voces narrativas, no concede al lector el grado de libertad que Vargas Llosa ha reclamado para él. El autor da por sentado que el texto constituye la expresión de una idea anterior e independiente de sí mismo. La novela narra una serie de acontecimientos desarrollados y acabados en el pasado, y los tiempos verbales convencionales del texto realista prometen además una resolución final que despeje dudas y disipe enigmas. Cada episodio aparentemente presente se contiene en una visión global de lo que en la totalidad de la novela aparece como algo pasado y consumado. De esta forma, la heterogeneidad –variedad de puntos de vista y multiplicidad de tiempos– está contenida dentro de la homogeneidad. El conocimiento que el lector comparte con el autor, sobrepasa al de cualquiera de los narradores personales del texto, de modo que ambos, autor y lector, producen un significado similar que confirma su validez.

UNA JERARQUÍA DE VOCES NARRATIVAS:
UN NARRADOR NO IDENTIFICADO COMO PROTAGONISTA DE UNA
AUTOBIOGRAFÍA FICTICIA

Para ser considerada una "narración personal" es necesario y suficiente que uno de los personajes del texto se refiera a sí mismo como "yo", o como Flaubert, "decirnos que "nosotros" estamos en el salón de clase en donde Charles Bovary ingresó".[56] En este caso, el narrador dramático puede contarnos su propia historia de modo más o menos independiente. En *La ciudad y los perros*, las historias personales, narradas en la primera persona del singular se insertan como fragmentos dentro de otra historia continua –las secuencias que tienen lugar en el colegio– y han sido llamadas en consecuencia "secundarias". Sólo un crítico, Mario Benedetti, ha tratado de señalar que una narración personal, la del Jaguar, parece amenazar la jerarquía establecida de la novela.[57]

En la primera parte de la novela, las secuencias narradas en primera persona abren los capítulos tres, cinco y siete. A medida que estas secuencias se vuelven más frecuentes en la segunda parte, comienzan a formar un todo coherente, la historia del pasado de un narrador no identificado, una forma que pertenece a la tradición narrativa hispánica, equiparada por Alonso Zamora Vicente con la novela picaresca.[58] Parte de la innovación observada por los críticos en *La ciudad y los perros* consiste en mezclar diferentes procedimientos narrativos tradicionales con otros más renovadores para la modernización de la novela peruana e hispanoamericana.

Temporalmente, la narración pasa de un momento en el pasado al momento en que el todavía no identificado narrador entra al colegio militar (p. 301). El período de tiempo se indica en el primer episodio con una referencia indirecta a la distancia temporal que separa el "yo que narra" del "yo que experimenta". Esta distancia se nota sobre todo en la interacción entre tiempos verbales –en la que el pretérito es del dominio del "yo que experimenta" mientras que el tiempo presente señala la situación del "yo que narra"–, el lugar en el tiempo y el espacio desde el cual el personaje cuenta su historia.

Al lector se le da a entender que la narración retrocede al tiempo en que el narrador tenía diez años (pp. 102, 209, 218), período desde el cual

[56] Booth, p. 152.
[57] Benedetti, pp. 242-243.
[58] Alonso Zamora Vicente, *Qué es la novela picaresca*, Editorial Columba, Buenos Aires, 1962.

narra sus experiencias, hasta que abandona la escuela (p. 257); se supone, las vacaciones siguientes (pp. 272-274). De allí en adelante la secuencia temporal se define muy vagamente. Cuando regresa a Bellavista (p. 290) dice que han pasado dos años desde que se marchó. El relato termina cuando cuenta que ha decidido ingresar en el Leoncio Prado e intenta alcanzar dicho objetivo (p. 301).

Este es el punto hacia el que se ha estado dirigiendo el interés del lector, el aquí y el ahora de la situación épica sobre la cual se coloca el narrador para narrar su historia retrospectiva. Y esta situación fija y referencial en el tiempo y el espacio proporciona al lector la seguridad épica que ha esperado y deseado. La identidad del narrador, no obstante, no es revelada en estas secuencias, ni son respondidas las preguntas referidas a por qué narra, de qué manera y desde qué situación. Las expectativas quizá estén aquí programadas porque estas preguntas son respondidas con mucha frecuencia en la novela picaresca, respuestas que le dan al lector todos los detalles necesarios para crear la ansiada seguridad épica para la lectura de la novela.

Algunos críticos, entre ellos Oviedo,[59] usan los términos "soliloquio" o "monólogo" para describir la forma narrativa de estas secuencias. Sin embargo, el narrador, la dirección épica de la narración en primera persona del singular y su contenido, indican ciertas características formales presentes en autobiografía ficticia narrada por una persona relativamente joven que cuenta la historia de su formación y educación desde una fecha temprana de su infancia. Este narrador trabaja independientemente de lazos familiares fuertes, libre de cualquier red jerárquica social que pudiera dominarlo y actúa más o menos como un aprendiz de la vida. Tanto sus aventuras solitarias como sus experiencias al servicio de muchos maestros le enseñan a confiar en sí mismo e ingresa en el colegio militar para continuar su educación por su propia voluntad. La autobiografía ficticia se distingue fácilmente del monólogo y del soliloquio en virtud de su alcance y procedimiento narrativo, lo que ubica parte de la novela en la tradición picaresca hispánica, un modo de narración usado a menudo para retratar a un personaje ubicado social y económicamente en las clases más bajas del universo novelístico.

Este narrador es el protagonista de su propia historia, y su relato sirve para revelar su manera de pensar y actuar en conformidad con las reglas formales de la narrativa en que se coloca y se construye. Es un personaje capaz de decidir su propio destino, y el impacto de tal determinación –

[59] Oviedo, *Mario Vargas Llosa: la invención de una realidad*, p. 107.

intencionalidad podríamos decir– se siente a lo largo del relato. Es el único personaje que decide voluntariamente ingresar al Leoncio Prado y trabaja con ese fin. También es la intencionalidad la que gobierna su relación con Teresa. Ella condiciona las acciones, las razones, las motivaciones y la meta de este personaje, hasta que llega el momento de dejar su hogar, y es también en su relación con ella que se encuentra uno de sus principales objetivos personales: el deseo de casarse con Teresa (p. 58). La búsqueda de Teresa, meta futura que apunta más allá de la situación épica de su narración, no se realizará sino hasta el epílogo de la novela (pp. 336-343). Luego la ironía de la novela tiñe su relación con Teresa con el color del episodio final del *Lazarillo de Tormes*, en este caso al poner en contacto a Teresa con Roberto y Alberto sin que el Jaguar lo sepa.

El final de este relato personal, marcado por su ingreso al colegio, coincide en la estructura de la novela con el fin de su estadía en el mismo, su egreso y su vuelta a la vida "civil". Ello produce en el relato, entre diferentes secuencias narrativas, un trastorno de la cronología lineal que se lee como simultaneidad entre acciones y diferentes niveles temporales, dando una impresión de circularidad a la lectura. La misma estructura será posteriormente desarrollada por Vargas Llosa como un procedimiento narrativo cultivado en su novelística.

Sin embargo, entre el final del relato picaresco, por llamarlo así, y el final de la vida del Jaguar como cadete en el Leoncio Prado, pasan tres años. Este período está cubierto, hasta cierto punto, por las secuencias centradas en los acontecimientos del colegio. El narrador de las secuencias picarescas, el Jaguar, nunca ocupa el centro de la narración, y es descalificado, por ejemplo, con descripciones repetidas de su apariencia física desde diferentes perspectivas, por diferentes procedimientos narrativos y por diferentes personajes (p. 14, 37, 50, 268, 269, 317). El Jaguar no está hecho, en apariencia, para cumplir ninguna de las normas del autor implícito o de la novela.[60] Hay un marcado contraste entre la simpatía evocada por su narración personal y la negativa representación que se hace de él en el relato central, lo que ha dificultado la identificación del narrador en las secuencias picarescas. La identificación se realiza de manera indirecta. Su manera de luchar es descrita por uno de los personajes (p. 203), y el Jaguar mismo repite la descripción (p. 258). Es "condenado" en el colegio por el teniente Gamboa (p. 270) en los mismos términos en que ha sido "condenado" en su propia historia (pp. 272-274). La proximidad

[60] Booth, pp. 158-159.

textual de diferentes momentos narrativos ofrece una clave para descubrir la identidad del narrador y se refuerza en otra repetición más (p. 293).

Las diferentes lecturas del personaje del Jaguar –dependiendo de si se enfatiza la historia de su vida pasada o su participación en el relato de la vida en el colegio– pueden apreciarse al comparar el juicio de Lafforgue con el de Dorfman. El tratamiento de Lafforgue,[61] basado principalmente en el primer énfasis, es favorable al Jaguar, mientras que el tratamiento de Dorfman,[62] restringido al tema de la violencia, es negativo puesto que se concentra en episodios en los que toda la violencia de las acciones de la novela está centrada en el Jaguar. Pero Dorfman parece estar buscando una justificación psicológica para un efecto que en la novela podría ser la consecuencia de la organización del universo narrativo novelístico. Parecería difícil reducir el elemento de violencia al dominio de un solo personaje cuando dicho elemento podría verse fácilmente como una de las fuerzas condicionantes que forman al individuo "en situación" en la novela.

En el Jaguar, la violencia física se emplea para alcanzar fines específicos o como defensa propia (pp. 49-50, 258-259, 273-274, 324-326). A veces parece ser un acto de solidaridad con los demás cadetes implicados, como en la formación del "Círculo". Esto ha sido lo que Mario Benedetti convertía en el punto principal de su razonamiento. El Jaguar

> no es la víctima de un código, sino el inventor de una ley propia y secreta cuyos rigores a nadie confía y cuyos dictados no ponen jamás en peligro la trabazón y la firmeza de su soledad. En un mundo de crueles, es aparentemente el más cruel, pero también, en el fondo, el menos corrompido por la realidad, el menos corrupto.[63]

Esta ha sido una lectura aparentemente parcial de una porción de la información textual que envuelve al personaje del Jaguar en la novela, lectura que lo coloca en una jerarquía textual y le asigna una posición en ella. Son las discrepancias alrededor de esta información las que proveen el material necesario para leer al Jaguar de modos diversos y complejos. Benedetti propone que el personaje ha logrado hasta cierto punto una especie de libertad que casi resulta una amenaza para algunas de las leyes que gobiernan el universo narrativo de la novela. Benedetti expuso de esta manera su lectura final del Jaguar, quien

---

[61] Lafforgue, cit.
[62] Dorfman, cit.
[63] Benedetti, pp. 242-243.

es, aparentemente, un hombre recuperado, afinado a la vida. Después de toda una historia en que lo inhumano aparece a cada vuelta de hoja, este desenlace (que no es un *happy end* sino una posibilidad abierta) es uno de los pocos rasgos esperanzadores de la novela (243).

La manera de actuar del Jaguar, su modo de alcanzar metas, capta la atención del lector a pesar de los rasgos negativos de la violencia empleada. La violencia física está presente en muchos textos de Vargas Llosa. Es el tema principal de relatos como "El desafío", "El hermano menor" y "Un visitante", que forman parte de la compilación de *Los jefes*. Pero lo que puede observarse en el relato "El abuelo" y en *La Casa Verde* es que la violencia física y la brutalidad mental son el orden del día. De la misma manera, en *Conversación en La Catedral* la violencia es omnipresente y desciende de la cúspide de la pirámide de poder hasta los grados inferiores, cuyos miembros ejecutan las órdenes de sus superiores. En este sentido, la violencia puede considerarse parte de una tradición más amplia. En opinión de Fernando Alegría, la violencia es el rasgo distintivo de lo que denomina "neorrealismo" en la narrativa hispanoamericana.[64]

Comparado con los otros personajes de la novela, El Jaguar como narrador reacciona frente a un número muy limitado de estímulos, y su vida emocional y social parecen ser muy pobres. La mayoría de sus acciones y pensamientos se centran en el dinero, en ascender por la escala social por su propio esfuerzo y en el sexo. Estos temas parecen proporcionar una esquematización muy reduccionista de las posibles motivaciones para todas las acciones y pasiones humanas, como para que él pueda justificar las propias. Se le da al narrador un campo de reacciones limitado para la expresión social, emocional, sexual y económica en su propia narración personal. En su mundo no hay modelos alternativos para pensar y actuar, puesto que no interactúa como parte de ninguna red social que pueda influenciarlo intelectual o moralmente. Podría ser descrito como un personaje "plano", en la terminología de Forster, en comparación con otros personajes de la novela, cuyas complejas posibilidades formales los vuelven "circulares". La novela no le ofrece al personaje libertad para juzgar independientemente cuando se enfrenta a una variedad de opciones. Tanto el narrador como el lector son encuentran límites formales intrínsecos a las estructuras narrativas que envuelven al personaje.

[64] Fernando Alegría, pp. 291-292.

Una jerarquía de voces: el narrador como testigo

Mientras las secuencias de las que el Jaguar es el centro constituyen el relato de su vida pasada a lo largo de un período de muchos años, hay otras secuencias relatadas por un narrador en primera persona no identificado, que se concentran en el tiempo transcurrido en el colegio militar. A juzgar por las tres primeras secuencias (pp. 31-34, 59-62, 65-71), se podría pensar que el plan original de la narración habría sido abarcar los tres años completos en el colegio. Por alguna razón, sin embargo, muy posiblemente por una función de espacio o campo de acción,[65] este plan habría sido abandonado. Es posible reparar en esto por la introducción repentina de la perra Malpapeada como "interlocutora" en la narración (p. 59). En muy pocas ocasiones el narrador se refiere al pasado antes de su ingreso en el colegio (pp. 141 y 199-200), y entonces no se revela más que un trasfondo socioeconómico y cultural muy sombrío. En lo que respecta a cada uno de los otros narradores de la novela, lo que está al centro de su interés es lo que ha sucedido y está sucediendo en el colegio militar.

En las tres primeras secuencias narra incidentes que han sucedido previamente, durante la época que los personajes han pasado en el colegio. Hay una distancia entre el "yo que narra" y el "yo que experimenta" similar a la de las secuencias descritas más arriba. Estas tres secuencias están separadas de las otras por setenta páginas, y en la siguiente secuencia predomina el tiempo presente (pp. 141-142). Ahora se escucha al narrador incluso si está comentando sucesos del presente, y desde este punto de vista se convierte en un comentador "coral" que se pronuncia sobre los mismos acontecimientos con los que el lector ya se está familiarizando gracias a la historia centrada en el colegio.

Con este cambio, el procedimiento narrativo también cambia. Mientras que en las primeras tres secuencias la progresión narrativa es caótica y mezcla diferentes acontecimientos ocurridos en tiempos y lugares diferentes, después de las páginas 141-142, la historia se hace más lineal y se relaciona más claramente con los acontecimientos que tienen lugar en el colegio. Para defender este relato, es decir, para responderle al lector las preguntas con relación al por qué y cómo se narra –lo que la narración del Jaguar tarda mucho en responder– se introduce a la perra Malpapeada como interlocutor mudo, un oyente al cual el narrador, según se puede entender, dirige su relato.

---

[65] Harss, p. 436.

A lo largo de la presencia de la perra, el tema de la situación épica del narrador se esclarece, y el narrador también se nombra explícitamente a sí mismo (p. 174). Las referencias a su relación con la perra son suficientemente frecuentes como para crear la ilusión de que todo el relato del narrador a la perra se efectúa oralmente. Visto de esta manera, el procedimiento después de la cuarta secuencia (pp. 141-142) podría ser comparado al diario novelado, con la diferencia de que en el caso del Boa no hay indicio de que esté escribiendo. La suya es una narración dentro de la narración central, que crea un marco interno, una instancia de la narración intercalada que será desarrollada en novelas posteriores de Vargas Llosa.

Aunque Boa desempeña principalmente el papel de "narrador como testigo" que se concentra principalmente en otros protagonistas y personajes centrales y sus acciones, también provoca interés por derecho propio. Se caracteriza sobre todo por su relación con la perra (probablemente también sexual), pero además la mente que se muestra en este relato concita interés. El Boa se caracteriza igualmente por su total ingenuidad. Es honesto y desinhibido, no retiene detalles en su relato y se desenvuelve, al parecer, de manera independiente y libre.

Así aparece en su propio relato como un personaje sincero pero, una vez más, en relación con el contexto de la novela, con discrepancias entre su propia versión y la evidencia acumulada de diversos narradores del resto de la novela; es descalificado y reconocido como un narrador no fiable. En el caso del Boa, esta descalificación ocurre a lo largo de dos ejes de valores: uno físico y el otro intelectual. La novela lo descalifica por las descripciones negativas con respecto a su apariencia física y su comportamiento anormal con la perra (pp. 11, 107, 109, 245, 316). Se aprecia que el texto lo desfavorece al ofrecer contundente evidencia de que el contexto de la novela contradice su propio relato. El contexto da a conocer que las interpretaciones de personas y cosas ofrecidas por el Boa tienen serias deficiencias a la luz de la comprensión del lector –que posee más información que el personaje, pues está ubicado en una posición privilegiada desde donde estudia al Boa con grandes dosis de ironía dramática.

LA JERARQUÍA SE MANTIENE:
LO HETEROGÉNEO CONVERTIDO EN HOMOGÉNEO

La novela introduce estrategias narrativas innovadoras para la novela peruana e hispanoamericana al combinar formas narrativas heterogéneas provenientes de una diversidad de tradiciones literarias. Es interesante observar que la narración en primera persona se usa para retratar a personajes que pertenecen a estratos sociales inferiores. Pero las narraciones en primera persona, o la presentación de los acontecimientos a través de un centro de conciencia de la tercera persona del singular, por poco "confiables" que sean, no precisan interpretarse como intentos de evadir la autoridad contextual. En realidad, en la organización jerárquica de voces narrativas, tanto el narrador como protagonista, el Jaguar, como el narrador como testigo, el Boa, son identificados con animales debido a sus apodos y están encerrados dentro de la estrategia narrativa picaresca.

Ciro Alegría explicó en Arequipa en 1965 que utilizó la narración en primera persona en *La serpiente de oro* para presentar a Lucas Vilca, el personaje con quien se identificaba.[66] Su afirmación contrasta con las de Vargas Llosa, quien creyó necesitar un centro de conciencia que no "congelara", que no volviera estéril a la violencia al analizarla y explicarla. Estaba previsto que el Boa expresara el "horror inocente" del colegio, que fuera la encarnación y personificación de este horror.[67] Vargas Llosa ha usado la narración en primera persona en los casos en que quiere distanciarse antes que identificarse con el personaje-narrador. Estas afirmaciones contrastan con las referidas anteriormente con relación a la importancia de crear personajes "concretos" y "objetivos". El contraste revelaría una posición reduccionista hacia el personaje literario como "instrumento" de las intenciones del autor.

Es los casos del Jaguar y el Boa, las narraciones en primera persona funcionan para circunscribir a personajes hasta cierto punto "primitivos" dentro de estrategias narrativas históricamente "primitivas" (desde la novela picaresca) y relativamente inflexibles. En estos casos resalta la distancia entre el propósito teórico descrito por Vargas Llosa y la realización textual en su novela.

El retrato reduccionista de ciertos personajes se refuerza con la atribución de apodos que tienden a reducir las personalidades complejas a un

---

[66] Intervención de Ciro Alegría, *Primer encuentro de narradores peruanos*, pp. 85-96.
[67] Harss, p. 437.

registro catalogado de rasgos animales. Dorfman leía la novela como si fuera una metáfora selvática extendida. El Jaguar y el Boa, los únicos personajes que mantienen sus apodos a lo largo de la novela, son en efecto conocidos únicamente por esa denominación y se oculta cuidadosamente al lector sus nombres propios. Es significativo que los personajes más complejos sean mostrados bajo diferentes nombres en sus diversas situaciones. Ellos desempeñan voluntariamente o se les hace desempeñar papeles en condiciones cambiantes, en escenarios diferentes. Esta flexibilidad es producto de su pasado, de sus experiencias previas, de sus circunstancias sociales y de su modo de vida, capacidad adaptativa que les es negada al Jaguar y al Boa. No se les concede ninguna oportunidad formal para alcanzar la libertad y la igualdad de tratamiento en la novela comparados con otros personajes.

Resulta evidente que los personajes femeninos representan casos difíciles de clasificar en la relación entre técnicas y representación novelística en la "nueva novela" en el Perú y en Hispanoamérica. Es también el caso de las mujeres en relación con los narradores en primera persona discutidos anteriormente. Los narradores, masculinos todos, parecen sufrir las limitaciones de las estrategias de representación de personajes femeninos en la narrativa peruana de la década de 1960. El sexismo parece dominar en una narrativa que acaso no disponga de estrategias para representar convenientemente el universo de personajes femeninos "en situación" – objetivos y concretos– en un código que intenta ser realista.

Lo que en apariencia es heterogéneo –en personajes y en procedimientos narrativos– amenaza con volverse homogéneo en la escala de valores que son transmitidos a través de factores textuales muy detallados. El código de la anhelada novela realista se impone con sus limitaciones y estas condicionan el proceso de la lectura y la producción de significaciones. La libertad del lector defendida por Vargas Llosa choca con las restricciones inscritas en el texto de la novela.

Una jerarquía de voces: El narrador como actor

A lo largo de la novela hay numerosos ejemplos de narración personal en la voz de Alberto (pp. 16-26, 36, 40-42, 44, 52-54, 108-111, 114, 117, 125-129, 132, 135-136, 238-239, 241-242, 253). Todas son inserciones más cortas en diferentes secuencias; todas aparecen entre comillas sin *verbum dicendi* (verbo declarativo). Lo que Alberto dice en cualquier momento determinado está casi siempre relacionado lógicamente con su situación épica. En contraste con las del Jaguar y el Boa, son características formales que llevan la narración personal de Alberto a aparecer como "monólogo interior" en el sentido que Bowling da al término.[68] El texto casi siempre (excepto en las páginas 52-54) sigue a Alberto desde el exterior. Esto significa que es observado en su situación épica antes de que se le permita presentar una visión de sí mismo desde el interior. Alberto es el centro de conciencia, se "ve" lo que él ve, y quizá incite a identificarse con él. Pero al mismo tiempo se ve más de lo que ve Alberto. Desde una perspectiva más abarcadora habría razones para introducir en el enfoque crítico la posibilidad de que en estos casos exista una relación tripartita entre el lector, el personaje y el autor implícito.

La unidad de punto de vista se rompe sólo una vez (pp. 52-54) con la apertura de cierta "brecha" entre el "yo que narra" y el "yo que experimenta". Se trata de un momento en que el relato no se centra exactamente en Alberto en su situación épica, pues como personaje quizá no podría gozar de omnisciencia para conocer la vida interior de un compañero cadete. Esta secuencia es la única de la novela en que muchos puntos de vista diferentes funcionan al mismo tiempo, y ello rompe la acostumbrada unidad de punto de vista que caracteriza a las otras secuencias.

Cuando medita sobre la masturbación colectiva en "La Perlita" (pp. 108-111, 114 y 117), su narración es más concentrada y coherente. El uso de la forma verbal del futuro de probabilidad a lo largo de la secuencia insinúa la familiaridad de Alberto con los acontecimientos bastante sombríos que tienen lugar en ciertos espacios del colegio militar. Desde la página 132 se ocupará principalmente de los temas "actuales" relacionados con el relato centrado en la vida en el colegio, y en la segunda parte de la novela se convertirá en el protagonista de las secuencias que tienen lugar en el Leoncio Prado.

En el caso de Alberto, la complejidad de puntos de vista sirve para dejar su mente abierta al escrutinio del lector y para enfatizar una dicotomía en él entre teoría y práctica –las posibilidades imaginadas *versus* las decisiones tomadas– en la que el rasgo más característico es que normalmente piensa una cosa y hace algo completamente diferente (como en su declaración amorosa, p. 138). Cuando imagina el curso de los acontecimientos que seguirán a su denuncia contra el Jaguar (p. 235), visualiza su futuro como el de un "héroe" que ha actuado de acuerdo con su decisión.

---

[68] L. Bowling, "What is Stream of Consciousness Technique?", *PMLA*, 65, 1950, p. 237.

Pero en realidad las cosas resultan contrarias a lo esperado cuando, de manera característica, se retracta ante la presión moral que los dirigentes del colegio ejercen sobre él, y retira su acusación contra el Jaguar. En un determinado momento reexamina su pasado sólo para arrepentirse de todo lo que ha hecho hasta entonces (pp. 238-239, 241-242).

La caracterización de Alberto como narrador contrasta marcadamente con la de el Jaguar. Mientras que el Jaguar se caracteriza por la intencionalidad –se observa una especie de armonía entre la intención y la conducta que concreta sus metas–, el rasgo principal de Alberto es la indecisión. El Jaguar actúa, Alberto habla. El Jaguar es el líder político, Alberto el líder "cultural". Alberto escribe cartas y provee de pornografía a los cadetes. Explota la perversión sexual del Boa, tan citada por los críticos, y saca provecho económico de la perversión sexual suministrando "novelitas" a sus compañeros. Tanto el Jaguar como Alberto parecen estar buscando una posición destacada entre los cadetes. Ambos son derrotados. Alberto lo será moralmente debido a la exhibición que hace el coronel de la moral de sus "novelitas" (pp. 283-286).

Alberto necesita desempeñar papeles, imitar modelos de la vida real o de la literatura y el cine (p. 63). Se revela como un personaje que ve la vida como un juego o una obra teatral. Sigue el ejemplo de su padre (p. 79) cuando se expresa (p. 91) y en su comportamiento, por ejemplo cuando va al burdel (pp. 92-93). El texto muestra en varios casos a los personajes ensayando sus partes (pp. 142-148), y a Alberto preparándose para la "interpretación" de su papel (p. 190). A su vez, los padres de Alberto desempeñan sus roles sociales y de género sexual: su padre, el papel de "Don Juan" (pp. 145-146); su madre, el de una esposa "sufrida" (pp. 29, 80). Sus papeles están establecidos por las convenciones sociales de "la ciudad".

El éxito al desempeñar un papel es juzgado inevitablemente según las normas de los superiores. Cuando Alberto desempeña incorrectamente su papel social en la ciudad, es enviado al Leoncio Prado para que lo "corrijan" (pp. 197-198). Se considera que desempeña "bien" su papel en ocasión de su fracaso moral en el colegio militar, y tanto la ciudad como su familia, en la figura del padre, lo recompensan. Al mismo tiempo, el contexto del colegio ofrece al lector una visión privilegiada que le posibilita juzgar, tanto moral como políticamente, las actividades de los personajes.

En el caso de Alberto, como en los casos del Jaguar y del Boa, la narración personal encaja dentro de un universo narrativo jerárquico en el que la falta de credibilidad del personaje queda expuesta debido al peso de la evidencia que se extrae de toda la novela y que pone de relieve la deficiencia de la versión de Alberto. Nuevamente el lector es capaz de comprender más que el personaje y aun más de lo enunciado expresamente en el texto. Podría decirse que la diferencia entre Alberto visto desde el interior y Alberto visto desde el exterior –y el contraste entre teoría y práctica– es tan aguda que hace imposible la identificación con él. Esta distancia se instala en el ámbito de los valores morales. Alberto es tratado con comprensión por el texto, ciertamente mucho más que el Jaguar o el Boa, pero está moralmente devaluado por la narración. El texto muestra el funcionamiento de su vida mental y contrasta de manera desfavorable sus decisiones, que se exteriorizan como "firmes", con sus titubeos cuando se encuentra bajo presión, y con su impotencia final.

Innovación y modernización: una narración formalmente autoral pero con color personal

Algunas de las innovaciones observadas en *La ciudad y los perros* consisten en el uso de perspectivas y puntos de vista múltiples, en el empleo extensivo de narraciones en primera persona, y en el uso del monólogo interior en una sección narrada en tercera persona del singular. Pero el campo en el que la novela también representa una innovación en la narrativa peruana e hispanoamericana es en el uso extensivo de un tipo de narración que se caracteriza por ser "formalmente autoral pero con color personal". Esta expresión fue acuñada por Ellisiv Steen para designar casos en que los sentimientos y pensamientos de los personajes son reproducidos indirectamente.[69] En una situación intermedia entre la narración estrictamente personal tratada anteriormente y la narración estrictamente autoral, de la que hablaremos más tarde, los pensamientos y sentimientos de los personajes son tratados con el uso de la tercera persona singular o plural. El "color personal" de la narración lo crean los verbos de percepción sin verbo declarativo como en el discurso indirecto. Esta categoría se distingue del estilo indirecto libre denominado "personal" o "personal encubierto" por Steen.

Esta manera compleja de establecer una doble perspectiva, simultáneamente desde el exterior y desde el interior, es el procedimiento formal de técnica narrativa empleado en la novela en el retrato de Ricardo Arana

---

[69] Ellisiv Steen, Kristin Lavransdatter, *Kritisk studie*, H. Aschehoug & Co., Oslo, 1959, p. 37-42.

y Alberto Fernández, apodados respectivamente el Esclavo y el Poeta, y se distingue como una estrategia narrativa flexible en comparación con la narración de primera persona usada en los casos del Jaguar y del Boa.

UNA JERARQUÍA DE VOCES: RICARDO ARANA, EL ESCLAVO

El relato del pasado de Ricardo, revelado poco a poco, está enteramente narrado de este modo. Empieza cuando tiene ocho años (p. 72), continúa a lo largo de sus diez años (p. 150), luego abarca el final de su educación primaria y su decisión de ingresar en el Leoncio Prado (pp. 184-186). A los ocho años acompañamos a Ricardo cuando llega a Lima junto con su madre (pp. 15-16) y casi al mismo tiempo lo acompañamos cuando entra a la academia militar (pp. 46-49), y, siempre casi al mismo tiempo, tres años después, durante una conversación con Alberto (pp. 22-27). Así, la narración influenciada por Ricardo se mueve en tres niveles temporales diferentes. Acompañamos el relato de su pasado fuera del colegio al mismo tiempo que tenemos un vistazo de él cuando entra en la institución, y de su situación después de tres años en el colegio en tres niveles que confluyen en una sensación de contemporaneidad.

Las oposiciones de la vida de Ricardo –entre el pasado y el presente, entre la provincia y la capital, entre su padre y su tía Adelina– acentúan su desarraigo, su sentimiento de no pertenecer a ninguna parte. Ricardo se siente un extraño en Lima; se siente fuera de sitio (pp. 72, 104, 151) y constantemente desea regresar a Chiclayo, a casa de su tía Adelina, a su paraíso perdido. A Ricardo se le fuerza siempre a desempeñar papeles. A causa de una fuerte insistencia en ideas rigurosas y conservadoras sobre la femineidad y masculinidad, nunca logra desempeñar suficientemente bien su papel para satisfacer a su padre, de manera que, "para que se haga hombre", este lo envía al Leoncio Prado. Siempre que Ricardo trate de actuar de acuerdo con los dictados de su yo verdadero (pp. 72, 73) se le castiga violentamente, un hecho que presagia su última acción (p. 119) y el último "castigo", la muerte.

El uso que aquí se hace de la narración formalmente autoral pero con color personal conlleva una doble perspectiva: se invita al lector a ver lo que ve el personaje, al mismo tiempo que se le ofrece más información de la que posee el personaje. La fórmula "ha olvidado", repetida en todas estas secuencias, introduce cada vez una instancia textual que alude a una situación épica ubicada "por encima" de la del personaje, y por ello en una posición privilegiada en el "presente", desde la cual se posibilita la omnisciencia retrospectiva. Dicha fórmula señala la situación del autor implícito que tiene un completo conocimiento de la historia y el destino de Ricardo. Además, cuando se repite, la frase sirve como un presagio de lo que desde el punto de vista de Ricardo deben considerarse como incidentes futuros, misteriosos y hasta el momento desconocidos por el lector, pero conocidos por el autor implícito. Dicha repetición da un sentido de premonición y fatalidad al desarrollo de la historia de Ricardo. El significado de la doble perspectiva se revela entonces de manera clara y en primer lugar cuando, veinte páginas después de la secuencia final de la historia de su pasado, se narra que el Esclavo ha muerto.

Aquí la novela también se acerca a la circularidad en el sentido de que, por una manipulación de las secuencias, casi se hace coincidir el ingreso textual de Ricardo en el colegio con su partida "textual" de él y, en última instancia, con su muerte. Ricardo está encadenado por técnicas narrativas que lo controlan y también controlan su destino textual desde el comienzo hasta el final. Estas estrategias textuales y formales que fijan su destino se reflejan en su propia conciencia, debido al poderoso sentimiento de claustrofobia que sufre en su aislamiento y confinamiento, en su dolorosa premonición de que todas sus acciones están condenadas al fracaso.

Una jerarquía de voces: Alberto Fernández, el Poeta

La novela contiene narraciones personales extensamente usadas por y para personajes con los cuales el universo narrativo jerárquico no desea identificarse. Esta modalidad narrativa se realiza bajo la forma de un monólogo interior en parte de la narración de Alberto.

La historia del pasado de Ricardo puede considerarse como una etapa intermedia –con una narración que exhibe un fuerte color personal– que tiende casi a la narración autoral. En la historia del pasado de Alberto, la narración autoral más fuerte establece una especie de "comunión" entre Alberto y el autor implícito de la novela, y muchos críticos han encontrado en Alberto el representante autobiográfico de Vargas Llosa. Vargas Llosa había manifestado repetidamente la importancia de sus propios antecedentes y experiencias para la génesis de la novela,[70] y qui-

---

[70] Cf. Harss, pp. 422-423 y 433-434; Vargas Llosa, "Intervención de Vargas Llosa", *Primer encuentro de narradores peruanos*, pp. 63-80; Elena Poniatowska, editora, *Antolo-*

zá por ello muchos lectores se interesaron en buscar datos autobiográficos en ella.

En el desarrollo de la historia de los cadetes del colegio militar, Alberto es el personaje que recibe el privilegio de aportar el color personal a la narración en muchas etapas importantes. Las secuencias centradas en Alberto, como se ha observado, también están entretejidas con narraciones directamente personales que revelan el funcionamiento de los pensamientos y sentimientos de Alberto. Adicionalmente, estas secuencias están sustentadas por un tono comprensivo de parte del autor. Después de haber sido presentado como cadete (p. 16-28), a Alberto se le permite casi monopolizar el color personal de la historia que tiene lugar en el colegio, y la narrativa "coloreada" por su personalidad comienza de este modo a parecer "normal", de manera que se considera que los cambios subsiguientes de puntos de vista interrumpen y se desvían de esta norma, y con esto atraen poderosamente la atención hacia su propia importancia como discurso.

Como en el caso de los relatos del pasado del Jaguar y de Ricardo, el relato del pasado de Alberto empieza en algún momento entre los ocho y los diez años (pp. 28-31), y finaliza cuando se decide su ingreso en el Leoncio Prado (p. 198). Algunas partes están directamente coloreadas por Alberto (pp. 28-30, 63, 113, 143, 144, 190), pero otras también están coloreadas por un predominio del uso del pronombre impersonal de la tercera persona "se" (p. 112), con el pronombre impersonal "ninguno" (p. 112) o en el uso de la tercera persona del plural (p. 64).

Estas estrategias narrativas nos permiten acompañar a Alberto como individuo, observando sus pensamientos y sentimientos, pero al mismo tiempo podemos verlo como parte de un grupo, de un colectivo, de cuyos otros miembros se distingue y de los que forma parte integral. La aplicación de este "color" alude a procedimientos narrativos que más tarde se emplean en Los cachorros. En la medida en que Alberto es tanto un individuo como una parte de un grupo compacto, la narración será coloreada por él y por el grupo, y este procedimiento dual será sustentado por el autor implícito.

Los cambios de color y de sustentación de parte del autor dan una triple perspectiva desde la cual Alberto surge como un personaje muy complejo. El tratamiento de Alberto se llena de comprensión, pero se impide

gía mínima de Mario Vargas Llosa, Editorial Tiempo Comtemporáneo, Buenos Aires, 1969, pp. 7-81.

cualquier identificación íntima con él debido a los rápidos cambios de color que trasladan el centro de interés teñido de comprensión desde Alberto hacia el grupo, hacia el respaldo autoral, luego de regreso a Alberto, etc.

En contraste con Ricardo, con su sentimiento de aislamiento y de desarraigo, a Alberto se lo ve siempre como adaptado a sus entornos debido a estos procedimientos formales. En comparación con el Jaguar –quien actúa deliberadamente y logra sus objetivos– a Alberto se lo ve bajo una luz muy diferente. Está siempre indeciso entre diversas posibilidades y, cuando actúa, sus acciones tienden a tomar un curso diferente del que planeaba inicialmente. En la mayoría de casos estas implican algún tipo de fraude. Traiciona a su amigo Ricardo al tener un romance con Teresa, sólo para traicionarla también a ella, como se indica con su "revelación" (p. 235). Traiciona al Jaguar en un acto de solidaridad con su amigo Ricardo y parece estar a punto de establecer una alianza con Gamboa sólo para ser forzado a ceder ante la presión del coronel para abandonar a Gamboa y cambiar de bando.

Así, siempre hay en Alberto un conflicto, un contraste entre lo que decide hacer y lo que realmente hace, entre teoría y práctica.[71] La inconsistencia está también presente en su aptitud para representar papeles, como vimos anteriormente. Irónicamente, este es el tipo de flexibilidad mental y formal que es recompensada por el coronel y por el padre de Alberto.

La innovación formal desarrollada por la multiplicidad de perspectivas empleadas en la representación de Alberto es lo que permite a la novela "mostrar" los conflictos que surgen de la interacción entre hábitos mentales personales y circunstancias externas en lugar de tener que explicarlos, es decir, "contarlos". La novela ofrece un retrato total de un personaje ubicado en una clase social privilegiada y beneficiado por estrategias formales en las que se construye.

La interpretación final del lector será en realidad leída "entre líneas"; no está escrita directamente en el texto. Esto se debe a una intrusiva intervención autoral proveniente en apariencia del exterior del relato que, de este modo, devalúa de manera formal la autoridad que trata de establecer. Somos espectadores que vemos a los actores actuar en aparente libertad, aunque al mismo tiempo los vemos desempeñando papeles determinados por procedimientos narrativos y formales que los mantienen sujetos a

---

[71] Escobar, "Impostores de sí mismos", p. 120; Lafforgue, p. 232.

una jerarquía formal restrictiva para su libertad. El epígrafe de la novela es esclarecedor en este punto:

> Kean: actuamos como héroes porque somos cobardes y como santos porque somos malvados; actuamos como asesinos porque nos morimos de ganas de matar al prójimo; actuamos porque somos mentirosos de nacimiento.

Los personajes, principalmente Ricardo y Alberto, y las estrategias formales de la novela "juegan a existir" desde el momento en que comienza la lectura, y en la despiadada mascarada que se representa a través del cambio continuo de procedimientos narrativos, la novela se convierte en la personificación formal de su propio epígrafe. Todo aquí es apariencia. En este carnaval formal en el que las máscaras cambiantes esconden el "ser" del texto de las jerarquías que se organizan, el abismo tan temido por la psique moderna ha sido ocultado con seguridad en algún lugar tras bambalinas; deja un vacío que no ha de llenarse con interpretaciones.

UNA JERARQUÍA DE VOCES: VARIEDADES DE COLOR PERSONAL

Con el objeto de realzar algunos de los incidentes más dramáticos del relato que tiene lugar en el colegio, el color personal dado al texto se traslada de Alberto a otros personajes. La primera secuencia (pp. 11-15) está coloreada principalmente por Porfirio Cava cuando efectúa y sufre personalmente el robo de las hojas con las respuestas de los exámenes. Después de esta acción, Cava no dará color a ninguna otra secuencia, y será mencionado sólo por otros personajes. Lo mismo pasa en el caso de Ricardo, que será ubicado en el centro de la mayoría de los acontecimientos del relato correspondiente al Leoncio Prado, por ejemplo en las páginas 119-124. El color personal es importante en este caso porque a través de él el lector adquiere información que, de haber faltado, lo hubiera relegado a compartir la miope visión de túnel que ciega a la mayoría de los cadetes cuando se aproximan al misterio (p. 131).

El único personaje de la novela a quien se ve sacar las conclusiones correctas es Alberto (p. 132), y la posibilidad de que alguien más también lo haya hecho sólo es sugerida por la acción durante la cual Ricardo es herido.

En el punto culminante de la novela –el disparo a Ricardo– el color de la secuencia introductoria lo da el teniente Gamboa (pp. 153-156). Después, la limitación de la perspectiva al círculo de los oficiales prepara al lector para el cambio que introduce el color personal del capitán Garrido (p. 161). Este cambio es sorpresivo porque, por primera vez, conduce a los oficiales del colegio al primer plano dramático desde la periferia de referencias indirectas en donde, por así decir, han estado acechando. Su irrupción rompe la tendencia establecida en la que son los cadetes los que dan el color personal; con mayor frecuencia, Alberto. Después de algún color adicional proporcionado por Gamboa (pp. 161-162), el Capitán colorea el resto de la narración del accidente (pp. 164-168). Puesto que el Capitán es un observador del entrenamiento dirigido por Gamboa y realizado por los cadetes, está demasiado alejado del verdadero escenario de la acción como para poder distinguir los detalles del incidente. Este importante incidente, contrariamente a los dos anteriores, no está coloreado por el actor mismo, sino más bien por un observador distante que vive la acción y la considera oscura e inexplicable. El misterio continuará planeando sobre el resto de la novela, y no será develado directamente hasta la revelación del epílogo. Este cambio de perspectiva está muy bien fraguado, y de ser una sorpresa para el lector se convierte en parte importante de la novela en conjunto. La "máscara" formal que el texto adopta en este punto crea tres niveles diferentes de conocimiento que operan al mismo tiempo: el de los cadetes, el de los oficiales y el del lector. Nuevamente al lector se le ubica en la privilegiada posición de saber más que muchos personajes de la novela.

Entre los oficiales, sólo a Gamboa se le permite dar un color personal a algunas de las secuencias de la segunda parte de la novela (pp. 120, 260-261, 263, 279-280, 295, 297, 312-315). Aquí se contrastan sus cualidades morales con las del resto de los oficiales. Sus cualidades son respetadas por los cadetes y, al menos hasta cierto punto, por el autor implícito. Este color es lo que permite que el lector acceda a la información sobre las actitudes de los oficiales, información que ninguno de los cadetes podría proporcionar.

Un momento importante de la novela, el funeral de Ricardo, es sorpresivamente coloreado por el conjunto de los cadetes cuando realizan la guardia de honor. Todos los verbos de percepción se mantienen en la tercera persona del plural, y se alude a los cadetes como "ellos" (p. 200 y ss.). Lo que pueden ver los cadetes, sin embargo, está severamente limitado por la postura de atención que deben mantener durante la ceremonia, que les prohíbe moverse mucho. Se reproduce la conversación entre comillas tal como los cadetes la escuchan. De este modo, la ceremonia se representa como una experiencia colectiva que todo el grupo comparte. La novela contrasta de manera muy económica las acciones y actitudes de los oficiales con las de los padres, al mismo tiempo que revela las de los cadetes y las de Alberto. Este ha sido señalado como uno de los pasajes técnicamente más eficientes de la novela.[72]

En términos generales, la norma de la novela es presentar al Jaguar y a Teresa sólo desde el exterior en las secuencias narradas en la tercera persona del singular. Cuando esta regla es rota (por Teresa, pp. 229-235; por el Jaguar, p. 326), y el texto los empuja hacia el centro del relato, las limitaciones de la representación narrativa de ciertos personajes se hacen evidentes. Teresa ha sido descrita indirectamente por tres narradores diferentes –Jaguar, Ricardo y Alberto– y por el autor implícito, y algunos críticos han reaccionado negativamente ante este procedimiento y lo han considerado un "defecto".[73]

Pero debido a esta interacción ella llega a ocupar una posición interesante en el texto, pues sirve como el catalizador que resalta las cualidades de estos tres personajes. El texto ha establecido una norma para representar un personaje femenino basada en las perspectivas masculinas. Cuando Teresa ocupa el centro y se le ve desde el interior, las técnicas usadas son inadecuadas para dar más que una representación ingenua y simplista de ella que no sólo es defectuosa con relación a la estructura, sino que también indica las limitaciones de las estrategias narrativas empleadas para delinear a personajes femeninos en la novela peruana e hispanoamericana.

Como tal, debe considerarse que no llega a cumplir la meta expresa del autor para lograr la "novela total", que en la teoría brilla con su presencia. Vargas Llosa pareció estar consciente de esto,[74] pero el problema con Teresa no es que intime con tres personajes diferentes, como Vargas Llosa pareció creer, sino más bien el cambio de punto de vista, y la atención que se le concede a Teresa cuando se permite que su color personal predomine.

En el caso del Jaguar, dar color a un pasaje del texto, como hace en el epílogo, representa una violación a la regla de la novela, al acercarnos más a un personaje que hasta entonces ha sido un enigma para los lectores y conduce al texto a una resolución casi completa.[75] La novela revela una

---

[72] Benedetti, p. 246.
[73] Ibid., p. 245.
[74] Ibidem.
[75] Lafforgue, p. 222.

compulsión para expresar todo y no dejar ningún cabo suelto. Dorfman insistía en que Vargas Llosa, al ceder a esta compulsión para resolver el final del tema, hasta entonces abierto, se apoyaba en el epílogo para establecer una armonía artificial entre el contenido de la novela y la visión del mundo del autor.[76] Sin embargo, Dorfman no discutía ninguna de las técnicas narrativas empleadas. Mario Benedetti realizó una lectura del Jaguar como si este escapara de la jerarquía textual. Para él, el Jaguar no es una víctima de un código de comportamiento establecido, sino el inventor de sus propias leyes. Benedetti vio una esperanza representada por el Jaguar, y también la salvación reservada sólo él entre los personajes.[77]

Pero el epílogo pone al descubierto al Jaguar tal como es: la supervivencia es lo que importa, y sólo olvidando su machismo y consiguiendo un puesto de empleado en un banco puede casarse con Teresa.[78] Las asociaciones intertextuales remiten a la novela picaresca, al final "feliz" de *El Lazarillo de Tormes*, que conduce al héroe a un "refugio" personal. El inesperado cambio de punto de vista que traslada el color al Jaguar, lo ubica en el universo textual, subrayando lo que ya hemos captado de su narración en primera persona y de su posición en el colegio: está fuertemente manipulado por los procedimientos narrativos, y las ironías consiguientes no hacen que destaque por ser un personaje libre e independiente dentro de este universo novelístico.

El procedimiento consistente en cambiar los puntos de vista, que ha funcionado tan bien para el color dado a la narración por ciertos personajes masculinos, apenas funciona en la representación de personajes provenientes de estratos sociales bajos, y en la representación de las mujeres. Rosa Boldori señaló que esto es un resultado de la posición "elitista de clase" del autor, quien se identifica a sí mismo con la clase media a la que pertenece. El autor muestra, dijo Boldori, una simpatía atenuada hacia las clases y razas oprimidas que linda con una resignación pasiva. Sus protagonistas, mantuvo, siempre son blancos.[79]

Nuevamente se presenta la contradicción entre la necesidad de "totalidad" en la novela y los medios narrativos que la tradición literaria ha desarrollado para lograrla. El hecho indicado no es necesariamente un defecto. Podría derivarse de la posición de clase del autor, pero no es un "reflejo" de dicha posición.

---

[76] Dorfman, pp. 207-208.
[77] Benedetti, pp. 242-243.
[78] Dorfman, p. 210.
[79] Boldori, "*La ciudad y los perros...*", pp. 102-103.

LA REPRESENTACIÓN SIMULTÁNEA DE PASADO Y DEL PRESENTE

Hay una tendencia estructural en *La ciudad y los perros* a hacer convergir el presente y el pasado en la lectura del texto. Se observa este fenómeno en la relación entre los relatos individuales y la narración de las experiencias colectivas que tienen lugar en el colegio. La tendencia hacia la circularidad en el desarrollo temporal de la narración será desarrollada en posteriores novelas del autor.

La circularidad se establece también en otro procedimiento: la técnica del "diálogo intercalado", introducido primero en *La ciudad y los perros*, desarrollada en *La Casa Verde* y convertida en procedimiento narrativo principal en *Conversación en la Catedral*. Esta técnica ha recibido el nombre de "conversación retrospectiva"[80] y de "narraciones telescópicas".[81] En este estudio será llamada "diálogo intercalado" para establecer una conexión con otro método estructural desarrollado por Vargas Llosa, el de las cajas chinas.

En *La ciudad y los perros*, el procedimiento se limita al diálogo: desde el punto inicial de una escena exterior poblada por un número restringido de interlocutores explícitamente identificados que conversan en una secuencia del pasado de uno de ellos, se nos transporta directamente a una situación épica diferente, también situada en el pasado, en la que se encuentra a este personaje en medio de una conversación con algún otro personaje, que habitualmente no es uno de los interlocutores presentes en la escena más externa. Así, dentro de la primera conversación, uno o más diálogos nuevos pueden aparecer y desarrollarse, revelando dramáticamente el pasado, como si la novela estuviera en realidad tratando de convertirse en un drama.

El epílogo (pp. 336-343) contiene el primer ejemplo de este procedimiento en Vargas Llosa. En la escena "presente" encontramos a Higueras escuchando al Jaguar que le cuenta una reunión con Teresa. Las preguntas sobre el pasado que Higueras formula, evocan las escenas retrospectivas donde el Jaguar se encuentra en medio de una conversación con Teresa, escena expuesta directamente en forma de diálogo. El empleo de esta técnica se anticipa por medio de algunos pasajes descriptivos de transición en tercera persona del singular y coloreados por el Jaguar (pp. 336-337). De esta manera se comprende que el diálogo intercalado es la respuesta del Jaguar a las preguntas hechas por Higueras.

---

[80] Harss, p. 459.
[81] Oviedo, *Mario Vargas Llosa: la invención de una realidad*, p. 150.

En *La ciudad y los perros* esta técnica provoca una ruptura con los procedimientos del texto establecidos y hasta ahora normales, debido a que es introducida en el último episodio de la novela. Pero se trata de un recurso técnico innovador, y en las novelas posteriores se hará aun más fluido y estará mejor integrado. En última instancia, estamos ante una de las innovaciones narrativas más fructíferas de Vargas Llosa.

NARRACIÓN AUTORAL Y OTROS PROCEDIMIENTOS AUTORALES

En términos generales, los críticos han elogiado y calificado esta obra como una novela "impersonal", una novela de la cual el autor parece retirarse por completo. Benedetti aludía a la "imparcialidad" de la narración, afirmando que la novela otorga a los personajes libertad para que elijan su destino.[82]

En los primeros capítulos se ha tratado de iluminar algunos de los principales puntos cruciales de cualquier discusión sobre imparcialidad e impersonalidad; ahora se discutirán formas de narración distintas de las que conforman los retratos de los personajes. Estos aspectos no han sido tomados en cuenta por los críticos porque no se adaptan a ninguna descripción tradicional de la novela imparcial o impersonal.

Como ha mostrado Booth,[83] sin embargo, incluso en las novelas objetivas persiste una genuina necesidad de autoridad que debe buscarse para que el lector comprenda todo el alcance de las normas establecidas por el texto. La calidad dramática de *La ciudad y los perros* se sostiene por el uso extensivo de diálogos, así como por el ritmo dramático establecido en las secuencias que tienen lugar en el colegio. Se debe también a la serie de colores personales expresados por personajes diferentes a lo largo de la novela. El principal tiempo verbal del relato es el pretérito, de manera que los pasajes descriptivos narrados en tiempo presente se destacan en relación con el trasfondo referido al pasado. Tales pasajes descriptivos se encuentran en las secuencias que se producen dentro del colegio militar y en el primer episodio del relato del pasado de Alberto. Aquí sería útil destacar un pasaje descriptivo (pp. 35-36) y tratarlo como una secuencia distinta y textualmente aislada.

Visto de esta manera, el pasaje que describe la rutina matinal en el colegio representa cierta ruptura con respecto a las secuencias preceden-

---

[82] Benedetti, p. 237.
[83] Booth, cit.

tes. El tiempo narrativo es el presente, y no hay ningún personaje presente que pueda colorear la narración. El empleo del tiempo presente sirve para enfatizar la rutina militar, y las cualidades duraderas de este tiempo,[84] el "presente habitual", ponen de relieve la naturaleza reiterativa de las acciones de rutina que han ocurrido, que están ocurriendo y que ocurrirán en el futuro en una serie interminable de repeticiones que provocan invariablemente las mismas respuestas de parte de los cadetes.

Este uso del presente señala una vez más la presencia de un narrador desconocido que es la autoridad de la que proviene la narración. Otros pasajes similares aparecen en el relato correspondiente al colegio (pp. 42, 97, 102-104), aunque no describen acciones sino el escenario físico en el que tienen lugar. El escenario se visualiza claramente en cada caso, se describe en detalle y se hace evidente que es esta misma área geográfica, en la que se realizan las acciones reiterativas y rutinarias, el centro de atención.

La misma calidad de descripción visualizada intensamente y detallada ricamente se observa en las dos primeras secuencias del relato del pasado de Alberto (pp. 28-30 y 62-65). Las descripciones en presente se encuentran normalmente antes de que Alberto empiece a colorear la narración. Una vez que lo empieza a hacer, el tiempo narrativo empleado es pretérito. Todas las descripciones se concentran en el escenario físico del lugar de Lima donde Alberto está creciendo. Demuestra un conocimiento considerable del entorno y se establece una intimidad que se percibe particularmente fuerte en la relación entre Alberto y el autor implícito.

La familiaridad que otorga a Alberto una posición privilegiada en la novela se evidencia más cuando algunas de las secuencias coloreadas por Alberto se narran en presente (pp. 238-239 y 241-242). Esta riqueza de detalle en las descripciones de las personas y cosas es lo que distingue a los escenarios relacionados con Alberto de los del Jaguar y Ricardo, en los que las descripciones de ambientes externos son infrecuentes y vagas en el mejor de los casos.

Castro Arenas identificó la novela con lo que él llamaba "realismo urbano" y sostuvo que en La ciudad y los perros Vargas Llosa "ilumina" el mundo de la burguesía que hasta entonces no había sido "documentado" en la novela peruana (261).[85] Esta afirmación sugiere que Castro Arenas ha pasado por alto Duque de José Diez-Canseco (1904-1949),[86] pero por

---

[84] Staffan Björck, Romanens formvärld, Natur och Kultur, Estocolmo, 1968 (primera edición, 1953), p. 198.

[85] Castro Arenas, p. 261.

[86] José Diez Canseco, Duque, Peisa, Lima, Ediciones Peisa, 1973 (primera edición, 1934).

lo menos indica que las innovaciones de Vargas Llosa enriquecen el archivo de estrategias de representación literaria de la narrativa peruana.

LOS EPÍGRAFES

Björck sostenía que el uso de epígrafes pertenece a la tradición de la novela del siglo XIX y que su uso ha estado en retirada en la novela contemporánea. También afirmaba que los epígrafes aluden al autor que está fuera de la obra, rodeado por las obras de otros autores que dan perspectiva a las obras de aquél.[87]

Una mirada superficial a la novela contemporánea hispanoamericana mostrará que el empleo de epígrafes es común. La mayoría de los críticos ha considerado a los epígrafes como señales de los "modelos" preferidos de los autores y como referencias a autores y obras que "influencian" su trabajo.

Los epígrafes aluden a un contexto externo que luego termina absorbido en su integridad por el cuerpo textual de la novela. Forman parte del texto publicado y se proponen ser leídos por el lector de la obra acabada. El primer epígrafe de *La ciudad y los perros*, ya mencionado anteriormente, está extraído de la pieza *Kean* de Jean Paul Sartre. En esta obra, Kean, un actor, se hace pasar por alguien distinto de quien realmente es. Representa una pieza dentro de la pieza. El público lo ve como es y como pretende ser: la dicotomía entre esencia y apariencia se dramatiza, es decir, se "muestra" ante el público.

> Actuamos como héroes porque somos cobardes y como santos porque somos malvados; actuamos como asesinos porque nos morimos de ganas de matar al prójimo, actuamos porque somos mentirosos de nacimiento.

Esta cita subraya la dicotomía entre esencia y apariencia. Enfatiza el procedimiento de una obra dentro de la obra y la técnica de "mostrar" dramáticamente a diferencia del "contar" propio de la épica. Si se reconoce todo esto, se puede considerar el epígrafe como un elemento textual que sirve para enfatizar la forma de la narración, y, a través de ella, el contenido de la misma. Todo es apariencia.

---

[87] Björck, pp. 292-293.

El epígrafe introductorio de la segunda parte de la novela ha sido tomado de *Aden-Arabie* (1932) de Paul Nizan:

> Yo tenía veinte años. No permitiré que nadie diga que ésta es la mejor época de la vida.

Esta es la desmitificación, en primera persona del singular, de un tópico romántico de la juventud feliz de parte de alguien que niega la validez de esta "verdad" convencional. La interacción entre afirmación y negación es la expresión lingüística común a los dos epígrafes.

El tercer epígrafe, introductorio del epílogo, ha sido tomado de un poema, "¡Cuánta existencia menos...!" de Carlos Germán Belli, publicado en la colección *¡Oh Hada Cibernética!* (1962):

> [...] En cada linaje el deterioro ejerce su dominio.

El epígrafe logra el mismo efecto desmitificador de los ejemplos anteriores, y tiñe con su "sabiduría" general la lectura de esta parte de la novela.

Puede decirse que los epígrafes colaboran entre sí para tejer una red de "aperturas" potenciales que no colaboran necesariamente de buen grado con los esfuerzos para revelar o imponer una unidad subyacente a la novela. La selección de citas puede ciertamente reflejar algunas de las actitudes de Mario Vargas Llosa en el momento en que decidió incluirlas en la novela. Los epígrafes indican la apreciación de un proceso de desmitificación que la literatura ejerce en un drama, en un panfleto y en poesía, proceso que en las novelas de Vargas Llosa se desarrolla a través de los juegos de papeles de los personajes y de la mascarada de técnicas narrativas usadas en el texto.

El tema referente a los juegos de roles es quizá sólo otro ejemplo de la distinción entre esencia y apariencia en las acciones de los personajes. Esta dicotomía se relaciona por un lado con problemas de naturaleza moral en el colegio y en la ciudad como mundos del texto. Al mismo tiempo, la novela es un juego de máscaras en el que el personaje individual nunca logra aprehender la verdad que el lector comprende, puesto que este tiene una perspectiva privilegiada que la novela en su conjunto le ofrece, una posición que también está establecida por la ubicación de los epígrafes. De esta manera los epígrafes se convierten en un factor de comunicación entre el lector y el autor, estructuralmente más allá del campo de alcance de los personajes.

EL MAPA

La edición española de *La ciudad y los perros* contenía un mapa en la hoja de guarda. El mapa muestra a Lima metropolitana con sus principales suburbios, y señala la ubicación precisa deL Colegio Militar Leoncio Prado. La idea del mapa ha sido criticada por innecesaria y por constituir un exceso de documentación extraliteraria tanto para lectores peruanos como extranjeros.[88] El mapa añade una dimensión metatextual que sirve para enfatizar el papel de la novela como reflejo de una realidad. Pero también lleva a preguntar para qué clase de público se había escrito la novela. Durante una entrevista en Londres en 1970, Vargas Llosa afirmó que se incluyó el mapa por recomendación del editor Carlos Barral. La edición no estaba destinada en primera instancia para un público peruano, sino más bien para España y otros países latinoamericanos, y el mapa buscaba unir detalles de la descripción literaria con la realidad extraliteraria para un público que no estuviera particularmente familiarizado con el escenario físico limeño.[89] En la edición peruana no se publicó el mapa, y no se han vuelto a usar mapas en otras novelas del autor.

EL TÍTULO

El título de la novela fue cambiado varias veces. El primero que se propuso fue "La morada del héroe". Luego fue cambiado por "Los impostores", pero finalmente se decidió por *La ciudad y los perros*. Boldori sostuvo que el título de "Los impostores" fijaba la atención en los cadetes,[90] y que el cambio colocó la ciudad en primer plano. Según Boldori, "la ciudad" vencerá en la lucha dialéctica contra los "perros". La ciudad es protagonista principal y domina todo desde detrás del escenario con sus estructuras represivas.

Comparado con los otros, el título final es más neutral y general; no da ninguna indicación de contenido moral. No es un título de subordinación sino de coordinación, y enfatiza la relación mutua entre "la ciudad", el mundo de los adultos, y los "perros", los cadetes. El énfasis ya no recae sobre uno o sobre otro lado, sino sobre ambos al mismo tiempo, estableciendo una in-

---

[88] Estuardo Núñez, *La literatura peruana en el siglo xx (1900-1965)*, Editorial Pormaca, México, 1965, pp. 146-147.
[89] Birger Angvik, "Entrevista a M. Vargas Llosa", inédita, Londres, 1970.
[90] Boldori, p. 93.

terdependencia que no se rompe, aunque ocasionalmente es amenazada. Los "perros" son los que sufren las leyes de la ciudad, dijo Vargas Llosa,[91] pero cuando se reintegran a la sociedad, le imponen *sus* leyes porque ahora ellos son los que gobiernan.

Los pasajes descriptivos en tiempo presente, los epígrafes, el mapa y el título, parecen formar en la novela un sistema global de intercalación y de cajas chinas. Este sistema está conformado por historias y acontecimientos encontrados dentro de una compleja narrativa jerárquica de superposición y de subordinación. Y esta jerarquía invalida algunos de los argumentos a favor de la imparcialidad.

CONCLUSIÓN

Hasta ahora este estudio se ha concentrado en analizar un universo narrativo formado por una cerrada jerarquía. La jerarquía se establece dentro de un sistema de intercalación, superposición y subordinación de gran número de voces narrativas. Es posible, y esta ha sido la hipótesis, extraer conclusiones bastante confiables sobre el funcionamiento de la narrativa, y esto ha sido más importante que la realidad, la sociedad, la historia y las expresas intenciones del autor.

La intercalación, la superposición y la subordinación que se observan en este capítulo, construyen una compleja jerarquía de la cual no escapan ni los personajes ni el lector. A través de un enmarañamiento de personajes, logrado gracias al despliegue de una diversidad de técnicas narrativas aparentemente heterogéneas, la novela, en la práctica, no deja libres a los personajes, como Vargas Llosa sostenía en la teoría. Los personajes, en grado variable, carecen de libertad ante cualquier situación determinada. No sólo están histórica, geográfica, social y sexualmente condicionados sino que también están condicionados por la forma literaria. Se encuentran limitados por una estructura narrativa cuya superficie parece ofrecer libertad a los personajes, pero cuya infraestructura revela una jerarquía organizada de manera tal que se convierte en un determinismo formal y no necesita de referencias extraliterarias para ser explicado. El determinismo se ha convertido en una tradición formal de la que Vargas Llosa no se libra, y ciertos factores formales determinantes frustran las metas teóricas.

---

[91] Citado por Boldori, *ibid.*

Las formas de la escritura, los medios de producción literaria al servicio de un autor –de entre los cuales debe elegir para producir su novela– están al mismo tiempo contaminados por la tradición, es decir, por el uso y por el contenido ideológico. La seleccción de dichos medios –tan rica en Vargas llosa– denota tanto una maestría técnica como ciertas actitudes estéticas y por consiguiente deben ser reconocidos como tales por el lector. La innovación y modernización técnica, por lo tanto, también tiene importancia desde el punto de vista de los significados, que están, por así decir, fuera del control conciente del autor, pero quedan implícitos en sus elecciones formales.

La novela introduce unas estrategias narrativas innovadoras para la novela peruana e hispanoamericana al combinar formas narrativas heterogéneas provenientes de una diversidad de tradiciones literarias. Es interesante observar que la narración en primera persona se usa para retratar a personajes extraídos de estratos sociales inferiores. Pero las narraciones en primera persona del singular, o la presentación de los acontecimientos a través de un centro de conciencia de tercera persona del singular, no precisan interpretarse como intentos de evadir la autoridad contextual.

Estas observaciones contrastan con las de Vargas Llosa referidas anteriormente con relación a la importancia de crear personajes "concretos" y "objetivos", personajes "en situación"– en una novela "total" y "autónoma". El contraste revelaría una nueva actitud de restricción frente al personaje literario como "instrumento" al servicio de la estructuración total de la novela como unidad orgánica.

Resulta evidente que los personajes femeninos han sido casos difíciles de representar con técnicas narrativas modernizadas también en esta "nueva novela" en el Perú y en Hispanoamérica. Todos los narradores en primera o en tercera persona del singular parecen sufrir las limitaciones de las estrategias de representación de personajes femeninos en la narrativa peruana, y todos sufren, al parecer, de cierto sexismo. El sexismo parece dominar en una narrativa peruana e hispanoamericana que acaso no disponga de un archivo de estrategias literarias, ni ha mostrado mucho interés en desarrollarlas para representar convincentemente el universo de personajes femeninos "en situación" en un código narrativo que intenta ser "realista".

Las innovaciones de las estructuras formales explícitas o implícitas, revelan en su base una sólida jerarquía que convierte un material narrativo heterogéneo en forma homogénea. La jerarquización de los materiales y componentes conduce a un determinismo tradicional del cual Vargas Llosa no se libra por medio de la modernización técnica y la experimentación formal.

III

LA LIBERTAD RESTRINGIDA DE
LA CASA VERDE

Los críticos y la novela

Con *La Casa Verde*, Mario Vargas Llosa se hizo acreedor al más prestigioso premio literario de Latinoamérica, el Premio Internacional de Novela Rómulo Gallegos, otorgado en Caracas en 1967. Fue reseñada casi exclusivamente en términos elogiosos por los críticos. Luis Loayza la aclamó como una de las más importantes novelas de la literatura hispanoamericana contemporánea.[1] Mario Castro Arenas saludó la novela como la vigorosa introducción de la narrativa nacional dentro de las tendencias modernas de la novela contemporánea, y situó a Vargas Llosa entre los más importantes novelistas jóvenes de la época.[2] José Miguel Oviedo la calificó de triunfo temprano.[3]

Hubo, sin embargo, dos notables excepciones. Miguel Gutiérrez Correa publicó en 1966 un artículo en el que expuso una lectura política e ideológica de la novela. En él acusó al autor de carecer de una "concepción coherente" de la sociedad y de la historia.[4] Gutiérrez consideraba que la novela expone de manera transparente la incapacidad de la visión del mundo del novelista, su posición política e ideológica, sus actitudes hacia la sociedad y la historia. Esta evaluación fue realizada desde una posición política de cierta izquierda radical y revolucionaria, presente entonces en

[1] Luis Loayza, "Los personajes de *La Casa Verde*", *Amaru*, Lima, 1 de enero de 1967, p. 84.

[2] Mario Castro Arenas, *La novela peruana y la evolución social*, José Godard Editor, Lima, segunda edición, s. f., p. 262.

[3] José Miguel Oviedo, *Mario Vargas Llosa: la invención de una realidad*, Barral Editores, Breve Biblioteca de Respuesta, Barcelona, 1970, p. 122. (Edición posterior: Seix Barral, Barcelona, 1982).

[4] Miguel Gutiérrez Correa, "Mito y aventura en *La Casa Verde*", *Narración*, 1, Lima, 1966: p. 30.

Lima. La posición de Gutiérrez Correa contrastó con la de Castro Arenas, quien sostenía que no es el material temático mismo o su proyección hacia una posición ideológica establecida lo que es importante en la novela, sino más bien cómo este material está organizado artísticamente.[5] *La Casa Verde* es formalmente menos coherente que *La ciudad y los perros*. Sin embargo, no habrá aquí necesidad de convocar el apoyo de referencias extraliterarias para explicar o evaluar los procedimientos formales empleados. Ya sea que se trate de una representación válida de la sociedad y la historia; ya sea que la novela ofrezca alternativas viables para la acción y el establecimiento de normas, o si simplemente es una confirmación del *status quo*, las preguntas que plantea son problemáticas. No es posible ni deseable limitarlas a una solución fácil o simplista luego de una primera lectura de la novela.

Gutiérrez afirmaba en segundo lugar, que Vargas Llosa no había presentado "aspectos inéditos" de la realidad, no había ofrecido un documento de la "condición humana". De nuevo, un contraste con la opinión de Oviedo, quien sostenía que la novela penetra profundamente dentro de vastos sectores de la realidad peruana.[6] Oviedo comparó *La Casa Verde* con la obra de algunos autores representativos de la novela de la selva peruana, y encontró una genuina innovación al examinar su diseño, su estructura y la forma en que Vargas Llosa representa la relación de la ficción con la sociedad y la realidad.

Si se extendiera la comparación hasta abarcar la novela peruana provinciana tradicional, se observaría que las partes de la novela que tienen lugar en Piura, y especialmente la parte que se concentra en la Mangachería, ilustran "aspectos inéditos" en su representación del Perú provinciano. Sin embargo, al mismo tiempo, esta novela tiene una deuda con uno de los autores que Gutiérrez también admira, José María Arguedas, específicamente con su *Yawar Fiesta*, una posibilidad que ningún crítico había mencionado.

Vargas Llosa estructura su novela en torno de una serie de aventuras humanas individuales que, como afirma la mayor parte de los críticos, comparten un común denominador en la preocupación por representar la "condición humana". La postura de Gutiérrez implicó, no obstante, que la discusión sobre la ideología del autor, sobre su concepción de la sociedad y la historia y su relación con una obra literaria, es un problema que no se re-

---

[5] Castro Arenas, p. 263.
[6] Oviedo, p. 122.

suelve fácilmente sin análisis detallados del texto y sin adaptar algún tipo de enfoque teórico de la relación problemática entre arte y realidad.

Para Darío Chávez de Paz, la segunda voz discrepante entre el coro de aplausos, la novela era "formalista", una observación interesante a causa de las múltiples innovaciones técnicas y las audaces estrategias formales presentes en el texto. El análisis de Chávez ignoraba esencialmente el contenido generado por medio de esas innovaciones formales.[7] Un enfoque crítico que insiste en la separación entre forma y contenido no puede realmente hacer justicia a *La Casa Verde*, porque se rehúsa a considerar la posibilidad de que la forma pueda ser un vehículo del contenido.

Chávez concluyó su análisis observando que la novela fue muy probablemente escrita como un texto directo y sencillo, pero que posteriormente fue dividida en cinco partes de acuerdo con sus cinco núcleos temáticos, y al fragmentarla ha sido posible organizar la intrincada estructura de alternancias,[8] lo que podría ser una lectura simplista del modo en que la forma de la novela se origina.

La observación parece apoyarse en un énfasis mal ubicado. El proceso de fragmentación y alternancia que caracteriza a las novelas de Vargas Llosa es una técnica narrativa que merece atención debido a su efecto sobre la experiencia del lector durante su lectura y producción de significaciones. El análisis que Chávez presentó subrayó el grado de participación que la novela demanda del lector. Si el lector puede reorganizar una novela fragmentada en su "verdadera" cronología lineal, el resultado de este proceso —una "novela normal"— sería producto de su participación activa. Esta participación requeriría de un tratamiento y una evaluación críticos como un factor importante para la producción de significaciones en el proceso de la lectura. Es legítimo argüir que el significado total producido equivale a algo más que la suma de los fragmentos —su división y organización— que conforman la novela. Vargas Llosa había sido capaz de presentar aspectos inéditos en la narrativa que se merecerían un tratamiento crítico serio, algo más que una actividad "normalizadora" en la forma de un reordenamiento de la cronología episódica, como implica el tratamiento de Chávez.

A diferencia de Gutiérrez y Chávez. Mario Benedetti evaluaba las innovaciones formales y las capacidades de representación de la novela en

---

[7] Darío Chávez de Paz, "La realidad estructural de *La Casa Verde*: orientaciones de la nueva novela latinoamericana", *Expresión*, núm. 1, Lima, 1966, p. 65.

[8] *Ibidem.*

términos positivos. Caracterizó a la novela como "un fértil y ejemplar escándalo", especialmente por la libertad en el empleo de las convenciones sintácticas; "un escándalo verbal", por los juegos con los múltiples significados de las palabras, que transforman a la novela en un "escándalo antirretórico, antiacadémico". Lo que trasforma esta novela en una nueva visión del mundo, afirmó Benedetti, es "el dominio de los recursos estilísticos, estructurales". En vez de una sucesión cronológica de acontecimientos, la novela "hace circular el tiempo", y en esa "gran orquestación, hay algo que importa más que las historias aisladas y es el entrecruzamiento de las mismas". La simultaneidad episódica hace que la novela sea "de ardua lectura", y esto se convierte en un elemento importante del análisis de Benedetti.[9]

Ariel Dorfman escribía que esta simultaneidad episódica constituye "el torbellino temporal que azota-agota a los personajes" en una "cárcel ontológica, esencialmente una prisión, de tiempo, de muerte" en la que se encuentran atrapados los personajes de la novela. También incorporó una discusión del método de fragmentación dentro de su análisis del contenido de la novela. Para Dorfman, las innovaciones formales operan en los contenidos, y las fragmentaciones producen efectos temporales sobre el lector en el proceso de la lectura.[10]

La Casa Verde confirmó el prestigio de la obra de Vargas Llosa entre estudiantes y críticos fuera de Latinoamérica. Estudiantes extranjeros comenzaron a investigar y a escribir tesis doctorales sobre el autor y sus novelas hacia finales de la década de los 1960. Luis Alonso Díez Martínez,[11] y Michael Weston Moody[12] han sido dos de los primeros en terminar sus tesis doctorales sobre novelas de Vargas Llosa.

Díez Martínez pudo ser calificado como un crítico textual cuando presentó un examen detallado de punto de vista o de perspectiva en las dos primeras novelas de Vargas Llosa. Comentaba detenidamente la técnica de "montaje" usada en las novelas. El estudio era valioso por su discusión sobre el estilo y la técnica, pero tropezaba con algunas dificultades cuan-

---

[9] Mario Benedetti, "Mario Vargas Llosa y su perfil escándalo", *Letras del continente mestizo*, segunda edición, Arca Editorial, Montevideo, 1969, pp. 246-247, 250-251.

[10] Ariel Dorfman, "José María Arguedas y Mario Vargas Llosa: dos visiones de una sola América", en Ariel Dorfman, pp. 195, 199 y 219-220.

[11] Luis Alonso Díez Martínez, *Style and Technique in the Novels and Short Stories of Mario Vargas Llosa in Relation to Moral Intention*, (Universidad de Londres, 1969) Centro Cultural de Documentación CIDOC, series Cidoc, Cuaderno núm. 2, Cuernavaca, 1970.

[12] Michael Weston Moody, "The Web of Defeat: A Study of Theme and Technique in Mario Vargas Llosa's *La Casa Verde*", University of Washington, 1969.

do intentaba reconciliarlas con la intención moral de la novela y del autor. El resultado fue que cuando trataba de evaluar la novela en su totalidad, tenía que recurrir a discusiones psicológicas y morales sobre los personajes. En consecuencia llegó a subestimar las posibilidades de una aplicación crítica de los logros que suponía su discusión de la forma en la primera parte de su estudio.

Moody se concentró en *La Casa Verde* tratándola como si fuera un poema. Su método de "lectura minuciosa" parecía surgir de la escuela de la Nueva Crítica anglo-americana. El estudio invitó a la reflexión y condujo a esclarecedores descubrimientos de temas y estructuras subyacentes en la novela. Aunque sostenía que su estudio era "formalista en sus métodos y sus objetivos", alcanzó a plantear un alto grado de integración entre la forma y el contenido. Sin embargo, a pesar de estos éxitos, en sus análisis de algunos de los personajes se inclinó a ser preceptivo y a introducir una serie de juicios que no surgieron de la lectura de la novela misma o de su propias premisas críticas. En algunos momentos llegó a señalar más bien sus propios prejuicios éticos y estéticos, que pueden o no corresponder a las normas de la novela.

LOS CRÍTICOS Y LA CLASIFICACIÓN GENÉRICA DE *LA CASA VERDE*

En su mayoría, los críticos trataron de abordar de una u otra forma la dificultad de clasificar la novela de acuerdo con categorías y subcategorías narrativas disponibles. La mayoría de los problemas enfrentados por la crítica parecían provenir del enorme campo de acción y de la complejidad de la novela.

Oviedo enfatizó la distancia que ahora separaba a Vargas Llosa de los escritores de la generación de los cincuenta.[13] En su esfuerzo por darle un lugar como novelista, recordaba diversas tradiciones de la narrativa hispanoamericana. El escenario geográfico de la novela, mantuvo Oviedo, es el de los escritores regionalistas y criollos de la década de 1930. Con relación a las secuencias que tienen lugar en la selva, citó como antecedente *La vorágine* (1924), de José Eustasio Rivera. Para las secuencias piuranas de la novela citó a escritores limeños como José Diez-Canseco y Fernando Romero, y al piurano Francisco Vegas Seminario, como posibles modelos literarios, tanto positivos como negativos. Pero Oviedo fue más allá e iden-

---

[13] Oviedo, cit.

tificó otras características que pertenecían a la novela detectivesca, a la novela del oeste, a la novela rosa y al cine mexicano.[14] También se refería a la novela de aventuras, a la "novela mítica" y a la "crónica" es sus intentos por establecer una clasificación de la novela de Vargas Llosa. El problema del acercamiento de Oviedo radica en que no ha definido ninguna de estas categorías ni ha esclarecido las características principales que posibilitarían distinguir una categoría de otra. A pesar de esta falta de definición ha sido posible extraer de la discusión de Oviedo la conclusión de que la novela de Vargas Llosa aprovecha una gran diversidad de procedimientos narrativos pertenecientes a diversos subgéneros de la novela sin establecer una jerarquía de méritos relativos entre ellos. Toda afirmación de que es posible reducir la complejidad de *La Casa Verde* a una simple fórmula de definición o categoría narrativa se vería enfrentada con los intentos de Oviedo y debería en consecuencia tratarse con sospecha.

Lydia de León Hazera incluyó *La Casa Verde* en su estudio de la "novela de la selva hispanoamericana", y la clasificó junto con las novelas de Ventura García Calderón, *La venganza del cóndor* (1924) y Ciro Alegría, *La serpiente de oro* (1935). En *La Casa Verde*, afirmó, la visión de la selva peruana ha sido transformada radicalmente. El ambiente natural de la selva se incorpora en la "nueva novela" hispanoamericana.[15]

Por supuesto, la clasificación de Lydia de León presenta el problema de haberse basado sólo en partes de la novela –las historias ambientadas en la selva– y, en consecuencia, no ha hecho justicia a la novela en su conjunto, con sus historias piuranas. Sin embargo, aludió a una tradición de la narrativa hispanoamericana explotada directa o indirectamente por Vargas Llosa.

Castro Arenas incluyó la novela en su capítulo sobre el "neorrealismo", aunque es difícil entender por qué, pues ya había definido esta categoría generalmente para incluir sólo relatos con escenarios urbanos, limeños en la mayoría de los casos.[16] La única secuencia de la novela que podría ser incluida en dicha categoría sería la del barrio piurano de la Mangachería. Pero esa parte tiene más en común con *Yawar Fiesta* de José María Arguedas, es decir, con una novela provinciana e indigenista, que con ficción urbana neorrealista de Lima. Castro Arenas también definió la novela como en

[14] *Ibid.*, pp. 141-142.
[15] Lydia de León Hazera, *La novela de la selva hispanoamericana: nacimiento, desarrollo y transformación*, Publicaciones del Instituto Caro y Cuervo, Bogotá, 1971, pp. 12, 13.
[16] Castro Arenas, pp. 257, 259.

parte "realista" y en parte "mítica",[17] mientras que Luis Alberto Sánchez,[18] veía en la novela un violento realismo. Ni Castro Arenas ni Sánchez definieron ninguno de los términos empleados en su clasificación, ni la categoría de "realista-romántica" que Sánchez atribuyó a Vargas Llosa fue definida explícitamente en algún momento.[19] Lo que estos ejemplos tienen en común es que todos se refieren a la realidad externa y al escenario geográfico nacional en sus intentos de clasificación. Este énfasis ha sido bastante común en la historia y la crítica literarias del Perú y de Hispanoamérica, y parece formar parte de una "falacia realista" que siempre considera la literatura como si sólo fuera un reflejo de la realidad y/o de la sociedad. En la historia y la crítica literarias peruanas –así como también en la historia de la poesía y en antologías de cuentos– las divisiones usuales han sido regionales. Se hace referencia a obras que se agrupan según si tratan o si se desarrollan en la costa, en los Andes o en la selva. Sin embargo, Es obvio que *La Casa Verde* escapa a clasificaciones geográficas, y que la lectura que De León Hazera hacía de ella como una novela de la selva, aunque en gran medida más satisfactoria que otras clasificaciones genéricas, también ha debido ser en última instancia vista como reduccionista.

También en lo que concierne a las lecturas "formalistas" de la novela, existieron desacuerdos entre los críticos. A Sánchez le gustaba establecer una categoría especial para Vargas Llosa, el "tecnicalismo",[20] que luego no especificó ni definió de ninguna manera sistemática. Incluso pareció que Sánchez usaba de manera peyorativa el término, y su lectura reduccionista de la novela, limitada a una discusión de las secuencias referidas al burdel piurano y sus clientes, hizo muy poco para aclarar sus argumentos o justificar sus opiniones.

Chávez de Paz estableció dos categorías, la de la "novela formalista" y la de la "novela novelística", pero tampoco definió los términos. Llegó incluso a observar una distinción entre estas categorías y otras que se refieren a los problemas "genuinos y profundos" del Perú y América Latina.[21] Esto puede considerarse como otro ejemplo desafortunado de la "falacia realista" de la crítica literaria, pues al mismo tiempo que pareció elogiar las innovaciones formales de la novela insistió en la opinión tradicio-

---

[17] *Ibid.*, p. 263.
[18] Luis Alberto Sánchez, *Introducción crítica a la literatura peruana*, s/ed., Lima, 1974.
[19] *Ibid.*, p. 165.
[20] *Ibid.*, p. 162.
[21] Chávez de Paz, p. 65.

nal de considerarla como un documento o un reflejo de la sociedad y de la realidad. En última instancia, esta visión, siempre ha colocado el contenido por encima de la forma.

Se podría argumentar que los problemas formales de la novela son problemas genuinos y profundos de la literatura peruana e hispanoamericana y que la experimentación con procedimientos formales no necesariamente disminuye la importancia del contenido. Pero la relación entre realidad y literatura puede ser algo más compleja de lo que Chávez, Gutiérrez, y Sánchez estaban dispuestos a admitir.

Luis Loayza sostenía que Vargas Llosa había evitado escribir una novela de propaganda y aplaudió las innovaciones formales de *La Casa Verde*.[22] Benedetti,[23] Dorfman[24] y Jean Franco[25] evitaron una clasificación específica, pero Benedetti mencionó la posibilidad de diversas lecturas "alegóricas" de la novela, aunque sin explayarse sobre tal posibilidad.[26] Esto, ha sido exactamente lo que Franco ha hecho en su lectura simbólica del viaje y el río. La lectura de Dorfman tampoco se ajustaba a las lecturas realistas tradicionales como las realizadas por la mayoría de los críticos en el Perú.

Vargas Llosa ha hablado sobre las dificultades técnicas que encontró durante la escritura de la novela. En *La ciudad y los perros* omitió el lado mítico de la realidad, pero lo incorporó en *La Casa Verde*. Trató de capturar la realidad desde una diversidad de ángulos –el realista, el fantástico y el mítico–.[27] Calificó la primera parte de *La Casa Verde* como "fabulosa", surgida de los recuerdos y fantasías de la gente de la Mangachería en Piura. Es pues "mítica", mientras que la segunda parte es "objetiva y real". Algunas de las biografías de los personajes se han llenado de anécdotas; un personaje tiene tendencias románticas, y otro es el hombrón bien intencionado. Para dar forma a uno de sus personajes, Anselmo, Vargas Llosa había tomado a un personaje de una novela de caballería y lo había mezclado con el aventurero cinematográfico estereotípico que llega a un pueblo y lo conquista. Había creado episodios de amor sentimental y había expresado una inmensa satisfacción por la manera en que había logrado relatar la aventura amorosa entre Anselmo y Antonia, no como realmente

[22] Luis Loayza, cit.
[23] Benedetti, cit.
[24] Dorfman, cit.
[25] Jean Franco, "El viaje frustrado en la literatura hispanoamericana contemporánea", *Casa de las Américas*, núm. 53, Marzo-abril de 1969, pp. 119-122.
[26] Benedetti, p. 247.
[27] Mario Vargas Llosa en entrevista con Francisco Bendezú, "El escritor debe trabajar como un peón", *Oiga*, 177, Lima, 1966.

sucedió sino como la gente de la Mangachería hubiera querido que sucediera.[28]

No tuvo problema para evocar Piura, afirmaba, pero para evocar la selva tuvo que forzar su memoria. Atormentado por su ignorancia, durante un año sólo leyó libros relacionados con la región amazónica. Estos libros no han sido interesantes desde un punto de vista literario, mantuvo, porque han sido tesoros grotescos de los excesos literarios más comunes y vulgares que se encuentran en cierta tradición de la narrativa latinoamericana. Estas obras ejemplares han asimilado todos los vicios y lo vacunaron contra la manía descriptiva. Al personaje de Fushía se lo describió como un aventurero patético y su biografía ha sido presentada como pura invención. Jum, basado en un personaje de la vida real, fue concebido en un principio como el protagonista de la novela, pero después se redujo su importancia. Su historia fue luego fragmentada en varios episodios narrados no desde el punto de vista de Jum, sino desde el de los intermediarios y testigos, a quienes Vargas Llosa consideró que podía representar de una manera más verosímil.[29]

Todas las declaraciones realizadas por Vargas Llosa con relación a este método narrativo indicaron que había recurrido a una gran cantidad de mecanismos narrativos y que por selección había creado una novela sensible que es flexible con relación a los personajes, a los escenarios y a las estrategias narrativas. Es posible que gran parte de la impresionante innovación presentada por esta novela se haya basado en que surge como producto de una mezcla de múltiples subgéneros narrativos.

La novela no se somete fácilmente a ningún intento de clasificación reduccionista. Hay cinco diferentes núcleos narrativos, de acuerdo con Vargas Llosa y la mayoría de los críticos. Una vez más hay varias historias individuales, pero a ninguna de ellas se le permite sobresalir mucho en términos de duración o profundidad como para que su narrador sea individualizado de manera demasiado vívida, como en el caso de los personajes principales de *La ciudad y los perros*.

La Casa Verde no está encerrada en el espacio como aquella, sino más bien, como ha indicado Dorfman, se cierra como una cárcel temporal en torno a los personajes y a la lectura. Resulta una novela de espacio geográfico abierto que elude las tradicionales divisiones geográficas en las que se ha supuesto que caben las obras de la literatura peruana. La mayoría de

[28] Mario Vargas Llosa, *Historia secreta de una novela*, Tusquets Editor, Cuadernos Marginales, Barcelona, 1971, pp. 53-57.

[29] *Ibid.*, pp. 60-66.

118 LA NARRACIÓN COMO EXORCISMO

los personajes está en constantes movimientos, no restringidos a ningún espacio privado o institucional dentro del universo novelístico. Además, parece repudiar la "novela del individuo" en favor de un universo en que ningún personaje individual tiene una presencia desproporcionadamente mayor o menor que la de cualquier otro. Es una novela en la que ningún protagonista se sale del trasfondo monótono, de la existencia indeterminada e intemporal fuera de la historia, y escapa al destino.

A partir de observaciones como estas sería posible referirse, junto con Edwin Muir, a la categoría de la narrativa que llama crónica. En la crónica, para Muir, el tiempo es externo, no es aprehendido subjetiva y humanamente en las mentes de los personajes y es observado desde un punto fijo externo. El tiempo fluye ante el observador. Fluye sobre y a través de los personajes que evoca.[30]

De igual modo, sería posible limitar las referencias al problema del tiempo, pero los temas en juego también pertenecen a un nivel diferente: el de la conciencia social y personal, conciencia que está visiblemente ausente en los personajes de *La Casa Verde*.

> Los personajes que aparecen y desaparecen en este vasto ciclo de movimiento recurrente de la crónica, sostiene Muir, pueden estar involucrados en tragedias [...], pero éstas serán resueltas muy raramente. [...] Cualquier solución incorporará una significación inferior, y hará de esta sólo uno de los accidentes del tiempo. [...] Los accidentes personales, observados como tragedias por el lector, no son analizados en absoluto por los personajes individuales. No son resueltos; todo lo que los personajes hacen parece accidental incluso para ellos mismos, y no descubrirán por medio de ninguna rápida observación cómo llegaron al lugar en que se encuentran.[31]

Incluso si el enfoque de Muir se concentra en los personajes, existen tantas referencias importantes al tratamiento del tiempo y del espacio, que se convierte en un punto de partida muy valioso para cualquier intento de clasificación global de *La Casa Verde* con referencia al concepto de crónica.

GÉNESIS DE *LA CASA VERDE*

A partir de 1965 Vargas Llosa había hecho declaraciones sobre lo que había llamado "la historia secreta de una novela", y había intentado repeti-

---

[30] Edwin Muir, *The Structure of the Novel*, The Hogarth Press, Londres, 1928.
[31] *Ibid.*, p. 104.

damente hacer públicas sus intenciones mientras escribía *La Casa Verde*. En la mayoría de los casos, sin embargo, se limitó a revelar las experiencias personales básicas que sirvieron de fundamento a este proyecto.

Vargas Llosa dio su primera versión en un congreso de escritores peruanos en Arequipa, en 1965,[32] y posteriormente repitió algunos de los detalles en las entrevistas con Elena Poniatowska en 1965,[33] con Francisco Bendezú en 1966[34] y con Luis Harss en 1966.[35] En 1968 dio una conferencia sobre el tema en la Washington State University, que posteriormente, en 1971, fue publicada como *Historia secreta de una novela*.[36] Un pasaje del libro también fue publicado en Madrid por la revista *Triunfo* en 1971.[37]

Comenzó a escribir la novela veinte días después de la publicación de *La Ciudad Y Los Perros*, y tardó tres años y medio en terminarla,[38] trabajando desde 1962 hasta 1965.[39] El extenso período que requirió la composición de la novela es conocido, al igual que el proceso de escritura. La situación con respecto a las experiencias autobiográficas ha resultado ser, sin embargo, compleja y un poco menos clara.

En 1945 Vargas Llosa se mudó con su familia por primera vez a Piura,[40] donde vivió durante un año. Allí el futuro escritor, contando entonces nueve años de edad, tuvo las primeras experiencias relacionadas con la primera parte de *La Casa Verde* –el burdel–[41] antes de regresar a Lima con su madre en el verano de 1946. Regresó a Piura en 1952, para terminar la escuela secundaria, y permaneció allá hasta 1953. Tuvo entonces la oportunidad de conocer el burdel –presente en la segunda parte de *La Casa Verde*– desde el interior;[42] en particular a los músicos que tocaban ahí.[43] También conoció la Mangachería y al verdadero Padre García.

---

[32] "Intervención de Mario Vargas Llosa", en *Primer encuentro de narradores peruanos* [1965], Casa de la Cultura del Perú, Lima, 1969.

[33] Elena Poniatowska, "Al fin un escritor que le apasiona escribir, no lo que se diga de sus libros", en Elena Poniatowska, editora, *Antología mínima de Vargas Llosa*, Editorial Tiempo Contemporáneo, Buenos Aires, 1969.

[34] Francisco Bendezú, entrevista a Mario Vargas Llosa, cit.

[35] Luis Harss, "Mario Vargas Llosa y los vasos comunicantes", en Luis Harss, *Los nuestros*, Editorial Sudamericana, Buenos Aires, tercera edición, 1969.

[36] Mario Vargas Llosa, *Historia secreta de una novela*, cit.

[37] Mario Vargas Llosa, "La secreta historia de *La Casa Verde*", *Triunfo* 27, Madrid, 1971.

[38] Bendezú, p. 20.

[39] Mario Vargas Llosa, "La secreta historia de *La Casa Verde*", p. 42.

[40] *Ibid.*, p. 41.

[41] *Ibid.*, pp. 11-19.

[42] *Ibid.*, p. 20.

[43] *Ibid.*, p. 21.

Al regresar a Lima escribió su primer cuento largo y se lo mostró a un amigo que trabajaba en una publicación, quien lo rechazó porque se parecía mucho a *La carta escarlata* de Hawthorne.[44] Destruyó el manuscrito y pensó que había olvidado todo, pero las experiencias se mantuvieron en su memoria.

En 1958 descubrió la selva peruana,[45] y publicó en Lima el artículo titulado "Crónica de un viaje a la selva", la primera versión de su experiencia del viaje. Posteriormente resumió, en entrevistas y conferencias, sus diversas experiencias relacionadas con su breve estadía en la selva en 1958. En 1964 regresó a la selva para comprobar algunas impresiones y volver a impregnarse del entorno antes de concluir la novela.[46]

Las experiencias personales básicas están descritas en cinco núcleos narrativos en la novela, dos basados en Piura y tres en la selva. Vargas Llosa ha sostenido que cada una de las historias representa un nivel diferente de la realidad.[47] La novela abarca cuarenta años. Su estructura es discontinua tanto en lo referente al tiempo como al espacio, y hay acciones incorporadas en cada episodio que tienen lugar en momentos y lugares diferentes a lo largo de estos cuarenta años.[48] Las experiencias personales –vividas, soñadas, oídas o leídas–, materia prima que engendró el primer impulso para escribir la novela, han sido transformadas tan radicalmente por el proceso de creación que, cuando se "escucha" la novela terminada, nadie, ni siquiera el novelista mismo, es ya capaz de oír el "corazón" autobiográfico que late en un trabajo de ficción.[49]

La mayoría de los críticos de la novela han repetido la caracterización de Vargas Llosa con relación a los cinco núcleos narrativos de la novela. Estos parecen formar la base de diversas lecturas "realistas". Se ha percibido alternativamente como un reflejo de experiencias personales pasadas – a saber, desde 1945 hasta 1946, desde 1952 hasta 1953, de 1958 y de 1964– y como un reflejo de la realidad peruana en un sentido muy general. Pero los diferentes niveles de realidad, definidos por el mismo Vargas Llosa como míticos, fantásticos y realistas, transforman la obra en algo más que un reflejo pasivo de su propia vida y de la realidad. Algunos críticos han elegido transgredir los límites de la lectura realista introduciendo diversos

---

[44] *Ibid.*, pp. 22-23.
[45] Mario Vargas Llosa, "Intervención de Vargas Llosa", *Primer encuentro de narradores peruanos*, p. 89.
[46] *Ibid.*, p. 95.
[47] *Ibid.*, p. 96.
[48] Entrevista con Elena Poniatowska, p. 28.
[49] Mario Vargas Llosa, *Historia secreta de una novela*, pp. 7-8.

enfoques que lindan con lecturas simbólicas y alegóricas de la novela, pero dudan en realizar una auténtica lectura no realista basada en una premisa que requeriría un distanciamiento muy marcado de las conclusiones críticas consideradas ortodoxas.

HACIA UN UNIVERSO NARRATIVO NO JERÁRQUICO

La novela está dividida en cuatro partes seguidas por un epílogo. Cada parte es precedida por un episodio autónomo que permanece fuera del esquema de división en capítulos y episodios: cuatro capítulos en la primera parte y cuatro en la tercera; tres capítulos en la segunda y tres en la cuarta. Los capítulos están divididos a su vez en episodios: los capítulos de la primera y de la segunda parte contienen, cada uno, cinco episodios; los de las otras partes contienen, cada uno, cuatro episodios. El epílogo está dividido en cuatro capítulos sin subdivisión en episodios.

La mayoría de los críticos ha aceptado la versión del autor con respecto a las cinco historias incorporadas en *La Casa Verde*, y de igual manera han reproducido en sus interpretaciones el patrón descrito por él (por ejemplo, Harss, Lydia de León Hazera, Oviedo).

En las primeras dos partes la novela gira en torno de cinco núcleos narrativos que están fragmentados, se alternan de manera regular y aparentemente tienen la misma importancia. Los cinco núcleos son, en orden de aparición: la historia de Bonifacia (la Selvática) y Lituma (el Sargento) en el escenario de Santa María de Nieva; la historia de Fushía y sus relaciones con Lalita y Aquilino en la isla, en el río Marañón, en el río Santiago y en la colonia de leprosos; la historia de la Casa Verde construida por Anselmo en los suburbios de Piura, y de sus relaciones con Antonia; la historia de Jum, el indio, y sus relaciones con Julio Reátegui en el pueblo aguaruna de Urakusa; la historia del grupo de los "invencibles" de la Mangachería, un área de clase baja en Piura.

A partir de la tercera parte, sin embargo, el equilibrio aparente se hace inestable a medida que la historia de Jum comienza a fusionarse con la de Fushía y finalmente ambas desaparecen totalmente como episodios independientes. A partir de allí las cuatro historias fragmentadas restantes se alternan a lo largo del cuerpo principal de la novela. Además, en el epílogo, la historia de Bonifacia se mezcla con la de los invencibles de Piura, y un capítulo entero está dedicado a Lalita, un personaje que hasta entonces había permanecido en un segundo plano. Hay pues algunas irregularidades en lo que Oviedo ha llamado rigor geométrico de la construcción.[50]

UNA LECTURA DETALLADA DE LOS EPISODIOS AUTÓNOMOS

Un interesante detalle estructural, no obstante, se escapa del patrón esbozado anteriormente: el papel de los episodios autónomos colocados al principio de las diferentes partes de la novela.[51]

Oviedo los ha llamado "prólogos" y "pórticos" que sirven para crear un "clima" o "tensión" que se extiende en muchas direcciones.[52] Pero estos episodios están ubicados en una posición independiente en la novela y, temática y temporalmente, no mantienen ninguna conexión directa con desarrollos ulteriores en los capítulos y episodios que les siguen. Los términos de prólogo o episodio introductorio podrían pues ser engañosos porque implican una conexión inexistente.

La posición estructural independiente de estos episodios, su independencia temática relativa y su independencia temporal sirven de algún modo para ampliar su importancia. Tomados en conjunto como una colección de unidades estructural, temática y temporalmente independientes, es decir, agrupándolos como una especie de "anomalías", se hace natural enfatizar la relación entre ellos, a pesar de que no conforman entre sí una historia coherente. Es posible que sirvan sutilmente para introducir ciertos motivos importantes para la comprensión de la novela y para describir el tratamiento de los personajes y de la relación entre ellos.

El tiempo verbal más empleado en estos episodios es el presente, y el procedimiento declarativo estilístico es el estilo indirecto libre, llamado "pluridimensional" y descrito en detalle por Oviedo.[53] Esta técnica conlleva el apoyo de una doble perspectiva que hace difícil averiguar la identidad del narrador de cada instancia individual y atribuirle por lo tanto una responsabilidad, como Oviedo señala muy bien. Estos episodios aparecen en la página como una cantidad asombrosamente compacta de palabras

---

[50] Oviedo, p. 165.

[51] *La Casa Verde*, Seix Barral, Biblioteca Formentor, Barcelona, quinta edición, 1967, pp. 9-22; 113-121; 195-205; 299-306; y 379-383. Las siguientes referencias a la novela corresponden a la edición citada. En lo sucesivo se indicarán en el texto, entre paréntesis, los números de página para cada referencia.

[52] Oviedo, p. 168.

[53] *Ibid.*, pp. 168, 170.

sin división en párrafos. Al leer estos episodios el lector es atrapado dentro de una progresión absorbente e hipnotizante de transiciones casi imperceptibles que tienden a fundir todo en un fárrago confuso desde el cual es difícil captar cualquier punto de referencia fijo. El lector pasa desde la descripción hasta el diálogo reproducido, y de allí regresa a la descripción, y del presente al pasado, incapaz de reconocer la lógica que dirige tales divagaciones y sin el apoyo de la puntuación para señalar las transiciones. Esta forma de lectura provoca en el lector el malestar de una aguda inseguridad épica, pues ni el autor implícito ni ninguno de los personajes acepta nunca la responsabilidad de la narración. Por supuesto que el lector tiene el derecho de buscar una seguridad épica dentro de la novela, pero la ausencia de cualquier conexión directa y obvia entre estos episodios y los que siguen inmediatamente significa que cada regreso a un mundo de orden narrativo puede, en el mejor de los casos, sólo restaurar temporalmente el equilibrio del lector desorientado, antes de que sea nuevamente sumergido dentro de un episodio que de nuevo despierte en él sentimientos de inseguridad.

El uso del estilo indirecto libre, las estrategias narrativas y la disposición del texto en la página difumina la autoridad, obscurece los puntos de referencia que alguna vez fueron seguros y obscurece las divisiones tradicionales. Todo esto impregna estos episodios de una atmósfera de inseguridad que les da una fuerte sensación de duda y de ambigüedad cuya recurrencia llega a extenderse a la novela en su conjunto.

Aunque el novelista y la mayor parte de sus críticos dividen de manera semejante el espacio físico de la novela en su conjunto, entre Piura y la región selvática, todos estos episodios autónomos tienen lugar en la selva: el primero en el pueblo indígena de Chicais; el segundo y el tercero en Santa María de Nieva; el cuarto en un pueblo indígena; el último en Santa María de Nieva. Mientras que el título de la novela parece atraer toda la atención hacia las partes del relato que tienen lugar en Piura, esta insistencia en la selva y especialmente en Santa María de Nieva contrarresta tal tendencia, reestableciendo el equilibrio entre las dos áreas principales de la novela. Esto en sí mismo sugiere una posible interrelación entre las dos áreas geográficas, una interrelación que no está basada principalmente en los hechos físicos del escenario, sino más bien en la manera en que los personajes actúan, reaccionan e influyen en un contexto determinado.

Todos los episodios en debate pueden ser descritos como evidencia de la misma estructura formal particular: la estructura de una visita. Una visita se compone de tres elementos: llegada al lugar, estadía y partida.

Con excepción del tercer episodio (pp. 195-205), en que sólo dos de los elementos están presentes, cada uno de los otros episodios incluye los tres componentes de lo que aquí se ha llamado visita. Sin embargo, hay más diferencias estructurales.

En el segundo episodio, Julio Reátegui visita Santa María de Nieva y, mientras está allí, realiza otra visita, dentro de este marco, a la Misión, para luego regresar a Santa María de Nieva. En el quinto episodio, Julio Reátegui, luego de haber visitado la aldea india de Urakusa, visita la Misión y después regresa a Santa María de Nieva. En el tercer episodio, un nuevo teniente llega a la guarnición de Santa María de Nieva. Llega, se prepara para permanecer allí, pero el descubrimiento de la rapidez con que su predecesor se marchó, le produce premoniciones que teme que también presagien su propia partida. Los episodios repiten el tema de la visita y de este modo señalan la infinita serie de movimientos en torno a los cuales se estructura la novela.

Mientras que el patrón de los movimientos realizados por los personajes en estos episodios puede ser llamado tentativamente visita, este es un término muy cortés para describir el verdadero comportamiento de estos personajes durante dichas visitas. Las acciones representadas en estos episodios deberían ser llamadas intrusiones. Los actores son inevitablemente forasteros que ingresan ilegalmente en un territorio ajeno que ellos consideran tierra virgen, libre para apropiarse de ella.

Las monjas ingresan en la aldea de Chicais para reclutar a la fuerza a muchachas indias para convertirlas en alumnas de la escuela de su convento. Julio Reátegui ingresa en el convento para llevarse a una chica indígena a quien ve como una sirvienta potencial y que durante una anterior incursión en la aldea indígena de Urakusa raptó y llevó a la Misión (pp. 379-383). El oficial y sus soldados son intrusos en el territorio indígena y además ayudan a las monjas y a Julio Reátegui en sus incursiones a las aldeas indígenas; ellos a su vez reclutan por la fuerza a indios en esos pueblos. La visita de Jum al teniente es una consecuencia de una de las incursiones de Julio Reátegui a territorio indígena. Finalmente, Fushía y sus ayudantes incursionan dentro del territorio de los indios Murato.

El término de intrusión contrarresta algunas de las consecuencias humanas positivas de la visita amistosa, y trata de indicar también que los movimientos no consisten simplemente en trayectos espaciales neutrales, sino que más bien son incursiones realizadas por fuerzas "civilizadas" en contra de tribus indias "bárbaras" de la región selvática.

El lector capta aquí la primera indicación de la posible división de los personajes en dos grandes grupos: los explotadores y los explotados, en particular con relación al escenario selvático, pero como se verá, también con alguna relevancia en las escenas que tienen lugar en Piura. Los intrusos son las monjas y los soldados. Son forasteros y visitantes de la selva, y como representantes de la Iglesia y del Ejército llevan consigo cierto grado de peso moral e institucional que justifica su presencia entre los indios selváticos "incivilizados". La explotación que acompaña la presencia civilizada se desarrolla bajo la misma protección moral. Además de estos representantes de las instituciones oficiales, se encuentran representantes de la empresa privada que incursionan en el territorio de la selva por razones económicas: Julio Reátegui y Fushía, entre otros. Ellos someten a los indios a una severa explotación económica a lo largo de varias incursiones.

En el fondo existe un alto grado de comprensión entre los miembros de estos grupos de intrusos, y esta mutua comprensión y apoyo se observará en las relaciones entre los funcionarios, las monjas, las autoridades civiles de Santa María de Nieva y Julio Reátegui. Fushía es un intruso, pero también, y de manera más importante, un *outsider*, y cuando se convierte en una amenaza para la dominación económica de Julio Reátegui, este trata de eliminarlo con la ayuda de los soldados.

Aunque hay una comprensión recíproca entre los diversos representantes de la explotación, el terreno –la selva– es considerado por todos abierto a la competencia desenfrenada. Las monjas, los soldados, Julio Reátegui y Fushía compiten todos por diversas razones en la misma área, generando ocasionalmente fricciones cuando sus incursiones coinciden (pp. 379-383), pero nunca hasta un grado que permita la aparición de conflictos dramáticos. En estos episodios autónomos se ve al grupo de los agentes del poder dominando la acción.

En el resto de la novela el centro de interés tiende a ubicarse más en las víctimas que sufren las acciones, las visitas y las incursiones: los desposeídos. Las víctimas continuas de esta larga serie de incursiones en la selva son los indios, quienes, como Bonifacia y Jum, son muy a menudo desplazados a la fuerza de su territorio nativo y convertidos en itinerantes perpetuos rumbo a lugares fuera de su aldea, Urakusa. Permanecen en movimiento, sin hogar y alienados como resultado de incursiones foráneas dentro de territorio indígena. El grupo explotado de indios es descrito como oprimido por los diferentes intereses de los intrusos, y el caso de Jum es el ejemplo sobresaliente de esta situación en la novela.

A partir de esta lectura de los episodios autónomos es posible sugerir una nueva descripción tentativa de la estructura novelística, que no había sido propuesta por los críticos. En realidad pueden apreciarse seis núcleos narrativos al principio de la novela, que después se reducen a cinco. Es sorprendente que este hecho haya sido omitido por el autor y pasado por alto por los críticos, ya que los episodios independientes parecen ser de vital significado para cualquier comprensión global de la novela e indispensables para cualquier explicación que trate de realizar una clasificación genérica basada en la estructura.

La figura del intruso, el personaje que representa los valores civilizados (símbolo), y que también desempeña el papel arriba descrito (función), debe por ello ser considerado necesariamente como una característica importante de la novela de la selva. La explotación económica y cultural de los indios por estos intrusos podría ser vista como introductoria de un elemento de crítica social a la tradición narrativa de la selva, e incluso podría detectarse aquí algo de la indignación expresada en la crónica publicada por Vargas Llosa luego de su primera visita a la selva en 1958.[54]

Estos dos elementos, la incursión y la explotación, están presentes en los episodios autónomos, pero la novela crea también un símbolo literario, que funciona por encima de los personajes y que es invisible para ellos, en la comunicación entre el autor implícito y el lector. En este nivel de comunicación la estructura formal de la visita —con sus componentes "negativos": la incursión y el movimiento— se vuelve una imagen o un símbolo resumible de la alienación, del desarraigo, que impregna la atmósfera de los episodios examinados arriba. Esta atmósfera no está limitada sólo a las escenas de la novela que se desarrollan en la selva: también abarca las secuencias piuranas y sus escenarios.

LOS PERSONAJES DE LOS EPISODIOS DE LA SELVA SUBORDINADOS A UNA ESTRUCTURA DE MOVIMIENTOS, VISITAS, INCURSIONES Y DESPLAZAMIENTOS

Todos los personajes de los episodios que se desarrollan en la selva están constantemente en movimiento, ya sea voluntariamente o como resultado de una incursión con el consiguiente desplazamiento forzoso. Quizá el

---

[54] Mario Vargas Llosa, "Crónica de un viaje a la selva", *Cultura peruana*, septiembre de 1958.

primero de ellos sea el de Jum y Bonifacia luego de una incursión en la aldea de Urakusa por Roberto Delgado y sus hombres. Esta incursión es rechazada por los indios, creando así un pretexto para una nueva incursión de Julio Reátegui a causa de la cual Jum y Bonifacia son llevados a Santa María de Nieva. Después de esto Bonifacia visitará de diversas maneras la Misión, la casa de Adrián y Lalita, Piura y el burdel que da título al libro. Su desarraigo, su condición de no pertenecer a ningún lugar, que recuerda a la de Ricardo en *La ciudad y los perros*, es dramatizada en la Misión donde ella se descubre atrapada entre su lealtad irreconciliable con las monjas y su lealtad a las muchachas indígenas.

Sin embargo, podría decirse que una de las pocas acciones de solidaridad en la novela ocurre cuando Bonifacia libera de su cautiverio en la Misión a las muchachas indias. En Piura, la condición de forastera que implica su desarraigo es enfatizada por las repetidas referencias a su renuencia a usar zapatos (pp. 167, 324, etc.). La situación de Bonifacia puede reducirse en realidad a un conjunto de oposiciones contrastantes entre su pasado y su presente, entre su ansia instintiva por un hogar y su actual condición de desplazada. Su apodo en Piura y en el burdel, "La Selvática", sirve también para subrayar su situación de forastera o de elemento humano exótico en Piura, en donde es una visitante. De manera análoga, el lector puede ver más muchachas indias que son desplazadas a la fuerza por las incursiones de las monjas entre los indios de la selva.

En el transcurso del mismo grupo de incursiones, Jum es desplazado y llevado a visitar Santa María de Nieva (pp. 379-383), en donde se le castiga por haber resistido la depredación de la aldea de Urakusa por parte de Roberto Delgado, donde Jum había sido jefe. Luego se lo envía a visitar la isla de Fushía, y visitará en repetidas ocasiones Santa María de Nieva para recuperar su honor perdido. No hay indicación alguna de que Jum regrese alguna vez a la aldea de Urakusa para ocupar su cargo de jefe. Cuando la novela termina, aparece como un vagabundo perpetuo en busca de justicia (p. 318).

Pero la razón del desplazamiento de Jum, provocado por Julio Reátegui, no es simplemente el rechazo de los indios a la incursión de Roberto Delgado. Esto sólo proporciona un pretexto para que Reátegui actúe contra otros visitantes de la aldea, los profesores, quienes han persuadido a Jum para que establezca una cooperativa entre los indios (pp. 57-60, 318), lo cual representa una amenaza para los intereses económicos de Reátegui. Los profesores son considerados por Reátegui como intrusos en *su* territorio, y por eso deben ser eliminados. Esto muestra un paralelismo importante con su acción en contra de Fushía (pp. 207-214), y de manera similar con toda situación en que visitantes luchan contra visitantes por un territorio que no les pertenece.

Adrián Nieves es desplazado y desarraigado de su hogar cuando los soldados incursionan en su aldea para reclutar soldados a la fuerza (p. 79). Roberto Delgado lo obliga a visitar Urakusa (pp. 79-81) pero escapa. Llega a la isla de Fushía (pp. 103-105) y la visita brevemente antes de escapar con Lalita rumbo a Santa María de Nieva, ayudado por Jum (p. 343). También el sargento es un visitante de Santa María de Nieva. Se señala relativamente pronto que viene de Piura (p. 127), y la mayor parte de los soldados que lo acompañan también vienen de otras partes del país, es decir, son *visitantes* de la región, o el Ejército efectivamente los ha convertido en tales.

El Sargento es un visitante de la selva que, durante su estadía allí, se convierte en un visitante de otras tribus, y ayuda a las monjas (pp. 9-22) en el desplazamiento forzoso de más indios. También se convierte en un asiduo visitante de la casa de Adrián Nieves (p. 129). La unión entre soldados y explotadores empieza a tomar un matiz irónico porque, al asistir a Julio Reátegui en su campaña contra Fushía, el Sargento obtiene su traslado a Piura, pero esta misma acción revelará la identidad de su amigo Adrián Neves y lo llevará a prisión.

Todos los pequeños movimientos de tres de los personajes de los episodios selváticos terminan incorporados, poco a poco, dentro de un movimiento más grande en el que el viaje coincide con su vida en conjunto, considerada como una travesía. Los tres personajes son Fushía, Aquilino y Lalita. Fushía, como podemos darnos cuenta por sus conversaciones con Aquilino, está en movimiento constante en busca de fortuna. Es un visitante de muchos lugares hasta que decide finalmente establecerse en la isla, de donde es sacado posteriormente sólo por la enfermedad y las acciones de Julio Reátegui. En un bote, junto con Aquilino, realiza su viaje final por el río para terminar en la colonia de leprosos de San Pablo (p. 390), donde terminará su vida. En este caso, puede decirse que el viaje frustra la búsqueda de riquezas (p. 95). Su sensación de desarraigo predomina, pero ansía regresar a su isla; no a su hogar, Canto Grande (p. 364).

Aquilino es convertido en viajero y visitante por Fushía (pp. 48, 132), pero a diferencia de Fushía no es un deseo de riquezas lo que lo hace viajar (p. 342). Aquilino también se va acercando al final de su viaje (p. 386). Ciertamente hay motivo para equiparar su viaje por el río con el viaje de la vida. También en él hay un deseo de regresar al punto de partida (p.

342), a Moyobamba, desde donde ha sido traído por Fushía para ser transformado en un viajero eterno. En esto el destino de Aquilino es similar al de Lalita.

Ella también ha sido convertida en viajera por intervención de Fushía, y vaga incesantemente en asociación involuntaria con este, pero después escapa con Adrián Nieves a Santa María de Nieva. Lalita sobrevive a sus maridos, lo que le posibilita regresar finalmente a Iquitos, el lugar que había abandonado años atrás con Fushía. Es el único personaje de la novela que logra regresar a su lugar de origen (pp. 399-404), y esto debe considerarse una diferencia importante porque por esa razón parece obtener una posición especial en comparación con otros personajes de la novela. El juicio de Lalita que Oviedo presentó parecería estar impuesto desde el exterior, no basado en una lectura contextual de Lalita dentro del universo de la novela.[55] También hay en su historia una combinación de las estructuras positivas de retorno y renacimiento. Lalita regresa a su lugar de origen para ver crecer a su hijo en el mismo lugar. Completa un movimiento circular en el espacio que corresponde al ciclo de la vida, reflejado y creado por el patrón arquetípico literario del transcurso de la vida y de la estructura del viaje. El movimiento del viaje y el movimiento de la vida parecen fluir juntos en y para estos personajes. Cuando el viaje se detiene, la vida se termina, después de un movimiento cíclico en el que todos los personajes han participado y están condenados a seguir participando.

Es posible dejar que la novela misma describa la impresión principal causada en el lector por los episodios que se producen en la selva. A la región amazónica se la compara con una mujer ardiente: nunca está quieta. "Aquí todo se mueve, los ríos, los animales, los árboles", dice Aquilino (p. 51). Se tendría que añadir que los personajes también se mueven permanentemente. El lector sabe que los personajes humanos no incluidos en la lista de Aquilino, también están moviéndose constantemente, aunque ellos no mencionan esto a menudo; de hecho, apenas parecen estar conscientes de esto. La imagen citada presenta el movimiento como algo natural y espontáneo en la región selvática. Pero se ha tratado de indicar que los movimientos de los personajes en la selva están motivados por intereses personales o institucionales entre los agentes del poder.

Puede verse que estos a su vez están tan cerca del origen de la cadena de causalidad como es posible apreciar desde el aquí y ahora en la lectura:

[55] Oviedo, p. 140.

son los que se mueven en primer lugar antes de los movimientos de los desposeídos. Se desplazan y desplazan a la fuerza, creando viajeros y visitantes.

Muy pocos de los nativos ponen en tela de juicio o analizan los problemas creados por los representantes de la Iglesia, el Ejército, las autoridades civiles o la empresa privada. De hacerlo, la consecuencia, como es evidente en el caso de Jum, es un severo castigo. Pero al lector se le ofrece una posición privilegiada desde la cual es capaz de observar los conflictos, analizar la incursión para descubrir el sistema que se encuentra detrás de la opresión, y el patrón creado por el resultante desplazamiento involuntario de la población nativa desde su territorio en la región amazónica. La novela conserva un poco del enojo y la indignación tan claramente expresados por Vargas Llosa en "Crónica de un viaje a la selva" en 1958,[56] y con ello ingresa en la larga tradición de la novela crítica de la selva en el Perú e Hispanoamérica.

LOS PERSONAJES DE LOS EPISODIOS PIURANOS SUBORDINADOS A LA ESTRUCTURA DE MOVIMIENTOS, INCURSIONES Y DESPLAZAMIENTOS

Aunque el anterior resumen de la trama a partir de una descripción de la estructura está basado en una lectura de los episodios que tienen lugar en la selva, no es difícil encontrar argumentos para ampliar esta aplicación y describir igualmente los episodios piuranos en términos de movimientos, visitas, incursiones, desplazamientos y viajes.

En el primero de los episodios relacionados con la Casa Verde y don Anselmo, se enfoca primeramente la atención en la presencia de los visitantes, los foráneos (p. 31). Estos visitantes serán útiles para la construcción de la Casa Verde, pues será debido a sus necesidades y deseos, y no a los de la gente de Piura, que la casa aparecerá (p. 34). Otro visitante, Anselmo, realiza la verdadera construcción del burdel, que en última instancia se convierte en algo creado por los visitantes para ellos mismos, a pesar de las contribuciones limitadas de algunos de los personajes piuranos para ayudar a construirlo.

La novela describe la situación aislada de Piura con relación al resto del país (p. 34) y establece al menos dos secciones bien definidas y aisladas dentro de Piura: los acomodados y su área en el centro de la ciudad (p. 33), y las

[56] Mario Vargas Llosa, "Crónica de un viaje a la selva", cit.

áreas de clase baja de la Mangachería, Castilla, Gallinacera (p. 33). Sólo don Anselmo, un visitante en Piura, asociado con el grupo de los acomodados gracias a su construcción del burdel, se vuelve después un visitante de la Mangachería, luego de que el burdel se quema, y se convierte en un mangache completo (p. 240), moviéndose exitosamente de un grupo a otro.

Anselmo parecería ocupar la misma posición intermedia en Piura que Fushía en la selva, en algún lugar entre los agentes del poder y los desposeídos; aceptado por los primeros como propietario del burdel (p. 56), por los segundos cuando ya no posee ninguna propiedad (p. 240). Anselmo puede moverse de una zona de la ciudad a otra, sintiéndose a gusto en ambas, mientras que los otros personajes continúan observando y respetando la estratificación social implícita en la división entre los distritos. Anselmo, que llegó de un lugar indeterminado, muere en la Mangachería mientras el texto insinúa que en su lecho de muerte podría estar deseando regresar a su lugar de origen: la selva (pp. 371, 426-428).

No importa cuán bien establecida pueda estar la división de Piura en distritos, en la novela hay indicaciones para que las acciones sean calificadas de incursiones por la amenaza de desplazamiento que representan. Gallinacera desaparece cuando se construye en su lugar un nuevo sector para la gente acomodada (p. 243). También se ve a Castilla en proceso de transformarse en una ciudad (p. 243). Además, hay indicaciones de que este proceso no se limita a Gallinacera y Castilla, sino que amenaza también a la Mangachería (pp. 39-40, 60-61).

La gente de la Mangachería pertenece al lugar; tiene en él sus raíces y su bienestar. Dejar voluntariamente el lugar, enrolarse en la Guardia Civil, como hace Lituma, por ejemplo, es casi un acto de traición (pp. 108, 244). Sólo algunos visitantes de la Mangachería, como el Padre García y Chapiro Seminario emiten juicios negativos sobre el distrito y sus habitantes (pp. 38, 225).

Se obtienen resultados similares a los de los episodios selváticos por medio del proceso de incursiones anteriormente descrito. La gente es desplazada a la fuerza de los lugares a los que pertenece. La gente de las áreas menos favorecidas de Piura sufrirá un desarraigo causado por una especie de "progreso" natural que favorece a los piuranos ricos, y será convertida en viajera alienada en constante movimiento, añorando inútilmente su lugar de origen.

Lituma personifica la fuerza del deseo de regresar a la Mangachería. Visita la selva, visita Lima, y cuando regresa de la capital ya no es un guardia civil. Se sugiere incluso que será nuevamente aceptado por el grupo de los "invencibles" (p. 63). Ahora su único deseo es morir en algún lugar al cual sienta que pertenece, y con ello invoca una de las expresiones de Aquilino (p. 342) estableciendo así un rasgo común entre personajes.

Bonifacia la "Selvática", es una extraña que llega a visitar Piura, la Mangachería y la Casa Verde, y surge la pregunta de si alguna vez logrará regresar a su lugar de origen. Es ella quien insiste en ser llamada "Selvática" (pp. 427-428), pero también se resigna a su destino presente de prostituta (p. 428). Las circunstancias externas, las incursiones, el desplazamiento y el viaje la han convertido en visitante de un territorio extraño y en prostituta. El ejemplo de su experiencia sugiere una fórmula para resumir en dos palabras el efecto de las incursiones: perversión y alienación.

Se ha visto pues cuántos personajes de los episodios piuranos de la novela están sujetos a exigencias impuestas por la estructura de movimiento, incursiones y desplazamientos: las "fuerzas" que producen desarraigo, perversión y alienación. En estos episodios, en particular en los que describen el conflicto entre los distritos ricos y pobres de Piura, la sensación es que la novela reproduce algunas de las principales estructuras de la amenaza de desplazamiento que se encuentran en la novela indigenista de José María Arguedas, especialmente en el conflicto central de *Yawar Fiesta*. Adicionalmente, hay en *La Casa Verde* elementos de la novela regionalista de crítica social que la vinculan con una tradición de la narrativa peruana e hispanoamericana.

Como se había mencionado, el título parece llamar la atención, en un principio, sobre lo que sucede en Piura y en el burdel de esa ciudad. Sin embargo, todos los episodios autónomos que preceden cada una de las cuatro partes de la novela giran alrededor de los incidentes y personajes de los episodios selváticos. En el texto se sugiere que Anselmo ha pintado el burdel y el arpa de color verde porque ha estado en la selva (pp. 371-372, 427). Pero al mismo tiempo hay indicaciones textuales de que Anselmo ha llevado la "civilización" a Piura. Esta es la opinión vertida por Chapiro Seminario, uno de los "notables" de Piura (p. 276). La evidencia concreta de su acción civilizadora se materializa en la construcción de la Casa Verde. El proceso de diseminación de la "cultura" también se observa en la selva, donde las monjas, los soldados, los maestros y los representantes de la empresa privada trabajan todos bajo el pretexto de propagar la civilización. Cuando Bonifacia –quien ha sido una pupila en la Misión y ha sido "civilizada" allí–, llega a Piura, es reclutada como prostituta en la nueva Casa Verde dirigida por la Chunga.

Visto de esta manera, el título se convierte en un punto que unifica diversos episodios y desarrollos de diferentes historias de la novela dentro del tejido simbólico de visitas y viajes que se generan y se irradian como una fuerte crítica social. El título resalta irónicamente la perversión que entonces no puede verse sino a la luz de su asociación indisoluble con las acciones ostensiblemente civilizadoras de las diversas fuerzas sociales y políticas activas en el universo de la novela. Los elementos de crítica social son asimilados dentro de las estructuras simbólicas del texto.

FRAGMENTACIÓN, ALTERNANCIA E INTERCALACIÓN: LOS PERSONAJES SUBORDINADOS A LA ESTRUCTURA TEMPORAL

En *La Casa Verde* no hay ejemplo extenso de narración personal. Por ello, al lector no se le permite compartir durante mucho tiempo el mundo interior de ninguno de los personajes individuales ni participar de sus pensamientos o sentimientos. La narración se limita a las superficies externas, pero Harss intuía que "por debajo hay otra historia, más profunda, más interesante y significativa, que ha quedado un poco olvidada". Sin embargo, la mirada fracasa inevitablemente en penetrar más allá de las superficies visibles. Las acciones que se observan no revelan todo: "Hay dimensiones que se le escapan y que el ojo busca, sin poder ir más allá de las apariencias".[57]

Pero esto no debería considerarse como un defecto de construcción. El principal procedimiento narrativo no se caracteriza por la alternancia de narraciones personales, narraciones con color personal y narraciones con color autoral, y cambio de punto de vista entre personajes identificables. En esta novela no existen las mismas tensiones entre impulsos interiores y acción exterior, tan características de *La ciudad y los perros*. Los personajes de *La Casa Verde* no poseen un mundo interior en el sentido tradicional. La principal innovación estilística introducida por esta novela en la narrativa peruana es el uso extensivo del estilo indirecto libre a lo largo de toda la obra. El uso de este procedimiento ofrece en todo momento al menos una doble perspectiva de lo que se está representando, y esta apertura plantea preguntas acerca de la identificación de la autoridad y la asignación de la responsabilidad narrativa en manos del lector, dejando estas interrogantes como aspectos de una experiencia estética compleja, estimulante y placentera.

---

[57] Harss, p. 460.

En un artículo de 1964 sobre las novelas de Vladimir Pozner, Vargas Llosa observó un estilo simple, casi sin imágenes, que mantiene al lector exclusivamente en la realidad exterior y objetiva; excluye la intimidad y representa a los personajes por sus acciones, no por sus sentimientos y sueños.[58] En la entrevista con Luis Harss dijo que la realidad que le interesa es la realidad inmediatamente perceptible para los sentidos:

> En *La Casa Verde* he tratado de encontrar un procedimiento técnico que haga eso más visible, y es el hecho de haber suprimido casi completamente los personajes individuales y haber tratado de presentar personajes colectivos, es decir grupos que pertenecen a realidades distintas y que son como manifestaciones de esas realidades distintas. Es que yo no creo que existan individualidades absolutamente soberanas.[59]

Harss describió la novela como "el curso de los cuatro o cinco relatos que se entretejen y se desbordan hasta el mareo en un interminable fluir de percepciones tributarias pero no siempre claramente atribuibles [...]".Las impresiones no se atribuyen a ninguna autoridad definida cuando "hay conflictos de impulsos más que de personas. Los procesos mentales, apenas diferenciados, son como un fuego abstracto que encandila muchas veces sólo para esfumarse sin dejar rastro". En consecuencia, los personajes de la novela, dijo Harss, están casi siempre subordinados "al mito o al flujo del acontecer".[60]

Lo que escapa de esta descripción parece ser el hecho de que hay grupos poderosos y también grupos de personajes desfavorecidos representados en la novela. La descripción de Harss se aplica sólo al grupo de desfavorecidos. Pero el fuerte elemento de crítica social parece surgir del contraste entre los poderosos y los desposeídos, un contraste que es importante en este estudio.

Con este tratamiento conductista de la personalidad, escribió Harss, el novelista corre el riesgo de crear personajes "completamente resueltos de antemano que en cualquier momento dado no son ni más ni menos de lo que parecen ser".[61] Para él, pues, los personajes están subordinados a la estructura narrativa.

Para Luis Loayza, los personajes son lo que ellos eligen ser y mantienen su identidad hasta el fin. Todos son libres, y este sentimiento de liber-

---

[58] Mario Vargas Llosa, "Una narración glacial", *Expreso*, Lima, 25 de agosto de 1964.
[59] Harss, pp. 442-443.
[60] *Ibid.*, p. 447.
[61] *Ibid.*, p. 461.

tad se ubica en el centro de la novela creada por Vargas Llosa.[62] Esto contrasta a su vez con la opinión de Dorfman. En *La Casa Verde* el hombre se ve "como un eterno derrotado, incapaz de controlar su mundo, naufragando en una fatalidad ineludible".[63] En esta novela, afirmó Dorfman, "no hay fuerzas controlables, el hombre no puede dominar su mundo. No hay *planes*, ni qué hablar de estrategias; sólo proyectos confusos y vagos".[64] El hombre "jamás llega a entender la totalidad en que se halla sumergido". Todo momento es un accidente para él. Estos accidentes sacuden a los personajes, quienes sufren pero permanecen ajenos a ellos.[65]

El hombre es considerado como un objeto sufriente por Dorfman, y no parece reconocer suficientemente la existencia de hombres y mujeres en el universo de la novela –particularmente los representantes de las instituciones públicas y de la empresa privada– que son *actores*, *agentes* activos que infligen sufrimiento a otras personas. Esta es una distinción – entre los sensibles y los insensibles, los fuertes y los débiles– que la lectura hecha por Dorfman elude, y, en consecuencia, fracasa en detectar la fuerza de la crítica social de la novela.

Oviedo sostuvo que en *La Casa Verde* la objetividad flaubertiana de Vargas Llosa es continua. El pesimismo que la sociedad peruana le inspira no es transmitido a los personajes de la novela. Estos se las arreglan para destruirse sin perder su dignidad, sin comprometer su integridad.[66]

Se puede decir que el lector sabe más que el personaje individual. Su conocimiento consiste en gran medida en lo que se dice entre líneas, por decirlo así, en un tipo de comunicación directa entre el autor implícito y el lector, eludiendo a los personajes. En el transcurso de la lectura, escribió Castro Arenas, la novela entrega sus secretos, da sus claves, revela sus trayectos, y el significado de la suma de los componentes que forman el tejido narrativo es visto claramente en primer lugar cuando se desenrolla la totalidad del tapiz narrativo.[67]

Oviedo sostenía que la fragmentación es el gran triunfo de la novela. Por medio de la fragmentación, el tiempo es anulado y las acciones encuentran su verdadero significado en un laberinto de simultaneidad, y la idea de *fatum* impregna la novela.[68] El efecto de lectura que Oviedo des-

---

[62] Luis Loayza, p. 67.
[63] Dorfman, p. 198.
[64] *Ibid.*, p. 205, subrayado en el original.
[65] *Ibid.*, p. 219.
[66] Oviedo, pp. 164-165.
[67] Castro Arenas, p. 263.
[68] Oviedo pp. 126, 156-157.

cribió parece ser un resultado de combinar la fragmentación, la alternancia y la intercalación, que funcionan de diversas maneras a lo largo de la novela. La alternancia y la intercalación sirven para asociar en una entidad narrativa dos o más episodios que ocurren en diferentes lugares y en tiempos diferentes. Así, los episodios se enriquecen recíprocamente dentro de un sistema que Vargas Llosa ha descrito como los *vasos comunicantes*.[69]

La técnica de fragmentación y alternancia puede rastrearse dentro de la narrativa hispanoamericana por lo menos desde *Pedro Páramo* de Juan Rulfo (1955). Joseph Sommers describió sus observaciones relacionadas con la técnica de *Pedro Páramo* como sigue: Rulfo fragmenta su narración en pequeñas divisiones que alternan sin respetar ninguna relación en el tiempo y el espacio, y dichas divisiones están pobladas por personajes cuyas personalidades son raramente desarrolladas y que siempre son difíciles de identificar.[70] Estos procedimientos permiten una distorsión temporal –es decir, manipulaciones de la secuencia temporal– y establecen una tensión entre el orden cronológico de los incidentes narrados y el orden en que estos incidentes se suceden unos a otros en la novela, entre la secuencia temporal "normal" del mundo y el tiempo ficcional.

Estos procedimientos también desestabilizan la lógica espacial tradicional. Dentro del desorden, los diferentes escenarios se reconocen a menudo con dificultad, al igual que los personajes, pues estos son rara vez descritos y parecen simplemente brotar del relato por su propia voluntad. Sommers llamó a esto la "estructura laberíntica de la secuencia narrativa", porque los rápidos cambios temporales, espaciales y de personajes parecen invalidar el proceso normal de rastrear la causalidad en relación con la secuencia temporal.[71] Estos procedimientos multiplican las oportunidades de yuxtaposición, la estructura tradicional del relato se desorganiza y el orden formal convencional desaparece. Muy a menudo el texto abandona el orden lineal y cronológico en favor de la circularidad y de un tiempo ahistórico, atomizado y psicológico.

La Casa Verde, propuso Harss, se alimenta por "un gran sistema circulatorio que riega todo el libro.[72] Los relatos no avanzan sino en "círculos concéntricos que giran en espiral unos dentro de otros.[73] Las historias es-

---

[69] Harss, p. 479.

[70] Joseph Sommers, *Yáñez, Rulfo, Fuentes: la novela mexicana moderna*, Monte Ávila Editor, Caracas, 1969, p. 94.

[71] *Ibid.*, p. 106.

[72] Harss, p. 446.

[73] *Ibid.*, p. 459.

tán entretejidas –afirmó Castro Arenas–, están fragmentadas y parecen violar las leyes del tiempo.[74]

Vargas Llosa crea un tiempo circular (*su* tiempo ficcional), y en su poderosa orquestación del tiempo la armonía creada por el entrecruzamiento de las diversas historias es más importante que cualquier historia individual (la historia singular extraída del conjunto).[75] Para Benedetti, todo está subordinado a la estructura temporal de la novela. Esta opinión concuerda con la de Dorfman, para quien la fragmentación formal "se manifiesta en la estructura narrativa, donde no hay jerarquización verbal en el tiempo, ni ubicación espacial en el espacio: las voces tienen que ordenarse solas, conferirse sentido desde sí mismas".[76]

La sensación de un universo narrativo no jerárquico es creada por la textura narrativa que, en vez de pasar de un punto de vista a otro, y de un personaje a otro, se mantiene estable por un estilo indirecto libre que no privilegia de manera reconocible a ninguna autoridad narrativa. Este se mueve independientemente a través de un vasto territorio y espacio de tiempo sin permitir al lector que centre su atención sobre un personaje en particular, un lugar o un momento durante algún tiempo considerable.

La estructura narrativa es esencial para la temática de la novela y se equivocan quienes han criticado su artificialidad o falsedad. Vargas Llosa ha fragmentado el tiempo, escribió Jean Franco, y ha reorganizado los fragmentos en un nuevo orden que rompe con la cronología.[77] Los personajes principales tienen en común el hecho de que han dejado su lugar de origen y se encuentran en diferentes períodos de sus vidas, en lugares extraños.[78]

Y lo que es más común a todos los personajes, ya sea que pertenezcan a un grupo o al otro, a la selva o a Piura, parecería ser el hecho de que están subordinados a las grandes estructuras formales que modelan el universo de la novela: los movimientos, el viaje y el círculo. El viaje a través del espacio y el movimiento circular en el tiempo –todos los críticos mencionan este último componente– son los dos procedimientos narrativos que condenan a todos los personajes a una inútil pantomima. La indignación por los abusos y la compasión hacia las víctimas dan forma en gran medida a la novela, pero Vargas Llosa no ha escrito un libro de

---

[74] Castro Arenas, p. 263.

[75] Benedetti, p., 250.

[76] Dorfman, p. 219.

[77] Franco, p. 121.

[78] *Ibid.*, p. 120.

propaganda, según sostenía Luis Loayza.[79] A pesar de la enorme injusticia social y el destino trágico o sórdido de algunos de los personajes de la novela, se siente que el hombre es capaz de conservar su dignidad frente al desastre.[80] Lydia de León escribió que Vargas Llosa ha logrado "crear un mundo real y palpable, limitado al oeste por Piura y al este por Iquitos".[81] Estas opiniones sobre la novela como una especie de reflejo de la realidad peruana, concuerdan con las de Oviedo, quien afirmó que toda la novela evoca una imagen de la realidad peruana,[82] y estimó que la novela es precisa con relación a los hechos objetivos (sociológicos, folclóricos, antropológicos, psicológicos, etc.).[83] Esta lectura contradecía su propia lectura estética de la novela como una obra de arte pura –autónoma, completa, imparcial–[84] y con su otra lectura del mito final de la novela como la eterna lucha entre el hombre y las fuerzas ciegas de la sociedad, una lucha que el individuo pierde habitualmente, pero que logra despertar su rebeldía ante el desafío a sus principios y a la noción que tiene de su propia dignidad.[85] También consideró la novela como una imagen crítica simbólica del país, presentando una visión muy pesimista.[86] Estas lecturas contrastan con la lectura del viaje y del círculo. América, dijo Dorfman, es concebida y "aparece como una cárcel ontológica, especialmente como una prisión, de tiempo, de muerte, el retorno del viajero que vuelve con las manos vacías y con esperanzas que ya están carcomidas por el olvido".[87]

El viaje y el círculo se vuelven símbolos que pueden impedir que el autor alcance la meta de una novela total. Estas estructuras imponen límites al potencial de relativización inherente a la novela. No hay verdad en esta novela, afirmó Dorfman: "La ley fundamental de su mundo es la *relativización*".[88] Pero con seguridad el poder de la estructura recurrente del viaje y la estructura del círculo –insinuada por los recursos técnicos de la fragmentación, la alternancia y la intercalación– quizá impongan un límite al libre juego de relativización en la novela. En efecto, estas imáge-

[79] Luis Loayza, p. 86.
[80] *Ibid.*, p. 87.
[81] Lydia de León Hazera, p. 227.
[82] Oviedo, p. 156.
[83] *Ibid.*, p. 157.
[84] *Ibid.*, p. 146.
[85] *Ibid.*, p. 164.
[86] *Ibid.*, pp. 163-166.
[87] Dorfman, p. 199.
[88] *Ibid.*, p.219, subrayado en el original.

nes, una espacial y otra temporal, son rasgos que invitan a hacer una comparación entre la descripción de la novela total y la novela "totalitaria" anteriormente debatida.

CONCLUSIÓN

LA NOVELA AUTÓNOMA NO ES TOTAL. ¿ES ENTONCES TOTALITARIA?

En comparación con *La ciudad y los perros*, *La Casa Verde* parecería ser, en el mejor de los casos, una novela con escenarios vagamente definidos. De alguna manera se expande para abarcar un vasto segmento del territorio peruano, incluyendo la selva y la región costera. En consecuencia la novela rompe con el sistema tradicional de clasificación de la narrativa peruana de acuerdo a si se sitúa geográficamente en la costa, en la sierra o en la selva.

También se extiende en el tiempo para cubrir un período de cuarenta años de una manera inusual en la narrativa peruana. Esto hace que el enfoque realista reflejante sea muy problemático. Adicionalmente, la novela abarca una gran diversidad de géneros y subgéneros narrativos, haciendo difícil restringir el texto a una clasificación genérica categórica. Muchos críticos han sugerido diversas lecturas no realistas, pero muy raramente, si acaso, han presentado conclusiones que concuerden con sus premisas.

La mayoría de los críticos parece coincidir en clasificar la novela como "autónoma", es decir, que encierra en sí misma todos los puntos de referencia que le son propios. Sin embargo, el hecho de tratarse de una novela autónoma con relación a la técnica y las estrategias narrativas, no impide que la novela contenga al mismo tiempo fuertes dosis de crítica social, elemento muchas veces olvidado por los estudiosos y comentaristas.

La crítica, como se ha visto, concuerda en que la organización temporal de la novela por medio de la fragmentación, alternancia e intercalación, otorga una forma circular al tiempo, a veces una forma de movimiento en espiral, y muchos críticos añaden a esto una sensación de pesimismo, frustración y fatalidad.

Pero los términos de "frustración", "pesimismo", "fatalidad", "espiral" y "círculo" no están directamente expresados en el texto ni son mencionados por ningún personaje. Son una especie de "valor excedente" que el lector obtiene al leer la novela, y surgen, por así decir, de entre las líneas impresas. Pueden considerarse parte de una comunicación establecida entre el autor implícito y el lector, en el proceso de la lectura, por encima de los personajes. Los personajes terminan derrotados, pero conservan su dignidad, y cumplen su destino, dirían varios críticos. Al mismo tiempo, no obstante, están sujetos a una estructura temporal, de naturaleza formal, de la que no son conscientes, y sobre la cual no ejercen ningún control ni influencia, Esta estructura toma la forma de círculo y su variante, la espiral.

La circularidad temporal es una característica estructural importante de la novela autónoma, tal como la ha descrito Vargas Llosa, aunque también es posible que este mismo aspecto impida cualquier intento de construir una "novela total". Muy por el contrario, es posible que la acerque al modelo de la "novela totalitaria", criticada por Vargas Llosa.

Los personajes de la novela no son libres. Están determinados por la forma, por el punto de vista, por la perspectiva, por la estructura; factores que son globalizantes y totalitarios, pues también regulan la lectura del texto. La falta de libertad es consecuencia del método empleado en la estructura temporal de la novela —"la cárcel temporal"— y de la repetición de una serie de movimientos circulares en el espacio: el viaje, la visita, los constantes movimientos que esclavizan a los personajes dentro de una "prisión de movimientos" a través del espacio. Esta lectura de la novela se acerca a la interpretación alegórica y ya no emite juicios basados simplemente en cuánto éxito tiene en mantener una representación realista de fenómenos externos. La estructura reduce una realidad compleja a uno o dos de sus aspectos constitutivos, uno temporal y el otro espacial, a expensas de todos los demás. La novela se estructura en una red en la que parece que lo más importante son las restricciones formales espaciales y temporales impuestas por la estructura literaria.

Parece razonable coincidir en que *La Casa Verde* representa la fragmentación y la alienación de la sociedad contemporánea, y en consecuencia no intenta y ni siquiera desea presentar una imagen rica y multifacética de la totalidad humana. La novela en su conjunto está estructurada alrededor de los mecanismos formales del círculo y del viaje, dos mecanismos estructurales globalizantes que niegan, por reducción, la múltiple variedad de la realidad "total" y de la totalidad de la vida humana.

El universo de la novela está moldeado por los principios formadores del círculo y del viaje, los cuales constituyen simultáneamente la lente a través de la que se invita al lector a analizar el universo novelístico. Esta es la forma estética dada al texto: una forma que se manifiesta por medio del modo narrativo y las relaciones formales entre los personajes de la novela, sin referencia a la realidad extraliteraria.

En este universo alienado el hombre es despojado de su historia y carece de realidad más allá de sí mismo. Su mundo objetivo se reduce a un flujo ininteligible de tiempo y de acontecimientos, al individuo se le arrebatan las relaciones sociales significativas y su yo auténtico, la historia se convierte en cíclica y sin sentido, y los objetos pierden su significado intrínseco, volviéndose simplemente contingentes.

De esta manera la novela se aleja claramente del realismo crítico tradicional –esa concepción crítica, positiva, radical y holística de la sociedad– y se acerca a una u otra forma de narrativa "totalitaria" que convoca lecturas simbólicas y alegóricas más que tradicionales y realistas. Al mismo tiempo, sin embargo, la lectura simbólica y alegórica descubre fuertes dosis de crítica social en la novela de Vargas Llosa. En *La casa verde* hay una compleja división implícita –mencionada por escasos críticos– entre el grupo de los agentes de poder y el grupo de los desposeídos. Los personajes se destruyen a sí mismos y son destruidos por otros personajes. Son destruidos dentro de estructuras de conflictos sociales, culturales y económicos, pero ello no se representa tan claramente como un problema moral y psicológico como en el caso de *La ciudad y los perros*. En *La Casa Verde*, eso se percibe como un problema existencial que gira en torno a una oposición entre autenticidad y personalidad, por una parte, y entre alienación y desplazamiento, por la otra, que afecta principalmente a las vidas representadas por los desposeídos.

Ninguna concepción artística o estética tiene necesidad de representar la visión completa del mundo que el autor histórico posee en el proceso de composición de la novela. Sin embargo, existen algunos silencios significativos en las declaraciones hechas por Vargas Llosa con respecto a la génesis de la novela. Omite mencionar el efecto de englobante totalidad novelística creada por la fragmentación, la alternancia y la intercalación tan ampliamente empleadas en la obra. No debería ser difícil leer el "elemento añadido" de esta novela como si tuviera una naturaleza formal, específicamente la estructura formal del viaje y del círculo, y verlos como la "perspectiva" de la "estructura" impuesta sobre la representación de la realidad objetiva realizada por el autor durante la transformación de su material.

En el caso de *La Casa Verde* se podrá ver cómo las estructuras formales insistentemente reduccionistas ponen en peligro la intención que ha sido manifiesta en las declaraciones del autor, convirtiendo su creación en una "novela totalitaria" y más que en una "novela total".

IV

EXPERIMENTOS QUE NO CESAN

Una digresión sobre *Los cachorros*

Los cachorros, una novela corta, fue publicada en 1967 y también representó una destacada innovación técnica. Es importante en este estudio subrayar algunos aspectos formales para relacionarlos luego con la discusión de *Conversación en La Catedral* en el capítulo que sigue. Vargas Llosa declaró que la anécdota de *Los cachorros* llegó unida al modo de narrar.[1]

Aunque críticos como Mario Benedetti, Wolfgang Luchting, Carlos Martínez Moreno, Julio Ortega, José Miguel Oviedo y ALAT/Alonso la Torre, siguieron insistiendo en leerla como si fuera un reflejo o una reproducción de la realidad extraliteraria, son en realidad las técnicas narrativas a nivel del significante literario más que el núcleo anecdótico de la historia o la anécdota misma y su relación con un significado trascendental, lo que convoca la atención del lector.

La narración está en pretérito y se refiere al pasado. Aunque hay muchas referencias a desarrollos futuros, y los adverbios de tiempo señalan una situación épica futura desde la cual todo se narra de manera retrospectiva, dicha situación no está identificada explícitamente en la novela. El movimiento temporal de la novela es lineal y cronológico, progresa desde un pasado remoto hasta un pasado más reciente.

Está dividida en seis capítulos que llevan a los personajes a través de la escuela primaria (capítulos 1 y 2), escuela secundaria (capítulos 3 y 4), y la educación universitaria (capítulos 4 y 5). El capítulo final (6) relata sus vidas inmediatamente después de que han completado su educación universitaria. Es un relato de formación y educación (*Bildung* y *Erziehung*), pero en esta ocasión está centrado en un grupo de personas y no en un

---

[1] "Vargas Llosa y sus 'Personajes': habla el autor de *Conversación en la Catedral*", *Estampa cultural* (suplemento de *Expreso*), Lima, 5 de julio de 1970, p. 34.

sólo individuo. El tiempo se mide no en referencia a acontecimientos históricos o sociales externos, sino a acontecimientos e incidentes que pertenecen al pequeño mundo del entorno social del grupo.

La intimidad del contexto también se enfatiza por medio de la jerga utilizada, que pretende ser reconocida como característica del distrito limeño de Miraflores. Este método consistente en narrar un largo período de formación y educación de un grupo de personajes sin referirse a la realidad histórica de Lima y del Perú, es similar al proceso de narración desarrollado en *La ciudad y los perros*, pero las similitudes terminan allí.

Desde el momento en que se usa la primera persona del plural,[2] se invita al lector a asumir que la novela está siendo narrada por un personaje o varios personajes dentro de la novela misma. El "nosotros" incluye a cuatro personajes apodados Choto, Chingalo, Mañuco y Lalo. Al mismo tiempo que se introduce este "nosotros" narrativo, aparece un "ellos" narrativo, el pronombre de la tercera persona del plural, que indica que alguien en el grupo "nosotros" se detiene a reflexionar e informa sobre los otros desde el exterior. El esperado "yo" que tal distanciamiento del grupo parece anticipar nunca se materializa, de manera que simplemente permanece siendo *cualquiera* de los personajes arriba mencionados, una entidad no individualizada.

Los cambios frecuentes entre la primera y la tercera persona del plural conducen el interés del lector hacia el problema de establecer la identidad de este narrador, que aparentemente observa el grupo desde fuera. Se crea así una expectativa que nunca es satisfecha durante el proceso de lectura. El énfasis permanece todo el tiempo en el grupo, nunca en el individuo, y es este mismo grupo, ora referido por el "nosotros" interior, ora referido por un observador de "ellos", exterior, el que parece ocupar el centro.

Un personaje, Cuéllar, es identificado e individualizado. Después de haber sido castrado por un perro en el primer capítulo, es desterrado del grupo, excluido tanto por "nosotros" como por "ellos", y es tratado como un *outsider* que estará sujeto al punto de vista de alguno de los dos plurales. Todo el grupo puede ser considerado como un narrador que relata la formación y el desarrollo individuales de la historia personal de Cuéllar. Sólo así –al dramatizar la oposición establecida entre "nosotros" y "él"– existe el grupo. En oposición a Cuéllar, a sus acciones y reacciones, el grupo actúa y reacciona; se constituye en una "mayoría compacta" para resistir al *outsider* aislado.

[2] *Los cachorros: Pichula Cuéllar*, Lumen, Barcelona, Colección Palabra e Imagen, 1967, p. 13.

Cuéllar es un catalizador que provoca acciones y reacciones en el grupo. De este modo el grupo compite con Cuéllar por el papel principal como protagonista de la novela. Todos los esfuerzos y acciones de Cuéllar forman parte de un empeño constante para merecer el reconocimiento del grupo y hacerse miembro. Sin embargo, sus acciones sólo sirven para hacerlo más extraño al grupo, produciendo esfuerzos para ser aceptado que son frustrados cada vez, y por consiguiente provocan una oposición aun más fuerte de parte de los miembros del grupo. El grupo se vuelve un "coro" que refleja y comenta los incidentes de la vida de Cuéllar, al tiempo que se constituye como "coro" también para su propio desarrollo grupal. Al juzgar a Cuéllar revela sus propios prejuicios y limitaciones. El coro debe al mismo tiempo ser reconocido como un personaje que determina el desarrollo de la novela. La única solución para Cuéllar es el suicidio.

Todos los miembros del grupo desean alcanzar la prosperidad material y la encuentran integrándose, como hicieron sus padres, dentro de una estructura de normas colectivas materializadas en su entorno social, pero han expuesto sus insuficiencias espirituales en sus respuestas a Cuéllar, y en términos morales están irónicamente descalificados como grupo a ojos del lector. La interacción y oposición entre el relato de la formación de Cuéllar, y el relato de la formación y educación colectiva del grupo, hacen que la novela se refiera al grupo, no al individuo.

Es posible leer la castración de Cuéllar como metáfora o parábola de la castración del artista individual en un ambiente hostil.[3] Pero desde otro punto de vista también es una exposición dramática de la castración espiritual y social del grupo, del colectivo. Esto es lo que ha sido leído por ALAT como la novela de una "castración generacional".[4]

Esta irónica exposición es uno de los efectos creados al emplear una voz narrativa de la primera persona del plural que alterna con la tercera persona del plural. El narrador colectivo expone las normas y los prejuicios morales y sociales condicionantes a través de los cuales al individuo se le convierte en un *outsider* por las actitudes "castradoras" de su entorno inmediato. La alternancia entre la primera persona y la tercera persona del plural es lo que fuerza al lector a observar a distancia el proceso de formación y educación, y sus efectos negativos y "castradores" sobre Cuéllar y sobre el grupo.

---

[3] Wolfgang Luchting, "Los fracasos de Vargas Llosa", *Mundo Nuevo*, 51-52, París, septiembre-octubre de 1970.

[4] ALAT (Alfonso la Torre), "*Los cachorros* o la castración generacional", *Expreso*, Lima, 5 de noviembre de 1967.

TRASPONIENDO LÍMITES: *CONVERSACIÓN EN LA CATEDRAL*
LOS CRÍTICOS Y LA NOVELA

Conversación en La Catedral, publicada en dos volúmenes en 1969, recibió escasa atención crítica; sólo breves artículos y reseñas. La única excepción fue la de Oviedo, quien dedicó un largo capítulo a la discusión de la novela.[5]

La novela dividió a los críticos en varios grupos. En primer lugar, había una distinción en el enfoque empleado entre los críticos peruanos y los extranjeros. En segundo lugar, los críticos peruanos estuvieron más divididos en sus reacciones. La novela pareció causarles, de modo diverso, reacciones de tipo moral, político, ideológico y personal, dependiendo del grado en que el lector detectase en ella una expresión realista de la realidad peruana, de la historia, de las intenciones del autor o de su posición política.

La dictadura de Manuel Odría (1948-1956), padecida por la mayoría de los críticos que escribieron sobre la novela, se presentó como un asunto sensible, y los críticos en general no distinguieron entre las teorías y los métodos historiográficos y las teorías y métodos empleados en el análisis de una obra de arte literaria.

Una fuerte crítica adversa de parte de "G. S. de F." (Grazia Sanguinetti de Ferrero) calificó la novela como el mayor repertorio de obscenidades, aberraciones y vulgaridades de que es capaz el idioma,[6] y la declaró culpable de ofrecer la visión oscura de un Perú fracasado y sin posibilidades de redención. Para ella la novela era un cuadro distorsionado de la realidad peruana contrario a una representación moralmente aceptable.

Antes de la publicación de las novelas de Vargas Llosa en la década de los sesenta, la narrativa peruana era extremadamente puritana en su actitud hacia la representación literaria de relaciones sexuales. La censura y la autocensura moral parecían estar activas en muchos autores, y ello desembocaba en un desequilibrio entre el lenguaje de la vida ordinaria en el Perú y en Lima, y el de la literatura, un desequilibrio que debería haber planteado un problema para los críticos "realistas" que estudiaban la narrativa como reflejo de la realidad real. Hubo pocas excepciones a esta

---

[5] José Miguel Oviedo, *Mario Vargas Llosa: la invención de una realidad*, Seix Barral, Barcelona, 1982, pp. 183-238.

[6] G. S. de F. (Grazia Sanguinetti de Ferrera), "Notas a *Conversación en la Catedral*", *La Prensa*, Lima, 23 de marzo de 1970.

ortodoxia puritana en materia sexual hasta 1969. Los únicos ejemplos de
una narrativa "atrevida" fueron José Diez-Canseco (1905-1949) en *Duque*
(1934); José María Arguedas (1911-1969) en *El Sexto* (1961); y Oswaldo
Reynoso (1932) en los relatos de *Los inocentes* (1961) y en la novela *En
octubre no hay milagros* (1965). Cuando Reynoso fue acusado por los críticos limeños de obscenidad, depravación, inmoralidad y pornografía,
Vargas Llosa (1966) lo defendió comparando una realidad "inmoral" con
los estándares puritanos del lenguaje literario, con lo que ilustró el contraste en tanto que problema en la narrativa peruana. Vargas Llosa devol-
vió el golpe a la crítica acusándola de ser hipócrita y no crítica.[7]

Castro Arenas se refirió a *Conversación en La Catedral* como una conversación que no convence,[8] y también entró en consideraciones morales
sobre las descripciones demasiado explícitas para él de la conducta y las
relaciones sexuales entre los personajes. Para él, la novela exhibió sus aspectos exteriores, completamente mecánicos, en un procedimiento narrativo que consideraba como pura técnica. El reflejo social resultante no
se correspondía con la declarada aspiración artística de Vargas Llosa, y
consideró que el autor había enfrentado una crisis temprana como novelista.

Castro Arenas representó a una tendencia en la crítica literaria peruana que no tenía en cuenta la forma literaria y no prestó atención al contenido artístico, ideológico y cultural transmitido por dichos procedimientos formales. Las técnicas literarias no fueron consideradas como posibles
intermediarias entre la realidad externa y la obra de arte, y la lectura se
convirtió en una comparación entre la realidad externa y la representación novelística de dicha realidad. Semejante crítica del contenido, simplista y reduccionista, no pudo hacer justicia a la novela de Vargas Llosa
como una obra de arte integral.

La crítica adversa también sostuvo que la novela representaba un comentario superficial de las atrocidades cometidas durante la dictadura de
Odría y que ofrecía un reflejo distorsionado de la realidad por la lealtad
del autor hacia su propia clase y *status*, y por su falta de simpatía por las
causas sociales que no competían a su clase. Era común entre la mayoría
de estos críticos una preocupación por la relación entre los personajes y
sus posibles modelos en la vida real, que con frecuencia conducía a que la

[7] Mario Vargas Llosa, "Pero qué diablos quiere decir pornografía", *Expreso*, Lima, 13 de
marzo de 1966.
[8] Mario Castro Arenas, "Una 'conversación' que no convence", *7 Días*, Lima, 8 de febrero de 1970.

novela fuera considerada como una versión distorsionada de la realidad, es decir, de la realidad política de la época.

Este fue el principal argumento de César Lévano al comparar sus propias experiencias como activista político de la izquierda radical durante la dictadura de Odría con lo que se leía, como si fueran las experiencias personales de Vargas Llosa durante el mismo período de la historia peruana.[9] Lévano eligió leer la novela como la expresión de una consistente visión política e ideológica de Vargas Llosa. El reflejo del Perú ofrecido por la novela se volvía así incompleto y defectuoso porque la resistencia de Arequipa en 1950 y 1955, y la verdadera resistencia histórica a la dictadura de Odría no estuvieron representadas de una manera aceptable para Lévano. Según él, la representación del Perú a través de algunos de los personajes también era deficiente. Cayo Bermúdez resultó ser una vaga caricatura comparado con el "original", Alejandro Esparza Zañartu; y Ambrosio es un hombre lleno de complejos de inferioridad que se vuelve un asesino gracias a un "marica".[10] ¿Es ésta la manera en que la degradación del Perú, de los peruanos, debe ser representada?, preguntaba Lévano.

La novela es algo menos subjetiva si uno la juzga basándose en el epígrafe tomado de la obra de Balzac: "Uno debe haber examinado la totalidad de la vida social para ser un novelista verdadero, pues la novela es la historia privada de las naciones". El epígrafe establece una distinción entre "historia privada" e historia "pública" u "oficial". Por esto la novela puede ser considerada, manifiestamente, no como una declaración subjetiva de un autor en particular, sino más bien como una narración impersonal, a través de diversas conciencias individuales, de la vida social pasada, presente y futura.[11]

Entre algunos de los colegas de Vargas Llosa en el diario limeño *La Crónica*, donde el escritor había trabajado como periodista en 1951, la novela dio lugar a una serie de artículos que intentaban identificar personajes de la novela con personas de la vida real de Lima. "Enrique Elías B." –pseudónimo de Milton von Hesse– acusó a Vargas Llosa de desfigurar y distorsionar los hechos históricos. La acusación se basó en una identificación de personajes de la novela y una comparación con personajes históricos del equipo editorial del diario a principios de los años cincuenta y de la vida real limeña de 1970. La novela es "impía", dijo, en su tratamiento

[9] César Lévano, "La novela de una frustración", *Caretas*, 420, Lima, 1970.
[10] César Lévano, "¡Es Esparza Zañartu!", *ibid.*
[11] Carlos Fuentes, *La nueva novela hispanoamericana*, Joaquín Mortiz, México, 1969, pp. 30 y ss.

de ciertas personas vivas y muertas que aparecen en ella con sus nombres de pila correctos pero con apellidos ficticios. Carlos Ney Barrionuevo, identificado por "Elías B." como el "Carlitos" de la novela,[12] replicó identificando a "Enrique Elías B." como Milton von Hesse, amigo y colega del equipo editorial del diario. Las conclusiones que ambos extraían mostraron que había diferencias entre las personas reales sugeridas por la experiencia real y los personajes de la novela sugeridos por las interpretaciones de lectores diferentes.

Vargas Llosa participó en esta discusión para tocar solamente este asunto.[13] Declaró que las personas reales son sólo puntos de partida, posteriormente son desfiguradas, combinadas entre sí, manipuladas de una forma u otra de acuerdo con las necesidades de la novela; son como una materia prima que tiene poco en común con el producto final.

César Lévano entrevistó a Esparza Zañartu,[14] el "modelo" de la vida real para "Cayo Bermúdez", en su casa de Chaclacayo, donde vivía dedicado a la agricultura. No había leído aún la novela, dijo, pero algunos amigos le habían informado que daba una imagen negativa de él. Vargas Llosa debería haber hablado con él, dijo, para obtener información. Yo lo hubiera ayudado. El ex ministro no estaba dispuesto a hablar sobre el pasado o a aceptar ninguna responsabilidad por la situación del país durante el gobierno de Odría, durante el cual sirvió. Fue finalmente depuesto en 1955 cuando

> instigado en parte por el partido Demócrata Cristiano recientemente organizado, un gran levantamiento popular se produjo allí [en Arequipa] a finales de diciembre, durante el cual el pueblo demandó un regreso a los procesos democráticos y el despido del ministro del Interior, Alejandro Esparza Zañartu. [...] A medida que se acercaba el momento para las elecciones de mediados de 1956, un Partido de Coalición Nacional formado precipitadamente anunció la candidatura de Manuel Prado.[15]

Los críticos no peruanos no leyeron la novela intentando identificar personajes relacionados con personas de la vida real del Perú, y no insistieron en la misma medida con respecto a la minuciosidad de su calidad representativa de la historia y la realidad social del país.

[12] Carlos Ney Barrionuevo, "*La Crónica*: semillero de situaciones personales", *Estampa cultural* (*Expreso*), Lima, 17 de mayo de 1970.

[13] "Vargas Llosa y sus 'Personajes': habla el autor de *Conversación en la Catedral*", cit.

[14] Lévano, "¡Es Esparza Zañartu!", cit.

[15] Frederick B. Pike, *The Modern History of Peru*, Weidenfeld & Nicholson, Londres, 1967, p. 293.

Jorge Edwards consideró que *Conversación en La Catedral* era "más realista" que las anteriores novelas del autor, y pensó que el autor estaba más cerca que nunca de la objetividad clínica de Flaubert.[16] Afirmó que se trata de una novela sobre una generación frustrada; de un período donde sólo es posible actuar motivado por el mal, como Cayo Bermúdez, o desde la insurrección permanente de la literatura, como Vargas Llosa. Edwards consideró que este era uno de los más brutales y desilusionados libros de la nueva novela latinoamericana.[17]

Luis A. Díez dijo que Vargas Llosa se había acercado más que nunca a su ambición de la novela total con autonomía total.[18] Alberto Oliart leyó la novela como si fuera un documento que presenta un momento de la historia peruana;[19] la calificó de novela magistral, y a Vargas Llosa, uno de los primeros novelistas en lengua española de nuestro tiempo.[20]

Los comentarios críticos sobre la visión del mundo del autor, la defectuosa representación de personajes de la vida real, de la historia, la política y la sociedad peruanas, tan generalizados entre los críticos peruanos, no fueron tomados en consideración por los críticos extranjeros, los cuales leían la novela ante todo como una obra literaria y luego como una representación de un momento de la historia peruana y de la vida y la frustración de toda una generación.

GÉNESIS DE *CONVERSACIÓN EN LA CATEDRAL*

Vargas Llosa mencionó por primera vez la novela en su conversación de 1966 con Luis Harss[21] y posteriormente en diversas entrevistas antes y después de su publicación en 1969. En mayo de 1967 contó que había venido trabajando durante año y medio en su último libro,[22] y que esperaba tra-

---

[16] Jorge Edwards, "El gusano de la conciencia", *Amaru*, Lima, 12 de junio de 1970, p. 90.

[17] *Ibid.*, p. 92.

[18] Luis A. Díez, "Saga del Perú en su hora cero", *Cuadernos Hispanomericanos*, 243, 1970, p. 721.

[19] Alberto Oliart, "La tercera novela de Vargas Llosa", *Cuadernos Hispanoamericanos*, 248-249, 1970, p. 500.

[20] *Ibid.*, p. 508.

[21] Luis Harss, "Mario Vargas Llosa y los vasos comunicantes", en Luis Harss, *Los nuestros*, Editorial Sudamericana, Buenos Aires, tercera edición, 1969.

[22] Leonard Kirschen, "Aquí Vargas Llosa en la intimidad", entrevista a Mario Vargas Llosa, *Suceso (El Correo)*, Lima, 7 de mayo de 1967.

bajar un año y medio más en el proyecto. Hacia julio de 1969 pudo contar
a tres periodistas en Lima que su quinto libro estaba siendo impreso en
ese momento, que su título era *Conversación en La Catedral* y que había
estado trabajando en él durante casi cuatro años. Esta nueva novela, afirmó, tenía una cosa en común con las dos anteriores: varias historias entretejidas.

El procedimiento del narrador que relata en la tercera persona del singular y que cuenta su propia historia se discutirá aquí de un modo bastante detallado como se ha hecho también en los casos de *La ciudad y los
perros* y *La Casa Verde*. De manera similar se discutirá en detalle el procedimiento o los procedimientos centrados en la tercera persona que experimenta. Esta es una novela, dijo Vargas Llosa, sobre la dictadura de Odría,
y se limita temporalmente al período comprendido entre 1948 y 1956.[23]
Durante aquel período Vargas Llosa asistió a la educación primaria y secundaria, lo enviaron al Colegio Militar Leoncio Prado y a Piura; trabajó
durante un tiempo en el diario *La Crónica*; estudió en la Universidad de
San Marcos de Lima.[24]

La distancia temporal que separa la tercera persona que narra de la
tercera persona que experimenta, y la insistencia en que las experiencias
personales pasadas proporcionan al novelista la motivación básica y el
impulso creativo para el desarrollo y la elaboración del texto, son actual-
mente reconocibles como factores recurrentes y constantes en el proceso
creador de una obra de Vargas Llosa. Lo que distingue esta novela y su
génesis de las dos novelas anteriores es que el período histórico representado en ésta constituyó en 1970 una experiencia común para la mayoría
de los peruanos y los críticos. Los críticos limeños se lanzaron a una serie
de lecturas "realistas" en las que compararon experiencias personales del
período histórico con las relatadas por la novela. *La ciudad y los perros*,
que narra acontecimientos de comienzos de la década de los cincuenta
también había invitado a algunos lectores a una lectura similar. Sin embargo, en el caso de *La ciudad y los perros*, novela restringida a un escenario institucional y sin referencias directas a la dictadura de Odría, no ha
habido ejemplos de que esta novela haya sido interpretada como una novela de la dictadura.

---

[23] *Ibidem.*
[24] Oviedo, p. 23.

LOS CRÍTICOS Y LA CLASIFICACIÓN GENÉRICA DE LA NOVELA

En su carta de junio de 1970 a Carlos Ney Barrionuevo,[25] Vargas Llosa declaró que la novela no es un informe ni una biografía ni unas memorias personales, y en diversas entrevistas dijo que no es una novela política y que no tiene un tema político.[26] Dijo que es una novela acerca de un período histórico. Existía un conflicto evidente entre esta declaración y la opinión de la mayor parte de los críticos limeños, que no tenía dudas con respecto a la lectura de la novela como si fuera un documento o un reflejo de la política peruana bajo el régimen de Odría en general, y de la postura política de Vargas Llosa en particular.

El término de "novela política" se ha empleado una y otra vez en la crítica literaria hispanoamericana, pero rara vez ha tenido una definición que lo haga útil como término de crítica literaria o para clasificar un género narrativo. El término podría servir para indicar algunas preocupaciones temáticas de la novela, pero en ese caso incluiría sólo una pequeña parte de todas las implicancias temáticas y sería sólo una entre muchas etiquetas de vaga aplicabilidad. Común a todos estos términos es el hecho de que indiquen, en mayor o menor grado, la opinión sobre la novela respecto a su relación con el mundo exterior, pero no a la manera en que está construida como obra de ficción.

Jorge Edwards logró cierto grado de precisión cuando afirmó que la política no es el tema central de la novela aun cuando parece ser el más visible. Lo que más le interesó a Vargas Llosa –según Edwards–, no es la corrupción en sí misma, sino más bien las consecuencias que sufre la vida del individuo en una sociedad corrupta y corruptora. La política es ciertamente un factor, pero se refleja en la conciencia individual, contaminando todos los niveles de la vida diaria.[27]

Es una "saga" del Perú de hoy que no está limitada a un microcosmo representativo, como *La ciudad y los perros*, o limitada a las regiones del norte del país o la Amazonia, como en *La Casa Verde*. Esta novela abarca, para Díez, la totalidad del Perú: la Costa, la Sierra, Lima, Arequipa, Cuzco, Pucallpa, Ica, Camaná, Trujillo, las regiones fronterizas, etc. Díez concluyó clasificando la novela como totalizadora.[28]

[25] Mario Vargas Llosa, "Vargas Llosa y sus personajes", *Estampa* (suplemento de *Expreso*), 5 de julio de 1970.
[26] Por ejemplo Kirschen, cit.
[27] Edwards, p. 90.
[28] Díez, pp. 724-725.

Afirmar que la novela es una representación realista de la totalidad del Perú parecería una exageración mayúscula para cualquier obra de ficción. Parece más razonable argumentar que la novela es una narración basada en las experiencias de muchos personajes diferentes acumuladas a lo largo de un período limitado, aun si el problema de definir el período representado no es fácil de resolver. Una clasificación que se basa en un argumento de inclusión geográfica cuantitativa no parece muy satisfactoria para el análisis de *Conversación en La Catedral*.

Con relación a las categorías, la obra es una novela de una dictadura, no de un dictador. Por el período, el escenario, por los personajes principales, las acciones políticas representadas, censura, violencia, corrupción y vicios, abarca todas las características de una novela de dictadura como en el caso de *El señor presidente* (1946) de Miguel Ángel Asturias. Se centra en los lacayos, en los agentes que rodean al dictador –en este caso, sobre todo en Cayo Bermúdez–, cerca del vértice de la pirámide del poder, del mal, de la corrupción y la perversión. Y también se centra en las víctimas, en las personas que sufren los actos de violencia, eliminación, censura y corrupción. El dictador histórico mismo, en este caso Manuel Odría, raramente, si acaso, aparece como un personaje de ficción en este tipo de novela hispanoamericana.

Conversación en La Catedral constituye una innovación en la narrativa peruana, en la medida en que se centra en la brutalidad, corrupción y perversión de un período particular de la historia del país, la dictadura de Odría. Había habido sólo una novela anterior, *Una piel de serpiente* (1964) de Luis Loayza, que había intentado narrar las experiencias personales y generales de aquel período, y Vargas Llosa hizo una reseña de ella en 1964 en un artículo llamado "En torno a un dictador y al libro de un amigo". *Conversación en La Catedral* está dedicada a Luis Loayza y Abelardo Oquendo, con quienes Vargas Llosa editó *Literatura*, una revista publicada entre 1958 y 1959.

En su reseña del libro de Loayza, Vargas Llosa se refería a los adolescentes de las clases medias que fueron afectados por la dictadura y se hastiaron del Perú, de la política y de sí mismos. Se convirtieron en una "generación de sonámbulos" y detestaban, según él, su pequeño mundo, sus prejuicios, su doble moral y su buena conciencia, pero no hicieron nada para romper con él. Por el contrario, todos se prepararon para convertirse en buenos abogados. Cierta temática de *Los cachorros* se insinúa en las declaraciones de Vargas Llosa y reaparece en *Conversación en La Catedral*.

Ninguno de los críticos literarios negó o minimizó los sólidos recuerdos de la violencia y el terror que marcaron sus experiencias personales en aquel período, ni su fuerte presencia en el texto. Algunos críticos reaccionaron ante el vocabulario empleado en la novela y emitieron juicios moralizadores sesgados; otros reaccionaron desde posiciones políticas y sociales conflictivas, y emitieron críticas políticas categóricas y normativas contra la posición de clase de Vargas Llosa.

Pero no hay limitaciones en la ficción hispanoamericana a la libertad de un autor para narrar experiencias vividas en una dictadura y sus consecuencias. Lo problemático en Vargas Llosa ha sido su ambición de crear una "novela total" y las inevitables discrepancias entre su objetivo teórico-metodológico y su realización ficcional. Este podría ser un asunto que la crítica de *Conversación en La Catedral* necesitaría discutir.

Esta novela sobre una dictadura es al mismo tiempo, como *La ciudad y los perros* y *Los Cachorros*, un relato de los rasgos característicos de un período y sus consecuencias individuales presentado en forma de *Bildungsroman*. Se limita a un individuo en particular, Santiago Zavala, a un escenario particular, sobre todo a Lima; a un período específico de tiempo, y narra el desarrollo de un personaje desde su juventud hasta la edad adulta. Hasta cierto punto se puede decir que es una biografía ficticia. Las fuerzas de la dictadura están representadas principalmente en los efectos que tienen sobre este único personaje central, y ciertamente esta concentración en Santiago Zavala proporciona una primera indicación de que una jerarquía de personajes en el universo ficcional también podría estar presente aquí, recordando la de *La ciudad y los perros*.

La novela sitúa a Santiago Zavala cerca del vértice de la pirámide de personajes frustrados que son producto de un período dictatorial en el universo novelístico: las patéticas víctimas de los golpes infligidos por una dictadura. Además, se convierte en una novela de búsqueda cuando Santiago emprende, desde el relato marco, su búsqueda retrospectiva y especulativa de las verdades importantes de su vida, de las raíces de su desencanto. Santiago sabe desde el principio cuáles son sus metas; posee una genuina esperanza de alcanzarlas, y la novela escarba profundamente en el pasado para ayudarlo a aislar los momentos importantes del instante en que se "jodió el Perú", momentos importantes en un proceso terapéutico dramatizado por una novela construida de conversaciones y diálogos.

La mayoría de los críticos encontraron el tema de la frustración personal en esta novela. Jorge Edwards percibió en ella la frustración de una generación entera. Como *Bildungsroman* podría incitar al mismo tipo de lectura que muchos críticos hacían de *Los cachorros*. Estos críticos asumieron una lectura de aquella novela como si fuera una alegoría de esa frustración generacional mencionada anteriormente,[29] y algunos la leyeron como si fuera una alegoría de la frustración artística.[30] Para justificar esta interpretación se refirieron a menudo a Sebastián Salazar Bondy (1924-1965) y a sus escritos, dando a entender que lo consideraron como uno de los artistas peruanos frustrados.

Para el Vargas Llosa de los sesenta, Salazar Bondy fue un dechado de integridad artística, un modelo para escritores jóvenes, un intelectual que se atrevió a dedicarse completamente a la producción artística y que manifestó valor al desafiar un entorno hostil.[31] La amarga y enérgica crítica en *Los cachorros* y en los artículos que Vargas Llosa dedicó a Sebastián Salazar Bondy está dirigida más al ambiente deshumanizante en que vive que al individuo que sufre. Cuéllar, en *Los cachorros*, es derrotado por el grupo que Salazar Bondy desafió y condenó con bastante energía.

Los fuertes elementos de crítica social en *Conversación en La Catedral* se refieren a la frustración y castración física y mental del personaje principal, pero no todos los elementos de crítica social son por ello invalidados o minimizados. Por el contrario, él se convierte en el representante individual, como Cuéllar, víctima de las fuerzas sociales, políticas y culturales poderosamente envilecedoras que funcionan en una sociedad represiva en general y bajo una dictadura militar en particular.

Después de haber clasificado la obra como novela de una dictadura, de formación y educación —quizá de formación frustrada, además— y como novela de búsqueda, aún parecería necesario tratar de clasificarla según algún sistema de categorías formales. Como en sus novelas anteriores, Mario Vargas Llosa afirmó que continuaba experimentando con el entretejido de varias historias dentro del mismo cuerpo textual. También continuaba componiendo una novela utilizando la fragmentación y la alternancia, esos procedimientos que con esta novela ya son su marca de fábrica como novelista. E igualmente la técnica de inserción, que en

[29] ALAT, cit.
[30] Luchting, cit.
[31] Mario Vargas Llosa, "Elogio de Sebastián", Expreso, 19 de septiembre de 1965; "La literatura es fuego", Conferencia pronunciada al acpetar el Premio Rómulo Gallegos, Caracas, 10 de agosto de 1967, publicada en *Mundo Nuevo*, 17, París, noviembre de 1967, pp. 93-95; "Sebastián Salazar Bondy y la vocación del escritor en el Perú", en Elena Poniatowska, editora, *Antología mínima de Vargas Llosa*, Editorial Tiempo Contemporáneo, Buenos Aires, 1969, pp. 157-211.

Conversación en La Catedral alcanza un punto culminante de maestría experimental.

Toda la novela puede clasificarse como una sistematización integrada de la técnica de las cajas chinas, en la que el procedimiento de conversaciones insertadas que se encuentra en *La ciudad y los perros* y en *La Casa Verde* es empleado a lo largo de una vasta serie de situaciones épicas, una dentro de otra, abarcando una amplia variedad de referencias históricas y dando un enorme salto en retrospectiva desde el relato marco, pasando por todo el período que abarca la novela, y luego de regreso al relato marco, en una serie ininterrumpida de conversaciones.

El escenario marco principal situado en el bar La Catedral (y la conversación entre Santiago y Ambrosio) se convierte, por así decir, en el arquetipo de las situaciones y conversaciones épicas con las cuales la novela en su conjunto está construida. Esta es más dramática que las novelas anteriores, en el sentido de que su principio de construcción tiende a *mostrar* más que a *contar*.[32]

RELATOS MARCO BIEN DEFINIDOS

El capítulo introductorio de la novela define la situación épica de dos relatos marco (pp. 13-32).[33] Este es narrado en presente e introduce a Santiago (Zavala) y luego a Ambrosio (Pardo) en su actual situación: Santiago es un periodista en el diario *La Crónica*; Ambrosio es empleado en una perrera de canes rabiosos. El capítulo se presenta como un episodio cerrado, con un principio, una parte central y un final.

El principio se concentra en Santiago, que está dirigiéndose a su casa desde el trabajo y buscando a su perro; la parte central se concentra en su encuentro con Ambrosio; el final muestra a Santiago regresando a su casa.

En el "principio", Santiago se dirige a sí mismo como "Zavalita" en segunda persona del singular, como en un diálogo consigo mismo. El monólogo interior toma la forma de un "diálogo interior" en el que Santiago habla consigo mismo como si estuviera dividido en dos personalidades distintas: una que experimenta y una que observa y comenta. Frus-

---

[32] Percy Lubbock, *The Craft of Fiction*, Cape, Londres, 1921; nueva edición: Viking Press, Nueva York, 1957.

[33] Edición de referencia: Seix Barral, Nueva Narrativa Hispánica, Barcelona, 2 volúmenes, 1969. En lo sucesivo, para las referencias a *Conversación en La Catedral* se citan entre paréntesis en el texto las páginas correspondientes de esta edición.

EXPERIMENTOS QUE NO CESAN 157

trado y desilusionado, Santiago trata repetidas veces de precisar introspectivamente (y por medio de conversaciones con otros personajes) el momento en que realmente ocurrió su fracaso vital. Se compara con el Perú, y formula repetidamente la pregunta de "cuándo se jodió". Las referencias a la situación épica personal de Santiago abundan en el capítulo introductorio y constituyen motivos recurrentes a lo largo de la novela, refiriéndose a un relato marco establecido por y para Santiago. Santiago funciona a la vez como un coro que comenta sus propias experiencias. La novela introduce al lector "directamente a la vida interior del personaje, sin ninguna intervención por medio de un comentario o una explicación del autor", pero se limita "a esa área de la conciencia en que la mente formula sus pensamientos y sentimientos convirtiéndolos en lenguaje", expresado como una especie de monólogo interior. Sin embargo, al mismo tiempo se presenta a Santiago ocupado en el proceso de un "análisis interno", pero no en el sentido de que "el autor interviene entre el lector y la conciencia del personaje para analizar, comentar o interpretar", sino más bien en el sentido de que el personaje mismo asume la tarea de analizar, comentar e interpretar sus propias peripecias.[34] La situación épica de Santiago se convierte así en el relato marco que todo lo abarca y que incluye todas las otras conversaciones enmarcadas, o "cajas", y la caja más exterior no es, como sostiene Oviedo,[35] la secuencia en el bar La Catedral.

Este procedimiento narrativo proporciona a la novela su calidad mixta, situándola genéricamente en algún lugar entre un relato de primera persona y uno de tercera persona. Bertil Romberg describió toda la literatura épica como narraciones que pueden "relacionarse con una situación en la que un narrador presenta oralmente una historia a un público", y luego afirmó que en la novela en la tercera persona del singular "esta situación épica, que no debe confundirse con [...] punto de vista, se sitúa obviamente fuera de la ficción y no forma parte de ella".[36]

En *Conversación en La Catedral*, que es una narración en tercera persona del singular, la situación épica oral de Santiago se localiza, se explicita y se repite una y otra vez en el universo ficcional. La situación épica "primitiva" que describió Romberg muestra una nueva variación del relato en la tercera persona, constituye un elemento integral de la novela misma, y

---

[34] L. Bowling, "What is Stream of Consciousness Technique?", PMLA, 65, 1950, p. 345.
[35] Oviedo, pp. 223-224.
[36] Bertil Romberg, *Studies in the Narrative Technique of the First Person Novel*, Almqvist & Wiksell, Estocolmo, 1962, p. 33.

hace que esta se traslade a la brumosa región fronteriza entre la narración en primera persona del singular y la narración en tercera persona. Funciona aquí una especie de interacción entre los dos modos narrativos. Esta interacción se evidencia en *La ciudad y los perros* y en *La Casa Verde*. En *Conversación en La Catedral* dicha interacción desarrolla tensiones entre diferentes direcciones del interés del lector, entre las proporciones épicas del numeroso reparto de personajes y el multifacético material impersonal de la narrativa de una dictadura que está contenido dentro del relato unificado, personal y estrechamente centrado de la situación épica de Santiago y por la narración de su búsqueda existencial.

La "mitad" del capítulo introductorio se convierte en una conversación de cuatro horas después del encuentro fortuito entre Santiago y Ambrosio en el bar La Catedral, y conforma el relato marco, la situación épica en la que estos dos personajes entablan una conversación que a su vez anticipa la intrincada inserción de diálogos y conversaciones dentro de un sistema de cajas chinas. El título de la novela enfatiza la importancia del relato marco. Sin embargo, como en el caso de los episodios que en este estudio han sido denominados autónomos de *La Casa Verde*, los críticos no han prestado la debida atención a su importancia.

Para la mayoría de críticos, el contenido político e histórico ha sido considerado como el de mayor interés, y los procedimientos formales y la técnica literaria han sido relegados como si fueran un tema de discusión de interés secundario o a veces casi inexistente. La novela ha sido considerada como una revelación transparente de una realidad sociopolítica extraliteraria, y aunque hay algunas referencias críticas a la técnica, como las de Castro Arenas, la posibilidad de su transparencia desde el punto de vista de su propia estrategia literaria no ha sido examinada seriamente: "La forma, el diseño, la composición deben buscarse en una novela como en cualquier otra obra de arte; la novela es el mejor lugar para encontrarlos".[37]

La situación que sirve de marco en el bar La Catedral dura cuatro horas y ha sido fechada "históricamente" como si hubiera ocurrido en 1963 por Raymond L. Williams.[38] Dentro del cuerpo de la novela, Williams ha limitado el período de tiempo de los relatos al período histórico del régimen de Odría, entre 1948 y 1956, como una medida de aceptación tácita de las declaraciones del autor con respecto a que esta es una novela "so-

[37] Lubbock, p. 10.
[38] Raymond L. Williams, "¿Cuántos años abarca *Conversación en la Catedral*?" *La Crónica*, lima, 18 de noviembre de 1971.

bre" este período histórico. Williams situó la conversación en el bar La Catedral a cinco años de distancia con respecto al tiempo que le tomó a Vargas Llosa escribirla –alrededor de cuatro años– hasta 1968. Pero las situaciones épicas dentro del cuerpo de la novela no están temporalmente limitadas, como sostuvo Williams, al período comprendido entre 1948 y 1956. Todas tienen en común el hecho de que finalicen en 1958 en la secuencia temporal interna establecida por la novela independientemente de los períodos históricos extraliterarios o de las declaraciones explícitas del autor. Cuando Periquito se refiere a su vida en 1944 y habla de hace catorce años (II, p. 13), fecha el diálogo engastado en 1958. Y éste también es el año ficticio en que Ambrosio tuvo que abandonar Lima y eligió vivir con Amalia en Pucallpa, finalizando así sus conversaciones con Fermín Zavala y Queta, partes importantes de los diálogos engastados en el cuerpo de la novela. Aproximadamente en ese mismo período, una vez que Santiago se ha casado con Ana, él ya no se reúne con Carlitos (II, pp. 211, 260), y así termina su larga serie de conversaciones que son tan importantes en este universo de ficción.

El año de 1958 marca el límite temporal de las conversaciones encerradas dentro del relato marco y que forman el cuerpo de la novela. Este año, hablando históricamente, está situado aproximadamente en el segundo año del período presidencial de Prado. Se nota que los efectos de la dictadura militar aún están en vigor en el universo ficcional después de que el sistema parlamentario de la realidad extraliteraria ha venido funcionando durante dos años, y los personajes sufren estos efectos en varios grados de intensidad.

En su conversación en el bar La Catedral con Ambrosio, Santiago se refiere a la última vez en que se encontró con éste, diez años antes (I, p. 10), y esto se repite (I, p. 30 y II, p. 159). Estas referencias constantes a diez años atrás y otras referencias comunes y pasajeras a acontecimientos históricos del momento (II, p. 262, etc.), ayudan a fechar el marco en el bar La Catedral en 1968. Mientras que los diálogos engastados en el sistema de las cajas chinas proporcionan información que pertenece al pasado hasta 1958, la conversación entre Santiago y Ambrosio en el bar La Catedral también proporciona información sobre la vida de los personajes en el período comprendido entre 1958 y 1968. Esto extiende el campo de acción de la novela a los períodos presidenciales de Prado y de Fernando Belaúnde Terry en la historia política correspondiente a la realidad extraliteraria.

De ello resulta que la novela no se limita estrictamente al período de la dictadura de Odría, sino que se extiende para dar una mirada a las consecuencias de la dictadura militar en la vida posterior de algunos de los personajes principales. En 1968, doce años después del fin de la dictadura de Odría, Ambrosio y Santiago, víctimas de una formación y educación particulares durante la dictadura militar, siguen sufriendo sus efectos, y Santiago formula constantemente sus preguntas retóricas de por qué esto y por qué aquello.

La novela incorpora los distintos niveles temporales de los "personajes que experimentan" en el pasado comprendido entre 1948 y 1956, y el pasado en el año 1958; y el nivel de los "personajes que narran" en el presente de la novela del año 1968 dentro del "diálogo interior" de Santiago y en su conversación con Ambrosio. La distancia temporal, observada en la discusión sobre la génesis de la novela, entre un personaje en tercera persona que experimenta y un personaje en tercera persona que narra, se integra por consiguiente en la estructura narrativa de la novela misma, en donde se presenta como un elemento más de los experimentos con procedimientos formales.

Lo que se consideraba como una distancia implícita entre las experiencias personales y autobiográficas vividas y el período de la escritura de la obra en las discusiones relacionadas con *La ciudad y los perros* y *La Casa Verde*, ahora se incorpora *explícitamente* en la vida de los personajes y en el cuerpo textual de la novela. La autoridad del narrador se transfiere aquí a los personajes y se libera de la presencia del autor implícito. Es posible hasta cierto punto coincidir con Jorge Edwards en su observación de que hay una "objetividad flaubertiana" aplicada por Vargas Llosa en esta novela.[39]

El uso repetido del presente verbal a lo largo de la novela, y la posterior repetición de las distintas formas de alocución que se encuentran en el primer capítulo (por ejemplo: I, p. 107), siempre recuerdan al lector la presencia y la importancia de los narradores en el relato marco. Mientras que la escritura de la novela llevó en realidad aproximadamente cuatro años, la duración de la conversación en el bar La Catedral, el trabajo de los personajes para recuperar los recuerdos, se reduce elípticamente a cuatro horas. El período de tiempo de la novela es por consiguiente complejo. Las preguntas retóricas, la conversación de cuatro horas y el ensimismamiento atemporales de Santiago se extienden hasta abarcar un período de veinte años, dilatando los efectos de la formación y educación bajo una dictadura mucho más allá de los límites establecidos por Williams.[40]

[39] Edwards, cit.
[40] Williams, cit.

Parte de la poética de la novela es sugerida por el título y por el capítulo introductorio, enfatizando la importancia de un procedimiento narrativo que es inseparable de su contenido. El énfasis sobre el término "conversación", comprendido tanto como "diálogo interior" realizado por una sola persona, y como diálogo entre dos o más personas, se convierte en la clave para comprender el principio de construcción del sistema de cajas chinas. Este sistema está construido por diálogos y conversaciones que son engastados como una serie de conversaciones entre personajes diferentes en tiempos y lugares diferentes a lo largo de la novela. El énfasis en el procedimiento es un indicador importante de la tendencia hacia una "novela autónoma" en la que la presencia del autor, como han observado los críticos, apenas se percibe. El amplio campo de acción épico de la "novela total" está limitado por ciertos procedimientos formales necesarios para llevar a cabo la novela autónoma, de manera que existe la posibilidad de que ambos objetivos sean incompatibles.

Por más cerradas y acabadas que puedan parecer las conversaciones marco que forman un episodio, mantienen una íntima interacción con el tejido narrativo en virtud de las varias preguntas que dejan sin respuesta: la obsesión de Santiago con el momento en que todo se jodió, la acechante pregunta sobre la razón de su desilusión y depresión, y el misterio de la muerte de Hortensia, la "Musa", la posibilidad de una confabulación de Fermín Zavala en dicho caso y la posibilidad de que Ambrosio sea un asesino. Estas interrogantes abren el episodio a lo desconocido y misterioso, explican y ciertamente requieren de una serie de situaciones orales épicas dentro de la novela en que, en la mayoría de los casos, uno de los interlocutores conocidos del relato marco será visto y oído conversando con algún otro personaje y allí proporcionará, poco a poco, respuestas a las preguntas y una solución a los enigmas.

Los dos personajes están presentes como producto de un proceso de formación y educación, y el lector es invitado a participar en su búsqueda retrospectiva en pos de la verdad y de las respuestas a las preguntas formuladas por esta novela que, con estas interrogantes, exhibe sus principios de construcción. La novela promete convertirse en una búsqueda de la verdad; revela la naturaleza de esta búsqueda; y el lector se prepara para reconocer y aprehender la verdad cuando llegue a ella. La verdad de la novela será encontrada en este proceso y no en alguna ecuación con la realidad extraliteraria. Lo que sostiene la novela es esta búsqueda misma.

Esto crea en el lector una expectativa que será satisfecha durante el proceso de lectura. La experiencia del lector con respecto al pasado, al presente y al futuro se convierte en una compleja mezcla de dimensiones temporales. Conoce el presente, y, por medio de las preguntas, su interés es dirigido hacia el pasado. A medida que este pasado se revela, su descubrimiento apunta hacia un futuro cuyos desenlaces ya conoce el lector desde su presente extratextual.

Se le invita a una experiencia circular, no lineal como en *La ciudad y los perros*, y esta tendencia a la circularidad es una de las metas de la novela "autónoma" descrita por Vargas Llosa. El interés, la participación y el suspenso del lector surgen de este principio de ocultamiento y revelación retardada de las verdades prometidas que gobiernan la organización de la novela, el patrón por medio del cual se dispersa la información a lo largo del texto.

DE LA DICTADURA MILITAR A LA JERARQUÍA LITERARIA

Muchos de sus críticos, y el propio Vargas Llosa, insistieron en que la novela es un reflejo o una representación de los efectos de una dictadura militar del mundo extraliterario sobre las conciencias individuales representadas en la historia. Sin embargo, desde el punto de vista de los procedimientos narrativos, a un personaje, Santiago, se le permite establecer una dictadura literaria, ya que se le coloca en una posición privilegiada. El uso que aquí se hace del término "privilegio" es algo diferente del de Wayne C. Booth en el sentido de que aquí se trata del *status* de Santiago como narrador principal colocado en la cima de la jerarquía narrativa establecida por el sistema de cajas chinas.[41]

A causa de haber sido situado en dos relatos marco adyacentes, Santiago posee desde el principio la clave para una parte de la poética de la novela. Está instalado en el tejido novelístico como un narrador que realiza una importante función narrativa que en las novelas anteriores se percibe como externa: "El método tiene cierta energía dramática al hacer que la relación –de otro modo no explicada– entre el narrador y el relato, sea un hecho visible". La "energía dramática" de la novela de Vargas Llosa se logra de una manera distinta de la descrita por Lubbock, que se refiere a la novela narrada en primera persona del singular. Santiago dramatiza su narración en "escenas" más que en "imágenes", su método es más "escénico"

[41] Wayne C. Booth, *The Rhetoric of Fiction*, The University of Chicago Press, novena edición americana, 1969; Chicago/Londres, pp. 160-163.

que "panorámico",[42] y la conversación es escenificada como si se realizara en el escenario del teatro.

Santiago exhibe su método narrativo, o lo que aquí se llama su "poética", en su conversación, sus recuerdos, sus sueños y su pensamiento. Conversa con Ambrosio en el bar La Catedral durante cuatro horas, sobre todo acerca de los diez años que han pasado sin encontrarse. Recuerda, sueña y piensa en el pasado, y este proceso, del cual Ambrosio está excluido, la novela lo revela al lector por medio del "diálogo interior" de Santiago consigo mismo. Santiago es un narrador privilegiado que explota la gama completa de su actividad mental en sus recuerdos, sueños y pensamientos.

Su método narrativo no es el de la técnica del monólogo interior si se toma el término en el sentido de una "transcripción directa del pensamiento, no sólo del área del lenguaje, sino de toda la conciencia".[43] Santiago se mueve en círculos temporales desde el presente hasta el pasado, relacionando el pasado con el presente y el futuro. Estos movimientos circulares se presentan en el "diálogo interior" de Santiago como una búsqueda de las raíces de su depresión y frustración. La búsqueda orienta la formulación de sus pensamientos y sentimientos, y los canaliza en una narración coherente; puede comentarlos, analizarlos e interpretarlos a medida que se desarrollan. Los síntomas de este procedimiento narrativo de Santiago se encuentran a lo largo de toda la novela, y cada ocasión remite a la posición formal de dominación que se obtiene en la jerarquía de la novela.

Ambrosio está excluido de los procesos mentales de Santiago, pero al mismo tiempo Santiago está excluido de participar en algunas de las experiencias privadas y pasadas de Ambrosio. Hay una relación subyacente de desconfianza entre Santiago y Ambrosio, motivada por diferencias en sus preferencias sexuales, así como por diferencias sociales, intelectuales y raciales. Ambrosio trata a Santiago de "niño" o de "niño Santiago", usando el pronombre formal y de cortesía "usted". Santiago, por su parte, se refiere al negro como "Ambrosio" usando el pronombre informal –y en este caso condescendiente– "tu". Hay, implícitamente, una relación patrón-sirviente que existió diez años atrás y que sigue condicionando la relación entre ambos.

Esta restricción se impone a los interlocutores por los papeles sociales representados en el pasado que se extienden hasta el presente, y no se presta

---

[42] Lubbock, p. 137.
[43] Bowling, p. 345.

a una comunicación y un intercambio de opiniones, experiencias y puntos de vista francos y abiertos. Tal situación no es el resultado de una dictadura militar extraliteraria sino parte de una dictadura más general –y sin embargo más "literaria"– desarrollada en y por la novela. Un sistema de rígidas jerarquías formales gobierna el universo de la novela desde el principio. Este sistema condiciona las formas que adopta la comunicación entre personajes, evita todo tipo de solidaridad y suprime cualquier posibilidad de que los personajes rompan con estas estructuras sociolingüísticas.

Una vez establecida dicha jerarquía, los personajes no son libres y no logran ser capaces de comunicarse de una manera dinámica en un cambio de tratos. Contribuyen a estas dificultades de comunicación entre Santiago y Ambrosio la actitud condescendiente de aquél hacia el trabajo de Ambrosio en la perrera de canes rabiosos (I, p. 32), una diferencia en la capacidad intelectual que favorece a Santiago y los prejuicios raciales y sexuales de este hacia el negro que ha tenido relaciones sexuales con su padre. Pero Santiago es un narrador que a causa de su relativa libertad de movimiento mental, aunque desconcertado, deprimido y prejuicioso, atrae el interés y simpatía del lector y lo conduce a acompañarlo en su búsqueda de la verdad.

En el transcurso de la novela, la situación básica de la falta de confianza entre Santiago y Ambrosio en el relato marco será reemplazada por una comunicación más llena de confianza, cuando su conversación ceda el paso a otras conversaciones en el pasado que involucren a Santiago o a Ambrosio con otros personajes y en lugares diferentes. Los principales diálogos engastados son el de Santiago y Carlitos, el de Santiago y Clodomiro; el de Ambrosio y Fermín Zavala, el de Ambrosio y Queta, y el de Ambrosio y Ludovico. Estos pueden, a su vez, "abrirse" a diversas conversaciones, y en la parte II (pp. 144-155), como ha observado Oviedo,[44] hay dieciocho diferentes situaciones épicas con no menos de dieciséis interlocutores.

El procedimiento de diálogos encerrados convierte la novela en una narración dramática construida en torno de escenas en las que se ven y escuchan dos o más personajes conversando entre sí.[45] La novela es el drama hablado de hombres y mujeres. "En el drama verdadero nadie *relata* la escena; esta *aparece*, es constituida por el aspecto de la ocasión, la conversación y el comportamiento de las personas".[46]

[44] Oviedo, p. 226.
[45] Lubbock, cit.
[46] *Ibid.*, p. 262, subrayado en el original.

Todos estos diálogos proporcionarán información desconocida por uno, por otro o por ambos interlocutores dentro del relato marco, y el lector ganará la irónica ventaja de saber más sobre Ambrosio de lo que sabe Santiago, y viceversa, y mucho más sobre la novela y sus principios de construcción que cualquiera de ellos. La novela prefiere la escena y siempre se muestra más dispuesta a "funcionar por medio de la acción y el diálogo que a describir libremente". Coloca a "un personaje delante de nosotros, cómo el hombre o la mujer hablaban y se comportaban en determinada hora o en determinado lugar" en vez de "reflejar una prolongada impresión de su manera de vivir".[47]

A través de estos procedimientos la novela contradice la opinión de Lubbock en el sentido de que un "tema amplio, impreciso, múltiple, en suma, dilatado en el tiempo y el espacio, lleno de gente y desviaciones, es un tema pictórico y no puede ser nada más".[48] *Conversación en La Catedral* introduce entre setenta y ochenta personajes en un período de tiempo de aproximadamente dieciocho años, y casi toda la novela parece ser una cadena escenificada de acontecimientos particulares, representaciones y conversaciones, realizados por la multitud de personajes en situaciones y diálogos épicos intercalados. Esta novela no se desvía de una modalidad estrictamente escénica; una situación y conversación épica "se abre" a otra, sin que se produzca nunca una interrupción para dar paso a algún resumen, reflexión o explicación de un narrar "panorámico" o "pictórico".

La modalidad dramática y escénica es usada aquí constantemente, aun cuando "el mayor peso de la historia yace dentro de una conciencia en particular, en el estudio del alma, en el desarrollo de un personaje, en la cambiante historia de un temperamento".[49] *Conversación en La Catedral* representa una ruptura con las definiciones tradicionales de los géneros y modalidades narrativos y surge como un complejo tejido de procedimientos narrativos heterogéneos que son usados por la historia principal a medida que va circulando en torno de la educación y el desarrollo personal de Santiago Zavala. Aunque se trata de una novela construida alrededor de procedimientos escénicos y dramáticos, al mismo tiempo surge una visión de conjunto "panorámica" de Santiago Zavala y su vida que conduce a sus circunstancias dentro del relato marco. La modalidad dramática de que habló Lubbock no impide un efecto "panorámico" sino que más bien lo lleva a cabo de manera diferente.

[47] *Ibid.*, p. 216.
[48] *Ibid.*, pp. 188, 216.
[49] *Ibid.*, p. 254.

Santiago se muestra sincero e íntegro consigo mismo en su "diálogo interior" y en sus conversaciones con otros personajes, mientras que Ambrosio se muestra constantemente insincero y poco íntegro y surge como un mentiroso consciente. La mayoría de los narradores de la novela caen en algún momento en un estado intermedio dentro de una escala entre los dos extremos presentados por el relato marco. Al mismo tiempo, los prejuicios explícitos o implícitos en la narración de Santiago a partir del primer capítulo, y su particular estado de ánimo, harán que el lector sea escéptico con respecto a si Santiago está contando toda la verdad. Santiago, la víctima aislada, motiva el interés y la simpatía de los lectores, y de esta forma excluye a otros personajes de esta simpatía. La novela es relativamente justa con Santiago y relativamente injusta con casi todos los demás, incluso con Ambrosio, un hombre con complejos de inferioridad que se convierte en asesino gracias a un "maricón".[50]

Vargas Llosa ha sido elogiado por su distancia con relación a esta novela. El narrador principal, Santiago Zavala, es un personaje que se diferencia claramente de Vargas Llosa; lo distingue una gran distancia irónica y es la personificación de una modalidad narrativa que funciona para crear la anhelada "novela autónoma".

LA FORMA: IMPOSICIÓN DE LA UNIDAD SOBRE LA DIVERSIDAD

Vargas Llosa ha dicho que esta novela tiene en común con *La ciudad y los perros* y *La Casa Verde* el hecho de que varias historias están entretejidas en ella. No haría justicia a la novela sostener que todas las historias tienen la misma importancia, como en el caso de *La Casa Verde*. Esta novela tiene más en común con *La ciudad y los perros* en el sentido de que da prioridad y privilegia una de las historias a expensas de las demás.

La novela en su conjunto repite la estructura del capítulo introductorio. Es la encarnación y realización de los hábitos mentales de hablar, recordar, soñar y pensar de Santiago. En la edición de 1969 la novela aparece en dos volúmenes, y cada uno contiene dos "partes" o "libros". La primera parte contiene diez capítulos (normales) subdivididos en episodios más cortos, y la tercera parte, cuatro capítulos. La segunda parte contiene nueve capítulos subdivididos en episodios (doce en el primer capítulo, ocho en el octavo capítulo y nueve en cada uno de los capítulos restantes). La

⁵⁰ Lévano, "La novela de una frustración", *cit.*; "¡Es Esparza Zañartu!", cit.

cuarta parte contiene ocho capítulos divididos en episodios (los primeros cuatro tienen cuatro episodios cada uno, el resto, tres).

La primera parte es el "principio", la segunda y tercera partes son el "medio", y la cuarta parte es el "final" dentro de una estructura de acontecimientos que se conoce desde el capítulo introductorio y cobra una forma familiar en la estructuración del texto. La novela no muestra ningún deseo de romper con la organización tradicional de sus acontecimientos, aunque las unidades de tiempo y espacio son manipuladas con un brillante virtuosismo después del capítulo introductorio.

La primera parte se concentra en los años de la adolescencia de Santiago, su ingreso en la universidad, sus experiencias con estudiantes que son activistas comunistas, su período en la cárcel debido al servicio secreto de Cayo Bermúdez y su decisión de dejar su hogar para encontrar su camino en la vida. La historia de Santiago es un eje en torno al cual giran las historias de los otros personajes. Cayo Bermúdez deja su pueblo de provincia y se va a Lima para convertirse en el director de seguridad del régimen de Odría. El centro de la segunda parte es Hortensia, la "Musa", una prostituta lesbiana que es la amante de Cayo Bermúdez, y la historia personal de Queta, su amiga lesbiana. Amalia, una sirvienta de la familia Zavala en la primera parte, trabaja de sirvienta de Hortensia y es una fuente de información sobre la vida en casa de Hortensia. Esta parte también narra la carrera de Cayo Bermúdez como ministro del Interior. Reportero en un diario, Santiago realiza sus rutinarias investigaciones periodísticas, mientras Ambrosio es presentado como chofer de Cayo Bermúdez.

La tercera parte se centra en descripciones de la situación política, la caída de Cayo Bermúdez, el trabajo periodístico de Santiago, el asesinato de Hortensia y la revelación de la relación sexual entre Ambrosio y Fermín Zavala, padre de Santiago. Esta parte narra la vida de Amalia como sirvienta de Hortensia, su relación con Ambrosio, y las vidas de Becerrita y Carlitos.

La cuarta parte revela la pérdida de status de Santiago cuando se casa con una muchacha de clase social inferior, y narra la muerte de Fermín Zavala. Los encuentros de Ambrosio con Queta revelan su historia, y en esta sección también Ambrosio lleva a Amalia a Pucallpa, donde muere al dar a luz.

La novela en conjunto no se abre de la manera en que lo hace el capítulo introductorio. Más bien finaliza en un movimiento de completa revelación, proporcionando las respuestas a las preguntas que planteó, mientras materializa el método narrativo que Santiago definió en el marco. El

168 LA NARRACIÓN COMO EXORCISMO

lector conoce el resultado final del proceso de desarrollo presentado en el marco, conoce las preguntas planteadas allí, y conoce el método que se aplica para obtener el final. De este modo Santiago goza de una seguridad épica basada en la promesa explícita de resolución que ofrecen la costumbre de las lecturas y la tradición narrativa, pero no sabe dónde y cuándo se resolverán todos los misterios. El lector es estimulado, mantenido en suspenso por la dislocación y demora de la información que resulta de las técnicas de fragmentación, alternancia e intercalación. La materia heterogénea de la novela, que abarca a los numerosos personajes e historias personales, está sujeta al proceso de dislocación y retardación de la verdad que subyace a la historia principal de la novela, la historia de Santiago Zavala.

Cierto número de críticos ha reconocido la presencia de las diversas historias en su descripción de la disposición general de la novela.[51] Se ha reconocido la variedad de escenarios geográficos y discutido su importancia con relación a la "novela total". Muchos críticos han quedado impresionados por número de personajes que pueblan la novela. Oviedo sostuvo que la novela contiene más materiales que La Casa Verde,[52] y que incluye cuatro personajes principales y setenta secundarios.[53]

Las historias que Vargas Llosa mencionó, tratan todas de personajes representados de manera dramática, no sobre escenarios temporales y geográficos representados de manera "pictórica".[54] Las menciones de Lima, Arequipa, Chincha, Ica y Pucallpa se limitan a breves referencias geográficas, y en la mayoría de los casos sirven simplemente para indicar un movimiento físico involuntario a Lima o desde Lima. Los personajes no están condicionados por circunstancias naturales o geográficas externas, sino más bien por el "clima" impuesto por los procedimientos narrativos y la forma literaria, que constituyen una jerarquía en la que están atrapados. Esto da a la novela una sensación de fatalismo y frustración. Todas las historias entretejidas en la red del universo de la novela son historias personales de los numerosos personajes (Santiago, Ambrosio, Amalia, Queta) o de parte de su vida (Fermín Zavala, Cayo Bermúdez, Hortensia, Trinidad López, Carlitos y Becerrita).

El "clima" de la dictadura militar influencia todas las condiciones sociales, como han observado los críticos, pero también lo hace el lenguaje

[51] Díez; Oviedo, cit.
[52] Oviedo, p. 185.
[53] Ibid., p. 188.
[54] Lubbock, p. 69.

de la novela de formación y educación, creando una forma de dictadura literaria en cuyo centro está Santiago. La historia personal de Santiago se narra cronológicamente y proporciona pistas para comprender su estado de depresión particular dentro del relato marco. Todos los misterios se resuelven en la tercera parte, primer capítulo, donde Santiago descubre que su padre ha disfrutado de relaciones homosexuales y que Ambrosio es un asesino que ha actuado bajo las órdenes de Fermín. Esta revelación es una de las más dramáticas de la novela y puede compararse con el clímax de *La ciudad y los perros*.

El trabajo de investigación realizado por Santiago en su búsqueda introspectiva dentro del marco y como reportero en el pasado, termina con una revelación dramática de las respuestas a las preguntas que formula dentro del marco. Esto representa un golpe muy fuerte para el protagonista, que lo considera como el momento concreto más importante de su fracaso vital. Odría no aparece como personaje en la novela, pero Santiago sí lo hace como protagonista y narrador principal, en torno al cual todas las otras historias giran, y a cuyas propias preocupaciones dichas historias están subordinadas.

De este modo, un narrador privilegiado al ocupar una posición jerárquica superior abarca una gran variedad de historias y personajes, y está dedicado a una búsqueda de las raíces de su insatisfacción. Un universo múltiple y complejo resulta disciplinado e integrado, contenido dentro de un desarrollo narrativo homogéneo. El orden se impone al caos y la jerarquía establecida nunca es amenazada por la complejidad del material o por el gran número de personajes. Lo que en apariencia es la experiencia colectiva de una dictadura militar, es también la historia personal de la formación y educación de un individuo, historia que termina en desilusión, depresión y un sentimiento de frustración. Reclamar personajes heroicos y un reflejo "verdadero" y "correcto" de la actividad heroica que una dictadura militar también produce históricamente, y que César Lévano describió en su artículo, es reclamar una clase diferente de narrador y un tipo diferente de narrativa, no la novela "total" y "autónoma" que Vargas Llosa cultivaba y que aquí está centrada en un personaje desilusionado, Santiago Zavala. La novela es "la historia privada" de Santiago Zavala, una historia que es en sí misma reflejo distorsionado por el estado de ánimo deprimido del narrador central.

DE LA CORRUPCIÓN POLÍTICA A LA PERVERSIÓN LITERARIA

Cada nivel del universo social de la novela –oligarcas, políticos, policías, lacayos, sirvientes, obreros y prostitutas– es degradado por un sistema político corrupto y maligno, personificado por Cayo Bermúdez. Él es el representante literario del poder de la dictadura militar, se le observa ejerciendo su influencia sobre todas las capas sociales como un espíritu del mal. Aun cuando la política es el aspecto más destacado de ciertas partes de la novela, no es, como sostuvo Jorge Edwards,[55] el tema central de la novela: la corrupción como instrumento de poder no interesa a Vargas Llosa tanto como las consecuencias en la vida individual en un ambiente corrupto y corruptor, pues la política, al afectar la conciencia del individuo, puede mancillar hasta los más pequeños detalles de la vida ordinaria.

Esto es verdad sólo en parte. El poder político está representado en el centro del universo literario, dentro y alrededor de la figura de Cayo Bermúdez, y una de las expresiones de poder político en el universo de la novela es la corrupción. Pero la corrupción no está limitada únicamente a la figura de Cayo Bermúdez; también está fuertemente presente en las actividades de otros detentadores del poder: los hombres de negocios blancos, ex partidarios de Odría que forman "la coalición", Zavala, Arévalo, Landa, etc., quienes deponen a Cayo Bermúdez al utilizar sus propias tácticas en su contra y a quienes posteriormente se les ve apoyando el régimen de Prado. La suya es una actitud pragmática y oportunista con relación al poder político, condicionada por sus intereses económicos. Su voluntad de supervivencia se revela en diversas alianzas políticas "flexibles" y sospechosas con diversos regímenes políticos.

Una novela puede dejar que sus personajes cuenten sus propias historias y desarrollen su propio destino. Pero

> ningún narrador ni inteligencia central ni observador es convincente de *manera simple*: es convincentemente decente o malvado, brillante o estúpido, informado, ignorante o confuso. En un extremo encontramos narradores cuyas opiniones son sospechosas. Al otro extremo hay narradores apenas diferenciables del autor omnisciente. Al medio se ubica una confusa variedad de narradores más o menos confiables, muchos de ellos mezclas desconcertantes de probidad e improbidad.[56]

[55] Edwards, cit.
[56] Booth, pp. 273-274.

Lévano se refirió a Cayo Bermúdez como una descolorida caricatura en comparación con el original, Esparza Zañartu, el verdugo.[57] Cayo Bermúdez *es* una caricatura en la novela, pero una caricatura siempre se parecerá a su objeto y por ello siempre tendrá un lugar en un universo literario centrado en dictadores y dictaduras en la narrativa hispanoamericana. Como personaje literario, Cayo Bermúdez es inmoral. Es un mestizo racialmente inferior y culturalmente limitado. Además, es sexualmente impotente, resentido y vengativo.

Rodeado de lacayos mestizos, trabaja utilizando la hipocresía, la sedición, la corrupción, la humillación, la extorsión, la violencia y el asesinato para mantener el control como ministro del Interior. Todas sus cualidades concebibles son negativas o expresadas en la forma lingüística de negaciones, y tantos atributos negativos se acumulan en él que el lector no es en absoluto libre para juzgarlo.

A través de un catálogo de crímenes, crueldad y perversión, Cayo Bermúdez resulta cubierto de atributos que tienden a convertirlo en una caricatura, incluso cuando Santiago está atrapado en su propia búsqueda. Santiago es una presencia constante en la novela, pero Cayo Bermúdez es un visitante temporal, y el catálogo de sus atributos anticipan su destino. La novela al mismo tiempo que lo construye, subvierte en contra suya. El lector está instalado en una posición en la que tiene una doble perspectiva con relación a Cayo Bermúdez, y lo ve simultáneamente en la cima de la jerarquía del poder político y derribado instantáneamente de su pedestal por las fuerzas de la oposición que trabajan en su contra. En el preciso momento en que Cayo Bermúdez cree que controla el poder con seguridad, la novela alterna los episodios en que Cayo aparece, con relatos del movimiento de resistencia en el que las fuerzas de la clase alta blanca colaboran para derrocarlo. La novela no parece ser imparcial, neutral o distanciada en su relación con Cayo Bermúdez. Este es víctima de la predestinación y el determinismo irónicos de la novela, y de las reglas del racismo tal como funcionan en ella. También termina siendo víctima de su propia violación de las reglas de la normalidad sexual definidas por la novela.

La novela construye a este representante literario de un régimen dictatorial por medio de una compleja interacción de procedimientos narrativos. En la primera parte de la novela, surge una imagen de Cayo Bermúdez como funcionario y fiel sirviente del presidente Odría, y todas sus acciones e intereses parecen estar subordinados a los intereses del país y del régimen. En la segunda parte, esta imagen oficial es confrontada con lo que Ambrosio cuenta a Fermín Zavala, y una imagen no oficial de Cayo Bermúdez surge de todas sus transacciones y manipulaciones para servir fines privados, generalmente económicos, en la tenebrosa vida nocturna de los burdeles y clubes nocturnos limeños. Esta imagen no oficial está reforzada por la opinión indirecta de Amalia sobre la vida privada de Cayo Bermúdez con relación a Hortensia y Queta en su hogar de San Miguel. Ambrosio, el chofer, y Amalia, la sirvienta –los representantes literarios de las clases bajas– son desarrollados como contrastes de Cayo Bermúdez, de manera que este puede verse simultáneamente como un leal funcionario, como un explotador de la vida nocturna más o menos criminal y como un impotente sexual aunque poseedor de una inclinación de *voyeur* de las actividades sexuales lésbicas entre Hortensia y Queta, así como también de otras variedades de desviación sexual.

Cayo Bermúdez, sin embargo, no está representado sólo desde el exterior como resultado de las acciones que lleva a cabo. En la segunda parte de la novela también aparece como narrador de una serie de episodios de los que es protagonista. Mientras Santiago como narrador, obtiene el interés y la simpatía del lector, la narración de Cayo Bermúdez sirve únicamente para revelar sus características más desagradables. Todos estos episodios, en los que Cayo Bermúdez se desempeña como un narrador-protagonista, se encuentran en la segunda parte de la novela.

Aquí, una serie de episodios forma una historia independiente de "un día en la vida de Cayo Bermúdez", desde el momento en que se levanta por la mañana (p. 220) hasta que se acuesta por la noche (p. 367). La rutina de su día se muestra en breves segmentos en los que va de reunión en reunión en su condición oficial de ministro de Gobierno. Cayo Bermúdez es el protagonista de los episodios, y aunque muchas personas aparecen dentro de su campo visual, son importantes sólo en la medida en que sirven para poner en relieve las cualidades de Cayo. Cayo actúa y reacciona hacia las personas, y por medio de estas reacciones se revela como un hombre de poder con gustos y disgustos firmes, e inclinaciones personales que condicionan su vida. Se revela dramáticamente en estos episodios. Se le muestra conversando con otros personajes, y también se le permite contar, y así revelar al lector, aspectos de su vida mental y emocional más íntima.

En la segunda parte de la novela, y especialmente en los episodios que narran sus encuentros con gente de Cajamarca (pp. 322-325 y 329-332), las descripciones de escenarios exteriores y la reproducción de conversaciones interactúan continuamente con lo que Cayo Bermúdez piensa y

siente en cualquier momento determinado. Su papel oficial como funcionario es contrastado con sus preocupaciones y emociones personales. Hacia
el final de un día ajetreado lo invade la *modorra*, y sus pensamientos comienzan a revolotear en torno a "cosas vagas", actividades innombrables
que generalmente son de naturaleza sexual. Los breves ejemplos de narración personal directa están todos unidos con conversaciones entre Cayo
Bermúdez y unos visitantes (II, pp. 252-254, 258, 262-263, 288 y 300), las
cuales muestran a Cayo Bermúdez en control de las conversaciones que
entabla con Mr. Tallio y con Fermín Zavala. En contraste con este comportamiento público como funcionario, la novela muestra sus reacciones
más personales "desde el interior", y revela con ello los sentimientos de
humillación y rabia que realmente experimenta en compañía de los hombres de negocios blancos que lo tratan de "cholo", racialmente un inferior.
Se venga de sus enemigos forzándolos a la bancarrota, un destino que Mr.
Tallio y Fermín Zavala compartirán.

En estos episodios, el lector casi entra en contacto estrecho con el centro del poder político de la novela. La posición de Cayo Bermúdez influye
sobre el destino de la mayoría de los personajes a medida que pone en
funcionamiento las acciones que influenciarán negativamente a la gente,
condicionadas por el rasgo principal del carácter de Cayo: su racismo.
Para captar una imagen precisa de Cayo como personaje, tiene que to-
marse información de diversos episodios, compararla y luego reunirla de
la misma manera en que se hizo en el caso de Santiago. Cayo es forzado a
dejar su cargo debido a una rebelión en Arequipa y a las acciones de "la
coalición". Aunque se marcha a Brasil (II, p. 366), su sombra aún ronda
por la novela después de su partida debido al retraso temporal entre diferentes episodios de la novela. Antes de que ésta termine, el lector recibe
información adicional de que Cayo Bermúdez ha regresado al Perú y que
vive en Chaclacayo (IV, p. 301).

Booth ha discutido la trascendencia de varios términos empleados para
describir la objetividad ficcional, llegando a la conclusión de que ningún
relato puede ser completamente "neutral", "imparcial", o "distanciado".[58]
Sin embargo, lo interesante en *Conversación en La Catedral*, y en especial
en el caso de Cayo Bermúdez, es que la meta de Vargas Llosa de escribir la
novela "total" y "autónoma" entra en contradicción con la novela que está
escribiendo, aunque muchos críticos han considerado la realización completa y perfecta de dicha meta.

---

[58] Booth, pp. 67-86.

El personaje no está exento de la caricatura, ni el lector es libre para juzgar independientemente con base en una caricatura. Además, la historia de Cayo Bermúdez se desarrolla independientemente de cualquiera de los diálogos insertados en el sistema de las cajas chinas. La caricatura y la independencia formal de esta historia representan una ruptura de las normas establecidas para esta novela y la llevan hasta sus propios límites, donde la representación literaria de la dictadura militar sólo se hace posible a través de la violación de las reglas del universo literario y no puede ser parte integral de ese universo. Hasta aquí la novela no dispone de procedimientos para crear una narración "total" y "autónoma" de la vida de los representantes de la dictadura militar.

Los gustos sexuales "pervertidos" de varios de los personajes –lesbianismo, homosexualidad, *voyeurismo*– han atraído la atención de muchos críticos, que han reaccionado frente a ellos como si se tratara de un reflejo perverso de la realidad peruana. Es posible que estos gustos reflejen la sensación de degradación del individuo, que a su vez se compara con la influencia más impersonal y colectiva de un sistema político disoluto. La novela trata la desviación sexual como una perversión de un estándar moral, y ciertamente no debe ser leída de ninguna manera como una defensa del lesbianismo y de la homosexualidad.

La sexualidad pervertida es típica de un modo reduccionista de caracterización en el que una faceta "negativa" en un personaje se exagera para ensombrecer todas las otras. El resultado no es un retrato complejo y completo de un personaje dado, sino un producto de procedimientos que, muy probablemente terminarán creando "tipos" más que personajes "circulares".[59]

El universo de la novela está dividido entre personajes masculinos y personajes femeninos, y hay una distinción adicional entre las esferas privada y pública de la actividad humana. Los personajes femeninos más importantes, Amalia, Hortensia, Queta, Zoila se limitan a las esferas privadas como sirvientas, prostitutas y amas de casa, mientras Ana se traslada a la esfera pública como enfermera. Son víctimas de una división sexual del trabajo que nos las deja actuar como agentes, sino que más bien las convierte en objetos sobre los cuales los hombres ejercen su poder, y la novela tampoco ofrece ninguna alternativa ni oportunidad para que ellas rompan esta camisa de fuerza.

---

[59] Edward Morgan Forster, *Aspects of the Novel*, Edward Arnold & Co., Londres, 1927; nueva edición: *Aspects of the Novel and Other Writings*, Oliver Stallybras (editor), Edward Arnold, Londres, 1974.

Amalia es víctima de la iniciación sexual de Santiago y de Popeye en la primera parte de la novela, lo que provoca, no que Santiago sea castigado, sino que Amalia abandone su trabajo en casa de la familia Zavala para trabajar en el laboratorio de Zavala (ɪ, pp. 91-106). Es víctima de las actividades represivas de Cayo Bermúdez cuando estas provocan el asesinato del hombre que ama, Trinidad López, un obrero activista político víctima de la represión política por ser "aprista". Durante el resto de su vida será víctima de las turbulentas actividades de Ambrosio. Amalia se asemeja a la figura de Teresa en *La ciudad y los perros* en que es un catalizador de reacciones de diferentes personajes masculinos con quienes entra en contacto fortuitamente.

Si Cayo Bermúdez es un "hombre poderoso", Amalia carece de poder, y si Cayo Bermúdez desempeña el papel de sujeto y agente, Amalia aparece como un objeto y víctima. Pero mientras Cayo Bermúdez rechaza o es rechazado por los personajes de su entorno, Amalia acepta y es aceptada. Los prejuicios que condicionan las reacciones de Santiago están ausentes de las reacciones de Amalia. Su capacidad para la autorrenuncia, la solidaridad, el amor y la preocupación se observan con más claridad en su relación con Hortensia, la amante de Cayo Bermúdez (ɪɪɪ, pp. 91-119). Cuando todos los demás la abandonan, Amalia permanece al lado de Hortensia hasta que, embarazada de Ambrosio, tiene que irse para dar a luz. Cuando regresa para buscar a Hortensia, descubre que ha sido asesinada. El lector sabe lo que Amalia no sabe; es decir, que el asesino es el hombre que la acompañará a Pucallpa, donde morirá al dar a luz (ɪᴠ, pp. 269-274). Cuando bautiza a su hija, le pone el nombre de Amalita Hortensia (ɪɪɪ, p. 117) en un gesto de homenaje a sí misma y a su amiga; a la fiel sirvienta y a la prostituta.

Sin embargo, Amalia no es "libre" para hacer su propia vida pues carece de oportunidades reales para cambiar o para realizar acciones alternativas. Como Teresa en *La ciudad y los perros*, y Lalita y todos los personajes femeninos de esta *La Casa Verde*, Amalia está limitada por los procedimientos narrativos en que se produce. No es la protagonista de su relato, desempeña la tarea de un "reflector" que da testimonio de los acontecimientos de la novela, como el Boa en *La ciudad y los perros*. Se traslada de acá para allá a lo largo de la novela, y quizá se la manipule más que a cualquier otro personaje de la novela. En la primera parte es un reflector de Trinidad López; en la segunda, de la vida con Hortensia y Cayo en San Miguel —quienes son comparados repetidamente con Zoila y Fermín Zavala, ambos conocidos por Amalia desde la primera parte—; en la tercera parte, de Hortensia, y de Ambrosio en la cuarta parte. Amalia funciona como reflector para colocar al lector en la posición privilegiada de una especie de *voyeur* que puede mirar a través de la "mirilla" abierta por Amalia, por medio de la cual se le ofrece un contacto con personas y situaciones que las estrictas normas de la novela realmente no permiten.

Pero Amalia no es un reflector confiable. Su perspectiva, sus visiones, son demasiado limitadas; surge como un narrador que no comprende realmente lo que está sucediendo. Es por naturaleza demasiado servil e inocente para poder defender sus derechos legítimos como sujeto literario activo en la formación de su vida, y termina siendo víctima de las acciones de los otros.

La novela en su conjunto trabaja para encapsular a las mujeres dentro de sus papeles de víctimas, madres o putas, y no dispone de procedimientos literarios para poder liberarlas de los papeles femeninos tradicionales en la narrativa hispanoamericana y peruana.

Amalia funciona como un aspecto del proyecto de novela "autónoma" de Vargas Llosa al ser un narrador independiente de las estructuras de los relatos engastados, y un personaje que sirve como contraste para varios otros personajes. Para hacerle un lugar como narrador, la novela viola sus propias normas atribuyéndole indebidamente una posición independiente con relación al sistema de cajas chinas sobre el que está construido el universo de la novela. La construcción literaria del personaje femenino sólo es posible mientras viola las reglas de este universo, y puede que nunca sea una parte integral de él.

El universo de los personajes masculinos está dividido por los prejuicios raciales, sexuales y de clase. Santiago y Ambrosio se sitúan en extremos opuestos de la jerarquía racial y social establecida en el universo de la novela, y en el relato marco son precisamente estos factores los que gobiernan la dinámica de su interacción. Una vez que lo ha presentado en el capítulo introductorio, la novela no ofrece nunca más a Ambrosio la posibilidad de alcanzar una posición similar a la de Santiago, y es incorporado dentro del sistema de las cajas chinas casi desde el principio, incluso cuando está subordinado a las estrategias de la búsqueda de Santiago, tal como son definidas en su "diálogo interior".

Oviedo describió a Ambrosio como una figura profundamente infeliz, y escribió que representa la falta de potencial humano de un proletariado cercado por los prejuicios de clase.[60] No hay necesidad de comparar el

---

[60] Oviedo, pp. 199-200.

universo de la novela con la realidad extraliteraria. En la novela Ambrosio funciona desde el principio como un elemento en cierto contrapunto de extremos, y posteriormente funciona como un narrador-reflector que convierte la novela en una mirilla que proporciona información sobre las relaciones sociales, políticas, raciales y sexuales pervertidas. Su papel como personaje y como narrador es tan limitado como el de Amalia. Su determinación puede expresarse con negaciones: no habla, no se queja y no reacciona ante comportamientos injustos. La novela no le ofrece ninguna oportunidad para desafiar los prejuicios de clase, sexuales o raciales. El negro tiene una tarea literaria por cumplir, subordinado al proyecto creado por Santiago, y con ella resulta limitado y sin libertad para crear su propio destino.

Conversación en La Catedral tiene como objetivo la representación fiel y completa de la realidad al acercarse tanto como le es posible a los fenómenos observados en su retrato de todo un complejo social que se esfuerza por ser realista en detalle. Al mismo tiempo se basa en una selectividad radical y se concentra en parte en un elemento del escenario social que tradicionalmente no ha sido incorporado dentro de la narrativa peruana. Dicho elemento fuerza a la novela a ir en dirección de lo que no es heroico, de lo animal, de lo sórdido, de lo pesimista, de lo carente de sentido. La vida de la mayoría de los personajes es una pelea perdida, una lúgubre miseria en donde las personalidades son rígidas, en blanco y negro, en términos de rasgos de carácter y comportamiento.

En el caso de los tres personajes que difieren racial, política y sexualmente de Santiago, la novela rompe sus propios estándares de objetividad y de procedimiento narrativo. Sólo por infracción, o quizá por elusión de estos estándares, la novela puede incorporar a Cayo Bermúdez, Amalia y Ambrosio dentro de su universo.

Se podría argüir que esto revela cierta pobreza de los recursos narrativos para caracterizar a un funcionario mestizo, a una sirvienta a un negro perteneciente a los estratos sociales más bajas. Hay un descenso a los niveles sociales inferiores, a los escenarios obreros de aquellos que no tienen un estatus social en absoluto. En esto, la novela casi se adhiere a la descripción de Hipólito Taine con relación al naturalismo como "una gran investigación del hombre, en todas las situaciones, en todos los florecimientos, en todas las perversiones de la naturaleza humana".[61]

---

[61] Citado por George J. Becker, "Realism: An Essay of Definition", Modern Languages Quarterly, x, 1949, p. 190.

La sexualidad normalmente se explora como "perversión" según esta tradición narrativa. La única opción de la novela, cuando elige investigar el lado oscuro de la vida y de la naturaleza humana en el método reduccionista de caracterización, es limitar las reacciones de los personajes a la evocación por medio de un limitado conjunto de estímulos, y restringir sus acciones a una gama de posibilidades igualmente limitada. En este sentido *Conversación en La Catedral* no representa innovación ni experimentación. Más bien reproduce, *no* las normas del mundo exterior,[62] sino las normas tradicionales de la narrativa peruana e hispanoamericana en su variante realista y naturalista.

CONCLUSIÓN

Generalmente elogiada por su objetividad flaubertiana, la novela desafía sus propios estándares y abandona su código orgánico cuando introduce narradores que violan las fronteras del sistema narrativo establecido por ella misma.

La objetividad flaubertiana, formulada en pocas palabras como una narrativa que "trata el alma humana con la imparcialidad que los físicos exhiben al estudiar la materia", lograda a través de un "método despiadado, con la precisión de las ciencias físicas",[63] y cuya ambición es alcanzar el desapasionamiento del método científico, parece hacer caso omiso de la cuestión del lenguaje y los recursos narrativos. La misma desatención por el lenguaje se observa en los críticos cuando sostienen que bajo los requisitos de la objetividad, la novela no quiere o no necesita emitir juicios: los hechos hablan por sí mismos; nos colocamos ante ellos sin que el autor nos conduzca de la mano.

La crítica admite que el autor ha hecho muchos esfuerzos para impedir que ningún prejuicio o predilección personal lo alejen de la posibilidad de presentar los hechos tal como son. Pero "los hechos tal como son" varían según las perspectivas individuales desde las que se observan y que matizan las innumerables representaciones posibles. *Conversación en La Catedral* deja que los personajes representen sus propios destinos individuales sin intervención ni comentarios del autor. En apariencia, se establece la mínima barrera posible entre el lector y las experiencias de los personajes.

[62] Oviedo, pp. 237-238.
[63] Citado por Booth, p. 68.

Pero en el medio se encuentra el lenguaje como *único* vehículo con el cual el lector puede comprender las experiencias mostradas; el lenguaje hablado y el "silencioso", en los que se construyen y se producen las experiencias y vivencias de los personajes del texto. La novela –obra de arte compuesta de lenguaje y organizada por la selección de procedimientos narrativos disponibles– como tal, también implica una interpretación. Como se ha visto, la novela también está organizada jerárquicamente, y la jerarquía piramidal se presenta con una cúspide y una base. Este es un aspecto de la organización literaria del universo narrativo, y no hay necesidad de referirse a la realidad extraliteraria para justificar su existencia.

En el universo narrativo de *Conversación en La Catedral* hay procedimientos literarios disponibles para el desarrollo de un personaje y narrador independiente, Santiago Zavala: blanco, de clase media, intelectual y conservadoramente heterosexual. La novela de Vargas Llosa –y la narrativa peruana de la década de los sesenta– no parecía disponer de procedimientos narrativos para la representación totalizadora de personajes femeninos, personajes de las clases bajas o personajes de características étnicas distintas a la blanca.

Santiago Zavala se construye como un narrador privilegiado aunque se mantiene constantemente como un personaje que difiere obvia y notablemente de cualquier Vargas Llosa real, y en este punto la novela es imparcial o neutral. El autor histórico se retira y crea los efectos de una percepción de objetividad flaubertiana, pero la novela permite que el narrador que dramatiza su narración aporte de manera subjetiva su color personal a la novela y al universo narrativo de forma dictatorial, a partir de un conjunto de prejuicios. Santiago es una víctima privilegiada que sufre el impacto de los acontecimientos del pasado, y su dedicación a su propia búsqueda es intransigente.

Al centrar el interés y la simpatía del lector en un personaje, la novela excluye a algunos otros personajes y los expulsa hacia un margen carente de potencial y vacío de posibilidades para lograr su autodeterminación. De este modo, Santiago es un mecanismo importante en la realización de la "novela autónoma", la cual posee ciertamente recursos narrativos apropiados para su desarrollo como personaje, pero en la que su presencia es tan fuerte que neutraliza la otra intención explícita de llevar a cabo una "novela total", en el sentido de ser capaz de ofrecer a todos los personajes la misma posibilidad de desarrollo independiente y sin restricciones, libres para representar sus propios destinos. El lector se traslada a una privilegiada posición estratégica desde la cual puede gozar de los efectos crea-

dos por dos tipos de dictadura: la dictadura militar de Odría y su influencia en la vida peruana, y la dictadura literaria focalizada en Santiago y que
influencia todos los niveles de la vida de la novela.

Santiago Zavala es el narrador principal y el personaje central de la
novela, y su historia personal es la más importante en esta novela de formación y educación, y de búsqueda. Santiago es periodista y cronista de
un diario, y define *su* método narrativo en la novela. Sin embargo, no hay
ninguna indicación de que sea un novelista que esté escribiendo la misma
novela en que se construye como personaje y narrador. La novela explicita
la poética narrativa de Santiago –es decir, su acción de hablar, recordar,
soñar y pensar mencionada anteriormente–, pero no revela el contexto en
que está siendo escrita como novela.

Puede considerarse que el proceso de fragmentación y alternancia en
el entretejido de diferentes historias pertenece a una situación épica implícita, también reconocible en las novelas anteriores. Por esta razón nos
es familiar el procedimiento de las cajas chinas, que aquí alcanza el máximo grado de importancia, convirtiéndose en el más fuerte determinante
de la jerarquización. Una vez iniciada, la alternancia de fragmentos de
historias diferentes en el interior de capítulos y episodios determinados,
sigue un patrón y establece un movimiento cíclico, circular y en espiral
que a su vez genera un ritmo de repetición.

Al yuxtaponer los personajes en sus diferentes reacciones a los mismos estímulos, el proceso ofrece al lector una visión de conjunto irónica.
Se crea una sensación de circularidad a partir de la síntesis de contrapunto y yuxtaposición resultante, y de la misma manera también se genera
una sensación de predestinación, fatalismo, frustración y derrota experi-
mentada por el lector, aunque no necesariamente por los personajes. Al
fragmentar, alternar y engastar diferentes historias personales que giran
todas en torno a la historia de Santiago, se crea un universo narrativo en el
que los personajes son al mismo tiempo elevados y reducidos a su mínima
expresión.

Muy pocos personajes de *Conversación en la Catedral* son libres. Aunque parecen estar atrapados dentro de la dictadura militar de Odría, como
sostiene la mayor parte de los críticos, lo que parece más importante es el
hecho de que están atrapados y subordinados a las necesidades estéticas
del universo narrativo que ejerce sobre ellos su influencia dictatorial. No
hay en la novela un solo personaje independiente y sin restricciones, de
quien se pueda decir que tiene un control total de su destino, pues en el
universo de la novela todo está predestinado por la búsqueda egocéntrica

y depresiva que se origina en Santiago y se organiza a su alrededor, y por un sistema de procedimientos literarios sobre los que ni Santiago ni los demás personajes ejercen control alguno. La novela multiplica sus "datos" para llegar a una conclusión tan fríamente impersonal como la que se alcanza en un laboratorio. Dicha conclusión muestra a personajes atrapados en una red de la cual no puede haber escapatoria y que se envilecen bajo tales circunstancias. Se trata de un determinismo pesimista y fatalista propio del naturalismo tradicional. Este determinismo no es el resultado de circunstancias surgidas en la realidad externa, en el mundo o en la sociedad peruana, sino de los procedimientos narrativos de la novela misma. Es más el resultado de una tradición, de una forma de experimentación e innovación narrativa y de un talento individual, que de la situación social y económica del Perú. Sin embargo, no hay necesidad determinista para que novelas de principios de los años setenta continúen respetando los procedimientos tradicionales de la doctrina naturalista del siglo xix.

Una obra de arte es el resultado de una fusión de procesos de selección, organización e interpretación. El "elemento añadido" en Vargas Llosa, alude a una presencia que otorga al lector una posición irónica por encima de los personajes de la novela. La novela ofrece al lector la posición privilegiada de un espectador que registra más que cualquier personaje individual. El lector también observa a Santiago desde atrás y desde arriba, por lo que puede descubrir sus carencias. Santiago es el blanco de esta visión irónica, atrapado dentro del patrón tácito y formal de la organización del universo literario.

Desde esta posición aventajada, el lector observa las limitaciones impuestas sobre los personajes, sobre la concreción de su función narrativa asignada y sobre el éxito de sus esfuerzos "personales" dentro de la historia propiamente dicha. Sus actividades, observadas desde esta distancia, se reconocen sólo como esfuerzos para adaptarse, para sobrevivir, y en absoluto como una aspiración a la libertad personal o a la identidad individual. Si la novela toma en cuenta los intentos fortuitos de un personaje para liberarse −como en el caso de Trinidad López−, le niega un propósito, y sus acciones serán causantes de desdicha antes que de bienestar en su entorno.

Existe un marco exterior implícito en el sistema de las cajas chinas, en el que los interlocutores en una "conversación" imaginaria y tácita son el autor implícito y un lector implícito. Los procedimientos que actúan en la creación de la "novela autónoma" relegan al autor implícito a una posición muy discreta. Santiago entrega manifiestamente muchas de las claves –aunque no todas– para la comprensión del universo ficcional; su "poética", por así decirlo. La ilusión de autonomía es fuerte y reforzada repetidamente.

Algunas de las claves para comprender la novela permanecen imperturbables y ocultas, escritas entre líneas a manera de indicaciones del principio organizativo e interpretativo implícito en sus páginas. El "elemento añadido" es de naturaleza formal y estructural; la naturaleza formal y organizativa de los procedimientos narrativos está integrada profundamente en el significado de la novela en su conjunto, tal como lo experimenta el lector.

El "elemento añadido" que forma parte del principio organizativo e interpretativo de la obra de arte, cierra formalmente la novela y no deja ambigüedades irresueltas flotando por el universo literario. Las controversias entre los críticos con relación a un final abierto han tenido que ver con la relación entre los hechos históricos, políticos y personales de la realidad exterior, y con la identificación de detalles concretos correspondientes a la "realidad real" en la novela.

Vargas Llosa deja los procedimientos de un universo narrativo no jerárquico en *La Casa Verde* y regresa a los procedimientos jerárquicos empleados en *La ciudad y los perros*. El proyecto totalizador de *La Casa Verde* cede el paso a un impulso dirigido hacia la "novela autónoma" en *Conversación en La Catedral*, pero a costa de sacrificar gran parte de sus pretensiones de totalidad. Las contradicciones entre los términos parecen ser tan grandes como para evitar la realización simultánea de ambos objetivos en una sola novela.

El narrador principal, que también es el protagonista de la novela, es una innovación importante para la conquista de la "novela autónoma", como lo es la técnica de circularidad desarrollada al combinar la fragmentación, la alternancia y la intercalación. Pero, al mismo tiempo, estos procedimientos parecen socavar y poner en entredicho el proyecto de "novela total", tan importante en las explicitaciones de Mario Vargas Llosa.

V

HISTORIA E HISTORIA LITERARIA

Las relaciones entre historia y literatura han sido tema de arduos debates entre historiadores y críticos de la literatura hispanoamericana.
Diferentes escuelas teóricas y metodológicas han defendido posiciones opuestas enfatizando ya sea la historia o la literatura. Los escritores del *boom* se entregaron también a esta polémica al intentar definir
la novela como el género literario indicado para producir una historia
alternativa a la historia oficial de muchos países del continente. Como
se ha visto, Mario Vargas Llosa, desde muy temprano, había venido
tematizando las relaciones entre el individuo (el escritor) y la historia
(la sociedad/la realidad) en la génesis misma de la figura del autor, y
había presentado de manera general la escritura como una actividad
que reconciliara al individuo con la historia. Pero la historia vino a
penetrar al grupo de los escritores del *boom* para disolverlo, y a la vida
individual, para cambiarla.

En un caso histórico concreto, en Cuba en 1971, la historia real y
específica se vio invadiendo el ámbito de la literatura y se hizo visible
en efectos producidos en imbricaciones directas entre la historia y la
historia de la literatura. Se hubieran podido estudiar las relaciones entre historia e historia literaria sobre la escena de las noticias y de los
debates, día a día, en las consecuencias de ciertas acciones histórico-
políticas que se desencadenaron sobre las figuras de autores concretos:
Heberto Padilla, José Lezama Lima, Gabriel García Márquez, Julio
Cortázar, y otros. Los efectos se hubieran podido encontrar en cartas,
artículos, ensayos y entrevistas de Vargas Llosa, por ejemplo. Se hubiera podido estudiar en detalle posibles efectos en el campo de la poética
y de la estética, provocados en la escritura de un novelista peruano por
medidas políticas en la Cuba de Castro en un momento histórico dado,
en 1971.

Los casos Padilla

Es interesante observar que lo que ha sido llamado "crisis de intelectuales"[1] había venido acompañando el desarrollo de la Revolución cubana desde sus inicios. La crisis de la revista *Lunes de Revolución* implicó a Guillermo Cabrera Infante y a su hermano Sabá Cabrera Infante, terminó con el cierre de la publicación y "provocó una reestructuración de los organismos culturales de la Revolución",[2] con el establecimiento, por ejemplo, de la Unión de Escritores y Artistas de Cuba (UNEAC). La siguiente crisis emergió en 1965 y 1966 con el envío de numerosos escritores y artistas acusados de ser homosexuales a los campos de Unidades Militares de Ayuda a la Producción (UMAP).[3] La crisis atrajo la atención internacional y provocó protestas. El mismo Graham Green publicó artículos en contra de los campos de UMAP en Cuba.

Una crisis más se produjo en 1967 con la llamada "controversia de *El Caimán Barbudo*", la revista de las juventudes revolucionarias en Cuba, implicando a Heberto Padilla. Padilla publicó en la revista un elogio a *Tres tristes tigres*, la novela de Guillermo Cabrera Infante, y dejó de elogiar otra novela cubana, defendida por las autoridades, *Pasión de Urbino* de Lisandro Otero. La obra de Cabrera Infante había ganado el Premio Biblioteca Breve en Barcelona, ciudad en donde se publicó la versión sin censura en 1967.

El primer "caso Padilla" se inició al perder éste su trabajo en *El Caimán Barbudo*, por el elogio a Cabrera Infante, y al mismo tiempo perder el permiso para salir de Cuba. El equipo editorial de la revista fue cambiado en su totalidad.[4] A partir de ese momento, los "casos Padilla" tendieron a aparecer en la historia de Cuba desde finales de la década de 1960 hasta principios de la de 1970, siempre que el gobierno y las autoridades cubanas se encontraran en aprietos políticos, por razones de política ya fuera internacional o nacional.

El segundo "caso Padilla" en Cuba nació en la polémica que causó la evaluación del poemario *Fuera de juego*, que Padilla había enviado al concurso de poesía de la UNEAC de 1968. En octubre de 1968, el jurado del

[1] Lourdes Casal, comp., *El caso Padilla: literatura y revolución en Cuba*, Editorial Universal & Atlántida, Miami, s. f., p. 5.

[2] *Ibid.*, p. 6.

[3] Allen Young, *Gays under the Cuban Revolution*, Grey Fox Press, San Francisco, 1981, pp. 21-27.

[4] Casal, p. 6.

premio de poesía acordó, por unanimidad, otorgar el premio al poemario de Padilla. Sin embargo, el comité directivo de la UNEAC, en su sesión de noviembre de 1968, hizo pública una declaración en la que expresó su "total desacuerdo" con el premio concedido. Calificó los poemas de "ideológicamente contrarios" a la Revolución, y decidió publicar el libro de poemas con una nota expresando el desacuerdo con el jurado que le había otorgado el premio a Padilla.

Estos sucesos de finales de 1968, después de la invasión soviética a Praga en agosto, tuvieron grandes repercusiones en la política cultural del gobierno cubano, y desembocaron en la decisión de convocar solamente cubanos como jurados en los concursos de la UNEAC, y de invitar a escritores latinoamericanos residentes en sus países –no en el extranjero, como, por ejemplo, Vargas Llosa– para ser jurados de los premios Casa de las Américas.

Muchos escritores e intelectuales latinoamericanos, europeos y norteamericanos reaccionaron contra lo que vieron como censura de una obra literaria en Cuba. Mario Vargas Llosa y otros escritores e intelectuales enviaron un telegrama de protesta a la Casa de las Américas en 1968.

El caso Padilla de 1971

El gobierno de Castro y las autoridades cubanas habían venido anunciando desde 1967, por lo menos, la meta histórica de producción de diez mil millones de toneladas de azúcar en la zafra de 1970. Todas las fuerzas productivas de la isla habían sido volcadas en los intentos de realizar los objetivos económicos y políticos definidos. Más tarde los dirigentes tuvieron que bajar la meta a siete millones de toneladas y después a seis millones y medio. Cuando se conocieron los resultados reales de la zafra, inferiores a los seis millones de toneladas, circularon rumores de que no se había alcanzado la meta propuesta a causa de sabotajes de personas disidentes y otros traidores a la Revolución.

El fracaso de la zafra sembró desilusión y fatalismo en el ámbito nacional e internacional, y obligaba al gobierno cubano y las autoridades responsables a dar la cara en autocríticas profundas y análisis detallados para revelar las causas reales del fracaso. Cuba se había encaminado otra vez, por obra de las autoridades, hacia el monocultivo histórico de azúcar; ahora en el nombre de la división internacional y soviética de la producción, y había fracasado en el intento de sobresalir con una producción histórica de azúcar. Las prioridades establecidas por las autoridades se encontraron en franca contradicción con una problemática económica de producción diversificada al servicio del pueblo cubano.

Sin embargo, en lugar de autocríticas, las autoridades castristas presentaron una cortina de humo con ataques contra intelectuales contrarrevolucionarios residentes en el extranjero y contra ciertas voces críticas entre intelectuales residentes en Cuba. Sobresalió la exigencia de autocrítica a un escritor que había sembrado con su poesía, se decía y se repetía, el fatalismo y la amargura en Cuba.

Entre marzo y abril de 1971, irrumpió de nuevo en la escena literaria, cultural y política, la más conocida fase de los famosos casos Padilla. Padilla fue arrestado el 20 de marzo de 1971. Jorge Edwards –a la sazón encargado de negocios del gobierno de Salvador Allende en Cuba– describió en *Persona non grata* (y en publicaciones posteriores) el anuncio de la detención de Padilla que recibió la víspera de su salida forzosa de Cuba:

> Mis amigos empezaron a hacer morisquetas frenéticas, señalando los micrófonos invisibles [en el hotel donde vivía Edwards en La Habana en marzo de 1971], y me entregaron un papel que decía lo siguiente: "Heberto y Belkis [Cuza Malí, su esposa] están presos desde ayer. No conocemos los motivos de la detención. El departamento está sellado por el Ministerio del Interior". Quemamos el papel, lo tiramos por el excusado [...].
>
> Mis amigos estaban pálidos, devorados por la angustia. Golpearon a la puerta y entró Pablo Armando [Fernández] desgreñado, deshecho por sus nervios.[5]
>
> Acordamos que mis amigos se reunieran en la casa de César López y me esperaran allí para despedirme.[6]

En una reunión "a medianoche del domingo 21 de marzo de 1971" y en una "conversación singular" con el jefe del Estado de Cuba, Edwards prefirió concentrarse en el "tema de [su] relación con los escritores disidentes, que era el cargo que esgrimía contra [él] en esa ocasión Fidel Castro".[7] Edwards escribió:

> Yo le insisto en una sola cosa, Primer Ministro –dije–. Estoy convencido de que Heberto Padilla no es un agente de nadie. Es un hombre difícil, si usted

---

[5] Jorge Edwards, *Persona non grata*, Tusquets, Barcelona, 1991, pp. 308-309.
[6] *Ibid.*, p. 310.
[7] *Ibid.*, p. 317.

quiere: caprichoso, con un sentido crítico agudo. Pero nunca ha dejado de ser un hombre de izquierda, y lanzaba sus críticas desde la izquierda.[8]

Jorge Edwards fue expulsado de Cuba, salió el 22 de marzo de 1971, y en el camino hacia París visitó a su amigo y colega Mario Vargas Llosa en Barcelona. Padilla había sido arrestado, y el arresto provocó la "Primera carta de los intelectuales" al Comandante Fidel Castro en la que desde Europa protestaron por el arresto de Padilla y expresaron sus temores de

la reaparición de una tendencia sectaria mucho más violenta y peligrosa que la denunciada por usted [Fidel Castro] en marzo de 1962, y a la cual el Comandante Che Guevara aludió en distintas ocasiones al denunciar la supresión del derecho de crítica dentro del seno de la Revolución.[9]

Esta primera carta de los intelectuales fue firmada también por Carlos Barral, Julio Cortázar y Gabriel García Márquez junto con, entre otros muchos, Mario Vargas Llosa.

Tras la detención y confinamiento de 38 días, se difundieron los rumores de una "autocrítica" en la que Padilla confesó haber conspirado contra la Revolución. El 27 de abril de 1971, en la sede de la UNEAC, y en una reunión presidida por José Antonio Portuondo, rector de la Universidad de Santiago, quien se encargó de dirigir la reunión en ausencia del presidente de la Unión, Nicolás Guillén, primero habló Padilla, y luego confesaron también los que él había denunciado en su autocrítica. La confesión fue publicada más tarde como un suplemento titulado "Heberto Padilla: intervención en la Unión de Escritores y Artistas el martes 27 de abril de 1971", en la revista Casa de las Américas.[10]

Padilla confesó haber sido un intelectual contrarrevolucionario, y lo repetía a intervalos en toda su intervención:

[...] contrarrevolucionario es el hombre que actúa contra la Revolución, que la daña. Y yo actuaba y yo dañaba a la Revolución. A mí me preocupaba más mi importancia intelectual y literaria que la importancia de la Revolución. Y debo decirlo así.[11]

---

[8] Ibid., p. 319.

[9] Carta reproducida por Lourdes Casal, p. 74.

[10] Casa de las Américas, XI, 65-66, La Habana, 1971, pp. 191-203.

[11] Heberto Padilla, "Intervención en la Unión de Escritores y Artistas el martes 27 de abril de 1971", suplemento en Casa de las Américas, XI, 65-66, p. 192.

Yo inauguré [en la poesía] –y esto es una triste prioridad–, yo inauguré el resentimiento, la amargura, el pesimismo, elementos todos que no son más que sinónimos de la contrarrevolución en la literatura.[12]

Insinuó que muchos colegas y amigos habían participado en actividades contrarrevolucionarias similares:

[...] porque sé que muchos de ustedes, en quienes he pensado sinceramente en estos días [en la cárcel], iban en camino de la propia destrucción moral, y física casi, a que yo iba. Y porque yo quiero impedir que esa destrucción se lleve a cabo.[13]

Dejó muy mal plantado a Guillermo Cabrera Infante quien, para Padilla a finales de abril de 1971, "había sido siempre un resentido", y "que es un agente declarado, un enemigo declarado de la Revolución, un agente de la CIA";[14] y restó en este momento importancia a *Tres tristes tigres*. Implicó a su propia mujer, Belkis Cuza Malí, quien había acumulado "amargura, desafecto y resentimiento".[15] Implicó a los que desde los premios UNEAC de 1968 "eran blanco de periódicas acusaciones desde la revista del ejército".[16]

Pablo Armando Fernández fue presentado como quien "últimamente se ha mostrado amargado, desafecto, enfermo y triste y por lo mismo contrarrevolucionario", y "Pablo se ha mostrado muy triste en relación con la Revolución". César López fue denunciado como quien "ha hecho conmigo análisis derrotistas, análisis negativos de nuestra Revolución. Además, César López ha llevado a la poesía también esa épica de la derrota [...]". Amenazó con delatar a muchos más: "Lo mismo que digo de César lo puedo decir de muchos amigos en quienes pensaba, en quienes pensaba, compañeros". Nombró a José Yanes quien había escrito una poesía derrotista,

una poesía parecida a la de César también, parecida a la mía, por la misma línea enferma, por la misma línea en que quieren convertir en desgarramien-

---

[12] *Ibid.*, p. 194.
[13] *Ibid.*, p. 199.
[14] *Ibid.*, p. 192.
[15] *Ibid.*, p. 199.
[16] Teresa Cristófani Barreto, Pablo Gianera y Daniel Samoilovich, "Virgilio Piñera: cronología 1970-1979", *Revista USP*, núm. 45, São Paulo, 2000, p. 149.

to histórico lo que no es más que un desafecto, compañeros, porque primero hay que hacer la historia y después escribir su comentario.

Norberto Fuentes fue nombrado como "este que pensaba, sin embargo, que no sé, la Revolución había construido una suerte de maquinaria especial contra él, contra nosotros, para devorarnos, que hablamos tantas veces de esto". Evocó a Manuel Díaz Martínez y su "actitud desafecta, triste, amargada", y expuso su visión de un José Lezama Lima con quien "la Revolución cubana ha sido justa", pero "Lezama no es justo y no ha sido justo, en mis conversaciones con él, en conversaciones que ha tenido delante de mí con otros escritores extranjeros, no ha sido justo con la Revolución". Y por fin implicó al "compañero [David] Buzzi", quien "sería el hombre que primero sacaría provecho, el que más urgentemente se pondría a rectificar con mi experiencia [...]".[17]

En toda la intervención, además, abundaron las referencias a las conversaciones que se habían desarrollado en Seguridad de Estado donde Padilla pasó los días de arresto. Padilla había hablado de sus "errores", "[...] los errores de que yo he hablado durante este mes en la Seguridad de Estado". Habló de estas experiencias carcelarias como una lección política:

Y si algo yo he aprendido entre los compañeros de Seguridad del Estado, que me han pedido que no hable de ellos porque no es el tema el hablar de ellos sino el hablar de mí, yo he aprendido en la humildad de estos compañeros, en la sencillez, en la sensibilidad, el calor con que realizan su tarea humana y revolucionaria, la diferencia que hay entre un hombre que quiere servir a la Revolución y un hombre preso por los defectos de su carácter y su vanidad.

Y yo he tenido muchos días para discutir estos temas, y los compañeros de Seguridad no son policías elementales; son gente muy inteligente. Mucho más inteligente que yo; lo reconozco.[18]

Concluyó en una entrega aparente a las exigencias de la Revolución:

¡Seamos soldados! Esa frase que se dice tan comúnmente, ese lugar común que quisiéramos borrar cada vez que escribimos. ¿No? Que seamos soldados de la Revolución, porque los hay. Porque yo los he visto. Esos soldados esforzados, extraordinarios en su tarea, todos los días. ¡Que seamos soldados de nuestra Revolución, y que ocupemos el sitio que la Revolución nos pida!

[17] Heberto Padilla, p. 199.
[18] *Ibid.*, p. 192.

Referencias de este tipo, de entrega total y sin crítica, dispersadas a lo largo de la intervención, sembraron ciertas bases para los alegatos de "lavado de cerebro" que surgieron en torno a la publicación de la declaración de Padilla.

LA SEGUNDA CARTA DE PROTESTA

El 20 de mayo de 1971, unos 60 intelectuales publicaron una carta de protesta en el diario *Le Monde*. Mario Vargas Llosa ha explicado su génesis:

> La iniciativa de esta protesta nació en Barcelona, al dar a conocer la prensa internacional el acto de la UNEAC en que Heberto Padilla emergió de los calabozos de la policía cubana para hacer su "autocrítica". Juan y Luis Goytisolo, José María Castellet, Hans Magnus Enzensberger, Carlos Barral (quien luego decidió no firmar la carta) y yo nos reunimos en mi casa y redactamos, cada uno por separado, un borrador. Luego los comparamos y por votación se eligió el mío. El poeta Jaime Gil de Biedma mejoró el texto, enmendando un adverbio.[19]

La "Carta a Fidel Castro" representó una ruptura con el régimen cubano.[20] Sus autores afirmaron que la autocrítica de Padilla había sido prefabricada a la manera de los procesos de Moscú y Checoslovaquia:

> Comandante Fidel Castro
> Primer ministro del gobierno revolucionario de Cuba:
>
> Creemos un deber comunicarle nuestra vergüenza y nuestra cólera. El lastimoso texto de la confesión que ha firmado Heberto Padilla sólo puede haberse obtenido mediante métodos que son la negación de la legalidad y la justicia revolucionarias. El contenido y la forma de dicha confesión, con sus acusaciones absurdas y afirmaciones delirantes, así como el acto celebrado en la UNEAC en el cual el propio Padilla y los compañeros Belkis Cuza, Díaz Martínez, César López y Pablo Armando Fernández se sometieron a una penosa mascarada de autocrítica, recuerda los momentos más sórdidos de la época del es-

---

[19] Mario Vargas Llosa, *Contra viento y marea (1962-1982)*, Seix Barral, Barcelona, 1983, n. 6, pp. 166-167.

[20] Mario Vargas Llosa *et. al.*, "Carta a Fidel Castro" (1971), en Mario Vargas Llosa, *Contra viento y marea (1962-1982)*, Seix Barral, Barcelona, 1983, pp. 166-168. Cabe destacar que Carlos Barral, Julio Cortázar, Octavio Paz y Gabriel García Márquez no firmaron la carta.

talinismo, sus juicios pre≤fabricados y sus cacerías de brujas. Con la misma vehemencia con que hemos defendido desde el primer día la revolución cubana, que nos parecía ejemplar en su respeto al ser humano y en su lucha por su liberación, lo exhortamos a evitar a Cuba el oscurantismo dogmático, la xenofobia cultural y el sistema represivo que impuso el estalinismo en los países socialistas, y del que fueron manifestaciones flagrantes sucesos similares a los que están ocurriendo en Cuba. El desprecio a la dignidad humana que supone forzar a un hombre a acusarse ridículamente de las peores traiciones y vilezas no nos alarma por tratarse de un escritor, sino porque cualquier compañero cubano –campesino, obrero, técnico o intelectual– pueda ser también víctima de una violencia y una humillación parecidas. Quisiéramos que la revolución cubana volviera a ser lo que en un momento nos hizo considerarla un modelo dentro del socialismo.

Atentamente,

Claribel Alegría, Simone de Beauvoir, Fernando Benítez, Jacques-Laurent Bost, Italo Calvino, José María Castellet, Fernando Claudín, Tamara Deutscher, Roger Dosse, Marguerite Duras, Giulio Einaudi, Hans Magnus Enzensberger, Francisce Fernández Santos, Darwin Flakoll, Jean-Michel Fossey, Carlos Franqui, Carlos Fuentes, Jaime Gil de Biedma, Ángel González, Adriano González León, André Gortz, José Agustín Goytisolo, Juan Goytisolo, Luis Goytisolo, Rodolfo Hinostrosa, Mervin Jones, Monti Johnstone, Monique Lange, Michel Leiris, Lucio Magri, Joyce Mansour, Dacia Maraini, Juan Marsé, Dionys Mascolo, Plinio Mendoza, Istvam Meszaris, Ray Milibac, Carlos Monsiváis, Marco Antonio Montes de Oca, Alberto Moravia, Maurice Nadeau, José Emilio Pacheco, Pier Paolo Pasolini, Ricardo Porro, Jean Pronteau, Paul Rebeyroles, Alain Resnais, José Revueltas, Rossana Rossanda, Vicente Rojo, Claude Roy, Juan Rulfo, Nathalie Sarraute, Jean-Paul Sartre, Jorge Semprún, Jean Shuster, Susan Sontag, Lorenzo Tornabuoni, José Miguel Ullán, José Ángel Valente y Mario Vargas Llosa.

En el "Discurso de Clausura del Primer Congreso Nacional de Educación y Cultura", el 30 de abril de 1971, Fidel Castro se refirió de varias maneras a los intelectuales que habían firmado la carta:

Hemos descubierto esa otra forma sutil de colonización que muchas veces subsiste y pretende subsistir al imperialismo económico, al colonialismo, y es el imperialismo cultural, el colonialismo político, mal que hemos descubierto ampliamente. Que tuvo aquí algunas manifestaciones, que no vale la pena ni detenerse a hablar de eso. Creemos que el Congreso y sus acuerdos son más que suficientes para aplastar como una catapulta esas corrientes.

Denunció, casi con referencia directa a Vargas Llosa, a

los pseudoizquierdistas descarados que quieren ganar laureles viviendo en París, en Londres, en Roma. Algunos de ellos son latinoamericanos descarados, que en vez de estar allí en la trinchera de combate, viven en los salones burgueses, a diez mil millas de los problemas, usufructuando un poquito de la fama que ganaron cuando en una primera fase fueron capaces de expresar algo de los problemas latinoamericanos [...]

y cerró la puerta de entrada a la isla a muchos de los escritores que antes habían sido considerados como aliados de la Revolución:

Y desde luego, como se acordó por el Congreso, ¿concursitos aquí para venir a hacer el papel de jueces? ¡No! ¡Para hacer el papel de jueces hay que ser aquí revolucionarios de verdad, intelectuales de verdad, combatientes de verdad! Y para volver a recibir un premio, en concurso nacional o internacional, tiene que ser revolucionario de verdad, escritor de verdad, poeta de verdad, revolucionario de verdad.

Y saben, señores intelectuales burgueses y libelistas burgueses y agentes de la CIA y de las inteligencias del imperialismo, es decir, de los servicios de Inteligencia, de espionaje del imperialismo: en Cuba no tendrán entrada, ¡no tendrán entrada!, como no se la damos a UPI y a AP. ¡Cerrada la entrada indefinidamente, por tiempo indefinido y por tiempo infinito![21]

LA HISTORIA DE CUBA Y LA DESINTEGRACIÓN DEL *BOOM*

Con el caso Padilla, con los sucesos históricos de 1971, la cohesión entre los escritores centrales del *boom* se desmoronó. José Donoso escribió en 1972 que el inaudito caso Padilla en Cuba

rompió esa amplia unidad que durante tantos años acogió muchos matices políticos de los intelectuales latinoamericanos, separándolos ahora política, literaria y afectivamente en bandos amargos e irreconciliables. El caso Padilla, con todo su estruendo, puso fin a la unidad que vi aflorar entre los intelectuales latinoamericanos por primera vez cuando el *boom* apenas se preparaba, allá en aquel Congreso de Intelectuales de la Universidad de Concepción en 1962.[22]

---

[21] Fidel Castro, "Discurso de clausura del Primer Congreso Nacional de Educación y Cultura", reproducido por Lourdes Casal, cit.

[22] José Donoso, *Historia personal del* boom, Anagrama, Barcelona, 1972. Nueva edición con apéndice del autor seguido de "El *boom* doméstico" por María Pilar Donoso, Editorial Andrés Bello, Santiago de Chile, 1987, p.93.

La ruptura se hizo notar en el núcleo mismo de lo que Donoso llamaba "el *gratín* del famoso *boom*, el cogollito [...]",[23] conformado por Julio Cortázar, Gabriel García Márquez, Carlos Fuentes y Mario Vargas Llosa, y "el *boom* termina como unidad" y como gremio profesional de amigos, autores de la nueva novela hispanoamericana en 1971:

> Tal vez sí; tal vez el *boom* esté en crisis. Pero en fin, basta: las cosas que mantuvieron esa precaria cohesión faltan ahora, si es que alguna vez existieron. Quizá el momento haya pasado y ya no tengamos que seguir hablando del *boom*; podremos dejar de darnos bofetadas unos a otros para trepar al engalanado carro donde siguen su viaje las estrellas que conservan todo su brillo. ¡*Prou*! El *boom* ha sido un juego; quizás más precisamente, un caldo de cultivo que durante una década alimentó en Hispanoamérica la fatigada forma de la novela, y el *boom* desaparecerá –ya se habla menos de él–, y quedarán tres o cuatro o cinco novelas magistrales que lo recuerden, y por las cuales haya valido la pena tanto escándalo y tanta bulla.[24]

Los amigos se separaron política y literariamente, escribió Donoso, y las rupturas y la separación generaron libros como *Historia personal del* boom, publicado por primera vez por Donoso en 1972, *El boom de la novela latinoamericana*, publicado por Emir Rodríguez Monegal en 1972, y *Persona non grata* publicado por Jorge Edwards en 1973.

Donoso encerró el fenómeno del *boom* entre escritores hispanoamericanos entre un comienzo en un congreso de escritores en la Universidad de Concepción en 1962 y un fin, provocado por eventos políticos en Cuba, en 1971. La reedición del libro de Donoso de 1987, y la edición posterior de 1998, incluyeron un apéndice titulado "Diez años después", escrito por Donoso, en el que confirmó las opiniones expuestas en 1972:

> No creo, eso sí, que en el futuro se vuelva a hablar del *boom* como grupo indiferenciado, como capilla, mafia, sociedad de alabanza y ayuda mutua, como en un tiempo se dijo. De hecho, ya no se hace. El momento pasó, esparciendo a los que parecían protagonistas a todos los puntos cardinales, desgajando a cada autor de lo que en un instante pareció conjunto homogéneo, para juzgarlo individualmente en la continuación de carreras que han tomado cada cual su dirección y su dimensión, y cuya gloria aumenta o disminuye.[25]

---

[23] *Ibid.*, p. 92, subrayado en el original.
[24] *Ibid.*, p. 100.
[25] *Ibid.*, p. 155.

Emir Rodríguez Monegal estuvo de acuerdo con Donoso sobre la fecha final del fenómeno del *boom* cuando escribió: "Es posible, aunque no completamente seguro, que el *boom* haya muerto y que sus últimos ecos han dejado de sonar".[26]

Persona non grata, de Jorge Edwards, un libro de difícil concepción y gestión, vino a ser una especie de epitafio melancólico-nostálgico sobre un período en trance de desaparición. La transición político-cultural en Cuba la notó Edwards en su propia persona en cambios sutiles o bruscos durante su estadía en La Habana, como enviado diplomático del gobierno de Allende, entre el 7 de diciembre de 1970 y el 22 de marzo de 1971, cuando, justo después del arresto de Heberto Padilla y su esposa Belkis, tuvo que abandonar el país.

Después de la autocrítica presentada por Padilla en abril de 1971, Edwards anotó que los intelectuales "pueden ser útiles a determinada política, como Mario Vargas Llosa o Jean Paul Sartre fueron útiles en un período a la política de Fidel y después dejaron de serlo [...]".[27] "En los ataques posteriores contra los intelectuales que protestaron por la detención de Padilla, Mario [Vargas Llosa] pasó a ser una especie de chivo expiatorio", escribió Edwards:[28]

> Haydée Santamaría, que me había regalado, en vísperas de mi salida [de Cuba] una magnífica caja de puros, a sabiendas, me imagino, de mis compañías perniciosas y de mi lengua imprudente, le hizo donación a Mario, en cambio, de una carta energuménica en la que sostenía que ella siempre había querido estar junto al Che, disparando cañonazos.[29]

La ruptura entre Gabriel García Márquez y Mario Vargas Llosa fue la más notoria de todas las que se produjeron a raíz del caso Padilla. En 1987, la nueva edición del libro de Donoso incluyó un ensayo titulado "El *boom* doméstico", escrito por su esposa María Pilar Donoso en forma de memorias en 1982. María Pilar Donoso entró en el tema de las amistades y escribió:

> Pero "amistad", verdadera amistad, con profundo cariño, reconocimiento y admiración era la que unía entonces a Mario Vargas Llosa y a Gabriel García

---

[26] Emir Rodríguez Monegal, *El boom de la novela latinoamericana*, Editorial Tiempo Nuevo, Caracas, 1972, p. 104.
[27] Jorge Edwards, pp. 230-231.
[28] *Ibid.*, pp. 333-334.
[29] *Ibid.*, p. 334.

Márquez. Vivían a una cuadra de distancia, a "la vuelta de la esquina" literalmente, en el barrio barcelonés del Sarriá. Se admiraban, disfrutando de su mutua compañía, de sus interminables conversaciones, de los paseos que juntos hacían por las calles de la ciudad y Mario escribía sobre "Gabo". "Le dedicó dos años de su vida, María Pilar", me dijo Patricia [Vargas Llosa], [al escribir] el libro-ensayo en el que volcó su admiración por *Cien años de soledad*, la obra maestra de su amigo. El libro: *Historia de un deicidio* le sirvió también a Mario a manera de tesis para obtener su doctorado en la Universidad de Madrid donde años antes había estudiado literatura.[30]

En un apartado al final de su ensayo, María Pilar Donoso anotó que:

Se han diluido las relaciones y comunicaciones, ya no llegan periódicas cartas de Fuentes con las últimas noticias de los quehaceres y aconteceres del grupo del *boom*. El *boom* ya no es *boom*, no es grupo ni acción conjunta ni reuniones de amigos. Son señores maduros que escriben sus propios libros y leen los ajenos individualmente, cada uno en su estudio en países diferentes.[31]

VARGAS LLOSA, LOS CASOS PADILLA Y LA HISTORIA DE CUBA

En la realidad histórica, sin embargo, el alejamiento de Mario Vargas Llosa del régimen de Castro había empezado antes de 1971, ya en las primeras fases de los casos Padilla, con el de *El Caimán Barbudo*. Cuando se produjo la invasión soviética a Checoslovaquia en agosto de 1968, Castro apoyó en un discurso público la intervención, y Vargas Llosa no dudó en reaccionar en público con críticas a la intervención y a las posturas de Fidel Castro frente a la invasión de Praga. Las opiniones de Vargas Llosa, conocidas desde agosto de 1968, le granjearon duras críticas desde Cuba y de muchos intelectuales de izquierda latinoamericanos, y el "consenso crítico sobre sus primeras novelas cambió después de que Vargas Llosa protestara contra la invasión soviética de Checoslovaquia y denunciara casos particulares de censura intelectual en países comunistas".[32]

En una mesa redonda celebrada en La Habana en torno a la temática del intelectual y la revolución, Roberto Fernández Retamar "expresó reservas sobre Vargas Llosa. No le pareció aceptable que un amigo de la

---

[30] María Pilar Donoso, "El *boom* doméstico", en José Donoso, p. 114.
[31] *Ibid.*, p. 148.
[32] Efraín Kristal en su artículo "La política y la crítica literaria: el caso de Vargas Llosa" (1994), *Perspectivas*, 4, 2, 2001, pp. 339-351.

revolución cubana haya publicado un artículo disconforme sobre Checoslovaquia".[33] Óscar Collazos amplió las propuestas de Fernández Retamar en un artículo en el cual fustigó a Vargas Llosa. Collazos calificó de "endiosamiento o soberbia" la posición de un Vargas Llosa "dándole lecciones de política internacional y sensatez –desde una tribuna reaccionaria– a Fidel Castro, cuando la ocupación o 'invasión' a Checoslovaquia".[34] Jorge Lafforgue "anunció que iba a reconsiderar los aspectos negativos de su análisis tomando en cuenta los ensayos de Mario Benedetti, Ángel Rama y otros [...]".[35] Los reproches que Vargas Llosa recibió a raíz de su protesta por la invasión a Checoslovaquia, escribió Efraín Kristal en 1994, "fueron el preludio de la tormenta que se desató por su participación en el caso Padilla."

Vargas Llosa, sin embargo, publicó más tarde un artículo titulado "El socialismo y los tanques", en el que, antes que nada, comparaba acciones de las dos superpotencias en el mundo:

> [El] antecedente más obvio [de la invasión soviética] no es tanto Hungría como la República Dominicana. El envío de tanques soviéticos a Praga para liquidar por la fuerza un movimiento de democratización del socialismo es tan condenable como el envío de infantes de marina norteamericanos a Santo Domingo para aplastar por la violencia un levantamiento popular contra una dictadura militar y un sistema social injusto.[36]

En segundo término, dedicó un apartado final de su artículo a su crítica a Fidel Castro:

> En estas condiciones ¿qué pensar de las palabras de Fidel justificando la intervención militar? Un dirigente que hasta ahora había dado pruebas de una sensibilidad tan alerta en lo relativo a la autonomía nacional, que había reivindicado hasta el cansancio el derecho de los pequeños países a realizar su propia política sin intromisiones de los grandes ¿cómo puede respaldar una invasión militar destinada a aplastar la independencia de un país que, al igual que Cuba, sólo pretendía que lo dejaran organizar su sociedad de acuerdo a sus propias convicciones? Resulta lastimoso ver reaccionar a Fidel de la mis-

---

[33] Kristal, cit. V. *Casa de las Américas*, x, núm. 56, La Habana, 1969.

[34] Mario Vargas Llosa, *Contra viento y marea (1962-1982)*, 1983, p. 156. V. Óscar Collazos, Julio Cortázar y Mario Vargas Llosa, *Literatura en la revolución y revolución en la literatura*, Siglo xxi, México, 1970, p. 102.

[35] Kristal, cit.

[36] Mario Vargas Llosa, "El socialismo y los tanques" (1970), en Mario Vargas Llosa, *Contra viento y marea (1962-1982)*, Seix Barral, Barcelona, 1983, p. 160.

ma manera condicionada y refleja que los mediocres dirigentes de los partidos comunistas latinoamericanos que se precipitaron a justificar la intervención soviética. ¿No comprende acaso el máximo líder cubano que si reconoce a la URSS el derecho a decidir el tipo de socialismo que conviene a los demás países y el de imponerles su elección por la fuerza, lo ocurrido en Praga hoy podría ocurrir mañana en La Habana?

A muchos amigos sinceros de la revolución cubana las palabras de Fidel nos han parecido tan incomprensibles y tan injustas como el ruido de los tanques que entraban a Praga.[37]

El "caso Padilla" de octubre-noviembre de 1968 –el Premio Nacional UNEAC de poesía a *Fuera de juego* y la nota de la UNEAC publicada con el poemario–, otra vez provocó las reacciones de Vargas Llosa, quien siempre había mostrado una sensibilidad aguda frente a cualquier intento de censura a la literatura. Pero el caso Padilla de 1971 vino a ser definitivo para el alejamiento de Vargas Llosa de Cuba y de Fidel Castro.

Vargas Llosa escribió dos cartas relacionadas directamente con el caso Padilla de 1971: la primera fue la de los intelectuales dirigida a Fidel Castro, como se acaba de ver. Esta vez las reacciones de rechazo a Vargas Llosa se dieron en tres etapas, tal como las presentó Efraín Kristal en 1994.[38] La primera de ellas fue "una agresiva reprimenda política por su comportamiento contrarrevolucionario", y su "desautorización fue proferida a nivel más alto". En su "Discurso de Clausura del Primer Congreso Nacional de Educación y Cultura", en abril de 1971, Fidel Castro prohibió [casi de manera directa] el regreso de Vargas Llosa a Cuba.

Vargas Llosa respondió con una carta personal dirigida a Haydée Santamaría –directora del órgano principal de la cultura en Cuba, la Casa de las Américas, y fundadora de la Revista *Casa de las Américas*–,[39] en la que se refería al Discurso de Fidel Castro, se retiraba de la lista de colaboradores de la revista, y denunciaba, esta vez a título personal, la autocrítica de Heberto Padilla:

Barcelona, 5 de mayo de 1971
Compañera Haydée Santamaría
Directora de la Casa de las Américas
La Habana, Cuba

---

[37] *Ibid.*, p. 163.
[38] Kristal, cit.
[39] Mario Vargas Llosa, "Carta a Haydée Santamaría" (1971), en Mario Vargas Llosa, *Contra viento y marea (1962-1982)*, Seix Barral, Barcelona, 1983, pp. 164-165.

Estimada compañera:

Le presento mi renuncia al Comité de la revista de la Casa de las Américas, al que pertenezco desde 1965, y le comunico mi decisión de no ir a Cuba a dictar un curso, en enero, como le prometí durante mi último viaje a La Habana. Comprenderá que es lo único que puedo hacer luego del discurso de Fidel fustigando a los "escritores latinoamericanos que viven en Europa", a quienes nos ha prohibido la entrada a Cuba "por tiempo indefinido e infinito". ¿Tanto le ha irritado nuestra carta pidiéndole que esclareciera la situación de Heberto Padilla? Cómo han cambiado los tiempos: recuerdo muy bien esa noche que pasamos con él, hace cuatro años, y en la que admitió de buena gana las observaciones y las críticas que le hicimos un grupo de esos "intelectuales extranjeros" a los que ahora llama "canallas".

De todos modos, había decidido renunciar al Comité y a dictar ese curso, desde que leí la confesión de Heberto Padilla y los despachos de Prensa Latina sobre el acto en la UNEAC en el que los compañeros Belkis Cuza Malé, Pablo Armando Fernández, Manuel Díaz Martínez y César López hicieron su autocrítica. Conozco a todos ellos lo suficiente como para saber que ese lastimoso es≤pectáculo no ha sido espontáneo, sino prefabricado como los juicios estalinistas de los años treinta. Obligar a unos compañeros, con métodos que repugnan a la dignidad humana, a acusarse de traiciones imaginarias y a firmar cartas donde hasta la sintaxis parece policial, es la negación de lo que me hizo abrazar desde el primer día la causa de la revolución cubana: su decisión de luchar por la justicia sin perder el respeto a los individuos. No es éste el ejemplo del socialismo que quiero para mi país.

Sé que esta carta me puede acarrear invectivas: no serán peores que las que he merecido de la reacción por defender a Cuba.

Atentamente.
Mario Vargas Llosa

Haydée Santamaría contestó con una carta que fue publicada en *Casa de las Américas* como "Respuesta a Mario Vargas Llosa" (la carta de Vargas Llosa se incluyó como una nota al pie en la primera página de la carta).[40] En esta carta Haydée Santamaría atacó a Vargas Llosa y reveló a gritos ciertos "secretos" que hasta el momento habían quedado sin mencionar y que pintaron a Vargas Llosa de la manera más negativa posible entre "los más feroces enemigos de la Revolución cubana":

---

[40] Haydée Santamaría, "Carta a Mario Vargas Llosa", *Casa de las Américas*, XI, 65-66, La Habana, 1971. Las citas son de la reimpresión de la carta en *Casa de las Américas*, XI, 67, La Habana, 1971, pp. 140-142.

La Habana, 14 de mayo de 1971
Sr. Mario Vargas Llosa
Vía Augusta 211, Ático 2
Barcelona 6, España

Señor Vargas Llosa:
    Usted sabe que el comité de la revista Casa de las Américas al cual supues-
tamente renuncia, de hecho no existe ya, pues, a sugerencia de este organismo, se acordó en enero de este año, en declaración que usted mismo subscri-
bió, ampliarlo en lo que significaba sustituirlo por una amplia lista de
colaboradores de la revista y de la institución. Y esta medida obedeció al hecho evidente de que hacía mucho tiempo que era inaceptable la divergencia
de criterios en el seno de dicho comité: criterios que iban desde los realmente
revolucionarios, y que eran los de la mayoría, hasta otros cada vez más aleja-
dos de posiciones revolucionarias, como habían venido siendo los de usted.
Por una cuestión de delicadeza humana de que usted sabe que le hemos dado
pruebas reiteradas, pensamos que esta medida era preferible a dejar sencilla-
mente fuera del comité a gentes como usted, con quien durante años hemos
discutido por su creciente proclividad a posiciones de compromiso con el
imperialismo. Creíamos que, a pesar de esas lamentables posiciones todavía
era posible que un hombre joven como usted, que un escritor que había escrito obras valiosas, rectificara sus errores y pusiera su talento al servicio de los
pueblos latinoamericanos. Su carta nos demuestra qué equivocados estuvi-
mos al ilusionarnos de esa manera. Usted no ha tenido la menor vacilación en
sumar su voz —una voz que nosotros contribuimos a que fuera escuchada— al
coro de los más feroces enemigos de la Revolución cubana, una Revolución
que tiene lugar, como hace poco recordó Fidel, en una plaza sitiada, en condiciones durísimas, a noventa millas del imperio que ahora mismo agrede sal-
vajemente a los pueblos indochinos. Con tales enemigos al alcance de la vista
y no pocos enemigos internos, esta, como toda Revolución, debe defenderse
tenazmente o resignarse a morir, a dejar morir la esperanza que encendimos
en el Moncada y en la Sierra y en Girón y en la Crisis de Octubre; a dejar
morir de veras a Abel, a Camilo, al Che. Y nosotros no dejaremos nunca que
esto ocurra y tomaremos las medidas que sean necesarias para que esto no
ocurra. Por esto fue detenido un escritor, no por ser escritor, desde luego,
sino por actividades contrarias a la Revolución que él mismo ha dicho haber
cometido; y usted que acababa de visitar nuestro país, sin esperar a más, sin
conceder el menor crédito a las que pudieran ser razones de la Revolución
para proceder así, se apresuró a sumar su nombre a los de quienes aprovecha-
ron esta coyuntura para difamar a nuestra Revolución, a Fidel, a todos nosotros. Este escritor ha reconocido sus actividades contrarrevolucionarias, a pesar
de lo cual se halla libre, integrado normalmente a su trabajo. Otros escritores
también han reconocido sus errores, lo que no les impide estar igualmente

libres y trabajando. Pero usted no ve en todo esto sino "un lastimoso espectáculo" que no ha sido espontáneo sino prefabricado, producto de supuestas torturas y presiones. Se ve que usted nunca se ha enfrentado al terror. Se ve que nunca ha tenido la dicha de ver a hermanos que por lo único que se conocía que eran ellos era por la voz y esa voz era para decirles a quienes les arrancaban la vida en pedazos su fe en la lucha, en la victoria final, su fe en la Revolución, en esta Revolución a cuyos peores calumniadores usted se ha sumado. Después de lo cual se sienta usted a esperar las invectivas que teme o desea. Sin embargo, Vargas Llosa, pocos como usted conocen que no ha sido nunca costumbre nuestra proferir invectivas contra gentes como usted. Cuando en abril de 1967 usted quiso saber la opinión que tendríamos sobre la aceptación por usted del premio venezolano Rómulo Gallegos, otorgado por el gobierno de Leoni, que significaba asesinatos, represión, traición a nuestros pueblos, nosotros le propusimos "un acto audaz, difícil y sin precedentes en la historia cultural de nuestra América": le propusimos que aceptara ese premio y entregara su importe al Che Guevara, a la lucha de los pueblos. Usted no aceptó esa sugerencia: usted guardó ese dinero para sí, usted rechazó el extraordinario honor de haber contribuido, aunque fuera simbólicamente, a ayudar al Che Guevara. Lo menos que podemos pedirle hoy los verdaderos compañeros del Che es que no escriba ni pronuncie más ese nombre que pertenece a todos los revolucionarios del mundo, no a hombres como usted, a quien le fue más importante comprar una casa que solidarizarse en un momento decisivo con la hazaña del Che. ¡Qué deuda impagable tiene usted contraída con los escritores latinoamericanos, a quienes no supo representar frente al Che a pesar de la oportunidad única que se le dio! Sin embargo, nosotros en aquel momento no le dedicamos invectivas por esa decisión. Supimos, sí, a partir de entonces, que no era usted el compañero que creíamos, pero aún pensábamos que era posible una rectificación de su conducta y preferimos felicitarlo por algunas palabras dichas en la recepción del premio, considerando que tendríamos otras ocasiones de volver sobre el asunto. Tampoco recibió usted invectivas cuando, en septiembre de 1968, en la revista *Caretas*, y a raíz de los sucesos de Checoslovaquia, emitió usted opiniones ridículas sobre el discurso de Fidel. Ni cuando a raíz de las críticas al libro de Padilla, *Fuera de juego*, nos enviara, en unión de otros escritores residentes en Europa, un cable en que expresaban estar "consternados por acusaciones calumniosas contra el poeta Heberto Padilla" y grotescamente reafirmaban "solidaridad apoyo toda acción emprenda Casa de las Américas defensa libertad intelectual". Lo que sí hice entonces fue enviar un cable en que decía a uno de ustedes: "Inexplicable desde tan lejos puedan saber si es calumniosa o no acusación contra Padilla. La línea cultural de Casa de las Américas es la línea de nuestra Revolución, la Revolución cubana, y la directora de Casa de las Américas estará siempre como me quiso el Che: con los fusibles [sic] disparados y tirando cañonazos a la redonda". Ni recibió usted invectivas cuando después de haber aceptado integrar el jurado del Premio Casa 1969, dejó de venir, sin darnos explicación alguna, porque se encontraba en una universidad norteamericana. (Por hechos como este, dicho sea entre paréntesis, nunca creímos que vendría a dictar el curso de que se habló informalmente. La pública renuncia que hace de este curso no es más que otra argucia suya. Si vino en enero de 1971, fue sobre todo para buscar el aval de la Casa de las Américas, que por supuesto no obtuvo, para la desprestigiada revista *Libre* que planean editar con el dinero de Patiño.) Y si, a raíz de estos y otros hechos, algunos escritores vinculados a esta Casa de las Américas discutieron privada y públicamente con usted, no se trató nunca de invectivas. La invectiva contra usted, Vargas Llosa, es su propia carta vengonzosa: ella lo presenta de cuerpo entero como lo que resistimos aceptar que usted fuera: la viva imagen del escritor colonizado, desprestigiador de nuestros pueblos, vanidoso, confiado en que escribir bien no sólo hace perdonar actuar mal, sino permite enjuiciar a todo un proceso grandioso como la Revolución cubana, que, a pesar de errores humanos, es el más gigantesco esfuerzo hecho hasta el presente por instaurar en nuestras tierras un régimen de justicia. Hombres como usted, que anteponen sus mezquinos intereses personales a los intereses dramáticos de lo que Martí llamó "nuestras dolorosas Repúblicas", están de más en este proceso. Confiamos, seguiremos confiando toda la vida, en los escritores que en nuestro continente ponen los intereses de sus pueblos, de nuestros pueblos, por encima de todo; en lo que pueden invocar los nombres de Bolívar, Martí, Mariátegui y Che. Son ellos los que darán, los que le están dando ya, como en su propia tierra acaban de hacer los mejores escritores peruanos, la respuesta que usted merece. Sólo le deseo, por su bien, que algún día llegue usted a arrepentirse de haber escrito esa carta pública que constituirá para siempre su baldón; de haberse sumado a los enemigos de quienes en esta Isla hemos estado y estaremos dispuestos a inmolarnos, como nuestros compañeros vietnamitas, como nuestro hermano Che, para defender "la dignidad plena del hombre".

Haydée Santamaría

A partir de entonces, *Casa de las Américas* se dedicó a publicar artículos con duras críticas contra Vargas Llosa y contra otros que, como él, habían protestado por los casos Padilla. "Las imprecaciones políticas en contra del comportamiento político de Vargas Llosa iban acompañadas de ensayos rechazando sus ideas sobre la política y la literatura", escribió Efraín Kristal en su artículo "La política y la crítica literaria: el caso de Vargas Llosa",[41] en el que ofreció una detallada exposición, con nombres y apelli-

---

[41] Kristal, pp. 339-351.

dos, de las posturas revisadas de muchos críticos latinoamericanos, entre ellos Mario Benedetti, Roberto Fernández Retamar, Ángel Rama, Óscar Collazos, Carlos Rincón, Jorge Lafforgue, Antonio Cornejo Polar, Mirko Lauer, y otros más.

Los críticos, en la mayoría de los casos, establecieron a priori ciertas posiciones políticas en y para Vargas Llosa –sin ningún interés en matices– y se entregaron a la dinámica de los argumentos en círculo al intentar identificar y verificar la tesis de la política en Vargas Llosa, ya establecida, en lecturas de las novelas del escritor. "En cuestión de meses", escribió Efraín Kristal, "la reputación de Vargas Llosa cayó en picado: dejó de ser el modelo del escritor comprometido para los intelectuales revolucionarios de Latinoamérica, y se convirtió en el defensor por antonomasia de la burguesía reaccionaria".

Muchos críticos latinoamericanos identificados con Cuba se dejaron cegar por la política y no quisieron estudiar y evaluar las innovaciones narrativas introducidas por Vargas Llosa en las novelas escritas y publicadas después de 1971. Al mismo tiempo que Vargas Llosa fue aclamado y premiado como escritor e intelectual –por sus novelas y por su periodismo– incluso en ambientes de crítica progresista en el mundo occidental durante y después de 1971, muchos críticos literarios peruanos, por ejemplo, y de muchos otros países latinoamericanos, lo silenciaron y lo calumniaron de manera antagónica.

La historia y la literatura de Vargas Llosa: Tema con variaciones en torno a la selva y las poéticas (políticas) en proceso de cambio

La historia profesional de Vargas Llosa experimentó cambios en 1971. Primero, un cambio de ritmo en las publicaciones. A partir de 1963, se había establecido un ritmo, casi un programa, de publicación de una novela cada dos años. En 1971, Vargas Llosa llegó a publicar dos libros *Historia secreta de una novela* e *Historia de un deicidio: García Márquez*. Estos dos, además, conformaron un cambio de género literario, ya que los dos son ensayos con grandes dosis autobiográficas. Los dos libros, en resumidas cuentas, pertenecen a un género aborrecido antes por Vargas Llosa: son libros testimoniales. El primero es un testimonio personal sobre realidades peruanas; el segundo vino a ser un testimonio personal (tardío) de admiración por un escritor que había sido desde mediados de los sesenta y hasta 1971 un amigo cercano en el grupo del *boom*.

Historia secreta de una novela es, en una parte, una reedición de "Crónica de un viaje a la selva",[42] y, en otra, una narración de vagos recuerdos personales de ciertas experiencias infantiles en Piura. El género del testimonio había generado en Vargas Llosa en 1958 una visión políticamente comprometida y crítica con la realidad de la selva peruana, en la primera parte del libro, y, en la segunda parte, se reelaboraron versiones de memorias de su compromiso con un mundo infantil perdido y al mismo tiempo almacenado para evocaciones que fundamentaron las estructuras literarias de *La Casa Verde*. En una entrevista publicada por primera vez en 2001, y reimpresa en 2003, Vargas Llosa se refirió a las experiencias personales de la selva peruana como una "obsesión":

> Conocía la selva sólo en 1958, cuando tenía 22 años, y la experiencia fue muy breve, de pocas semanas, pero me dejó una marca realmente imborrable.[43]
> Fue el viaje más fértil de mi vida porque de él han salido *La Casa Verde*, *Pantaleón y las visitadoras*, *El hablador*, así como episodios de otras novelas.[44]

Del mismo viaje a la selva nacieron el artículo de 1958, "Crónica de un viaje a la selva", y gran parte del libro de 1971, *Historia secreta de una novela*, pero, por alguna razón no explicitada, estos títulos se le olvidaron al autor en la entrevista de 2001 donde continuó:

> Escribí *La Casa Verde* a partir de [esta experiencia] y, con motivo de esa novela, volví a hacer el viaje. Regresé desde entonces muchas veces a la selva, donde nunca he vivido pero he sentido esa fascinación que explica, sin duda, por qué he escrito varios libros que tienen que ver con ella.[45]

Se refirió también a ciertas experiencias concretas:

> Quizás resulte interesante el caso de un personaje que en mi plan inicial de la novela [*La Casa Verde*] debió ser más importante: Jum. Su historia está basa-

---

[42] Mario Vargas Llosa, "Crónica de un viaje a la selva", *Cultura peruana*, Lima, septiembre de 1958.

[43] Mario Vargas Llosa, "Diálogos: La invención de una realidad", en Mario Vargas Llosa, *Literatura y política*, Fondo de Cultura Económica/Instituto Tecnológico y de Estudios Superiores de Monterrey, Cuadernos de la Cátedra Alfonso Reyes, segunda edición, 2003, p. 84.

[44] *Ibid.*, p. 85.

[45] *Ibid.*, p. 86.

da en un hecho real. Lo conocía en un viaje a la selva cuando aún estaba muy viva la historia de las torturas a las que lo sometieron; todavía era el personaje al que habían rapado, tenía la cicatriz del golpe con linterna que le dio uno de los soldados que invadió su caserío.[46]

No pude inventar a *ese ser primitivo* que vivía en *un mundo mágico-religioso, no en uno racional y moderno,* y que desde *ese primitivismo* vivió la experiencia de esa injusticia resultante, fundamentalmente, de una confusión.[47]

Además, en 1958, y en la novela de 1965, Vargas Llosa había nombrado a algunos de los explotadores de los indígenas de la selva. Si se compararan las versiones de 2001 con las de "Crónica de un viaje a la selva" de 1958, resaltarían los términos de la descripción que se emplearon en 2001 y que no aparecieron ni en el artículo de 1958 ni en el libro de 1971. La denuncia política de abuso, de explotación y de maltrato parece ser la misma, pero los agentes del mal son de otro nivel sociopolítico y étnico, y los términos de "primitivismo" y de mundo "racional y moderno" no pertenecieron a las versiones de 1958 y de 1971. Se introdujeron en el discurso del autor como residuos de estudios ideológicos, como residuos de lecturas que se hicieron contextuales para el periodismo de Vargas Llosa a finales de la década de 1980, en la década de 1990 y a principios del nuevo siglo.

Esto se notó también, y más, cuando Vargas Llosa, en la entrevista de 2001, se refería a *El hablador*:

De ese viaje nació también *El hablador*. Fue en el cuartel general del Instituto Lingüístico de verano [sic] donde escuchamos, quienes formábamos parte de la expedición, una noche para mí inolvidable, a esa pareja de lingüistas evangélicos norteamericanos, los esposos Schnail, referir sus experiencias entre los machiguengas, una comunidad que en esa época estaba muy dispersa, muy alejada, y sumamente hostil a la contaminación con el Perú moderno.[48]

El señor Schnail contó, como una anécdota de paso, que a esa comunidad de una o dos familias había llegado de pronto un machiguenga que era eso, un hablador. Se trataba de un personaje al que ellos daban una importancia extraordinaria, al que esperaban con una impaciencia y una excitación infantil como los niños a papá Noel. Para Schnail había sido más bien una experiencia aburrida porque el hombre hablaba en una lengua que él aún no dominaba del todo, horas de horas, mezclando, creía él, historias, chismografías, invenciones. Nunca olvidé ese episodio y empecé a elaborar, al principio sin

[46] *Ibid.,* p. 81.
[47] *Ibid.,* p. 81, subrayado nuestro.
[48] *Ibid.,* p. 86.

darme cuenta, de una manera inconsciente, el embrión de lo que sería muchos años después la historia de *El hablador*.[49]

La versión de 2001 de la crónica de un viaje a la selva se amplió con la inclusión de materiales que no aparecieron en la de 1958, ni en la versión de la novela de 1965, ni en el ensayo de 1971.

El hablador fue publicada en 1987, y, comparada con *La Casa Verde*, la novela se inscribió entre coordenadas político-estéticas y literarias distintas de las existentes en las primeras novelas del escritor.

A finales de la década de 1960, durante la de 1970, y al principio de la década de 1980, en el Perú, muchos intelectuales progresistas y con intereses socio-culturales habían publicado denuncias cuestionando las actividades del Instituto Lingüístico de Verano sobre las tribus de indígenas desde el centro de actividades en el lago de Yarinacocha. Las denuncias se habían presentado en los medios y en libros, y, en el caso de Vargas Llosa, la temática de su crónica de 1958 se había adelantado a estos críticos con casos concretos de abuso de indios e indias de tribus de la selva peruana. Estos personajes y estas tribus se introducían en la exposición de una situación excluyente en la que grupos socioculturales no conseguían integrarse en la sociedad capitalista y en sus redes institucionales. Se encontraban, al contrario, expuestos a la explotación feroz, a la dominación brutal y a la opresión más salvaje. Y Vargas Llosa denunciaba los procesos heterogéneos –económicos, políticos, culturales y sexuales– que se dieron de manera simultánea y compleja en unas circunstancias observadas en 1958.

En el Vargas Llosa de la década de 1980, sin embargo, la exposición cedió a una referencia anecdótica sobre una secuencia nocturna en la que se escucha la narración que unos extranjeros expusieron de una historia individual. La exposición socio-política y cultural de denuncias había cedido el lugar para el retrato de un individuo particular –incomprensible para los observadores norteamericanos– y convertido en un elemento exótico, simpático en su rareza, en un principio, pero luego caricaturizado de manera farsesca en la novela. La figura de un "hablador" que ya se perfiló como "primitivo", emblemático para el Vargas Llosa de entonces, se vio como un ser ajeno al mundo "racional y moderno" y vino a ser completamente distinto de las aproximaciones a personajes concretos y a circunstancias sociopolíticas concretas antes ofrecidas en 1958, 1965 y 1971.

[49] *Ibid.*, pp. 86-87.

Esta visión distinta fue la propagada y confirmada también por Vargas Llosa en 2001, visión que marcó diferencias en las versiones de la selva ofrecidas por el escritor. En una comparación detallada entre la representación de "Jum", de *La Casa Verde* y la representación de "el hablador" de la novela de 1987, se notarían distintas versiones como resultado de diferentes poéticas, en ciertas variaciones sobre temas con resonancias políticas en la narrativa de Vargas Llosa.

En la entrevista de 2001, Vargas Llosa continuó con la exposición de una nueva versión del testimonio de sus experiencias personales en relación con la selva peruana:

> Mascarita es una invención, como todas las invenciones literarias, hecha a base de híbridos, porque tengo amigos que fueron estudiantes de antropología y sus experiencias las he canibalizado en la historia. Tengo amigos judíos peruanos que pertenecen a esa pequeña comunidad que es también una de las muchas tribus del Perú. A partir de todo ello hay quizá una experiencia personal que conocí de cerca. Una especie de *conversión cultural* de un amigo mío con la selva a la que realmente *se entregó* como se entrega uno *a una nueva fe, a una religión*. Aproveché algo de esa experiencia, por supuesto, en la historia de Mascarita.[50]

Como en *Pantaleón y las visitadoras*, y más tarde con *La guerra del fin del mundo* e *Historia de Mayta*, la denuncia de varios tipos de fanatismo recayó casi siempre sobre algún "tonto" individual al que la educación –en este caso de la asignatura de antropología– le había causado una "conversión cultural", le había desorientado y le había hecho perder la cabeza frente a "una nueva fe", "una religión" que escapara al control racional, convirtiéndolo en un profesional fanático.

Vargas Llosa se reservó el derecho de exponer a "Mascarita" desde una "nueva fe" propia, a la que se había entregado como a "una religión", a través de una especie de "conversión cultural" causada por estudios y lecturas de libros de Karl Popper, por ejemplo, y de otros intelectuales tradicionales, de los cuales proviene la división del mundo entre uno "primitivo" y otro "moderno". Vargas Llosa quería, desde su "nueva fe" –adquirida también a través de lecturas y de estudios–, encontrar el núcleo de un problema político en el Perú:

> Hay, desde luego, una problemática relacionada con la selva o, mejor dicho, con esas sociedades primitivas dentro de las sociedades modernas, una pro-

---

[50] *Ibid.*, pp. 87-88.

blemática que el Perú comparte con México, por ejemplo, y con muchísimas
sociedades latinoamericanas: Bolivia, Colombia, Ecuador. Una problemática
muy seria que estamos obligados a resolver mediante un gran esfuerzo de
imaginación y de creatividad porque no existe un sólo modelo válido, no hay
un sólo país al que podamos imitar diciendo: "Ésa es la fórmula, han encontrado la manera de resolver esos abismos que existen entre las sociedades primitivas y las sociedades modernas en el seno de una nación".[51]

Los términos usados en la definición del núcleo político denunciaron, directa e indirectamente, las posturas adquiridas a través de esta "nueva fe"
de Vargas Llosa, hecha a partir de sus estudios y lecturas.

La oposición entre "sociedad primitiva" y "sociedad moderna" produjo un abismo en la exposición de Vargas Llosa en el que se hundió y desapareció el concepto de heterogeneidad, de culturas, de etnias, de pueblos
y de derechos humanos para el llamado "cuarto mundo". El testimonio
personal de Vargas Llosa –de 1958 y de 1971– se amplió en 1987 y en 2001,
inscribiéndose entre experiencias personales necesarias para la producción de novelas, y se convirtió en un testimonio político que pretendió ser
neutral, natural y de sentido común. Por este mismo hecho terminó siendo testimonio político de Vargas Llosa.

García Márquez: Historia de un deicidio ha sido discutido antes en este
libro, pero cabe decir que se trata de otro testimonio personal, literario en
este caso, publicado en el año tan decisivo de 1971. La ironía histórica
quiso que se publicara el libro de elogios a Gabriel García Márquez más o
menos en las mismas fechas en las que Vargas Llosa, con sus posturas frente
a la política de Castro, hizo que se rompieran todos los lazos amistosos
entre los dos integrantes del grupo de amigos y colegas del *boom*. Que se
sepa, Vargas Llosa no ha vuelto a mencionar este libro publicado en 1971.

La historia y el paso del drama social al melodrama
INDIVIDUAL

Durante la década de 1960, Vargas Llosa venía considerando el humor
como un ingrediente contraproducente en la creación y el mantenimiento de una ilusión literaria que arrastrara al lector y le incitase a abando-
narse a la lectura. En la literatura, repitió en 1972, "[...] el humor me parece un ingrediente muy peligroso. Tiende a congelar, a helar, a matar las

[51] *Ibid.*, p. 88.

vivencias, *a menos que sea sarcástico y feroz* [...]"[52] Al mismo tiempo reconoció que "en el asunto de Pantaleón hay un elemento risueño, un elemento humorístico congénito a la materia narrativa".

El proyecto novelístico introducido con *Pantaleón y las visitadoras* (1973), y continuado con *La tía Julia y el escribidor* (1977), *La guerra del fin del mundo* (1981), *Historia de Mayta* (1984), *El hablador* (1987), y *Lituma en los Andes* (1994), se caracterizó por una reconsideración de la posible función del humor, de lo cómico y de la risa en la literatura. Pero entre *La tía Julia y el escribidor* y las novelas de la década de 1960 –en la estructura narrativa central de la novela– hay ciertas semejanzas.

Desde los comienzos de su carrera de narrador, Vargas Llosa cultivaba la narración de iniciación, de formación, y de aprendizaje social, político, psicológico, sexual y profesional durante los años formativos de muchos de los personajes masculinos de sus narraciones.

Los (d)efectos producidos y representados por la narrativa de educación y formación se apreciaron en las lecturas de *La ciudad y los perros*, *Los cachorros* y *Conversación en La Catedral*. Vargas Llosa se inscribía de esta manera en una corriente o una tradición en la narrativa peruana que se manifestó –tal como indicó Max Hernández en *La memoria del bien perdido*–[53] en El Inca Garcilaso de la Vega, se cultivaba en narraciones de Abraham Valdelomar, en *La casa de cartón* de Martín Adán, en *Duque* de José Diez-Canseco, en varias novelas de José María Arguedas, y se extendió en muchos representantes de la llamada generación de los 50 en la narrativa peruana. En los años sesenta, Oswaldo Reynoso cultivó la forma en los cuentos de *Los inocentes* (1961) y en novelas, y le acompañó un joven Alfredo Bryce Echenique en los cuentos de *Huerto cerrado* (1968), con *Un mundo para Julius* (1970), y textos posteriores. Más tarde, Jaime Bayly retomó las estructuras de la novela de formación en sus novelas de la década de los noventa, *No se lo digas a nadie* (1994), y *Fue ayer y no me acuerdo*, *La noche es virgen*, *Los últimos días de La Prensa*. Otros jóvenes escritores han ensayado en este género narrativo.

En *La tía Julia y el escribidor*, el narrador principal y protagonista, "Marito" o "Varguitas", poseía muchos puntos de contacto con narradores y experiencias ya conocidos de novelas anteriores y de las narraciones

[52] Ricardo Cano Gaviria, *El buitre y el ave fénix. Conversaciones con Mario Vargas Llosa*, Anagrama, Barcelona, 1972, p. 92, subrayado nuestro.

[53] Max Hernández en *Memoria del bien perdido: conflicto, identidad y nostalgia en el Inca Garcilaso de la Vega*, Instituto de Estudios Peruanos/Biblioteca Peruana de Psicoanálisis, Lima, 1993.

autobiográficas que abundaban en artículos y entrevistas al escritor histórico y "real" de Mario Vargas Llosa. Los sucesos narrados en una parte de la novela se limitaron a sucesos de la vida íntima y privada del joven narrador. En esta novela, las circunstancias sociopolíticas peruanas no desempeñaron directamente ningún papel determinante en los sucesos y su evolución. El hecho de que la novela en parte se limitara casi por completo a la vida íntima del narrador, le permitió actuar de manera distinta a la de los narradores de las novelas de la década de 1960.

Un factor distintivo entre las novelas de la década de 1960 y esta es el hecho de que "Marito" o "Varguitas" realizará con éxito sus objetivos: la obra inauguró una especie de literatura *light* o "liviana" en anticipación a cuentos y novelas publicados más tarde por Jaime Bayly, por ejemplo. "Los fracasos de Vargas Llosa" de las novelas realistas de la década anterior –las frustraciones de Alberto, de Cuéllar y de Zavalita en la esfera privada, sexual, pública, social y política– aquí contrastaron con los éxitos en la vida amorosa, personal, y en la vida personal, literaria, y profesional de "Marito". Los sueños se hicieron realidad: se casó con la mujer que amaba y se transformó en escritor; los hechos se inscribieron como una novela "rosa" de desenlace feliz, en anticipación de la parte autobiográfica de *El pez en el agua*.

Este final feliz, sin embargo, generó efectos de lectura que dejaron al lector posicionado en la experiencia de un desnivel entre lo que sabe el narrador-personaje de la novela y el saber que se acumulará para el lector durante la lectura, desnivel que generó una especie de ironía dramática semejante a los casos de Alberto y del Jaguar en *La ciudad y los perros*. El final feliz y las perspectivas irónicas generadas en el proceso dinámico de lectura construyeron efectos que hicieron que *La tía Julia y el escribidor* se acercara al melodrama, género combinado con el de la tragicomedia y el de la narrativa llamada "trivial", por ejemplo, en el caso de Jaime Bayly. La novela se distanció del proyecto del realismo tradicional, antes divulgado y reiterado por Vargas Llosa, y se distanció de la seriedad determinada y determinista de las novelas de los años sesenta, para desbordar fronteras y desembocar en una mezcla de géneros narrativos sin precedentes en la narrativa del autor, ni en la narrativa peruana. Esta mezcla de géneros reconformó las innovaciones en la novela de Vargas Llosa para los años setenta y ochenta.

En el personaje del "escribidor" la novela se apartó de la autobiografía de Vargas Llosa y también del proyecto realista anterior. El humor, como se ha visto antes, lo presentaba Vargas Llosa como un ingrediente que tiende "a congelar, a helar, a matar las vivencias, a menos que sea sarcástico y feroz [...]". En la representación narrativa de Pedro Camacho, las exageraciones y la caricatura –sarcásticas y feroces– llevaron la lectura hacia los efectos del humor malévolo.

El escribidor trabaja en el género de la literatura popular y trivial, melodramática y tragicómica de las radionovelas. El conflicto entre los múltiples proyectos simultáneos y ansiados, y su realización concreta y paralela en múltiples textos, llevó a Pedro Camacho a la locura. El escribidor terminó elevándose en una caricatura en la que se (auto)parodia la idea de la vocación del escritor, tan difundida y reiterada en artículos, ensayos, entrevistas y conferencias de Vargas Llosa. Las ambiciones maniáticas y confusas terminaron en gestos mecánicos que caracterizaron las peripecias del escribidor como personaje novelesco e hicieron de él una figura literaria cómica. Los episodios melodramáticos, absurdos, cómicos y ridículos se acumularon en torno a Pedro Camacho y alternaron en contrapunto con episodios centrados en el melodrama de Marito y su tía Julia.

Las ambiciones profesionales y maniáticas del escribidor recordaron el fanatismo profesional y militar del teniente Gamboa en *La ciudad y los perros*; las manías perfeccionistas de Cayo Bermúdez en *Conversación en La Catedral*; el fanatismo militar y de ciertas sectas religiosas de *Pantaleón y las visitadoras* y el fanatismo religioso de *La guerra del fin del mundo*. Estos casos, y sus procedimientos de representación, anticiparon el fanatismo político en Mayta y el dogmatismo político y literario en el novelista-narrador de *Historia de Mayta*.

La vena cómica se encontró también en el caso de un personaje-escritor de *La guerra del fin del mundo* que generó efectos de lectura de humor y de risa. Esta vez se concentró en la figura del periodista en misión especial como corresponsal de guerra. La lectura acumuló sobre él una serie de características personales ridículas tanto como una serie de defectos físicos e intelectuales. Feo, miope, de una delgadez pronunciada, y de un nivel intelectual elemental, se representó en forma de caricatura. Careció de elegancia personal, era cobarde, tenía miedo, pensaba siempre en ponerse a salvo, y en un momento de crisis se le rompieron los anteojos y quedó a merced de la suerte y del azar en el trabajo de recolección de información para los medios públicos de comunicación.

Esta serie de características personales –deformadas, exageradas, caricaturizadas– condicionaron su comportamiento como escritor caprichoso que producía para los partes las versiones que le dictaron la imaginación y los rumores. Los partes enviados terminaban muchas veces en resultados farsescos, absurdos y ridículos que causaban hilaridad e invitaban a una lectura cómica del periodista.

La figura literaria de este periodista anticipó –en las características acumuladas sobre su cuerpo y su espíritu– tanto al narrador-autor como a la figura de Mayta en *Historia de Mayta*. Los tres llegaron a compartir la característica central de ser representados como narradores completamente indignos de confianza y mentirosos que fabricaron sus textos y narraciones de maneras completamente descabelladas y no-realistas.

TRANSICIONES

Ciertos hechos históricos en la Cuba de Castro provocaron en 1971 reacciones de protesta por parte de personas que hasta entonces se habían considerado aliados de la Revolución. El grupo de escritores del *boom* se vio afectado por los efectos de los casos Padilla, y muchos son los que consideran 1971 como la fecha final del fenómeno del *boom*. Los sucesos históricos de Cuba ejercieron de manera particular su influencia sobre Mario Vargas Llosa, y se han indicado algunos de los momentos en que se había enfrentado con los dirigentes y las autoridades de la Revolución cubana para ser, a su vez, duramente atacado y excluido de futuros contactos con los órganos culturales de la Revolución. También ha sido importante indicar algunos de los efectos poético-estéticos producidos en la escritura de Vargas Llosa después de 1971.

Son los cambios y las reorientaciones en las publicaciones de Vargas Llosa después de 1971 los que interesan en los capítulos restantes de este estudio, que se concentrarán en rupturas y novedades en la producción literaria de Vargas Llosa. *Historia de Mayta* vendrá a ser en este estudio la cúspide de la "nueva" novela perfilada por Vargas Llosa después de 1971. El cultivo de la literatura testimonial por Vargas Llosa llegó a su más voluminosa y significativa versión con la publicación de *El pez en el agua*, escrito después de su derrota en las elecciones presidenciales de 1990. La figura de José María Arguedas había venido acompañando a Vargas Llosa como una sombra desde los años cincuenta. En su libro *La utopía arcaica*, Vargas Llosa cometió sobre la figura de Arguedas un acto de parricidio semejante a los cometidos por él con otros autores latinoamericanos en su época más radical de los años sesenta y de los que salvó, en aquel entonces, a Arguedas.

VI

HISTORIA DE MAYTA:
NOVELA DE PARODIAS Y SÁTIRA

La crítica literaria peruana y extranjera había venido acompañando a Mario Vargas Llosa en la publicación de novelas "realistas" desde la década de 1960, y también le había seguido en su función de crítico literario en artículos, ensayos, entrevistas y conferencias. De manera general, los críticos habían aceptado y se habían adaptado a la insistencia en la concepción de la "novela realista" elaborada y difundida por el propio novelista y, en la mayoría de los casos, habían intentado ver reflejada esta "idea de la novela" en las novelas producidas.

Sin embargo, desde la publicación de la novela *Pantaleón y las visitadoras* (1973), el autor amplía los registros de su escritura para dar una nueva dirección a su novelística y construir una novela diferente de las anteriores. Con esta novela, al lector no le corresponde insistir en y reproducir métodos críticos aplicados a las novelas anteriores que ya no bastan para captar los efectos generados en el proceso dinámico de lectura de un texto narrativo que marca un hito en la narrativa de Vargas Llosa.

Este capítulo expone los proyectos literarios reformulados y reiterados de Vargas Llosa, a veces contradictorios y ambiguos, en especial para *Historia de Mayta*, y discute la recepción que los críticos en Lima brindaron a la novela. Se desarrollan luego algunas observaciones en torno al fenómeno de la construcción de lo cómico en la narrativa, y se proponen lecturas desde perspectivas teóricas que, en el mejor de los casos, hacen justicia al autor y a la novela.

El proyecto de la "novela realista" de Vargas Llosa se definió en artículos, ensayos, entrevistas y conferencias a lo largo de la década de 1960, centrándose en los conceptos de "novela total", aquella anclada en la realidad, y de "novela autónoma", que, con cierta independencia, se conforma como "invención de una realidad". Estas metáforas y la de los "demonios personales", que anclan la novela en la autobiografía del autor, se abren a campos semánticos vastos y sin limitaciones y posibilitan inclusiones y exclusiones en un sistema complejo y contradictorio de selección, por ejemplo, de entre los registros de múltiples experiencias personales entre todos los "demonios" posibles en una vida individual. La metáfora de "la literatura es fuego"[1] se abre en un abanico de posibilidades, ya que "el fuego" no se dirige en un principio hacia ningún blanco en particular, y la metáfora le garantiza al autor el derecho y la libertad total de definir sus blancos en un momento dado y oportuno de trabajo textual. La combinación lingüística que metaforiza al autor como un "buitre que se alimenta de carroña social",[2] se abre a dimensiones semejantes de redefiniciones posibles.

Las metáforas producidas sirven como un resguardo de la libertad del escritor para redefinir y reformular proyectos en el transcurso del tiempo, sin que esto necesariamente divida a Vargas Llosa en dos, porque la unidad en la diversidad también se encuentra en las posibilidades metafóricamente abiertas, tal como queda indicado en otra parte de este libro.

LA PARADOJA DE "LA VERDAD DE LA MENTIRA"

Al igual que en sus novelas anteriores, cuando anunció el proyecto de *Historia de Mayta*, Vargas Llosa volvió a indicar que la génesis de la novela estaba en la historia de su vida, e invitó a una lectura que identificase en la vida del escritor o en la historia (de la sociedad peruana), el sentido profundo de la novela: "Nació en París en 1962. Fue un día en que al abrir *Le Monde*, a eso de las tres de la tarde, como lo hacía todos los días, me encontré con un pequeño suelto que se refería al Perú. Allí se hablaba de una frustrada insurrección armada en un pueblito de la sierra peruana, Jauja".[3] Insistió en anclar el proyecto ya no en experiencias personales propiamente dichas –los "demonios"–, sino más bien surgidas de sucesos que

[1] Mario Vargas Llosa, "La literatura es fuego", Conferencia al aceptar el Premio Literario Rómulo Gallegos, Caracas, 10 de agosto de 1967, publicada en *Mundo Nuevo*, núm. 17. París, noviembre de 1967, pp. 93 95. Reproducido en *Contra viento y marea*, I (1962-1972), Seix Barral, Barcelona, 1986, pp. 176 181.

[2] Ricardo Cano Gaviria, 'Conversaciones con Mario Vargas Llosa', en Ricardo Cano Gaviria, editor, *El buitre y el ave fénix: conversaciones con Mario Vargas Llosa*, Anagrama, Barcelona, 1972, pp. 11-111, *pássim*.

[3] Mario Vargas Llosa, "La nueva novela de Mario Vargas Llosa", Entrevista y textos de Jorge Salazar, *Caretas*, núm. 826, Lima, 1984, p. 28.

pertenecían al reino de las memorias –los que se presentaron en 1971 como "demonios" culturales, históricos, literarios, etc.,[4] y se confesó personalmente como amigo de militantes de movimientos de izquierda y de las guerrillas en la política del pasado peruano:

> Yo fui muy amigo de Paúl Escobar, que después moriría peleando por el MIR. Otro que estuvo por París y de quien fui muy amigo es de Lobatón. Fui menos amigo de la Puente Uceda pero lo conocía bastante; otros seres, como Javier Heraud, del que sí había sido muy amigo, se embarcaban en aventuras revolucionarias [...].[5]

Entre estos recuerdos germinales –centrados en una nota periodística de 1962 y que forman parte de las memorias del autor histórico– y la actualización del proyecto literario de la novela, media una distancia temporal bastante amplia: "La verdad es que nunca pensé que algún día escribiría una novela a partir de este hecho, pero hoy sé que ese suelto fue el punto de arranque de la ficción que ahora se publica".[6] Se decidió, dijo en 1984,

> exactamente hace dos años, cuando en el Perú comenzaban los síntomas de lo que hoy en día es la violencia política [...]. En cierta forma, esta violencia, de una manera muy curiosa, ha ido acercando la realidad del Perú a una ficción [...]

Mayta y sus compañeros "[...] también inventaron una ficción, en este caso una ficción ideológica, una supuesta interpretación científica de la realidad peruana para determinar una forma de acción, en este caso violenta".[7] Parte del proyecto novelístico era sincronizar en la novela dos momentos históricos, entre los que mediaba una distancia de veinte años, para poder descubrir lo que es

> la violencia política y cuáles son los resultados de introducir la ficción en la vida práctica.
> La violencia que hoy alcanza las escalofriantes proporciones que conocemos arranca de esa violencia mucho menos mortífera, mucho más idealista, si quieren, de los primeros intentos insurreccionales.[8]

---

[4] Cf. supra, capítulo I, "Un novelista nace, el talento se produce" y n. 2, pp. 21 y ss.
[5] *Ibid.*, p. 29.
[6] *Ibid.*, p. 28.
[7] *Ibid.*, p. 30.
[8] *Ibidem.*

En 1984, Vargas Llosa formuló de manera explícita su intención didáctica con la novela:

> Eso es lo que quisiera, al menos en mi novela, que quedara claro: que la violencia a partir de cierto momento carece ya de ideología. [...] Es un novela, pero la literatura es lo más importante de mi vida, entonces yo he querido expresar algo [...] Algo que evite a este acomodo al horror de mis compatriotas.
> Esto ya no es un problema de ideología, es un problema de humanidad y civilización al que hay que poner fin porque de lo contrario acabará con todos nosotros en cualquier momento.[9]

Civilización y barbarie otra vez. En la exposición de Vargas Llosa en 1984, se establecía una dicotomía que había sido central en los discursos de literatos e intelectuales latinoamericanos de finales del siglo XIX y principios del siglo XX, y de la que Vargas Llosa había renegado repetidas veces, en los ataques lanzados durante la década de 1960 contra los novelistas llamados "primitivos" y contra la novela "primitiva", por ejemplo, o contra la "pseudonovela".

La violencia política fue situada por el Vargas Llosa de 1984 en el lugar que antes había sido ocupado por la selva, en *Cuentos de amor, de locura y de muerte* (1917), *Cuentos de la selva* (1918) y *Anaconda* (1921) de Horacio Quiroga; en *La vorágine* (1924) de José Eustasio Rivera; en *Doña Bárbara* (1929) de Rómulo Gallegos, y la pampa, en *Don Segundo Sombra*, de Ricardo Güiraldes. Las frases finales de *La vorágine* han llegado a ser emblemáticas —"Ni rastro de ellos. ¡Los devoró la selva!"— de una narrativa que representa una inmensa y salvaje naturaleza como una amenaza de aniquilación y desaparición para el hombre civilizado. La cita de la novela de José Eustasio Rivera resonaba en las frases de Vargas Llosa en 1984 —"[La violencia] es un problema de humanidad y civilización al que hay que poner fin porque de lo contrario acabará con todos nosotros en cualquier momento"—, frases que se hicieron emblemáticas para muchos proyectos de Vargas Llosa a lo largo de la década de 1980.

Los términos de violencia e ideología pertenecían a los otros, a los peligrosos, a los que representaban amenazas y se merecían un tratamiento (literario) sin clemencia; los términos de política, humanidad y civilización parecían formar el opuesto dicotómico, expuesto como "normal" y "natural" —como lo que "todos" conocían y deseaban—, otra vez sin nece-

[9] *Ibid.*, p. 31.

sidad de calificación ni definición en las exposiciones vargasllosianas de 1984.

Presentados en abstracto, los términos funcionan como grandes palabras y como metáforas porque dependen, para su denotación, de la posición discursiva establecida y desde la que habla el sujeto lingüístico. En este caso, Vargas Llosa, el autor histórico, no se vió en la necesidad de definir su posición, porque aparentaba escribir y hablar desde la del "sentido común" que, en las discusiones de Catherine Belsey,[10] sí es ideológico, porque responde a los discursos impersonales de "lo que se dice" o a lo que Roland Barthes ha llamado "la doxa". La *para*-doxa no se genera en este discurso que versa en torno del sentido común, y la intención didáctica del autor histórico se inscribe como apocalíptica, mesiánica y mistificadora.

En la realización de la intención didáctica con la novela –"[...] la literatura es lo más importante de mi vida, entonces yo he querido expresar algo [...]. Algo que evite a este acomodo al horror de mis compatriotas"–,[11] el autor histórico se reservó el derecho de manipular los datos sociopolíticos e históricos, digamos, objetivos, para que se conformaran con la intención expresada:

Lo que a mí me fascina, porque *los hechos no ocurrieron realmente como lo narro en el libro*, es la idea de este hombre, un poco ya en el umbral de la jubilación política, fascinado por un muchacho impulsivo y que se convierte espiritualmente en un joven que se lanza a *una aventura bastante descabellada y sin ninguna posibilidad de éxito*.[12]

Los hechos no ocurrieron realmente como lo narra en el libro, y Vargas Llosa no vaciló en transformar la historia a su antojo: "[...] en mi narración he retrocedido la historia de Jauja en 4 años para que sea anterior a la revolución cubana".[13]

Mayta desea en un principio hacer la revolución en el Perú, y en muchas novelas "comprometidas" con la guerrilla latinoamericana sería figura de héroe político. Sin embargo, Vargas Llosa ventiló sus simpatías y sus antipatías e inscribió la predestinación y el determinismo en torno al per-

[10] Catherine Belsey, *Critical Practice*, Routledge, Londres, 1980.
[11] Mario Vargas Llosa, "La nueva novela de Mario Vargas Llosa", Entrevista y textos de Jorge Salazar, p. 31.
[12] *Ibid.*, p. 28, subrayados nuestros.
[13] *Ibid.*, p. 30.

sonaje al caracterizar la aventura de antemano como "descabellada" y "sin ninguna posibilidad de éxito". La figura de uno de los protagonistas de la novela se perfiló como la de un antihéroe.

En la realización del proyecto de Vargas Llosa, la responsabilidad de la narración de la "historia de Mayta" es compartida con un narrador ficticio que también se lanza a una aventura: la de escribir una novela particular:

> Un narrador trata a través de entrevistas, a través de una pesquisa, de reconstruir quién fue Mayta. Así, esta indagación lo lleva a visitar a distintas personas, a revisar periódicos antiguos, a recorrer bibliotecas tras el afán de reconstruir la figura del mítico protagonista de la historia de Jauja.
> Y añade además una gran dosis de fantasía e invención propia.[14]

Este narrador-escritor va observando en el tiempo de su presente cómo crece la violencia a su alrededor. Un tipo de violencia que le parece cada vez más una consecuencia final de ese primer brote de violencia política que la historia de Jauja representa:

> El narrador está tratando de averiguar una verdad para mentir, es decir inventar una historia que tiene las apariencias de la realidad sin serla, que es lo que es la novela.[15]

La redefinición representada del proyecto de novela como "inventar una historia que tiene las apariencias de la realidad sin serla, que es lo que es la novela", y se transfiere al narrador-escritor diegético de la novela.

Esta transferencia de proyecto y su consecuente indeterminación llegan a caracterizar una aventura literaria/novelística "bastante descabellada y sin ninguna posibilidad de éxito" como la elaboración de lo que se perfila como "una historia que tiene las apariencias de la realidad sin serla". Las tareas que así se definen y con las que lucha el narrador-escritor recuerdan a Pedro Camacho de *La tía Julia y el escribidor*, y en el "escribidor" que se construye en y para *Historia de Mayta* conducirán a la desesperación y al fracaso del proyecto literario, al igual que el del proyecto político "descabellado" de Mayta.

[14] *Ibidem.*
[15] *Ibidem.*

LECTORES Y LECTURAS DE *HISTORIA DE MAYTA*

Muchos críticos intentaron leer *Historia de Mayta* de la misma manera en que se leían las novelas principales de Vargas Llosa de la década de 1960 – *La ciudad y los perros*, *La Casa Verde* y *Conversación en La Catedral*–: como una novela realista en relación con un referente sociohistórico y extratextual, es decir, como "ejercicio de revelación y de crítica de la realidad".[16] De estas lecturas surgieron objeciones frente al reflejo defectuoso que la novela ofrece de la realidad, o los defectos de construcción de la novela.[17] Los críticos documentaron los "errores" patentes de la novela en relación con la historia del Perú, interpelaron al autor en relación con su postura política e indicaron para el escritor peruano un papel social único y categórico. Otras objeciones surgieron en torno a la relación entre esta novela y un supuesto realismo [crítico] que se dice domina en la narrativa peruana.[18] Susana Reisz invirtió el esquema para afirmar que el proyecto realista explicitado por el narrador diegético de la novela, el *alter ego* de Vargas Llosa, se actualiza "cabalmente" en la novela que está elaborando, y defendió la novela como un logro técnico.[19]

Pero de alguna manera, y desde la paradoja de los principios metodológicos explicitados por Vargas Llosa en la descripción del proyecto para la novela, resulta más placentero y entretenido leer *Historia de Mayta* tal como se leen *Los cachorros*, *Pantaleón y las visitadoras* y *La tía Julia y el escribidor*: como novelas en las que el realismo defendido se deja mezclar con grandes dosis de procedimientos melodramáticos y cómicos. La lectura se convertiría en un estudio de novela de humor o de entretenimiento en los efectos cómicos producidos en el proceso dinámico de lectura de la novela. En muchas ocasiones, los críticos peruanos terminaron en evaluaciones negativas y en cierto menosprecio frente al humor en la novela, porque, como asentó Edgar O'Hara, "detrás del humor no hay la menor intención de crítica a la realidad, como sucedía antes [en la

---

[16] Antonio Cornejo Polar, "Hipótesis sobre la narrativa peruana última", *Hueso húmero*, núm. 3, Lima, 1979, p. 61.

[17] Antonio Cornejo Polar, "La historia como apocalipsis" *Quehacer*, núm. 33, Lima, 1985, pp. 76 87.

[18] Antonio Cornejo Polar, "Hipótesis sobre la narrativa peruana última", cit.

[19] Susana Reisz de Rivarola, "La historia como ficción y la ficción como historia. Vargas Llosa y Mayta", *Hueso húmero*, núm. 21, Lima, 1986, pp. 112 134.

novelística de Vargas Llosa]. En consecuencia, los lectores sienten 'placer' y el autor satisfacción".[20] La lectura de O'Hara parece chocar frontalmente con estimaciones generales en torno a la función de la comedia, de la farsa y de lo absurdo en la literatura. Mario Vargas Llosa "ha inaugurado dentro de la literatura peruana, la novela de entretenimiento, con lo que se modifica una tradición prácticamente unánime, a la que también pertenecen las primeras obras de Vargas Llosa, que concebía y practicaba la escritura novelesca como ejercicio de revelación y crítica de la realidad social".[21] En vez de darle la bienvenida, sin embargo, Cornejo Polar repitió el gesto de rechazo tradicional de la crítica peruana frente a novedades e innovaciones. Los críticos establecieron una dicotomía cerrada entre humor y entretenimiento, de un lado, y la intención, concepción y práctica de crítica social, del otro, y se cegó a las lecciones que sobre la comedia han sido ofrecidas en Aristóteles y en Henri Bergson, sobre el carnaval en Mihail Bajtin, y sobre la farsa en un Dario Fo, por ejemplo. Se observó una especie de ceguera en la crítica literaria peruana en relación con las posibilidades de crítica social y política en la comedia, la sátira, la farsa, la caricatura, la parodia, el melodrama y la literatura del absurdo.

Es probable, sin embargo, que los rasgos calificados desde lecturas "realistas" como *de*fectos –"políticos"– en la novela sean, desde otra perspectiva *e*fectos de lectura, efectos y logros literarios y estéticos. Ciertos efectos producidos no hacen que la novela sea, necesariamente, un ejemplo de "crisis del realismo",[22] o de un "error en la construcción formal",[23] sino, más bien, una experimentación literaria innovadora, interesante y estimulante. La novela parece ser una innovación literaria que produce un éxito de construcción novelesca con posibilidades de crítica social y política que no se dejan limitar por las exigencias del realismo crítico, impuestas por la crítica literaria en el Perú. Y la novela pareció ser tan problemática que, en realidad, puso a parte de la crítica en Lima en estado de crisis.

La literatura peruana encierra también vetas que se han venido desarrollando desde el siglo XIX y a lo largo del siglo XX –desde *Escalas* (1923)

---

[20] Edgar O'Hara, "Mario Vargas Llosa o el desarrollo de una involución", *Marka*, núm. 143, Lima, 1980, pp. 40 41.

[21] Antonio Cornejo Polar, "Hipótesis sobre la narrativa peruana última", cit., p. 61.

[22] Ricardo González Vigil, "Vargas Llosa: el realismo en crisis", *El Dominical* (suplemento de *El Comercio*), Lima, 25 de noviembre de 1984.

[23] Antonio Cornejo Polar, "La historia como apocalipsis", cit.

de César Vallejo, *La casa de cartón* (1928) de Martín Adán y *Duque* (1934) de José Diez-Canseco, hasta *Los inocentes* (1961) de Oswaldo Reynoso– que incluyen también a *Lima la horrible* (1964) de Sebastián Salazar Bondy, *Los Cachorros* (1967) de Vargas Llosa, y *Huerto cerrado* (1968) y *Un mundo Para Julius* (1970) de Alfredo Bryce Echenique, y que se ha cultivado más tarde en las novelas de Jaime Bayly a partir de *No se lo digas a nadie* (1994).

El caso de Abraham Valdelomar es importante porque "ha pulverizado el academismo anacrónico que asfixiaba nuestra mentalidad [...], ha traído rebeldía, libertad, amplitud de horizonte, más oxígeno sentimental", tal como escribió César Vallejo. Ha sido Valdelomar quien "inauguró el dandysmo literario" en el Perú: "buscaba la atención y se reía de quienes tomaban en serio sus poses esteticistas".[24] Desde el siglo XIX hasta finales del siglo XX, el autor de *Historia de Mayta* pudo haberse nutrido de vetas narrativas pertenecientes a tradiciones de literatura cómica, humorística, satírica y farsesca que, con o sin la diatriba y el gesto de rechazo y condena, desempeñan también un papel en la función de crítica social frente a las circunstancias gubernamentales, políticas, sociales, religiosas y morales de la sociedad peruana.

UNA DIGRESIÓN EN TORNO A COMEDIA, HUMOR, RISA Y CRÍTICA SOCIAL EN LA LITERATURA

Los términos de entretenimiento, gusto, goce y placer causan desconfianza, cierto malestar y rechazo en el academicismo, siempre serio, grave y severo, "que asfixia nuestra mentalidad", para parafrasear a Vallejo. Los términos mencionados parecen insinuar trivialidad literaria; se considera al humor y a la risa como elementos sospechosos y desdeñables en la literatura. El deleite y el goce en el entretenimiento se oponen, como una especie de hedonismo pecaminoso y subjetivo, al compromiso y al combate serios, severos y objetivos, "responsables", en la literatura y en la crítica literaria.

Además de la resistencia general frente al posible "placer del texto" y los posibles placeres de lectura, se observa una insistencia particular en la

---

[24] Luis Alberto Sánchez, "Prólogo" a Abraham Valdelomar, *Valdelomar: obras*, Fundación del Banco Continental para el Fomento de la Educación y la Cultura, T. I, Lima, 1988 p. XIX.

222   LA NARRACIÓN COMO EXORCISMO

crítica a considerar la comedia como más superficial y trivial que la tragedia, y exenta de la función de crítica social. Los aspectos del entretenimiento y del placer en la literatura y en la lectura invitan a teorizaciones
que todavía están por hacerse, tal como afirmó por ejemplo Terry
Eagleton.[25]

En su *Poética*, Aristóteles define a la comedia como un género literario
que ridiculiza, para criticarlos, a personajes con defectos y vicios, que se
revelan como personajes inferiores a la mayoría de los representantes de
la sociedad. Para Ben Jonson, el papel social de la comedia reside en su
capacidad para revelar las estupideces del hombre. En Thomas Hobbes, el
humor es expresión de superioridad y de triunfo personal en quien se da
cuenta de algo deformado en otra persona. Charles Baudelaire, en *De
l'essence du rire*, ve en la risa (probablemente en el humor) el espíritu satá-
nico del hombre y la propensión natural de este hacia el mal.

Henri Bergson, en el libro titulado *Le Rire*,[26] desarrolla su teoría de la
significación de lo cómico, moviéndose desde un intento de definición
general de lo cómico hacia una discusión de personajes y géneros literarios humorísticos. Se preocupa por ciertas formas que adopta la imaginación cómica y se entrega a una descripción en la que identifica una serie
de gestos mecánicos presentes en la comedia: formas, movimientos, situaciones, palabras y caracteres, etc.

Los procedimientos mecánicos se encuentran también en la caricatura, en la caracterización de tipos y en la estructura cómica de los diálogos.
El teatro es para Bergson la escena donde lo cómico aparece a la vez como
una forma de arte con una función de crítica social. La comedia extrae y
se concentra en ciertos rasgos generales del personaje, revela ciertas *acciones habituales y mecánicas*, y la hilaridad nace, para Bergson, de cierta *rigidez mecánica en el personaje*, que se presenta allí donde se esperaría encontrar cierta sutileza y flexibilidad en la persona.[27]

Define un tipo cómico como *un personaje que se representa como inflexible, gobernado por una estructura mental rígida*, condenado a la *repetición mecánica* tanto en su comportamiento físico como en sus procesos
mentales. Este tipo desconoce sus limitaciones y actúa y reacciona ciega-

[25] Terry Eagleton, *Literary Theory. An Introduction* (1983). Traducción al español: *Una
introducción a la teoría literaria*, Fondo de Cultura Económica, México, 1988, pp. 226-227.
    [26] Henri Bergson, *Le rire. Essay sur la signification du comique* (1900), Presses
Universitaires de France, Paris, 1958; en particular la sección de "Comedia *vs.* Tragedia", pp.
179-191.
    [27] *Ibid.*, p. 9.

mente, gobernado por una rigidez que le impide adaptarse de una manera apropiada a las circunstancias cambiantes que lo rodean. El personaje
se caracteriza por medio de una serie de gesticulaciones inadecuadas, pero
su estructura mental produce su propia lógica, al parecer consistente, en
su mundo improbable.

Para Bergson, la risa se genera como efecto de la representación de la
vida mecanizada que congela gestos espontáneos y vivos en posturas rígidas y estilizadas en payasos y títeres. La risa es una reacción contra *un
exceso de automatismo en palabras y acciones*. La insensibilidad acompaña
de ordinario a la risa, y lo cómico apela al intelecto, no a los sentimientos.
La risa no tiene mayor enemigo que la emoción: uno no se ríe de una
persona que inspira lástima o compasión.[28] La falta de urbanidad en el
personaje y la insensibilidad en el espectador son dos condiciones necesarias para que se produzca la risa según Bergson.

Y la risa tiene una función social. Uno se ríe de los vicios y de las virtu-
des cuando aparecen como gestos mecánicos que gobiernan a los personajes. La risa llama al orden llamando la atención a nosotros mismos y a
la norma común que asegura nuestra función en la sociedad. Desempeña
la función social de hacer reforzar las nociones de lo socialmente aceptable y normal. Los espectadores se encuentran en una posición privilegiada frente al espectáculo de la comedia y saben más que el personaje en la
escena. La ironía dramática que nace entre varios niveles de conocimiento
y de saber, hace que el personaje cómico aparezca como un ser sin conciencia de sí, que se hace invisible para sí siendo visible para todo el mundo.[29]

Freud estudia el chiste (posiblemente lo cómico, el humor y la agude-
za) como una estructura que coniene una función fundamentalmente
catártica.[30] Los chistes inocentes o triviales tienen el objetivo de agradar y
hacer reír. El impulso a la agresividad y a la hostilidad es característico del
chiste tendencioso, que genera el humor desde dos bases: el propósito hostil
implícito y un factor estético que desvía la atención del mensaje hacia la
técnica empleada en la producción del chiste. El chiste es el resultado de
un trabajo de organización y de interpretación condicionado por circunstancias históricas, sociales, culturales, políticas, estéticas y lingüísticas en
una sociedad dada.

---

[28] *Ibid.*, p. 3.
[29] *Ibid.*, p. 13.
[30] Sigmund Freud, *Jokes and their Relation to the Unconscious*, Norton, Nueva York,
1960.

La risa, en Bergson, y el chiste tendencioso, en Freud, desempeñan un papel social: una especie de arma en la relación entre la persona que se ríe y la persona o el objeto que se convierte en el blanco de la risa. Bergson anota que en la comedia existe una relación de superioridad e inferioridad, y la risa, sus causas, mecanismos y efectos, puede ser estudiada desde dos ángulos distintos: el ángulo del verdugo y el ángulo de la víctima. Para Freud, lo que es catarsis, alivio y ahorro de energía psíquica en uno, resulta ser castigo, vergüenza, sufrimiento y dolor en otro. El humor implica un iniciador (emisor) y un blanco (receptor), y ser humorístico implica desde un poco hasta grandes dosis de agresión y hostilidad dirigidas hacia algo o alguien definidos como blancos para el ataque.

Al concentrarse en el género de la novela, Wayne C. Booth observa una distancia entre el "autor implícito" y un narrador "no fidedigno" que se aparta de las normas de aquél.[31] Este tipo de narrador y las variaciones en torno a su configuración son las que encuentra y describe en autores como Montaigne, Sterne y Swift –precursores de una serie de narradores–, y en Joyce, Proust, Gide, Huxley, Mann y Faulkner, entre otros.

Booth localiza el efecto de comicidad de la novela cómica en la distinción entre autor y narrador mencionada arriba. El narrador de una novela cómica es, para Booth, en casi todos los casos, *un narrador muy autoconsciente de ser narrador*,[32] y es normal en este tipo de novela que *el personaje-escritor se autorretrate en su narración*. El autorretrato elaborado, sin embargo, parte payaso, parte oráculo, sólo de manera muy remota se relaciona con algún autor histórico y real.[33] La novela cómica ofrece a veces un retrato completo, ridículo en su totalidad, de *los procesos mentales incoherentes de un narrador caprichoso*, y es normal en esta novela que *el narrador irrumpa con sus comentarios personales* en la narración que está llevando a cabo. Todos los narradores irrumpen cuando quieren en sus textos, ostentosos para exponer sus ideas y opiniones y para mostrar con orgullo que son sabios y excéntricos. Es la valiosa figura del narrador excéntrico la que caracteriza gran número de las novelas cómicas.[34]

A veces son los comentarios del narrador los que hacen la novela. El narrador de la novela cómica ofrece a la vez un relato continuo en torno al personaje como autor y un informe sobre el trabajo con el libro que está

---

[31] Wayne C. Booth, *The Rhetoric of Fiction*, The University of Chicago Press, Chicago, 1961, p. 159.
[32] *Ibid.*, p. 155.
[33] *Ibid.*, p. 224.
[34] *Ibid.*, p. 235.

Terminamos con una doble mediación. Entre la realidad y la novela se sitúa como mediador el autor histórico, "la persona total que es el autor",[42] en los momentos en que trabaja para producir la novela. Entre la intencionalidad autoral y la novela terminada se construye como mediador un narrador visible que narra en primera persona, –"el que nos hace saber qué ocurre en la novela".[43] El narrador en *Historia de Mayta* "nos hace saber qué ocurre en la novela" en su decir y en su actuar, en su dramatización personal e individual como escritor "descabellado" sobre la escena de la novela.

Esta presencia de un escritor-narrador llena una ausencia porque, al mismo tiempo, según los principios metodológicos de Vargas Llosa, "el autor es como Dios, está presente en todas partes pero no es visible en ninguna de ellas".[44] La frase evoca "la lejana deidad flaubertiana":[45] "El artista debe estar en su obra como Dios en su creación, invisible y todopoderoso, para que se le sepa en todas partes y no se le vea jamás".[46] La dinámica resultante fue descrita por Vargas Llosa de la siguiente manera:

> Al traducirse en palabras, los hechos sufren una modificación profunda: El hecho real [...] es uno, en tanto que los signos que pueden describirlo son innumerables. Al elegir unos y descartar otros, el novelista privilegia una y asesina otras mil posibilidades o versiones de aquello que describe.[47]

El narrador-escritor es una de estas posibilidades privilegiadas por el autor histórico. A su vez, el narrador-escritor condicionará la versión "de aquello que [él] describe" en la novela con gran libertad y con matices, características y elecciones idiosincráticas de formas y de procedimientos narrativos.

En *Historia de Mayta*, el espacio abierto para el narrador-escritor en la novela hace que el autor histórico quede marginado y relegado a un segundo plano –sin ser visible en ninguna parte– cuando la escritura deja que el narrador diegético hable y actúe por su propia cuenta en su propio texto. La ficción narrada, elaborada y escrita por esta figura, y la caracterización del personaje que surge en y a través de su narración, atraen por sus idiosincrasias mucha atención y más interés que un posible referente

---

[42] Alberto Paredes, *Las voces del relato*, Universidad Veracruzana, Xalapa, 1987, p. 30.
[43] Cano Gaviria, p. 65.
[44] *Ibid.*, p. 64.
[45] Paredes, p. 47.
[46] Flaubert, citado en Paredes, p. 47.
[47] Mario Vargas Llosa, "El arte de mentir", *El País*, Madrid, 25 de julio de 1984, p. 9.

real y un autor histórico. Vargas Llosa formuló esta contradicción en forma de paradoja en 1984 con sus proposiciones en torno de "el arte de mentir" y de las referencias constantes a la relación entre "verdad y mentira en la ficción". Carlos Castilla del Pino entró de lleno en la discusión de la dicotomía establecida y señaló convincentemente la carga metafórica con la que se impregnaron los términos abstractos y no definidos por Vargas Llosa.

En la carrera literaria de Vargas Llosa, sin embargo, el artículo de 1984 vino a formular un cambio de énfasis en el que el novelista dio un paso hacia atrás y dos adelante. El proyecto explicitado vino a liberar la escritura de sus anteriores ataduras a la autobiografía del autor y a *defender más que antes la independencia y la libertad del autor*, el derecho del novelista para trabajar con "invenciones, tergiversaciones y exageraciones más que recuerdos". Ya no se trata de hacer de la novela un reflejo de la llamada realidad para "ser anecdóticamente fiel a unos hechos y personajes anteriores y ajenos a la novela". El énfasis se inscribió en 1984 sobre lo que antes había sido llamado "el elemento añadido" en la metodología de Vargas Llosa, y se expuso, como en tantas otras ocasiones, de manera categórica: "*Todas las novelas rehacen la realidad*". "En esos *sutiles o groseros agregados* a la vida, en los que *el novelista materializa sus obsesiones*, reside la originalidad de una ficción".[48]

La paradoja se produce entre esta libertad de "mentir" defendida y la insistencia en un proyecto que trabaja una "verdad" realista:

> Me refiero sólo al caso del *escritor realista*, aquella secta, escuela o tradición a la que pertenezco y cuyas novelas relatan sucesos que los lectores pueden *reconocer como posibles* a través de su propia experiencia de la realidad.[49]

Entre la "verdad" de un supuesto suceso real y la *verosimilitud* de una novela que se construye en "invenciones, tergiversaciones y exageraciones", se estableció una paradójica repetición de una dicotomía tan tradicional y antigua como la literatura misma.

En *Historia de Mayta* el narrador dramatiza la paradoja haciendo que el escritor-narrador robe el interés y concentre la atención de la lectura en él y sus quehaceres literarios mientras trabaja con su "verdad para poder mentir". Este escritor-narrador fundamenta su metodología de trabajo en la distinción paradójica entre verdad y mentira: "Porque soy realista, en

---

[48] *Ibidem*, subrayado nuestro.
[49] *Ibid.*, p. 29, subrayado nuestro.

mis novelas trato siempre de mentir con conocimiento de causa. Es mi método de trabajo. Y, creo, la única manera de escribir historias [es] a partir de la historia con mayúsculas".[50] "Mi obligación es escuchar, observar, cotejar las versiones, amasarlo todo y fantasear" (p. 140). "Por supuesto que he cambiado fechas, lugares, personajes, que he enredado, añadido y quitado mil cosas". "Por supuesto que nadie reconocerá nada y que todos creerán que es pura fantasía" (p. 321).

Muchos críticos se concentraron en la relación entre la realidad sociohistórica y la historia distorsionada de la novela, encontrando ahí la razón de su fracaso.[51] Pero el narrador-escritor hace de la paradoja explicitada por Vargas Llosa su brújula, y la paradoja lo *des*orienta en la selección de caminos literarios a seguir para producir la ansiada novela realista. Se desorienta en el trabajo con las versiones que escucha de testigos sobre la figura de Mayta: "Al elegir unos procedimientos y descartar otros", este escritor-narrador "privilegia una y asesina otras mil posibilidades o versiones de aquello que describe". En las prioridades del escritor-narrador se ven producidas muchas de las "invenciones, tergiversaciones y exageraciones" al alcance del escritor, y entre estas se construye una novela realista en la que el autor histórico, al parecer, brilla por su total ausencia.

La "mentira" ya no distorsiona y trastorna tan solo a Lima, ni al Perú, sino que se vuelve como un *boomerang* contra el propio narrador-escritor, al que caracteriza y descalifica como un mentiroso, caprichoso e irresponsable que no merece fe ni confianza. Si este narrador-escritor pretende hacer de la novela un espejo reflector de la realidad, en este caso se trata de un espejo cóncavo que refleja de manera distorsionada lo que se le presente delante. Pero la novela responde a una concepción teórico-metodológica del género, de la que pende como una marioneta de su hilo. Los "sutiles o groseros agregados" aportados por este ser ficticio –el escritor-narrador–, las formas en que se actualiza su proyecto, con sus "invenciones, tergiversaciones y exageraciones", atraen tanto interés y tanta atención como el *tras*fondo de las intenciones autorales prácticas y didácticas, éticas y políticas expuestas por Vargas Llosa en 1984. El formalismo modernizador de Vargas Llosa desemboca en 1984

---

[50] Mario Vargas Llosa, *Historia de Mayta*, Seix Barral, Barcelona, 1984, p. 77. Para las siguientes referencias a esta novela se citan entre paréntesis las páginas correspondientes de esta edición; subrayados nuestros si no se indica lo contrario.

[51] Entre ellos: Antonio Cornejo Polar, "La historia como apocalipsis", cit.; Rosa Creidor, "Ficción y balance", *Caretas*, núm. 827, Lima, 1984; Sonia Chirinos Rivera, "En tomo a *Historia de Mayta*", *Oiga*, núm. 14, Lima, 1985; Ricardo González Vigil, cit.

en una "novela autónoma" que cobra más dinamismo que ninguna de las novelas anteriores.

Se puede verificar que Vargas Llosa ha sido siempre capaz de sorprender a muchos críticos como autor de fama internacional y hombre público dinámico, contradictorio, complejo, en proceso continuo de cambios políticos, éticos, estéticos y literarios, con muchos momentos felices de toma de posición opositora y otros más problemáticos. El narrador-escritor de la novela, sin embargo, parece ser más bien un personaje estático, estancado, maniático, fanático, obsesionado y dogmático. Clasifica casi todas las manifestaciones socioculturales de Lima y del Perú con negaciones exageradas y categóricas, en listas muy largas de descripciones peyorativas, y la única preocupación de este narrador, en un momento de supuesta crisis apocalíptica, es que no le dejen la novela "coja" (p. 322). Esta posición categórica se nota, por ejemplo, en la representación de Lima como un gran basural en sus aspectos físicos, urbanísticos, arquitectónicos, culturales y sociales (pp. 7-8, 345-346).

Es probable que esta representación hiperbólica de la capital peruana pudiera leerse como una parodia de muchas representaciones literarias de Lima en el siglo XX, desde ciertos escritos de César Moro y el hecho de fechar una carta en "Lima la horrible, 14 de agosto de 1949", hasta Sebastián Salazar Bondy y su *Lima la horrible* (1964). Hacer de Lima un gran basural y del Museo de la Inquisición un símbolo totalizador de la historia peruana (pp. 123-124), sin embargo, son representaciones hiperbólicas, reduccionistas y satíricas de las que no son víctimas ni Lima, ni los limeños, ni el Perú. Este tipo de retórica particular e idiosincrática caracteriza al narrador-escritor como personaje literario que se vuelve víctima principal de sus propias distorsiones. Cuando este "yo" les ofrece a los limeños dos soluciones posibles −"habituarse o suicidarse" (p. 8)−, mientras él se encierra en su obsesión maniática por terminar su novela antes de que estalle el apocalipsis (pp. 167, 239), su narración llega a un absurdo que hace que la carcajada del lector se dirija al payaso en el gran teatro de su propio mundo.

El narrador-escritor, rígido e inflexible en sitios y en momentos en que hace falta una buena dosis de flexibilidad y sutileza, se inscribe con sus reacciones mecánicas entre las teorías de la risa de Henri Bergson. Este personaje de reacciones rígidas frente al mundo que describe y califica con gestos negativos casi mecánicos, ha producido en ciertos críticos, identificados con los sufrimientos del pueblo peruano, reacciones de irritación y de enfado, y la afección parece bloquear una lectura cómica, tal como indica Bergson. Cuando este narrador-escritor "en no menos de treinta ocasiones fatiga al lector explicándole que lo que está leyendo es una novela",[52] la fatiga puede en una segunda lectura convertirse en relajo. Las repeticiones se inscriben entre gestos y movimientos mecánicos, incontenibles e incontrolables, que en este caso son sintomáticos de un estado de cosas mental y de cierta distracción característica en el narrador. La distracción es, quizás, para Bergson, la mayor fuente de la comicidad. Las repeticiones hacen que el escritor y su distracción sean visibles para los demás siendo invisibles para él, y, según Booth, los comentarios e intromisiones en la novela por parte del narrador-escritor son procedimientos genéricos de la novela cómica. La redundancia de tales repeticiones, y la posible subestimación del lector implícita en ellas, caen con todo su peso sobre el narrador-escritor mismo, quien pierde el control de la economía verbal de su novela "realista", revela su arrogancia excéntrica frente al lector y en relación con el mundo en crisis, y se gana la desconfianza del lector.

PARODIAS, HUMOR Y RISA

Existe la posibilidad de que la "verdad" de la novela no resida en lo referencial sino en lo textual o, para decirlo con César Vallejo, que "la fuerza de un poema o de una tela, arranca de *la manera como en ella se disponen y organizan artísticamente* los materiales más simples y elementales de la obra".[53] La veracidad de la obra se propondría como textual y no como referencial, fundada en la lógica intrínseca del texto y no en su poder alusivo a un referente real.

Algunos críticos en Lima –Mario Ghibellini Harten y Carlos Losilla, por ejemplo–[54] se concentraron en este aspecto intrínseco de la novela. El escritor-narrador se caracteriza por una incapacidad para organizar los materiales que encuentra en un proyecto que pretende ser una "novela realista":

Creo que he leído todo lo que apareció en los diarios y revistas sobre esta historia y hablado con sinnúmero de participantes y testigos. Pero mientras

---

[52] Antonio Cornejo Polar, "La historia como apocalipsis", p. 77.
[53] Citado por Westphalen, cit., subrayados nuestros.
[54] Mario Ghibellini Harten, "*Historia de Mayta*", *Debate*, núm. 30, 1984, p. 85.

más averiguo *tengo la impresión de saber menos lo que de veras sucedió*. Porque, con cada nuevo dato, surgen más contradicciones, conjeturas, misterios, incompatibilidades (pp. 157-158).

El escritor-narrador se enreda en los datos encontrados, y la incapacidad intelectual y profesional, mostrada casi involuntaria y mecánicamente por el yo preocupado, hace del lector un espectador que sabe más que el personaje y teme que nunca se realice el proyecto explicitado por el yo-narrador. El lector se sitúa así en una posición de desigualdad, una posición privilegiada en relación con el narrador, una posición que parece ser normal, según Booth, en la lectura de una novela cómica.

Parte de la posible "verdad" de la novela reside, vista de esta manera, en su *rarificación* literaria y en su relación con otros textos literarios más que con hechos reales. La historia de la literatura hispanoamericana, así como ciertas novelas, ensayos y artículos críticos de Vargas Llosa, se establecen como materiales referenciales que se aluden, se citan, se reelaboran, se niegan o se contradicen en la novela. En este juego literario se establecen relaciones, en referencias y alusiones, con autores y textos literarios cuyas normas y pretensiones quedan expuestas, desvalorizadas y ridiculizadas. A veces se emplean procedimientos irónicos y grotescos para hiperbolizar las relaciones. La lectura de placer y de entretenimiento encuentran en el humor y en la risa los efectos que nacen de una comicidad que, en este caso, posee una función de crítica literaria más que de crítica social.

AUTOPARODIAS

Historia de Mayta viene a parodiar proyectos anteriores explicitados por Vargas Llosa. El "proyecto autobiográfico", crucial para la metodología de la novela realista de Vargas Llosa, termina siendo, en esta novela, una ficción producida para el caso. La versión del realismo, anteriormente fundamentada en las nociones de "novela total" y de "novela autónoma", no le pertenece al escritor-narrador concreto de la novela. El escritor-narrador también parodia, en su teoría y en su práctica, la noción de "la verdad de la mentira" propuesta por Vargas Llosa: "Porque soy realista, en mis novelas trato siempre de mentir con conocimiento de causa". En última instancia, el escritor-narrador revela que la paradoja, que no se analiza, lo distrae y lo confunde: "Por supuesto que he cambiado fechas, lugares, personajes, que he añadido y quitado mil cosas [...] Por supuesto que nadie reconocerá nada y que todos creerán que es pura fantasía" (p. 321).

La paradoja se repite en insistencias distraídas presentadas por el escritor-narrador y diseminadas a lo largo de la novela. La objetividad anhelada por Vargas Llosa en su quehacer literario se vuelve subjetividad pura en manos de un escritor-narrador que se dedica maniáticamente a la tarea de escribir. De esta manera, el escritor-narrador de la novela viene a parodiar el proyecto de "la vocación del escritor", mencionado tan a menudo por Vargas Llosa, en un escritor fanático que terminará en la locura. El oficio de escritor representado por el narrador de *Historia de Mayta* lo acerca a la figura caricaturizada de Pedro Camacho en *La tía Julia y el escribidor* y a la del periodista-escritor de *La guerra del fin del mundo*.

Historia de Mayta se conforma en juegos autoparódicos en los que quedan expuestos, caricaturizados y ridiculizados los peligros implícitos en ciertas normas y preceptos de la novela realista de Vargas Llosa. Cuando estos se distorsionan hiperbólicamente en manos de un escritor-narrador ingenuo, que no sabe encontrar el equilibrio lingüístico y literario necesario para realizar el proyecto, el intento de realizarlo produce efectos distintos y contradictorios con la novela realista proyectada por el autor.

Las parodias se construyen en relación con materiales literarios publicados por Vargas Llosa, pero es el escritor-narrador, inconsciente de sus propias equivocaciones, quien se revela como personaje cómico en la novela. En la lectura, la enunciación monológica en este narrador, por dogmática y fanática, se abre como un abanico en enunciación dialógica y polifónica en los juegos intertextuales evocados. *Historia de Mayta* no se inscribe en un sistema único de valores, sino que viene a ser una escena en la que se dramatizan confrontaciones literarias y metaliterarias de variada índole.

RIDICULIZACIÓN DE LA NOVELA TESTIMONIAL

Historia de Mayta parodia, para degradarlo, el género narrativo hispanoamericano de la novela testimonial. La metodología de la pretendida novela-encuesta, documentada y documental, también fue descrita por Vargas Llosa en 1984:

Un narrador trata *a través de entrevistas, a través de una pesquisa*, de reconstruir quién fue Mayta. Así, esta indagación lo lleva a *visitar a distintas perso-*

nas, a *revisar periódicos* antiguos, a *recorrer bibliotecas* tras el afán de reconstruir la figura del mítico protagonista de la historia de Jauja.[55]

El escritor-narrador tiene libertad para definir a su propia *manera subjetiva* la novela testimonial, y *objetiva*, que piensa escribir: "*Y añade además una gran dosis de fantasía e invención propia*".[56] Los materiales que se acumulan a lo largo de su trabajo, asimismo, no los sabe organizar de una manera adecuada, sino que las versiones encontradas lo distraen y lo confunden. En 1984, Vargas Llosa inscribió en su novela a una figura de escritor-narrador que vino a "ejemplificar" muchas de las nociones que había vertido en forma de crítica en las décadas de 1960 y 1970, en torno de la por él llamada, "pseudonovela", la novela que pretendía ser "testimonio objetivo de la realidad".[57] En la figura del narrador-escritor, vista desde esta perspectiva, se ridiculiza la del escritor testimonial en la historia de la narrativa hispanoamericana.

En *Historia de Mayta*, pretendida novela testimonial y documentada, ninguno de los informantes entrevistados y encuestados merece ningún tipo de confianza en opinión del entrevistador, quien, a su vez, tampoco la merece. Todos mienten con base en la verdad y se contradicen; ningún testimonio tiene valor de información verídica, ni siquiera verosímil:

> "Informar" es ahora, entre nosotros, interpretar la realidad de acuerdo a los deseos, temores o conveniencias, algo que aspira a sustituir un desconocimiento sobre lo que pasa, que, en nuestro fuero íntimo, aceptamos como irremediable y definitivo. Puesto que es imposible saber lo que de veras sucede, *los peruanos mienten, inventan, sueñan, se refugian en la ilusión* (p. 274).

La expresión dogmática en el escritor-narrador generaliza y caracteriza a "los peruanos" como mentirosos, y todos los informantes en la novela se caracterizan por responder a lo que para el escritor-narrador ya es "la verdad" de los peruanos: "Mienten igual que una ficción". (p. 307)

Caracterizando a los demás, al mismo tiempo el escritor narrador se caracteriza a sí mismo y a su proyecto. En la realidad textual de la cita reproducida arriba, y en muchos casos más, describe y *de*muestra su propio ser y hacer. El yo-narrador llega a la conclusión de que todos los pe-

[55] Mario Vargas Llosa, "La nueva novela de Mario Vargas Llosa", Entrevista y textos de Jorge Salazar, p. 30, subrayado nuestro.
[56] *Ibidem*, subrayado nuestro.
[57] Cf. supra, capítulo I, "Vargas Llosa como crítico de la narrativa hispanoamericana", pp. 40-47.

ruanos son mentirosos, y en este momento de arrogancia egocéntrica y fanática el texto pone en tela de juicio el valor informativo de su propio proyecto como supuesta novela testimonial, ya que el narrador parece ser "peruano" también, y, por lo tanto, corre el riesgo de ser incluido en la propia categorización reduccionista.

El escritor-narrador pretende establecer un proyecto testimonial para establecer "la verdad" entre tantas versiones, y al mismo tiempo subvierte con sus comentarios y con sus acciones excéntricas el proyecto mismo y lo socava. Este escritor-narrador insiste en una aburrida serie de repeticiones, hasta el cansancio, en la génesis y en la estructuración de su "novela realista". Es posible que las repeticiones "fatiguen" a muchos críticos, pero son características de un personaje que se construye construyendo una novela, que resulta maniático, fanático y dogmático en su quehacer literario. En su proyecto literario, el escritor-narrador repite en estas insistencias el dogmatismo y fanatismo políticos de Mayta, teóricos también, y que no concuerdan con las circunstancias dadas para la realización de su proyecto en la realidad.

La novela asume, en apariencia, las propuestas del género de la novela antropológica y testimonial hispanoamericana, y en la realidad textual la desvaloriza y la ridiculiza. Desmiente la pretensión de veracidad "objetiva" de dicha novela, y socava las bases de cualquier implicación de valor testimonial e informativo en un género alabado por muchos escritores y críticos latinoamericanos. *Historia de Mayta* se burla y se ríe de un género literario defendido por la crítica como "expresión auténtica" de representantes de minorías, de grupos excluidos y de marginados también de la institución literaria. Este género literario termina en *Historia de Mayta*, siendo pura ficción, sólo mentiras, y el lector observa las distorsiones y las caricaturas en las que la comedia, la parodia, la ironía, la farsa, lo burlesco, lo grotesco y lo absurdo se apoderan de la lectura y convierten al escritor-narrador y su proyecto en el hazmerreír que produce la carcajada.

PARODIA DE LA NOVELA DEL GUERRILLERO

Historia de Mayta parodia también la novela latinoamericana comprometida con la política en su variante de novela del guerrillero. La narración de iniciación y de aprendizaje se concentra en un personaje, Mayta, en su formación y educación personal en la infancia, adolescencia y juventud, y en los estudios que apuntan hacia la aventura de un héroe guerrillero. Desde un principio, sin embargo, el escritor-narrador y los entrevistados acumulan gran número de defectos –físicos, psíquicos y sexuales– sobre la figura de Mayta, y la figura así conformada llega a anticipar, casi desde las primeras páginas de la novela, ya no el éxito y la victoria del héroe guerrillero y sus hazañas políticas, sino el fracaso del conato de revolución de este personaje predestinado y determinado literariamente a la pérdida de las batallas de la vida política. Las hazañas revolucionarias terminarán a ciencia cierta en una especie de catástrofe cómica anunciada desde muy temprano en una serie de descalificaciones del personaje.

Mayta se representa como miembro activo de cierto grupo minúsculo de la izquierda fragmentada de la política peruana. En la representación de los grupos de izquierda y sus métodos de trabajo, vistos en escenas de reuniones políticas, el escritor-narrador recurre a los procedimientos literarios y dramáticos de la farsa. El texto ridiculiza de manera burlesca las reuniones del comité central de la fracción política del POR(T), y en un gesto degradante las tiñe de comicidad, representándolas como grandes mascaradas con los personajes vestidos de retórica revolucionaria.

El escritor-narrador contrasta la historia de los personajes de este pasado activista con los mismos personajes entrevistados en el presente narrativo de la novela. En este presente de las entrevistas se revelan todos tal y como son, aquí y ahora, para el yo-narrador: egoístas, oportunistas, desilusionados, mentirosos, cobardes y, quizá también, criminales y delincuentes. Para sellar su visión subjetiva de los personajes, el narrador recurre a procedimientos caricaturescos que a veces rayan en lo grotesco:

Parece un personaje de Archimboldo: su nariz es una sarmentosa zanahoria, sus cachetes dos membrillos, su mentón una protuberante patata llena de ojos y su cuello un racimo de uvas a medio despellejar (p. 231).

Entre las caricaturas y lo grotesco se sitúan casi todos los retratos presentados, inclusive el autorretrato del yo-narrador. Las diferencias son de grado, y la comedia siembra sus procedimientos sobre personajes y acciones para producir efectos de comicidad en la lectura. La lectura cómica de la novela imposibilita cualquier identificación con el escritor-narrador, con Mayta o con los planteamientos políticos y literarios esbozados por los personajes de la novela.

Los juegos paródicos no terminan aquí. Mayta se manifiesta como un personaje que se dedica, desde muy temprano, a ciertos quehaceres femeninos y a inclinaciones intelectuales que ponen en entredicho su hombría. Se dedica, sobre todo, a ciertas lecturas de literatura de teoría revolucionaria. Mayta llega a identificarse con la teoría revolucionaria estudiada, maniática y dogmáticamente, se ciega con estas lecturas para enloquecer un poco, y decide convertir la teoría estudiada en práctica política. Emula, de esta manera, las acciones del escritor-narrador, quien convierte una teoría de la novela paradójica y mal digerida en una práctica novelística predestinada al fracaso.

En estos momentos de la lectura, *Historia de Mayta* alude a otros personajes literarios que han enloquecido al confundir la literatura con la realidad, como Don Quijote y Madame Bovary. En el momento en que Mayta se reconoce como personaje novelesco, en el capítulo final de la novela, la alusión a lo que ocurre en la segunda parte del *Quijote* se hace explícita, y la fórmula de "este pueblo joven cuyo nombre ignoro" (p. 345), resuena con ecos en el universo de la historia de la literatura. Mayta sale a actuar sobre el mundo porque hay "entuertos que enderezar, sinrazones que enmendar, y abusos que mejorar, y deudas que satisfacer", preparado con una teoría política y económica y ayudado por su "escudero": Vallejos. En su "segunda salida" a Jauja se da cuenta de su preparación defectuosa tanto en lo físico como en lo intelectual, en unas circunstancias en las que el mapa teórico no corresponde en nada con la geografía socio-política y real de la sierra andina.

NOVELA SATÍRICA Y POLÍTICA

Historia de Mayta es una novela compleja, compuesta de gran número de ingredientes: es la novela de un escritor-narrador (peruano) y de su trabajo profesional como autor de esta novela; es la historia de su teoría de la novela, de su método para poner la teoría en la práctica y del trabajo que invierte en escribirla; es la historia de su visión de Lima, del Perú y de los peruanos. El escritor-narrador narra la historia mientras va observando en el tiempo de su presente cómo crece a su alrededor la violencia; es su visión personal de una guerra nacional que se está convirtiendo en una confrontación internacional, y es su fabular en torno a unos personajes, en Lima y en Jauja, que hacen de informantes para su "historia de Mayta". Todos estos ingredientes se encuentran en el aquí y en el ahora, en el presente de la narración.

El presente está relacionado con una "prehistoria": es la historia de la educación y formación social y política de un joven peruano, Mayta; es la historia de un contacto personal en la adolescencia entre el escritor-narrador y Mayta, en una especie de biografía ficticia; es la historia de una fracción de la izquierda política en Lima y sus métodos de trabajo; es la historia de un sectarismo político general en la izquierda; es la historia de la preparación y el intento de una revolución que comienza en Jauja; es la historia del fracaso de este intento y del proceso posterior de deterioro del personaje de Mayta, que, al final, encuentra su propia historia convertida en tema de una novela.

Los ingredientes mencionados se estructuran en paralelismos entre los dos personajes principales de la novela. Mayta es representado como un revolucionario ciego en su idealismo teórico. Se equivoca en su análisis de las circunstancias sociopolíticas y culturales en que vive, y se equivoca en la definición de metas y de metodologías cuando los materiales teóricos conforman mapas que no corresponden con los terrenos en los que intenta trabajar. El escritor-narrador se dramatiza como otro idealista cegado por las teorías paradójicas de la novela y se equivoca en la definición de métodos y en la práctica de la escritura de la novela. Mayta y el escritor-narrador comparten el hecho de ser, en diferentes campos de actividad, dos personajes de proyectos que fracasan. Y, además, otro factor que los une a ambos en la narración de la novela es el hecho de ser víctimas de las ironías y de las parodias que se expanden y se convierten en un "chiste tendencioso" y políticamente malicioso en relación con cierto tipo de novela y cierto tipo de política, no sólo del Perú sino de todo el continente latinoamericano.

En 1984, en relación con el binomio literatura y política, Vargas Llosa optó por la literatura: "Para mí, dejar de escribir y perder la *independencia, esa independencia que es fundamental en un escritor*, sería un sacrificio sin comillas".[58] Vargas Llosa se refirió en 1984 a la necesaria independencia del escritor en el campo político, al mismo tiempo que, en *Historia de Mayta*, mantuvo la ausencia del autor histórico de la narración de la novela. La objetividad anhelada por Vargas Llosa se logra y se manifiesta cuando el escritor-narrador se construye y es construido como pura subjetividad textual. Vargas Llosa se estaría riendo, marginado de las grotescas y farsescas insensateces que se observan desde arriba y desde una distancia irónica. Esta visión externa es un efecto que se produce en la lectura de la novela, y es posible que Vargas Llosa se inscriba como un "arrogante titiritero" que desaparece completamente tras bambalinas.

---

[58] Mario Vargas Llosa, "El arte de mentir", p. 33, subrayados nuestros.

Con la ridiculización del escritor-narrador, quien ridiculiza a su vez a Mayta, a toda la izquierda política en el Perú y sus gustos estéticos y literarios, la novela representa un tipo de novela satírica, comprometida e inusitada en la historia de la literatura peruana: la novela comprometida con la política conservadora. *Historia de Mayta* representa una innovación técnica en una lista ya larga de éxitos en la carrera de Vargas Llosa. En esta novela, la gran farsa acumulada sobre el género testimonial en la narrativa resuena con la gran farsa de la representación de la izquierda política en el Perú en el gran teatro del mundo. La novela, como publicó *Oiga* el 28 de diciembre de 1987, "pide, en su revelación y crítica, una intervención que recobre el camino de la sensatez y la cordura".[59]

En algún momento, al hablar de *Pantaleón y las visitadoras*, un crítico se refirió a la coincidencia curiosa de que Vargas Llosa ridiculizó a las fuerzas armadas en un momento, 1973, cuando estas fuerzas experimentaron con cierta política reformista en el Perú. *Historia de Mayta* ridiculizó gran parte de la izquierda peruana en un momento histórico en que la izquierda, sobre todo con la formación de Izquierda Unida, intentó desempeñar un papel histórico en la política parlamentaria del Perú.

La sátira, la caricatura, la parodia, la ironía, la farsa, el humor y la risa no se limitaron al fenómeno de Sendero Luminoso, tal como quiso indicar Vargas Llosa, sino que arrastraron consigo en un chiste tendencioso a sectores de la izquierda mucho más amplios. En este momento histórico, Vargas Llosa se definió más que antes como partidario de la política conservadora en el Perú y se dedicó al trabajo político y partidario. La novela llegó a anunciar y abrir el campo para nuevas declaraciones político-literarias y otros proyectos novelescos en el desarrollo dinámico y continuo de Mario Vargas Llosa.

CONCLUSIÓN

Desde la publicación de *Pantaleón y las visitadoras* (1973), se venían ampliando los registros de la escritura vargasllosiana para dar nuevas direcciones a su novelística. A partir de esta novela, al lector no le ha correspondido insistir en la reproducción de los métodos críticos aplicados a las novelas anteriores y que ya no bastaban para captar los efectos generados por la obra de Vargas Llosa.

---

[59] *Oiga*, "Mario, el símbolo de la libertad", Lima, 28 de diciembre de 1987, p. 20.

Este capítulo ha expuesto los proyectos literarios reformulados y reiterados de Vargas Llosa, a veces contradictorios y ambiguos, en torno a *Historia de Mayta*, y ha discutido la renovación y la modernización, otra vez, actualizadas en las nuevas novelas del autor. También se ha dado amplio espacio a la recepción que los críticos en Lima brindaron a la novela. Se han desarrollado algunas observaciones en torno al fenómeno de la construcción de lo cómico en la narrativa, y se han propuesto lecturas desde perspectivas teóricas que bien pueden hacer más justicia a la novela, de la que recibió al ser publicada.

En este capítulo se han subrayado las parodias y las sátiras que llenan la novela de situaciones cómicas causantes de la risa. El humor y la risa se ven como agentes de crítica social y la novela se lee aquí como una novela de compromiso político.

En la carrera literaria de Vargas Llosa, 1984 fue el momento para formular un cambio de énfasis en el que el novelista dio "un paso hacia atrás y dos adelante". El proyecto explicitado liberó la escritura de sus anteriores ataduras a la autobiografía del autor y a la realidad total, y defendió más que antes la independencia y la libertad del autor y el derecho del novelista para trabajar con invenciones, tergiversaciones y exageraciones más que con recuerdos y datos reales. Ya no se trató de hacer de la novela un reflejo de la llamada "realidad" para ser anecdóticamente fiel a unos hechos y personajes anteriores y ajenos a la novela. El énfasis se inscribió sobre lo que antes había sido llamado el "elemento añadido" en la metodología de Vargas Llosa, y se expuso, como en tantas otras ocasiones, de manera categórica. *Historia de Mayta* es uno de los prototipos de una nueva variante en la narrativa de Vargas Llosa.

Siguieron a esta novela la publicación de *El hablador* (1987), y de las piezas de teatro tituladas *El loco de los balcones* (1993) y *Ojos bonitos, cuadros feos* (1996) en las que locuras individuales y ridiculizadas se imponen y son más importantes que los dramas sociales de las novelas de los años sesenta, y la literatura parece cambiar de género. Aquí se ha discutido el paso del drama social al melodrama individual en cierta literatura publicada por Vargas Llosa después de 1973, en las décadas de 1980 y 1990, y se forma un corpus interesante de textos que merecería futuros proyectos de investigación.

VII

EL PEZ EN EL AGUA

Mario Vargas Llosa y Alfredo Bryce Echenique publicaron sus "memorias" y "antimemorias" en 1993. Ambos libros fueron publicados en España, y en cierto momento ocuparon los escaparates de las librerías y las columnas de los medios masivos de comunicación de la península. Con *El pez en el agua*, Vargas Llosa se inició en un género literario de gran linaje y de una larga serie de antecedentes.

Había padres, madres, hermanas y hermanos de oficio, pero no pareció haber en él mayores deseos explícitos de parricidio, matricidio o fratricidio simbólico-literario. Fue en los silencios y en la ausencia de comentarios, donde implícitamente se olvidó, se castró y se mató a una serie de parientes de la familia literaria de las memorias y la autobiografía. La de 1990 sería la década, además, en la que los libros de historias personales publicados por escritores hispanoamericanos llegarían a constituir una especie de nuevo *boom* literario y publicitario. Vargas Llosa publicó su libro simultáneamente a los de otros muchos colegas hispanoamericanos y peruanos, entre ellos Jorge Edwards,[1] Reinaldo Arenas,[2] Elena Garro,[3] Octavio Paz,[4] Alfredo Bryce Echenique,[5] y Julio Ramón Ribeyro.[6]

---

[1] Jorge Edwards, *Persona non grata*, Tusquets Editores, Barcelona, 1991 (primera edición, 1973).

[2] Reinaldo Arenas, *Antes que anochezca*, Tusquets Editores, Barcelona, 1992.

[3] Elena Garro, *Memorias de España 1937*, Siglo XXI Editores, México, 1992.

[4] Octavio Paz, *Itinerario*, Fondo de Cultura Económica, México, 1993.

[5] Alfredo Bryce Echenique, *Permiso para vivir: antimemorias*, Editorial Anagrama, Barcelona, 1993.

[6] Julio Ramón Ribeyro, *La tentación del fracaso I. Diario Personal 1950-1960*, Jaime Campodónico/COFIDE, Lima, 1992; *La tentación del fracaso II. Diario Personal 1960-1974*, Jaime Campodónico/COFIDE, Lima, 1993; *La tentación del fracaso III. Diario Personal 1975-1978*, Jaime Campodónico/COFIDE, Lima, 1995.

LA CONFESIÓN, LA AUTOBIOGRAFÍA, LOS DIARIOS, LAS MEMORIAS

Vargas Llosa se inscribió en el género de las memorias y de la autobiografía de manera "normal", como si estos géneros literarios fueran siempre, de acuerdo con "el sentido común",[7] la expresión más directa, sin mediaciones y más ingenua, inocente e instantánea del quehacer literario. Publicó *El pez en el agua* después de su fracaso político en la campaña por la presidencia del Perú, y casi al mismo tiempo que solicitó y obtuvo la ciudadanía española. Había eventos reales, históricos y personales del pasado inmediato y del presente del autor –"demonios", para hablar con él– que clamaron por reconsideraciones y experimentaciones narrativas y técnico-literarias. Pero el libro intentó demostrar de manera directa e inmediata "la verdad" en relación con un caso particular de la experiencia política. La turbamulta complicada, fragmentada y caótica de la realidad peruana de los años ochenta y de principios de los noventa, en lo político, lo social, lo económico, lo cultural y lo individual, se materializó en este caso en un libro de corte convencional.

En los géneros literarios de vidas, confesiones, autobiografías y memorias, las tradiciones se han venido estableciendo con el florecimiento de talentos individuales. Han sido muchos los momentos en que se han producido fuertes y felices tensiones entre convenciones y rupturas e innovaciones individuales. La experimentación y la transformación de estos géneros a través de la historia literaria y en circunstancias socio-históricas y culturales muy diversas, han hecho que conformen un conjunto vasto de textos que invitan a lecturas complicadas y multiformes. La lista de modelos y de posibles antecedentes textuales era, a principios de los años noventa, demasiado larga para poder reclamar una posición ingenua o inocente frente a la escritura –la grafía– de la historia de la vida propia.

Los géneros de vida y de confesiones habían sido cultivados por muchos escritores y escritoras en varios países cuando la autobiografía nació como género literario en el siglo XIX: por ejemplo, el término de autobiografía se introdujo en las lenguas románicas entre 1820 y 1830. Nació, vivió y se desarrolló en nombres y títulos inscritos en la historia de los diferentes géneros con una mezcla de conformidad e inconformidad, de comodidad e incomodidad, entre diversas reglas y normas y sus posibles subversiones y perversiones. Las tensiones entre tradición e in-

---

[7] Catherine Belsey, *Practical Criticism*, Methuen, Londres, 1980.

novación aparecen entre autores del siglo XIX –por ejemplo Oscar Wilde, en *De Profundis*–, y las tensiones entre tradición y talento individual fueron bien aprovechadas en el siglo XX, por Virginia Woolf, Lytton Strachey y Gertrude Stein, quienes revelaron en el mismo proceso de la elaboración de sus libros la índole "artificial" de la autobiografía y de las memorias. Muchos autores tomaron conciencia de la problemática literaria de posibles configuraciones textuales y experimentaron y jugaron con ellas mostrando la autoconciencia literaria en el transcurso de la escritura misma. Desde el siglo XIX, las memorias y la autobiografía se fueron estableciendo, se constituyeron en géneros literarios y se extendieron por el mundo occidental para ser cultivados, amoldados y transformados –en circunstancias histórico-culturales y personales variadas– en estructuras literarias renovadoras y desafiantes.

En el mundo literario hispánico, a pesar del mito de su ausencia, no han faltado quienes se han dedicado al cultivo de las confesiones, la autobiografía y las memorias, y los han mantenido en desarrollo continuo. Silvia Molloy afirmó que la autobiografía había sido "notablemente descuidada, tanto por lectores como por críticos" en Hispanoamérica.[8] Aunque haya muchas autobiografías, escribió Molloy, no han sido leídas como tales y "la autobiografía es una manera de leer tanto como una manera de escribir".[9] Es probable que las confesiones, la autobiografía, las memorias y lo que vendría a ser el género testimonial, nacieran de los gérmenes de las crónicas escritas por descubridores y conquistadores durante sus aventuras en "el nuevo mundo". Con el tiempo, muchos autores y autoras hispanoamericanos se han dedicado a cultivar estos géneros en diferentes países del continente.

EL PERÚ: PAÍS AUTOBIOGRÁFICO ¿SIN AUTOBIOGRAFÍA?

En 1990, el archivo literario de modelos y de teorizaciones a disposición para un escritor autobiográfico en ciernes era amplio y contenía muchas fichas para experimentar y renovar los géneros. En el Perú tampoco faltaron quienes habían cultivado los géneros de las memorias y de la autobiografía.

[8] Silvia Molloy, *Acto de presencia: la escritura autobiográfica en Hispanoamérica*, traducción de José Esteban Calderón, El Colegio de México/Fondo de Cultura Económica, México, primera edición en español, 1996, p. 12.
[9] *Ibidem*.

Es en el Perú donde se encuentran los ejemplos de Felipe Guamán Poma de Ayala y del Inca Garcilaso de la Vega. Max Hernández, en *Memoria del bien perdido: conflicto, identidad y nostalgia en el Inca Garcilaso de la Vega*[10] –"una indagación psicoanalítica acerca de la vida y la obra del Inca Garcilaso de la Vega"– presenta los resultados de una investigación sumamente estimulante al interrogar los reinos irracionales del escritor al mismo tiempo que ofrece datos empíricos pertinentes de su vida y obra. De manera general, sin embargo, el género de la crónica en el Perú no ha sido reconsiderado a luz de las teorizaciones que se han venido elaborando en las tres últimas décadas en torno de las confesiones y la autobiografía como textos y artefactos literarios.

En el contexto literario de las memorias y de la autobiografía, y con la lectura de *El pez en el agua* en mente, sería interesante volver sobre los textos de Manuel González Prada en *Pájinas libres* (1894) y en *Horas de lucha* (1908), porque los ecos del intelectual del pasado resonaron en las diatribas políticas de Vargas Llosa en 1993. En los géneros que aquí interesan, Enrique López Albújar publicó en 1924 –década de grandes experimentaciones e innovaciones literarias en el Perú– el libro *De mi casona. Un poco de historia piurana a través de la biografía del autor*. Silvia Molloy caracterizó el libro como una "*sencilla crónica* autobiográfica".[11] Admitió, que la historia que narra la formación del niño en el libro no es nada convencional, sobre todo por ser la historia de la vida de un hijo ilegítimo sin glorias ancestrales ni solidaridad nacida de privilegios.[12] *De mi casona* se presenta como un caso literario en el que la historia de la formación y educación del niño ilegítimo y huérfano se parece mucho a ciertas narraciones picarescas en la literatura hispánica, que parecen formar parte del entramado intertextual en el que se desenvolvería la lectura del texto de López Albújar, y las narraciones picarescas viven entre narradores peruanos.

En la narrativa peruana del siglo XX, por ejemplo, florecían las narraciones de *Bildung* –de la formación y socialización de los personajes, jóvenes en su gran mayoría– en una serie de variantes como en el cuento y en la novela y en gran variación en cuanto a etnia, clase social, constitución mental e inclinación sexual. En Abraham Valdelomar, Martín Adán, José

---

[10] Max Hernández, en *Memoria del bien perdido: conflicto, identidad y nostalgia en el Inca Garcilaso de la Vega*, Instituto de Estudios Peruanos-Biblioteca Peruana de Psicoanálisis, Lima, 1993.

[11] Molloy, p. 226, subrayado nuestro.

[12] *Ibid.*, p. 227.

Diez-Canseco, José María Arguedas, Julio Ramón Ribeyro, Enrique Congrains Martín, Miguel Gutiérrez, Oswaldo Reynoso, Mario Vargas Llosa, Alfredo Bryce Echenique, Jaime Bayly, y otros escritores, se notan tendencias muy marcadas al cultivo de narraciones de iniciación y de aprendizaje en circunstancias culturales y socioeconómicas muy variadas. También han llegado a florecer las narraciones que se caracterizan como *Künstlerroman*, en las que el protagonista, como en muchas novelas de Vargas Llosa, y en *El pez en el agua*, busca vencer los malestares causados por la cultura en el ejercicio de la libertad individual en el paraíso de la producción artístico-literaria.

Los escritores peruanos suelen afirmar que no son propensos al género autobiográfico. Daniel del Castillo C. escribió acerca de "lo singularmente difícil del ejercicio autobiográfico entre nosotros, lo problemático de la tarea de "exponerse uno mismo" en una obra escrita",[13] y encontró la razón de ello en el "desencuentro entre subjetividad e historia", entre "los sentidos individuales y los sentidos colectivos", entre "la trama individual y la trama colectiva", entre "lo individual y lo colectivo".[14] Este estudio se enfoca, como se habrá visto, en las relaciones posibles que existan en las tensiones entre tradiciones literarias y talentos individuales, entre el autor individual y el gran archivo de modelos y de teorizaciones que no es solamente peruano, sino que se conforma de los libros publicados y por publicar de la tradición literaria occidental. Pero la paradoja se establece siempre cuando, en un Perú pobre en autobiografías, en el decir de los críticos, toda la literatura peruana se lee de manera autobiográfica, por lo que el Perú se convierte en un país muy rico en lecturas autobiográficas.

Los críticos literarios han propuesto, implícita y explícitamente, no sólo que la narrativa peruana sea (siempre) realista, sino que, como una condición *sine qua non* para este realismo, sea (siempre) también autobiográfica. Desde José de la Riva Agüero, José Gálvez y José Carlos Mariátegui; en Luis Alberto Sánchez, y hasta nuestros días, esta tradición crítica ha dominado en la institución de la crítica literaria peruana. En esta tradición, aliada del humanismo individualista decimonónico, ha dominado la práctica de las metodologías histórico-biográficas. Esta tendencia paradójica –de un país pobre en autobiografías y rico en lecturas autobiográficas– se ha reflejado entre escritores peruanos que abonan el campo para tales lecturas. En gran parte de las intervenciones de

[13] Daniel del Castillo C., "Lo autobiográfico en el Perú", *Márgenes*, VIII, 12, Lima, 1994, p. 37.
[14] *Ibid.*, pp. 38-39 y 53-54.

los escritores peruanos congregados en Arequipa en 1965,[15] las presentaciones se llenaron de "testimonios", de confesiones, historias de vida, memorias y autobiografías. Las mismas tendencias se notaron en gran número de testimonios entre los escritores peruanos reunidos en Lima en 1997.[16]

Parte de la crítica a Vargas Llosa, como se ha visto, se ha dejado canalizar en la dirección de lecturas autobiográficas señaladas por el novelista como el (único) camino correcto para los críticos. En esta dirección de lecturas, siempre había una *autori*dad central que conocía y *autoriza*ba todos los datos pertinentes, y han llegado a ser numerosos los estudios en esta dirección. Rosa Boldori le seguía la pista en la búsqueda de datos autobiográficos depositados en las novelas;[17] José Miguel Oviedo se entregó a una crítica histórico-biográfica de la índole indicada por el novelista;[18] Oviedo,[19] Michel Moner, y Sally Harvey,[20] estudiaron *La tía Julia y el escribidor* desde el punto de vista autobiográfico; Rosemary Geisdorfer Leal hizo una comparación entre las autobiografías ficticias de Guillermo Cabrera Infante y Vargas Llosa;[21] Sharon Magnarelli leyó en *La señorita de Tacna* la autobiografía como teatro;[22] José Andrés Rivas leyó *El hablador* como "metáfora de una autobiografía nostálgica";[23] Jacques Soubeyroux escribió sobre "forma y sentido de la autobiografía en la narrativa de Mario Vargas Llosa";[24] Peter Standish se concentró en

[15] Publicadas en *Primer encuentro de narradores peruanos* [1965], Casa de la Cultura del Perú, Lima, 1969.

[16] Publicados en *Encuentro Internacional Narradores de esta América*, Universidad de Lima/Fondo de Cultura Económica, Lima, 1998.

[17] Rosa Boldori, *Mario Vargas Llosa y la literatura en el Perú de hoy*, Edición del Instituto Argentino de Cultura Hispánica de Rosario, Colección Hipanoamérica, Rosario, 1969.

[18] José Miguel Oviedo, *Mario Vargas Llosa: la invención de una realidad*, Barral Editores, Breve Biblioteca de Respuesta, Barcelona, 1970; edición posterior: Editorial Seix Barral, Barcelona, 1982.

[19] José Miguel Oviedo, "*La tía Julia*... or the Coded Self Portrait", en A. Friedman y C. Rossman, editores, *Mario Vargas Llosa*, Texas University Publications, Austin, 1978.

[20] Sally Harvey, "*La tía Julia y el escribidor*: Self Portrait en soi", *Antípodas*, 1, Auckland, 1988, pp. 74 87.

[21] Rosemary Geisdorfer Leal, *Novel Lives: The Fictional Autobiographies of Guillermo Cabrera Infante and Mario Vargas Llosa*, University of North Carolina at Chapel Hill, Department of Romance Languages, University of Carolina Press, Valencia, 1986.

[22] Sharon Magnarelli, "Mario Vargas Llosa's *La señorita de Tacna*: Autobiography and/ as Theater", *Mester*, 14, 2, Los Angeles, 1985, pp. 79 88.

[23] José Andrés Rivas, "*El hablador*. Metáfora de una autobiografía nostálgica", *Antípodas*, cit., pp. 190 200.

[24] Jacques Soubeyroux, "Forma y sentido en la autobiografía de la na≤rrativa de Mario Vargas Llosa", *Iris*, s/n., Université Paul Valéry, Montpellier, 1990, pp. 100 120.

las maneras en que Vargas Llosa había contemplado sus propias novelas,[25] y Jean-Marie Ginesta escribió más de "circunstancias personales" y de "compromiso político" que de "creación literaria", y recirculó muchos lugares comunes cuando, en su artículo –no se sabe si por descuido– llamó "novela" a *El pez en el agua*.[26]

LA AUTOBIOGRAFÍA: FUNDAMENTO DE LA METODOLOGÍA DE VARGAS LLOSA

"En el Perú, todo es así. Todos somos lo que no parecemos", escribió alguna vez, el poeta Martín Adán. Entre todos los narradores peruanos, Vargas Llosa ha sido quien más ha contribuido, a lo largo de su carrera como crítico y escritor, con entregas autobiográficas relacionadas con la metodología de composición de cada una de sus novelas. Muy a menudo se ha lanzado a afirmaciones como la siguiente: "La autobiografía más auténtica de un novelista son sus novelas. Creo que uno traspone enteramente su experiencia vital [...] en esas fantasías que son las novelas".[27] Jorge Bruce escribió de "la forma profusa y enfática en que Vargas Llosa ha hecho conocer sus ideas sobre prácticamente todo lo que hace y piensa, así como lo que *piensa que hace*, que no siempre es lo mismo".[28] El material autobiográfico de Vargas Llosa se ha sedimentado en artículos como "Crónica de un viaje a la selva",[29] o en libros, como *Historia secreta de una novela*,[30] así como en numerosas notas de prensa y de revistas literarias. En muchas conferencias ha entrado en el terreno de la autobiografía, por ejem-

[25] Peter Standish, "Contemplating Your Own Novel: The Case of Mario Vargas Llosa", *Hispanic Review*, 61, Pennsylvania, 1993, pp. 53 63.

[26] Jean-Marie Ginesta, "*El pez en el agua*: circunstancias personales, compromiso político y creación literaria. Mario Vargas Llosa y la nueva autobiografía", en Victoriano Polo García, editor, *Conversación de otoño: homenaje a Mario Vargas Llosa*, Caja de Ahorros del Mediterráneo, Murcia, 1997, pp. 113 126.

[27] Citado por Matías Barchino, "Mario Vargas Llosa y la nueva autobiografía", en Victoriano Polo García, editor, p. 205.

[28] Jorge Bruce, "La premodernidad reflejada en el agua", *Márgenes*, VIII, 12, Lima, 1994, p. 57, subrayado nuestro.

[29] Mario Vargas Llosa, "Crónica de un viaje a la selva", *Cultura peruana*, Lima, septiembre de 1958.

[30] Mario Vargas Llosa, *Historia secreta de una novela*, Tusquets, Cuadernos Marginales, Barcelona, 1971.

plo en "La secreta historia de *La Casa Verde*",[31] y en "Cómo nace una novela",[32] así como en numerosas entrevistas.

Quizás Vargas Llosa estaría meditando sobre las problemáticas relaciones entre realidad y literatura cuando en "Crónica de un viaje a la selva" vio el germen de *La Casa Verde* cuya génesis narró en *Historia secreta de una novela*, y numerosos artículos y conferencias que giraron alrededor de la génesis de la literatura y de la novela en la historia personal del autor. Esta concentración se hizo patente en la autobiografía de Vargas Llosa en un libro que pareció ser un análisis de la narrativa del Nobel colombiano en *García Márquez: historia de un deicidio*,[33] cuando, en realidad, fue otra lectura autobiográfica basada en la exposición de las metodologías aplicadas por Vargas Llosa en la composición de sus propias novelas. Y Vargas Llosa venía insistiendo desde los cincuenta, con *autor*idad, en su lema principal: que toda literatura es esencialmente autobiográfica.

Cuando Vargas Llosa publicó *El pez en el agua*, sin embargo, los debates personales en torno de las relaciones posibles entre el mundo, el escritor, el lenguaje, el trabajo creativo y la literatura no se presentaron. Vargas Llosa aparecía entonces como un escritor que había hablado y escrito de la literatura como autobiográfica, pero no de que la narración de la historia de su propia vida se había dejado alimentar por las teorías y las prácticas autobiográficas, variadas y multifacéticas, almacenadas en los grandes archivos literarios del mundo y de Latinoamérica. El político que había fracasado en las elecciones de 1990 terminó publicando unas memorias que aparecían en la primitiva forma de crónica.

Silvia Molloy describió al "autobiógrafo hispanoamericano" como "un eficacísimo autocensor",[34] y describió la autobiografía a principios del siglo XX en Hispanoamérica como "un panteón de figuras heroicas".[35] Como característica de los textos autobiográficos, Molloy notó una "postura marcadamente testimonial" en escritores que se ven "como testigos" frente a los sucesos que narran.[36] Molloy escogió para su estudio textos de escritores que, "al decidir trasladarse al papel, *tienen conciencia*, de una u

[31] Mario Vargas Llosa, "La secreta historia de *La Casa Verde*", *Triunfo*, núm. 27, Madrid, 1971, pp. 42 43.

[32] Mario Vargas Llosa, "Cómo nace una novela", en Charles Rossman y Alan Warren Fiedman, coordinadores, *Mario Vargas Llosa: estudios críticos*, Alhambra, Madrid, 1983.

[33] Mario Vargas Llosa, *García Márquez: Historia de un deicidio*, Barral Editores, Breve Biblioteca de Respuesta, Barcelona, 1971.

[34] Silvia Molloy, p. 17.

[35] *Ibid.*, p. 19.

[36] *Ibid.*, p. 20.

otra forma, de lo que significa verter el yo en una construcción retórica; escritores que, con *una buena dosis de lucidez literaria*, se resignan a la necesaria mediación textual". Excluyó los testimonios y las autobiografías de políticos y de hombres de estado de su estudio "para quienes el acto de escritura inherente al ejercicio autobiográfico no parecía problemático".[37] Vargas Llosa había mostrado antes que poseía, en la producción de sus novelas, grandes dosis de aguda voluntad de innovación y modernización. *El pez en el agua*, para hablar con Silvia Molloy, parece ser la autobiografía de un político o un hombre de estado para quien el ejercicio de la autobiografía no parecía ser problemático. El político, fracasado en la aventura política de la campaña presidencial, pareció olvidarse, en los momentos más desagradables e intensos y de su vida, de la autobiografía como ejercicio literario problemático y conflictivo, abierto a experimentos y reinvenciones que han marcado los pasos literarios de géneros complejos y multifacéticos. Mario Vargas Llosa corría el peligro en 1993, después del fracaso en el campo de la política en 1990, de enfrentarse con lecturas críticas en el campo de la literatura, con *El pez en el agua*, *Lituma en los Andes* y *El loco de los balcones*.

UNA DIGRESIÓN HACIA LAS TEORÍAS DE LA AUTOBIOGRAFÍA

Se puede preguntar, en relación con parte de la literatura peruana del siglo XX, si en la esencia de la lectura algo distingue una novela picaresca, *El lazarillo de Tormes*, por ejemplo, de muchas vidas, confesiones y autobiografías en la historia de la literatura. Algunos problemas de esta índole han sido analizados por Wayne C. Booth,[38] y Bertil Romberg.[39]

Roland Barthes se dedicó, a partir de 1968, a borrar fronteras entre categorías literarias establecidas por la crítica y la historia literaria tradicionales.

Sorprende observar que los libros de Philippe Lejeune, de corte tradicional, Philippe Lejeune *L'autobiographie en France* y *Le pacte autobiographique*,[40] se publicaron en la misma época en que Roland Barthes

---

[37] *Ibid.*, p. 22, subrayado nuestro.

[38] Wayne C. Booth, *The Rhetoric of Fiction*, The University of Chicago Press, Chicago/Londres, primera edición británica, 1961; novena edición americana, 1969.

[39] Bertil Romberg, *Studies in the Narrative Technique of the First Person Novel*, Almqvist & Wiksell, Estocolmo, 1962.

[40] Philippe Lejeune, *L'autobiographie en France*, A. Colin, París, 1971, y *Le pacte autobiographique*, Le Seuil, París, 1975.

publicó *S/Z*, "De l'oeuvre au texte", *Le plaisir du texte* y *Roland Barthes par Roland Barthes*.[41] En esta misma época, en Francia, Julia Kristeva, Luce Irigaray, y Hélène Cixous, entre otras, desarrollaron sus teorías feministas de la escritura de la mujer, mientras Michel Foucault publicaba algunos de los estudios que llegaron a formar el fundamento para cierto "constructivismo" en los estudios del discurso, del sujeto, de la textualidad y de la sexualidad.

Las repercusiones de las teorías postestructuralistas se notaron, por ejemplo, en Paul John Eakin.[42] Eakin seguía a Paul de Man al lanzar un ataque frontal contra la idea de que la autobiografía participaba en la literatura como una modalidad más simple, directa y estable de referencialidad, (lo que arriba se ha denominado "sentido común").[43] La base referencial de la autobiografía la veía, más bien, como inestable: una ilusión producida por la estructura retórica del lenguaje en ciertas autobiografías.[44] El escritor escribe y es escrito por los discursos que emplea, afirmó Eakin, el texto se inscribe como agente principal y el lenguaje llega a ocupar el sitio de interés en los estudios.[45]

Biddy Martin aprovechó las coyunturas de las teorizaciones feministas de la época cuando escribió el artículo "Lesbian Identity and Autobiographical Difference(s)".[46] Con Foucault y Teresa de Lauretis, entre otros, propuso una reconceptualización de los conceptos de "identidad" y de "experiencia" para cuestionar la noción del sujeto trascendental como fuente (convencional) de la significación y de la verdad. De Eakin y de Martin se desprendió el hecho de que nociones de nación, de etnia, de época histórica, de clase social, de sexo, de género, de inclinación sexual y de profesión ejerzan sus influencias en la producción de posiciones textuales para el sujeto. Las diferencias y la inestabilidad se presentaron como más importantes que la unidad y la estabilidad, y la posibilidad de un sujeto unificado y coherente desapareció casi por completo de las consi-

---

[41] Roland Barthes, *S/Z* [1970], Deva's, Madrid, 2004; "De l'oeuvre au texte" [1971], en *Le bruissement de la langue*, Seuil, Paris, 1984; *Le plaisir du texte* [1973], edición española, *El placer del texto y Lección inaugural*, Siglo XXI Editores, Madrid, quinta edición, 1984; *Roland Barthes par Roland Barthes*, Colin, Paris, 1975; traducción al español: *Roland Barthes por Roland Barthes*, Paidós Ibérica, Barcelona, 2004.

[42] Paul John Eakin, *Fictions in Autobiography*, Princeton University Press, Princeton, 1985.

[43] *Ibid.*, p. 185.

[44] *Ibid.*, p. 186.

[45] *Ibid.*, p. 189.

[46] Biddy Martin, "Lesbian Identity and Autobiographical Difference(s)", en Bella Brodzki y Celeste Schenck (editoras), *Life/Lines*, Cornell University Press, Ithaca, 1988, pp. 77-103.

deraciones. En las propuestas ofrecidas, se postularon ciertos problemas de posicionalidad configurada por y para el sujeto en el lenguaje mismo, en densas encrucijadas de hilos entretejidos. Y en las propuestas se sembraron las dudas acerca de la autobiografía como expresión primaria, directa y no mediada, transparente, de la verdad experiencial del individuo, de un sujeto unido y coherente, privilegiada fuente de la significación y de la verdad.

Narrativa, periodismo y testimonio personal

Comentando *El pez en el agua*, Jorge Edwards –también autor de memorias–[47] borró las fronteras tradicionales entre la autobiografía y la novela. Indicó que el lenguaje del memorista en Vargas Llosa otorga coherencia a los materiales caóticos del pasado. Esta coherencia o estructura, este intento de encontrar un sentido, eran los que constituían, para Edwards, otro ejemplo de la capacidad ficcionadora de Vargas Llosa. A partir de esta observación, Edwards consideró *El pez en el agua* como otra de las invenciones e innovaciones de Vargas Llosa.[48] Otra vez, la producción literaria de Vargas Llosa se vio dividida, en algunos críticos como Edwards, fundamentalmente en dos. Pero la división ya no se hizo con referencia a etapas políticas en la vida del autor, sino a su cultivo de dos géneros distintos de escritura: periodismo y narrativa.[49]

La división binaria no abarca todas las actividades literarias de Vargas Llosa, sin embargo, y los ensayos de estudios literarios –publicados como libros– y las piezas de teatro parecen escapar del esquema. Hasta 1993, el periodismo no llegó a invadir la narrativa de Vargas Llosa, si se exceptúan algunos casos: con fines narrativos en *Pantaleón y las visitadoras*; el periodista desafortunado en *La guerra del fin del mundo*; unos ejemplos notables en *Historia de Mayta* –el ataque rabioso a Ernesto Cardenal, por ejemplo–, y otros en *El hablador*. El ataque a Cardenal parece ser un ejemplo de lo que Pindado denominó "el discurso polémico-periodístico" en Vargas

[47] Jorge Edwards, *Persona non grata*, cit.

[48] Citado por Nudelstejer, Sergio Nudelstejer, "Mario Vargas Llosa. El juego entre ficción y realidad", *Excélsior*, México, 16 de enero de 1994.

[49] Jesús Pindado, "Vargas Losa: el discurso periodístico polémico", en Ana Maria Hemández de Lopez, editora, *Mario Vargas Llosa*: opera omnia, Editorial Pliegos, Madrid, 1994, pp. 367 380.

Llosa.[50] Parece ser que, en 1993, el periodismo sí llegó a invadir las narraciones de la historia de la vida de Vargas Llosa.

Que se sepa, al mismo tiempo, las narraciones de ficción rara vez han llegado a invadir los artículos y trabajos periodísticos de Vargas Llosa, quien había mantenido rígidas fronteras entre estos géneros. En casos anteriores de descubrimientos desagradables en la vida de Vargas Llosa, como en el viaje a la selva peruana a finales de los cincuenta, la exposición de las peripecias desagradables había sido vertida en forma de crónica: "Crónica de un viaje a la selva". Tal crónica ha sido resumida y renarrada en otras versiones literarias, por ejemplo en *Historia secreta de una novela*. Esta última versión intentó narrar, en forma de crónica también, los pasos que convirtieron una versión de crónica, de 1958, en ficciones narrativas en el proceso de composición de *La Casa Verde*. Tales experiencias también han sido temas re-narrados en series de conferencias y de entrevistas. Otras experiencias desagradables en la vida de Vargas Llosa –como el caso Padilla en Cuba en 1971– se vieron vertidas sobre todo en cartas –a Fidel Castro y a Haydée Santamaría– y en artículos periodísticos.

Con las memorias de *El pez en el agua*, sin embargo, Vargas Llosa no distinguió claramente, como en *La Casa Verde* e *Historia secreta de una novela*, los pasos dados desde la crónica original de las experiencias desagradables, casi catastróficas, entre 1987 y 1990, hasta el texto final de las memorias escritas entre 1991 y 1993. En relación con todas las novelas de la década de 1960, Vargas Llosa había anticipado la publicación de cada una de ellas saliendo en entrevistas, artículos y conferencias, con narraciones autobiográficas que describían la génesis de las obras en experiencias personales que habrían tenido lugar en el reino privilegiado del sujeto *autor*izado. Como una de las contadas veces en la carrera de Vargas Llosa –*Los jefes* y las piezas de teatro son excepciones–, en el caso de *El pez en el agua* el autor prescindió de manera casi total de tales explicaciones.

Pero el origen de las memorias, en este caso, se contextualizó de otra manera: se vertió en un artículo de comentario político titulado "El pez fuera del agua", publicado en la revista *Granta* (comentado por *El País* de Madrid el 12 de marzo de 1993). Los capítulos del libro que conforman las memorias de la incursión en la política, se parecen en muchos casos a artículos periodísticos publicados anteriormente por Vargas Llosa en el transcurso de los años de la campaña política. Se parecen muchas veces a varias crónicas periodísticas en las que describió, con lujo de detalles, el

[50] *Ibidem.*

fracaso político experimentado, y en las que dibujó a brocha gorda las características personales de sus principales antagonistas políticos.

El origen de los episodios autobiográficos, en *El pez en el agua*, resultaron ser reciclajes de versiones ya reconocidas de la historia de la infancia y de la adolescencia del escritor. La parte de la autobiografía reaparece como versión reescrita, reproducida y reconocida de versiones anteriores que han aparecido desde 1963. En *Historia secreta de una novela* y en *A Writer's Reality*,[51] por ejemplo, Vargas Llosa había venido tocando y retocando esta narración de la historia de la vida propia. Se notaba en esto una inclinación marcada al reciclaje de materiales ya publicados que llegó a su máxima expresión en la década de 1990, y después del fracaso político, y que recibió su forma más clara en *La utopía arcaica: José María Arguedas y las ficciones del indigenismo* y *Cartas a un novelista*.[52]

Después de la publicación de *Conversación en La Catedral*, de *La tía Julia y el escribidor* y de *Historia de Mayta*, las versiones de partes de esta historia provocaron numerosos comentarios entre críticos dentro y fuera del Perú. Muchas personas que se reconocieron en los personajes de las novelas, consideradas novelas en clave, se opusieron al tratamiento novelesco que habían recibido. "La tía", Julia Urquidi Illanes, publicó su desafío para poner las cosas en su sitio con *Lo que Varguitas no dijo*,[53] también traducido al inglés en 1988 como *My Life with Mario Vargas Llosa*.

Vargas Llosa, escribió Jesús Pindado, "se ha situado frecuentemente en esta tradición de labor periodística directamente social, con su idea de la misión del escritor, al indicar que la responsabilidad no se agota en su trabajo literario".[54] Después de haber discutido la vocación militante de otros escritores, Vargas Llosa "ha señalado su 'disponibilidad para el error' y su participación en el periodismo y en el debate político".[55] En el libro de 1993, sin embargo, se alternan el periodismo de las memorias y la versión directa y prosaica de la autobiografía para borrar las fronteras establecidas por Pindado. El texto de 1993 se situó, con efectos de ironía histórica, entre otros contextos publicados antes por Vargas Llosa. Vino a inscribirse en la división binaria antes presentada por él para distinguir entre "crea-

---

[51] Mario Vargas Llosa, *A Writer's Reality*, Myron I. Lichtblau, editora, Houghton Mifflin Company, Boston, 1991.

[52] *La utopía arcaica: José María Arguedas y las ficciones del indigenismo*, Fondo de Cultura Económica, Lima, 1996; *Cartas a un novelista*, Editorial Ariel, Barcelona, 1997.

[53] Julia Urquidi Illanes, *Lo que Varguitas no dijo*, Editorial Khana Cruz, Biblioteca Popular Boliviana de Ultima Hora, La Paz, 1983.

[54] Pindado, cit.

[55] *Ibid.*, p. 369.

dores" y "primitivos" entre los novelistas de la historia literaria hispanoamericana.

El pez en el agua apareció, de pronto, como si fuera producto de un
escritor "primitivo", en la nomenclatura de Vargas Llosa, cuya característica principal es desconocer los problemas técnicos de la narrativa. Entre
novelas publicadas por autores hispanoamericanos, Vargas Llosa separó,
en 1968, la "pseudonovela" formada por ciertas novelas "folklóricas" o
"pedagógicas" que, entre otras cosas, pretendían ser "testimonios objetivos" de la realidad. No merecieron el nombre de "literatura" porque care-
cían del necesario "elemento añadido" que daba a la obra "autonomía" y
"vida propia". En 1993, Vargas Llosa corrió el riesgo de enredarse inconscientemente en los tejidos de sus propios dogmatismos, y el pez (en el
agua) quedó varado en los escollos de temas aparentemente inundados y
olvidados. En 1993, Vargas Llosa corría el peligro de incluirse a sí mismo
en una subcategoría inferior de escritores, según su anterior esquema de
valores, la de escritor "primitivo", en la publicación de un libro de categoría inferior, la de "pseudoliteratura". Corría el peligro de ser considerado y
evaluado junto con Ricardo Pozas, Miguel Barnet, Gregorio Martínez, Luis
Zapata, Domitila Barrios, Rigoberta Menchú, Elena Poniatowska y muchos otros y muchas otras más.

Alternar autobiografía y memorias a lo mejor hace una novela

El pez en el agua tiene aproxiamadamente 540 páginas.[56] En veinte capítulos alternan dos narraciones. Una cuenta el *Bildung* (la formación, educación y desarrollo) del yo narrador desde la niñez, a los diez años de edad,
en la adolescencia y en la juventud (1946-1957). Esta narración se convierte poco a poco –con la llegada a cierta edad adulta– en *Künstler*-na-
rración, la historia de la vida de un artista o un escritor en ciernes. Esta
parte termina con la salida de Lima del protagonista en viaje hacia París
en 1957. La otra narración se concentra en las memorias del trabajo político del yo narrador en el Perú entre 1987 y 1990, en el protagonismo
como candidato en las elecciones presidenciales del Perú, y en la derrota

---

[56] Mario Vargas Llosa, *El pez en el agua*, Seix Barral, Barcelona, 1993. Para las referencias subsiguientes a este libro se señalarán entre paréntesis las páginas correspondientes de
esta edición.

por la que se condena a otra salida del Perú. Las memorias de la campaña política se escriben según el texto (pp. 355 y 365), entre agosto de 1991 y febrero de 1993 (p. 538). Esto no impide que se reconozcan en la lectura, a lo largo de varios capítulos, una serie de temas tocados en versiones anteriores de artículos periodísticos de Vargas Llosa publicadas a lo largo de la campaña política.

El procedimiento literario que aquí se observa, la alternancia entre dos o más historias, es una de las marcas de fabricación en la producción de las novelas de Vargas Llosa. Desde *La ciudad y los perros* (1963) hasta *El paraíso en la otra esquina* (2003), este procedimiento ha llegado a ser uno de los procedimientos más notables en las experimentaciones que han conducido a las innovaciones narrativas de Vargas Llosa. En 1993, vistas de esta manera, esas técnicas novelescas cultivadas por el autor a lo largo de su carrera como novelista, invaden la estructuración de un libro que se desarrolla en episodios prosaicos y en crónicas periodísticas que intentan ser expresiones directas y no ficcionalizadas de experiencias personales del autor. El hecho de alternar episodios de diferentes períodos de la historia de vida del escritor, visto de esta manera, reorganiza una selección de parte de ciertos materiales escritos por Vargas Llosa, y se podría ver en esta alternancia la existencia del "elemento añadido", tan importante en la metodología de Vargas Llosa para asegurar la calidad de "literatura" a sus novelas. Pero en el caso del libro de 1993, esta reorganización se limita a otorgar, en el mejor de los casos, una especie de coartada artística a la suma de las partes del libro.

En *El pez en el agua* alternan, también, textos producidos para las memorias de la campaña política y artículos reciclados para la ocasión para conformar el proyecto de la autobiografía. Alternan textos conocidos y textos re-conocidos, y entre todos ellos, en las lecturas, la problemática de la posible "verdad de la mentira" literaria tendría que buscarse entre las diferentes series de versiones escritas en prosa y entregadas con el tiempo, más que en una posible "verdad" referencial y extraliteraria en la realidad peruana. Las dos partes principales del libro parecen ser elaboradas para reconciliar al narrador con sus pasados literarios, ya no como una especie de *búsqueda* del tiempo perdido, sino de *justificación del tiempo perdido* y de *reconciliación* con la pérdida de todas las energías y recursos gastados en el episodio político pasajero. Desde un presente narrativo, se evoca un pasado lejano coherente y feliz en la narración de los episodios autobiográficos, y se narran acontecimientos caóticos y desafortunados de un pasado cercano, en las memorias que se producen en relación con la incursión en el campo político. Las distancias entre varios niveles de pasado son soldadas por la presencia de un yo supremo y autoritario, su condición de artista y su vocación de escritor. La alternancia de las dos narraciones –episodios de la autobiografía (1946-1957) y memorias de la campaña política (1987-1990), y de los presentes y de los pasados así evocados y mezclados–, se estabiliza siempre y se normaliza en una estructura tradicional que está al servicio de un yo soberano –*autor*izado y *autor*itario– que intenta reflejarse a cuerpo entero en el espejo textual. Otra vez en la historia de la literatura se inscriben opuestos políticos (Pablo Neruda en 1973 y Vargas Llosa en 1993, como veremos más adelante) que se igualan en la visión de la literatura, del lenguaje, del sujeto, de la metodología práctica y de la tarea concreta de la composición de las memorias. En 1993, en el libro de Vargas Llosa, la voz del maestro intenta estabilizar y unificar el universo literario –a pesar de todas las alternancias efectuadas– en un centro único de interpretación. La *autor*idad se inscribe calificando, evocando, cancelando, evaluando, recriminando y dando crédito, administrando todos los datos concretos en una especie de supervisión y de vigilancia totales.

LA CRÓNICA DA FORMA A LAS MEMORIAS

La crónica como género literario forma una de las bases históricamente primitivas de la narrativa (y de la autobiografía) en Hispanoamérica y en el Perú. Las crónicas de los conquistadores aventureros, han sido narradas generalmente en primera persona del singular, confesional, que relaciona al género con la autobiografía, género literario más moderno. Al mismo tiempo, tal como indicó Pindado, la crónica se presenta como el primer brote de periodismo en Hispanoamérica.[57] Las semillas del periodismo hispanoamericano y los antecedentes de la autobiografía parecen nacer como gemelos siameses en el género primitivo y complejo de la crónica.

Roberto González Echevarría desarrolló su hipótesis sobre el origen de la novela latinoamericana a partir de la obra vista como informe escrito por un yo y dirigido a una autoridad ausente. Buscó el origen de este "gesto" en el género de la relación, visto como una especie de *informe*, casi a modo de confesión.[58] La fórmula de la relación es simple, y parecen ser

---

[57] Pindado cit., p. 368.

[58] Roberto González Echevarría, *Myth and Archive: Toward a Theory of Latin American Narrative*, Cambridge University Press, Cambridge, 1990, p. 56; traducción al español: *Mito*

características reveladoras suyas la ingenuidad y una capacidad ilimitada para contener datos. El autor de la relación se presenta con nombre, linaje, sitio de origen y otros muchos detalles. Continúa con el relato detallado de lo que le ha pasado, en expediciones o en aventuras, para terminar en una petición a la autoridad.[59] En *El pez en el agua*, la cantidad de detalles de experiencias individuales vertidas en las memorias, en contraste con la opinión de Jorge Edwards antes citada, corre el peligro de terminar en el olvido. Las experiencias personales acumuladas en la narración de la crónica de la campaña política amenazan con vivir su propia vida con la lógica "primitiva" de literatura colonial. Las memorias acumulan, sin problemas e indiscriminadamente, una masa de incidentes y datos que las llenan en un afán ilimitado e insaciable de concretar y documentar la historia personal como "verdad". Los datos concretos que fundamentan el testimonio personal y subjetivo de la realidad dada, se acumulan sin dejarse gobernar por principios de selección y de reorganización artísticas. La información acumulada no se deja estructurar por el necesario "elemento añadido" que los convertiría en "arte", en "buena literatura", según los preceptos propios de Vargas Llosa.

El lenguaje "normal" y "natural" –que sin problemas saussurianos pretende ser instrumento transparente de transmisión de la realidad– y el proyecto de mostrar que las experiencias personales *autor*izan y garantizan la "verdad", se materializan en la práctica de la composición misma del libro. La sabiduría lingüística y literaria reprimida amenaza, como todo lo reprimido, con volver y tomar una venganza significativa del texto que la reprime y que intenta desconocer la existencia problemática de la escritura en el mismo momento en que se inscribe como literatura. En esto, las memorias se parecen a "una de esas confesiones católicas anteriores a Montaigne, abundantes en detalles, pero donde la reflexión paradójicamente brilla por su ausencia".[60] Para citar a Bruce, la verdad no emerge necesariamente de la descripción exacta de hechos, "de esos *facts* preciados por el universo anglosajón, tan caros para el autor [Vargas Llosa]. La verdad sobre sí mismo suele ocultarse en los repliegues del narcisismo y es allí donde es preciso ir a buscarla, si es que se puede".[61] Los datos concre-

y archivo. Una teoría de la narrativa latinoamericana, Traducción de Virginia Aguirre Muñoz, Fondo de Cultura Económica, México, 2000.
[59] *Ibid.*, p. 58.
[60] Jorge Bruce, p. 66.
[61] *Ibid.*, p. 68.

tos y duros acumulados en las memorias de Vargas Llosa de 1993, en realidad suprimen, ocultan y prohíben la posibilidad de ir a buscar la verdad
sobre el sujeto, sobre la literatura, y sobre el Perú y los peruanos.

Partes del libro de Vargas Llosa comparten una de las principales características de la relación: la acumulación ilimitada de detalles narrados
en torno de aventuras políticas en el Perú en un tiempo histórico limitado
a una campaña electoral. El país se representa como tierra (desconocida)
prometida, para ser descubierta y conquistada por portadores de ciertas
ideas políticas de índole conservadora. La tierra prometida recuerda a la
crónica colonial que a veces llegó a aparecer como una especie de narrativa fantástica. Se encuentran en ella narradores que a veces ni siquiera sabían dónde estaban. Maravillados, se lanzaban a sus expediciones y aventuras en el "nuevo mundo" y producían en sus "corónicas" himnos a su
propio valor, a sus valores, a su astucia y eficacia. A veces narraron, hora a
hora y día a día, eventos de los que fueron testigos y los cuales fueron
enfatizados, tal como hizo Garcilaso, ya que lo narrado se basaba en la
verdad de las experiencias personales.[62]

El yo de las memorias en *El pez en el agua* posee una visión que pretende ser completa y coherente con todo y con todos, incluso con temas en
aparente contraste u oposición. Todos los temas los mira y los trata con
una sorprendente seguridad. En esta seguridad no admite ni siquiera cierta dosis de autocrítica para explicar el fracaso de su expedición política en
el Perú. Desde esta seguridad desea también asegurarse y ejercer seguro
control sobre los lectores de las memorias. No hay brecha ni herida en la
armazón monolítica que se construye en el libro, y no hay espacio para
dudas ni cavilaciones. El ensimismamiento pronunciado del yo se impone de tal manera que corre el riesgo de ahogarse en su reflejo en el agua del
texto, y se ciega frente a problemas de otra índole no personal y de gran
complejidad, como los problemas nacionales, sociales, étnicos, políticos,
culturales, psicológicos, de género y de sexualidad. Esta ceguera gana para
el yo *un reino* particular e imaginado: "[...] y allí, en mi estudio, tuvimos
con toda *la familia real* presente –Patricia, Álvaro, Lucho y Roxana– un
conciliábulo" (p. 479, subrayado nuestro). Esta ceguera hace que pierda
una posición anhelada –la Presidencia del Perú– y, en consecuencia, una
patria.

Se percibe a un autor, escribió Jorge Bruce, "que pese a su actitud
indesmayable de transparencia, *se detiene sistemáticamente en los linderos*

---

[62] González Echevarría, p. 79.

de su conciencia, sin procurar avanzar más allá".[63] En el narrador no hay, en apariencia, ningún inconsciente del que puedan salir, en el regreso de lo reprimido, deseos y motivaciones que minen la superficie tan racional y lisa del sujeto:

No hay lugar para la sospecha, como no hay sitio para el azar, para el delirio, para los sueños, para esos demonios que él [Vargas Llosa] constantemente invoca pero que aquí no se hacen presentes; o bien que lo hacen únicamente en la trama manifiesta de los comportamientos, nunca en la latente, aquella que finalmente permite entender, descifrar, resignificar la realidad.[64]

En este tipo de representación narrativa, "nada leemos acerca de las trampas de la vanidad, de los espejismos del narcisismo, de los deseos inconfesables, de la ambición impresentable, del crimen de la envidia y la angurria".[65] En el libro de Vargas Llosa, el narrador *cree conocer* el Perú y *pretende entender* los deseos de los peruanos: de los trabajadores, de los desempleados, de los informales, de los pobres, de los pobladores de las barriadas, de los indígenas de diferentes etnias, del pueblo y de sus huestes. Conoce y domina, *en apariencia*, las circunstancias sociohistóricas, económicas y culturales que le rodean. Cree, a pie juntillas, en la victoria de la causa que motiva las expediciones y las aventuras políticas, definida en la verdad de los programas del Movimiento Libertad y del Frente Democrático. Pero el desarrollo de esta crónica no lleva a la victoria deseada de la conquista política del país y de sus pueblos, sino a la derrota de la hazaña. El mapa político producido en la teoría para el Perú en los programas políticos neoliberales, no corresponde con los terrenos socio-políticos y económicos de la mayoría de sus habitantes.

A pesar de las afirmaciones explícitas de lo contrario, el libro también se inscribe en cierta tradición peruana de racismo entre intelectuales y políticos, y el tema está a flor de escritura desde la entrada de Alberto Fujimori en la última fase de preparación para las elecciones de 1990. El racismo aflora en la misma organización política de Vargas Llosa, y, en un momento dado, él, en apariencia, piensa ser capaz de apagarlo (p. 479). Quince días más tarde, durante la preparación para la segunda vuelta de la campaña presidencial, el tema vuelve a surgir desde dentro de la organización política misma, y ya en una forma de petición de autocrítica en

[63] Jorge Bruce, p. 64, subrayado en el original.
[64] *Ibid.*, p. 65.
[65] *Ibid.*, p. 68.

relación con la cantidad de dirigentes y candidatos blancos que participa en la organización política liderada por Vargas Llosa. Brillan por su ausencia completa, entre los candidatos del partido, dice la crítica, los "cholos" y los indios. El narrador califica la intención de las críticas como "raptos de paranoia y masoquismo electoral" (p. 489), pero el libro salva al yo cuando este se opone al uso de un racismo patente contra Fujimori. El libro hace que el yo se pierda en el racismo latente cuando es cegado y se ciega frente a un racismo "normal", es decir, el racismo de tipo ideológico del "sentido común", que, por parecer "normal" y "natural" en este tipo de discurso en el Perú, se inscribe en la organización política de Vargas Llosa cuando menos se lo espera.

Esta contradicción lleva a los burócratas a tomar medidas de maquillaje, de estrategia populista, para mejorar la imagen pública del candidato, medidas que terminarían, en casos concretos, en payasadas grotescas y verdaderas caricaturas:

> Para demoler aquella imagen de hombre arrogante y distante del pueblo, que, según las encuestas de Mark Mellow Brown, yo había adquirido ante los humildes, se decidió que en esta segunda etapa ya no haría los recorridos callejeros protegido por los guardaespaldas. Estos andarían a distancia, disueltos en la muchedumbre, la que podría acercarse a mí, darme la mano, tocarme, abrazarme, y también, a veces, arrancarme pedazos de ropa o hacerme rodar al suelo y apachurrarme si le venía en gana (p. 492).

Estas medidas, en la realidad de la lectura del libro, dicen más de los agentes de la política que de los objetos o los destinatarios de la política de Vargas Llosa. Dice más de los organizadores de la campaña neoliberal y conservadora que de "los humildes" del Perú.

El libro también dramatiza –en la versión de una reunión de "humildes" de las barriadas más pobres de Lima, a la que el narrador asiste de manera secreta y observa sin ser observado– la falta completa de compenetración y comprensión de la problemática realidad de la mayoría de los peruanos a finales de los años ochenta y principios de los noventa del siglo xx. En estos momentos, el yo no es capaz de tomar distancia y observar la inscripción involuntaria de los políticos y de los intelectuales peruanos en los gestos "naturales" ofrecidos por la ideología dominante, envueltos en el lenguaje, el discurso y el testimonio del libro. En algunos momentos, el narrador pierde el control, pierde la autoridad, y se deja hacer de la misma manera que él desearía que el Perú y los peruanos se dejaran hacer por una política de una verborrea y de un burocratismo extremos.

Estos momentos de pérdida de control corren paralelos con otros momentos en los que el narrador, por cansancio físico y mental, pierde la capacidad de ver claro para ser capaz de discernir: "Freddy me mostró el *spot* una tarde agitada, entre entrevistas y reuniones, y yo no vi en él nada terrible" (p. 371). Más tarde repite que "no sé si era la fatiga por el inmenso esfuerzo físico y mental que significaba cumplir cada día con las reuniones, viajes, mítines, entrevistas y discusiones [...], pero observaba todo este circo como si fuera otra persona con la que se encarnizaba" (p. 420). En ocasiones, el pez no sabe nadar "[en] medio de este maremagno religioso, en el que yo me sentía extraviado, sin saber cómo actuar para no meter demasiado la pata [...]" (p. 503). Al final de la segunda vuelta, Vargas Llosa viaja, trabaja, y habla "hasta perder la voz y aun la facultad de discernir". En una reunión en Arequipa, el yo no evita "perder el sentido por unos minutos" (p. 520). Para vencer la fatiga y recuperarse del cansancio, reposa en el Caribe (p. 379), fuera de Lima (p. 478), o, por ejemplo, en Chosica (p. 518).

En tales circunstancias, reconoce indirectamente que la patria y sus compatriotas, la política, la manera en la que se desarrolla la campaña presidencial, tan peruana y tan criolla, le resultan fenómenos extraños, caóticos, bárbaros y agotadores. Vargas Llosa admite su fracaso en la política peruana y admite las dificultades que surgen en el campo de trabajo del escritor peruano famoso y de éxito: "En cuanto a escribir, me fue imposible. *Quiero decir escribir ficciones*. No era sólo la falta de tiempo. Me era imposible concentrarme, abandonarme a la fantasía, alcanzar ese estado de ruptura con lo circundante".[66] No se sabe si por descuido, pero Ginesta llama al libro "novela" y escribe que "logra, gracias a un estilo acertado y rematado, dar al relato de una contienda política la intensidad de una pasión novelesca".[67] De alguna manera, Ginesta se acerca a una posible comparación entre las memorias políticas de Vargas Llosa y sus novelas.

El yo narrador en el testimonio político de *El pez en el agua* corre el peligro de emular los mismos gestos retóricos y las mismas equivocaciones políticas cometidas por Mayta, y de las que nos hemos reído en la lectura de *Historia de Mayta*. Se equivoca el yo narrador, porque en la realidad de sus textos y narraciones revela *desconocerse* a sí mismo y al país y a los pueblos y sus circunstancias existenciales. El narrador de 1993 comete errores políticos como los comete Mayta en la novela de 1984,

[66] Mario Vargas Llosa citado por Jean-Marie Ginesta, p. 125, subrayado nuestro.
[67] Ginesta, p. 126.

pero bajo signo político diferente. La lectura de las equivocaciones en 1993 puede producir, como en el caso de Mayta, efectos de lectura cómica en las memorias de Vargas Llosa.

Como en el caso de Mayta, las memorias hacen que el lector acompañe a un político que desconoce la realidad del trabajo político y las realidades concretas en las que este trabajo se efectúa en el Perú. En una reunión, pierde el sentido, tal como Mayta pierde el sentido en Jauja por culpa del soroche. Los numerosos casos de confusión, de cansancio, de ceguera, de inactividad y de desorientación son sintomáticos de un malestar personal con el Perú que desconoce pero en el que desea ser estadista. Este malestar, ya no de la cultura, sino de lo que se vive y se narra como la barbarie, remite otra vez a tradiciones y a modelos que no son exactamente ni modernos ni modernizadores. Visto así, el malestar se vuelve político, cultural, social, y resulta intolerable en situaciones complejas y multifacéticas que se escapan de cualquier binarismo simplificador. Bajo las presiones de las circunstancias políticas, el discurso del novelista se escapa de las renovaciones y se vuelve tradicional: patriarcal, clasista, racista, sexista y machista.

Vargas Llosa demuestra ser hijo fiel de la herencia patriarcal que ha dado abono en el sujeto para un cultivo "natural" y "normal" del sexismo, de la misoginia y de la homofobia. En el trabajo político concreto, los hombres se unen para promover los intereses de (ciertos) hombres, hombres de cierta etnia, de cierta clase social y de cierta sociedad patriarcal tradicional. Los episodios que testimonian las actividades políticas del narrador se construyen en escalas, en escalafones, en jerarquías por y para hombres y entre hombres que programan acciones para hombres, en las que rigen y se coordinan los principios tradicionales de nación, de etnia, de clase social, de linaje, de sexo y de género, de inclinación sexual, de edad, de apariencia física, de profesión y de gustos estéticos y literarios.

El libro no admite cambios en ninguna de estas escalas porque cualquier cambio implicaría, en su realización, cambios a nivel económico, político, social, sexual, cultural y literario. El libro parece ser utópico en su deseo de "hacer del Perú una Suiza", pero se niega a ser utópico en el sentido de postular medidas "suizas", medidas políticas concretas para construir un futuro radicalmente mejor para los pueblos del Perú y para la mayoría de sus habitantes. Todo lo contrario: el libro se formula poco a poco hacia la catástrofe de la derrota del yo en la política, y se configura como otro libro apocalíptico en el que el Perú es arrastrado por un tremendismo testimonial y subjetivo hacia un estado de cosas que no ofrecerá más alternativa a los peruanos que la de "joderse", al igual que al protagonista de *Conversación en La Catedral*, aunque con signo político diferente, o las de exiliarse o suicidarse, como alternativas ofrecidas por el escritor-narrador en *Historia de Mayta*.

En su lectura del libro, Jorge Bruce se dio cuenta de "la incapacidad para procesar" la desilusión catastrófica y la "*falta de elaboración* de este duelo terrible que debe haber sido la derrota electoral".[68] La formación del escritor (de la autobiografía), escribió Bruce, ha sido "procesada mediante la escritura de novelas excepcionales". Pero la experiencia de la derrota electoral "no parece haber sido suficientemente explorada y resignificada". Bruce encontró la causa de tal fracaso literario en el género literario escogido, "como si el género autobiográfico no le hubiese permitido interponer esta distancia crítica que tan eficazmente funcionaba en sus escritos de juventud".[69]

Se podría pensar que si Vargas Llosa se hubiera tomado el tiempo para sumergirse en lecturas de los géneros de la autobiografía y de las memorias –de Francia, Inglaterra, España e Hispanoamérica, por ejemplo– para refrescar y resignificar su visión de los géneros literarios en juego, se habría encontrado con archivos literarios llenos de fichas con posibilidades enriquecedoras de experimentación, renovadoras y modernizadoras en la autobiografía de un escritor y en las memorias de un político que ha fracasado. Pero la narración de Vargas Llosa cede poco a poco a la tentación de ser confesión ingenua de una serie de datos concretos que terminan en la narración del rechazo electoral a un personaje considerado inepto para las tareas públicas y las del estadista. El sujeto narrador parece terminar en una pérdida de confianza en la patria y en sus habitantes, que votan en su contra, y termina en despedida y en una petición, la solicitud de la ciudadanía española obtenida por el autor en julio de 1993. En octubre de 1993 Vargas Llosa ganó el Premio Planeta por la novela *Lituma en los Andes*, y en noviembre de 1993 se anunció, desde Madrid y Londres, el estreno de la obra de teatro *El loco de los balcones*.

---

[68] Bruce, pp. 68-69, subrayado nuestro.
[69] *Ibid.*, p. 69.

LA AUTOBIOGRAFÍA

Paul Julian Smith discutió, en su libro *Laws of Desire*,[70] la problemática general de la autobiografía, a luz de teorías postmodernas del lenguaje, del sujeto, de la escritura y del texto. Se concentró particularmente en ciertos ejemplos de autobiografía entre escritores hispánicos. Presentó un trabajo de Jo Labanyi, que compara las memorias de Pablo Neruda con la autobiografía de Juan Goytisolo.

Neruda, el autonombrado defensor del compromiso político en la literatura, construye un yo como un sujeto de la modalidad liberal humanista, individualista y burguesa, coherente, unificado y estable. Al Otro y a los demás –personas célebres, trabajadores y, particularmente mujeres– Neruda los representa como actores secundarios cuyo papel reside en el apoyo que proporcionan a la actuación de la estrella del elenco de la representación, el propio Neruda. La estrella trasciende cualquier contradicción interna independientemente de las circunstancias históricas que lo rodean.

Juan Goytisolo, por el contrario, escribe más bien desde una pérdida de los compromisos políticos. Esto le hace *desconstruir* al yo, al sujeto, el cual aparece completamente fragmentado y discontinuo, incoherente e inestable, dispersado a través de la autobiografía. Las circunstancias históricas, políticas, culturales, literarias, sexuales, psicológicas y personales desconcentran y desparraman al yo en incoherencias y contradicciones a lo largo del texto de la autobiografía de Goytisolo.[71]

Pablo Neruda (1902-1973) perteneció, histórica y literariamente, a la generación de muchos "padres primitivos" a los que Vargas Llosa y otros escritores del *boom* deseaban matar de manera simbólica en su crítica literaria. El artículo de Vargas Llosa sobre "primitivos y creadores" de 1968, discutido antes, donde caracteriza a los narradores "primitivos" y a la "pseudonovela", pertenece a esta etapa de "parricidio", "matricidio" y "fratricidio", de ruptura con la tradición y redefinición de la narrativa. Pablo Neruda, además, se inscribió en un compromiso político muy distinto del de Vargas Llosa en 1990 y 1993.

Juan Goytisolo (1931) pertenece, por su parte, a la misma generación de Vargas Llosa, y se había aliado con Vargas Llosa en algunos momentos importantes en el viaje de aventuras simbólicas y políticas de los años

---

[70] Paul Julian Smith, *Laws of Desire: Questions of Homosexuality in Spanish Writing and Film 1960 1990*, Clarendon, Oxford, 1992.
[71] *Ibid.*, pp. 19-20.

ochenta. Sin embargo, entre agosto de 1991 y febrero de 1993, en el período de composición de *El pez en el agua*, Vargas Llosa terminó inscribiéndose en la tradición liberal-humanista, individualista, burguesa y nerudiana –descrita por Labanyi y resumida por Smith– y no entre los experimentos antihumanistas, postmodernos, experimentales e innovadores de Goytisolo.

Daniel del Castillo C.,[72] partió de una paradoja: aún con dos libros de autobiografías-memorias entre las manos –el de Vargas Llosa y el de Bryce Echenique– repitió la opinión de la crítica de siempre insistiendo, como hipótesis de trabajo para el propio artículo, en "lo singularmente difícil del ejercicio autobiográfico entre nosotros, lo problemático de la tarea de 'exponerse uno mismo' en una obra escrita".[73] Sin embargo, Del Castillo redujo las dificultades del ejercicio de la autobiografía a "un mismo desencuentro" en Vargas Llosa y en Bryce Echenique. Vió reflejada esta oposición binaria entre individuo y sociedad en la conciencia criolla, que "puede ser vista como una conciencia desencontrada en la que las 'reconciliaciones' con lo social siempre han hallado diversas formas de bloqueo".[74] En Vargas Llosa, escribió del Castillo, "el desencuentro se mostrará bajo la forma del 'Yo-novelista' confrontado con la política".

Esto pareció ser, justamente, el estereotipo que el libro de Vargas Llosa propone al crítico; lo vio también Alberto Manguel. Vargas Llosa manejó y dirigió otra vez a una parte de los críticos en una dirección deseada, que ahora se complementó con la insistencia en la autobiografía como fuente principal para entender las acciones políticas posteriores del hombre, en analogía con la insistencia de Vargas Llosa en los datos autobiográficos como fuente principal para las novelas: "En Vargas Llosa el origen del desencuentro está en la niñez, y *el mismo autor* nos *proporciona el material* para descubrirlo", escribió del Castillo.[75]

Además, "en el origen del desencuentro subjetividad-historia está la culpabilidad",[76] la culpabilidad y mala conciencia "presentes en las tradiciones políticas y culturales de nuestro país",[77] y en la sensación de ilegitimidad que impregna la conciencia criolla.[78] Del Castillo terminó su artículo con una hipótesis:

[72] Daniel del Castillo C., cit.
[73] *Ibid.*, p. 37.
[74] *Ibid.*, pp. 39-40.
[75] Del Castillo C., p. 44, subrayados nuestros.
[76] *Ibid.*, p. 45.
[77] *Ibid.*, p. 47.
[78] *Ibid.*, p. 48.

[...] no es absurdo pensar que los que vivieron aún en el Perú de las haciendas, el orden servil de los andes [sic], la pompa e inestabilidad oligárquicas, la crueldad en los espacios domésticos, es decir los que vivieron en el Perú de hace escasos treinta o cuarenta años atrás, reproduzcan en su interioridad algo de las culpas y vergüenzas sentidos por los primeros españoles. Y reproduzcan a su vez este tipo de desencuentros entre lo individual y lo colectivo que, como hemos tratado de argumentar a lo largo de esta ensayo, bloquean o hacen particularmente difícil el ejercicio autobiográfico.[79]

Del Castillo generalizó un posible malestar producido en y por la cultura criolla en el Perú, pero sin particularizar a un Vargas Llosa que, con sus memorias, narra el trabajo como político conservador y neoliberal que termina en una derrota política, derrota que resuena en el autor y entre sus seguidores políticos. No se ve de inmediato y de manera obvia una necesaria y obligatoria relación patente entre los datos autobiográficos de una parte del libro, y todos los datos de las memorias, ofrecidos en capítulos alternantes. De manera casi casual, del Castillo rozó una problemática insinuada en Vargas Llosa cuando observó que hay un yo que "es *el verdadero yo*, el que da pleno sentido a su interioridad".[80] Este yo es, entre otros factores retóricos, el que se inscribe como fenómeno característico del libro de Vargas Llosa, como se ha visto, y se caracteriza ideológicamente con sus rasgos particulares a través del libro.

Jorge Bruce observó la inscripción novedosa de Vargas Llosa en un género literario poco cultivado en la literatura peruana, y lo representó como un desencuentro entre los tiempos postmodernos del momento de composición del libro y la obra producida por Vargas Llosa en tales circunstancias:

Es en cierto modo como si, pese a su novedad en la literatura peruana, pese a su carácter pionero y a su esfuerzo por abrir una trocha en terreno virgen, ésta fuera *una obra premoderna* en el sentido que parece escrita con anterioridad al descubrimiento freudiano del subconsciente.[81]

También, como se ha visto, apareció como un texto premarxista en su análisis socio-político y presaussuriano en su empleo del lenguaje.

El yo no parece darse cuenta de la distancia que existe entre conciencia e inconsciencia, entre racionalidad e irracionalidad, entre sujeto construido

---

[79] *Ibid.*, pp. 53-54.
[80] *Ibid.*, p. 40, subrayado nuestro.
[81] Bruce, p. 64, subrayado nuestro.

en y por el lenguaje y posible persona viva en el mundo. Son muy pocos los pasajes que indican "un reconocimiento de fuerzas ajenas a *la voluntad omnímoda del autor*".[82] El narrador se inscribe; se ve "con claridad cómo el autor se inhibe de ingresar a explorar el laberinto de sus motivaciones íntimas y, más bien, se mantiene en el umbral de esas regiones oscuras".[83] Además, escribió Bruce, la exposición "no se encuentra, en la mayoría de las situaciones narradas, enriquecida por esa mirada interna, por ese esfuerzo, a menudo doloroso, de lucidez, que los psicoanalistas llaman *insight*".[84] Este tipo de "acercamiento metódico y ordenado" que hace que los libros se parezcan "a un lugar muy ordenado y limpio, con reglas de juego muy claras", parece ser inservible cuando se trata de "dar forma y lenguaje a lo que no puede hablar".[85]

El libro de Vargas Llosa y el yo, sin embargo, se construyen sobre estructuras binarias repetidas y enfatizadas. Estas se textualizan como clasificaciones categóricas en bueno/malo, cuerdo/tonto, culto/vulgar, caro/barato, amigo/enemigo, masculino/femenino, macho/loca, blanco/indígena, etc. Los binarismos no se encuentran en equilibrio, porque los valores dignos de defender se localizan en el primer término de la dicotomía. El constante empleo de tales dicotomías expuestas en estructuras binarias, ha sido estudiado por teóricas feministas –entre ellas Hélène Cixous, Toril Moi, Diana Fuss, y Judith Butler–, quienes han observado en las categorizaciones binarias y simplificadas los efectos discursivos de un falocentrismo generalizado que domina cierta manera de hablar, de escribir y en cierta literatura occidental escrita tanto por hombres como por mujeres. Vargas Llosa se inscribió, en 1993, en estructuras discursivas que connotaron fuertes vinculaciones ideológicas con los universos discursivos falocéntricos y patriarcales que hacía tiempo habían sido cuestionados y teorizados por feministas e investigadores en el mundo occidental.

LA INFANCIA Y LA ADOLESCENCIA

En los episodios autobiográficos sobre la infancia y adolescencia del yo en Piura y en Lima, las oposiciones binarias se formulan entre Madre y Padre, y producen efectos sobre el yo. Hasta cierto punto, y simplificando la

[82] *Ibid.*, p. 67, subrayado nuestro.
[83] *Ibidem.*
[84] *Ibid.*, p. 65.
[85] *Ibid.*, p. 67.

descripción, se puede hacer un resumen en dos pares formados por el mundo de la Madre, "Miraflores", que amenaza con producir un "maricón" en el hijo, en la opinión del Padre. El Padre interviene con su deseo de salvar al hijo, aunque sea por la fuerza, de alcanzar ese destino, y el remedio le parece ser la deseada disciplina "Militar" que hará del joven un "hombre".

"Miraflores" incorpora a la familia materna del yo: el calor hogareño, la intimidad, la seguridad, el bienestar. Es el mundo de la familia, de la madre, de los parientes, de los amigos; el mundo conocido, agradable y atractivo. En "Miraflores" el yo ocupa su espacio físico y espiritual, se siente bien y en su casa (materna). "Maricón", en oposición, designa todo lo que la figura paterna teme que se produzca en el ambiente de mujeres, de la familia materna, y el padre no quiere que el hijo sea maricón. "Maricón" es el sitio imaginado, como resultado de un proceso de formación dirigido por la mujer, en el que el padre no está y en el que no quiere que el hijo esté nunca. La fantasía de "Maricón" se llena de negaciones, de prohibiciones, de órdenes y de limitaciones que hacen que el espacio para el yo, designado por el padre, sea restringido. La fantasía de "Maricón" encierra al yo, y el yo se inhibe y se llena de angustias, de rencores y de agresiones.

Los deseos del yo, imaginándose en el espacio paterno fantaseado de "Maricón", se escapan hacia el espacio materno vivido de "Miraflores": "Su padre es la realidad peruana, actual. Los Llosa son lo que el Perú debería ser: Suiza, o bien Erewhon, esa tierra utópica de Samuel Butler que es *nowhere* escrito hacia atrás".[86] O, si no, los deseos hacen que el joven se refugie en las lecturas y huya por la vía de escape que ofrece la literatura, las novelas preferidas. Por la literatura, los deseos se liberan de las imposiciones paternas, de las negaciones, las inhibiciones y las situaciones intolerables, y evocan pasajes idílicos en la evocación nostálgica del mundo maternal. Los gustos literarios significan e implican, en el mundo paternal y falocéntrico, ser artista, que es igual a ser afeminado, a tener una inclinación sexual dudosa. Tan pronto como es posible, el padre envía a su hijo a la escuela "Militar" para que "se haga hombre" en una especie de correccional militar, el Colegio Militar Leoncio Prado. Machismo, sexismo y "Militar" son términos que van unidos a la figura del padre e imponen sus efectos (desagradables) sobre el cuerpo del yo, mientras que el yo busca y se une a la figura de la madre, en "Miraflores" y en los entornos de la familia materna.

Las oposiciones inscritas en pares binarios en las jerarquías patriarcales no significan, sin embargo, tal como ha indicado Eve Kosofsky Sedgwick,

[86] *Ibid.*, p. 71.

que los deseos *homosociales* se inhiban y dejen de florecer en una sociedad patriarcal, sexista y machista.[87] Según Sedgwick, es imposible imaginarse una sociedad patriarcal que no sea homofóbica, ya que la heterosexualidad (obligatoria) se considera necesaria para el mantenimiento y la reproducción del patriarcado. En la formulación de Adrienne Rich, la heterosexualidad obligatoria está inscrita en relaciones de parentesco dominadas por los hombres.[88] La cultura patriarcal occidental depende, para su definición y construcción, de la homofobia. Entre la *homosocialidad* cultivada y la *homofobia* declarada, Kosofsky observó el *homoerotismo* que se insinúa y la *homosexualidad* que se vive y experimenta a pesar de las prohibiciones, en todo un *continuum*, un eje a lo largo del cual se extiende una gama jerarquizada de posibilidades y posiciones que sirven para asegurar y reproducir el poder de los hombres en la sociedad.

El yo narrador del libro de Vargas Llosa depende, para su construcción psicosexual, de la homofobia y de la misoginia que se inscriben como definitorias. Estas no impiden, sin embargo, que todo el libro goce de ingredientes de heterosexualidad y de homosocialidad inscritos como deseos masculinos generalizados, deseados y deseables para la duración y la conservación del poder del hombre en la sociedad patriarcal peruana del texto. La herencia paterna y patriarcal, otorgada por la figura del padre y por la formación militar, comunicada por el "sentido común" de la ideología, da abono en el yo para el cultivo "natural" de las estructuras discursivas "normales" y sus significancias correspondientes que invaden grandes partes de las memorias de la campaña política que se narran en el libro.

El yo de la autobiografía se constituye primero como *macho*, después como padre y como autor capaz de organizar disciplinadamente su casa en la vida de una familia, organizar la vida en el oficio de novelista y en el papel de escritor de fama internacional. Entre "Miraflores" y "Maricón", y entre "Maricón" y "Militar" se construye el yo de los episodios autobiográficos, y parece salir vencedora la estructura "Militar" que, al parecer, salva al yo, en concordancia con las intenciones paternas, de la amenaza de ser homosexual y, al mismo tiempo, crea sus efectos sobre la vida del yo.

[87] Eve Kosofsky Sedgwick, *Between Men: English Literature and Male Homosocial Desire*, Columbia University Press, Nueva York, 1985.
[88] Adrienne Rich, "Compulsory Heterosexuality and Lesbian Existence", en Henry Abelove, editor, *The Lesbian and Gay Studies Reader*, Routledge, Nueva York, 1993, pp. 227 254.

270   LA NARRACIÓN COMO EXORCISMO

Los episodios autobiográficos del libro se pueden leer como si dieran los pasos que se dan en la construcción psico-social y sexual de un hombre en el mundo patriarcal. Se observan algunos de los pasos que Teresa de Lauretis describió en *Technologies of Gender: Essays on Theory, Film and Fiction*.[89] Estas "tecnologías", hablando con Foucault, son las que operan a través de estructuras ideológicas e impersonales que impulsan al individuo a la construcción del género social, por ejemplo masculino, y de la heterosexualidad obligatoria, en los discursos "normales" de la sociedad patriarcal. Este tipo de discursos son los que feministas angloamericanas como Judith Butler y Diana Fuss analizan para su desconstrucción.[90]

LAS MEMORIAS Y LA AUTOBIOGRAFÍA SE ABRAZAN SOBRE UN ABISMO EN *EL PEZ EN EL AGUA*

Entre las memorias y los episodios autobiográficos –aunque alternen a través del libro y así se entrelacen–, entre el final de la autobiografía y el comienzo de las memorias, media un período de tres décadas en la historia de la vida de Vargas Llosa: 1957-1987. La narración de la historia de la vida del autor en estas tres décadas no formó parte del libro publicado en 1993, el cual se construyó alrededor de un vacío abierto por la ausencia de esta parte. El libro se construyó alrededor de la época en la que Vargas Llosa nació y se desarrolló como gran novelista de muchos éxitos, en la que insistió en sus metodologías de composición y en las bases de su propia crítica literaria. Estas no formaron parte de *El pez en el agua*, y las memorias y la autobiografía se estrecharon las manos en un abrazo suspendido en un puente sobre un abismo.

Las tres décadas, entre 1957 y 1987, formaron el período central de la vida profesional de un escritor peruano de éxitos constantes y de cambios y transformaciones continuos en su práctica narrativa. Formaron la historia de la época en la que el autor se dedicó a actividades como crítico literario y como profesor de literatura. Formaron las épocas de los cambios políticos constantes y dramáticos del autor peruano de fama mundial. Estas partes de la historia personal del autor peruano exitoso y famo-

[89] Teresa de Lauretis, *Technologies of Gender: Essays on Theory, Film and Fiction*, Indiana University Press, Bloomington, 1984.
[90] Judith Butler, *Gender Trouble: Feminism and the Subversion of Identity*, Routledge, Londres/Nueva York, 1990; Diana Fuss, *Essentially Speaking: feminism, Nature and Difference*, Routledge, Londres/Nueva York, 1989.

so, en la que se había encontrado verdaderamente "como pez en el agua", no se narraron en *El pez en el agua*. Yacieron, de todas maneras, como un trasfondo para las historias personales del libro hacia el cual se extendieron los deseos nostálgicos de las memorias –la recuperación y la reiteración de los éxitos profesionales y literarios experimentados entre 1957 y 1987– hacia la época anterior a la entrada al terreno resbaloso de la política peruana. La nostalgia se producía en el narrador en los momentos en que el fracaso político causó sensaciones de gran tensión en los conflictos de la campaña presidencial.

Las nostalgias se expresaron en anhelos intensos de volver a experimentar la libertad individual y personal gozada en los placeres de las lecturas y en los placeres de la escritura inolvidables. El Vargas Llosa de la política se escapó, a veces, de la guerra y se refugió para gozar de lecturas de obras literarias preferidas. A imagen y semejanza del niño de la autobiografía, que se había escapado del mundo conflictivo de los padres, o del padre, en la infancia y en la adolescencia, en búsqueda de refugio y amparo en la lectura de su literatura preferida, el hombre adulto y maduro se perdió por momentos en lecturas placenteras que le ayudaron a soportar las tensiones y a sobrevivir en ambientes políticos sentidos como hostiles y conflictivos. En los ambientes políticos de conflictos insoportables, en el presente de las memorias actualizado de 1990, por ejemplo, el narrador volvía a buscar alivio en sus lecturas preferidas.

Pero este narrador había sido capaz de tomar las riendas de un cambio drástico para ser candidato en las elecciones presidenciales en el Perú. La reproducción en el hijo de los deseos paternales y patriarcales se dramatiza frente a los ojos del lector. A pesar del miedo y del odio infundidos, explícitos e implícitos, con respecto a emular al padre y llegar a ser como él, una especie de ironía histórica hizo que la inscripción del narrador en el orden simbólico fuera, a más no poder, una emulación de la figura paterna y patriarcal. La emulación se realiza a través de la reinscripción y reincorporación del cuerpo del hijo en las normas discursivas paternales y patriarcales. El narrador se construyó en el libro, en las corrientes de la ideología criolla, como *macho*, primero, y racista, sexista y homófobo, después. Pero el narrador falló, sin embargo, en su intento de ser padre de la nación peruana, y los peruanos lo llegaron a rechazar de la misma manera en que él había rechazado a su padre. El proyecto de las memorias para la política del Perú había sido el hacer del Perú una Suiza, como una utopía formulada para el Perú por Vargas Llosa. Sin embargo, intentó poner el proyecto en práctica política con recursos y discursos de signos ideológicos criollos, paternales, patriarcales y tradicionales, y no "suizos", por así decirlo. Las contradicciones no se resolvieron, sin embargo, y desembarcaron en el fracaso de Vargas Llosa quien se hizo ciudadano español.

CONCLUSIÓN

Mario Vargas Llosa salió del Perú hacia Francia, en compañía de su esposa, el 13 de junio de 1990, después de la derrota electoral. Al narrador del libro le parece que "esta partida se parecía a la de 1958, que había marcado de manera tan nítida el fin de una etapa de mi vida y el inicio de otra, en la que la literatura pasó a ocupar el lugar central" (p. 529). Las salidas de la patria eran las que para el narrador formaron el denominador común de las partes del libro. Más de treinta años separaron 1958 de 1990. Las salidas enmarcaron las tres décadas no narradas ni en la autobiografía ni en las memorias. La semejanza y la igualdad se encontraron en la victoria de la vocación literaria sobre todas las tentaciones políticas. Pero las memorias habían sido también una narración de *Bildung* –del nacimiento, la formación, el crecimiento, la maduración y la defunción– del Movimiento Libertad. Y esta fue distinta de la historia de la narración del *Künstler* en los episodios autobiográficos del libro: del nacimiento, la formación, el crecimiento y la maduración de un artista y escritor en ciernes que salió de Lima en 1958.

El libro se escribió en gran parte en Berlín, en agosto de 1991, y se terminó con el "Colofón" en Princeton, New Jersey, en febrero de 1993. Tres décadas antes, en 1963, en Barcelona, se había publicado la novela ganadora del Premio Biblioteca Breve y otros premios literarios interesantes. *La ciudad y los perros* fue pieza clave y piedra angular en la fundación del llamado *boom* en la narrativa hispanoamericana. El Perú había ganado, en 1963, a un novelista, y el novelista se consideraba, orgulloso, ciudadano de la patria de los peruanos. En 1993 salió publicado, en Barcelona, *El pez en el agua*. El libro se distanció del Perú y de muchos peruanos. El dos de julio de 1993 se publicó la noticia de la concesión de la ciudadanía española a Vargas Llosa.

Después de las calumnias incluidas en *El pez en el agua*, no le quedó más remedio. El autor había perdido una patria, y el Perú había perdido a un novelista. En 1993, Vargas Llosa se encontró reemprendiendo una estadía en el extranjero y anheló experimentar algo semejante a la aventura literaria victoriosa de 1963. La calidad de la literatura producida, sin embargo, había cambiado, cuando Vargas Llosa, contrario a sus principios, como una especie de autor primitivo publicó un libro que se situó entre las pseudonovelas reprobadas por él en sus artículos de crítica literaria.

VIII

JOSÉ MARÍA ARGUEDAS: UNA PRESENCIA PERSISTENTE EN LA CRITICA LITERARIA DE VARGAS LLOSA

En 1997-1998, Mario Vargas Llosa marcaba su presencia en librerías en Lima con *La utopía arcaica: José María Arguedas y las ficciones del indigenismo, Ojos bonitos, cuadros feos, Cartas a un novelista* y *Los cuadernos de don Rigoberto*.[1] Este capítulo se centra en el primero de los libros mencionados por ser donde Vargas Llosa adopta el papel de crítico literario sobre la figura y las novelas de José María Arguedas.

El caso muestra, como se verá, que Vargas Llosa expone ciertos principios de la metodología de composición de sus propias novelas para aplicarla esta vez a Arguedas y sus novelas. Los principios de crítica literaria manifiestos son los mismos que los de ciertos artículos de la década de los cincuenta, pero los principios políticos en la década de los noventa son diferentes y acercan la crítica de Vargas Llosa, en 1996, a la que José de la Riva-Agüero desarrollaba en sus tratados literarios desde 1905. En las críticas a Arguedas las novelas aparecen como *pre*textos para la elaboración de esquemas de una crítica neoconservadora en el Perú y para la literatura peruana.

---

[1] Mario Vargas Llosa, *La utopía arcaica: José María Arguedas y las ficciones del indigenismo*, Fondo de Cultura Económica, Lima, 1996 (para las referencias subsiguientes a esta obra se citan entre paréntesis las páginas correspondientes de esta edición, subrayados nuestros si no se indica lo contrario); *Ojos bonitos, cuadros feos*, Peisa, Lima, 1996; *Cartas a un novelista*, Editorial Ariel, Barcelona, 1997, y *Los cuadernos de don Rigoberto*, Alfaguara, Barcelona, 1997.

LA FIGURA DE JOSÉ MARÍA ARGUEDAS EN LA CRÍTICA DE VARGAS LLOSA: ¿UN "DEMONIO PERSONAL"?

En la bibliografía de Vargas Llosa, la temática de José María Arguedas ha aparecido, a intervalos, desde 1955 hasta 1996. En 1955, Vargas Llosa publicó "Narradores de hoy: José María Arguedas", en Lima. En 1964, en *Visión del Perú*, publicó por primera vez "José María Arguedas descubre al indio auténtico", artículo reproducido en *Casa de las Américas* ese mismo año. En 1965, en La Habana, este artículo, con el título de "José María Arguedas y el indio", sirvió como introducción a una edición de *Los ríos profundos*. Vargas Llosa prologó esta misma novela en Chile en 1967 con "Ensoñación y magia en José María Arguedas", y la misma introducción se reprodujo para la edición de la novela por la Biblioteca Ayacucho de Caracas en 1978. En 1969, en una antología de artículos sobre "la nueva novela latinoamericana", publicó en Buenos Aires "Tres notas sobre Arguedas". En 1974, en Lima, (*Postdata*), publicó "El Sexto: la condición marginal", y lo volvió a publicar en Barcelona el mismo año como "*El Sexto* de José María Arguedas: la condición marginal". En 1977 siguió con "José María Arguedas entre sapos y halcones", conferencia en la Academia Peruana de la Lengua, publicada como folleto por el Instituto de Cultura Hispánica de Madrid en 1978.

En 1978 publicó en Cambridge, Inglaterra, *La utopía arcaica*, que apareció también como artículo en *Revista de la Universidad de México*, en 1978. Publicó un artículo en 1980 en Pittsburgh, "Literatura y suicidio: el caso de Arguedas", y otro en el mismo sitio, en 1981, "Arguedas entre la ideología y la arcadia". Este artículo sirvió como introducción a *Todas las sangres* en su edición de Madrid de 1982. En 1994 salió publicado en Oxford, Inglaterra, un artículo titulado "Una corrida en los Andes". Además, según datos ofrecidos en el prólogo a *La utopía arcaica*, el libro es el resultado de tres cursos universitarios: en la Universidad de Cambridge (1977-1978); en la Universidad Internacional de Florida, en Miami, el primer trimestre de 1991, y en un curso sobre el conjunto de la obra de Arguedas en la Universidad de Harvard, en el semestre de invierno de 1992 (p. 10).

Entre 1955 y 1995 han transcurrido cuarenta años en la historia de la vida de Vargas Llosa. A lo largo de estos años, la figura de Arguedas aparece y reaparece como una especie de fantasma en los 50, en los 60, en los 70, en los 80, y en los 90. "Arguedas" llega a ser una obsesión inscrita como tema y variaciones, en innumerables versiones, repeticiones y reproducciones publicadas en diferentes épocas, en varios sitios y en diferentes publicaciones a lo largo de la vida literaria de Vargas Llosa.

Resulta muy difícil para el libro de 1996, que antologa partes de la bibliografía sobre Arguedas, integrar de una manera coherente artículos anteriormente publicados en diferentes momentos históricos y bajo condiciones políticas distintas en una narración que pretende ser unitaria. En el libro de 1996, el título mismo y una serie de subtítulos recuerdan artículos anteriores e indican que se trata del resultado de una recopilación de versiones anteriores: "Sapos y halcones" (p. 83), "Una corrida de toros en los Andes" (p. 127), "Ensoñación y magia" (p. 176), "La ideología y la arcadia" (p. 254).

Vargas Llosa recopiló artículos e intentó borrar las huellas de posiciones políticas del pasado —marxistas, popular-cristianas, fidelistas, socialdemócratas, liberales–, más bien moderadas, en comparación con la postura neoliberal de la década de los noventa. Vargas Llosa revisó sus posturas críticas en 1996 para realizar un proyecto de génesis de una crítica literaria de otro signo político efectuada sobre el cuerpo y las obras de Arguedas. Realizó otro proyecto, ya sintomático para él, de revisión y reorientación, que se incorporó en el largo proceso dinámico de cambios experimentados durante su carrera literaria. Ciertos cambios (políticos) en la crítica de Vargas Llosa podrían ser estudiados en la larga serie de publicaciones en torno a Arguedas. Sin embargo, este capítulo se limitará a discutir el libro de 1996 y sus implicaciones para la formación de una nueva crítica literaria neoconservadora para de la literatura peruana.

LA METODOLOGÍA DE LA NOVELA Y SUS EXPRESIONES

Así como reaparecen a lo largo de cuarenta años las publicaciones en torno a José María Arguedas, también se repiten durante este tiempo las publicaciones en torno a la propia metodología de la novela en Vargas Llosa. En 1968 y 1969 aparecieron los ensayos y artículos sobre la "novela primitiva" y la "novela de creación", y en 1969 apareció la primera versión de "Carta de batalla por *Tirant lo Blanc*", artículo en el que Vargas Llosa reveló la doble vertiente de su crítica práctica: el proyectar su propia metodología hacia la obra de un autor históricamente remoto para luego verla reflejada en la obra misma del autor. Los mismos intentos de reconocer las propias metodologías se vieron luego en versiones y variaciones en

García Márquez: historia de un deicidio,[2] en *Historia secreta de una novela*,[3] en *La orgía perpetua: Flaubert y* Madame Bovary,[4] en artículos varios escritos entre 1962 y 1988 y antologados en los tres tomos de *Contra viento y marea*,[5] en *La verdad de las mentiras: ensayos sobre literatura*,[6] en *Cartas a un novelista*.[7] En *Literatura y política*, se incluye un capítulo titulado "Diálogos: invención de una realidad",[8] y, sobre todo en el acápite de "Las técnicas del novelista",[9] se repiten en forma resumida los ya conocidos principios metodológicos para la construcción de la novela de Vargas Llosa.

La utopía arcaica: José María Arguedas y las ficciones del indigenismo se colocó entre una serie de libros que versan sobre temas de composición literaria publicados por Vargas Llosa a lo largo de más de cuarenta años de su carrera como escritor y crítico literario. El libro se relaciona, por ejemplo, con *García Márquez: historia de un deicidio*, que ha sido discutido en el primer capítulo de este libro. Este se diferencia de aquél en el hecho de que José María Arguedas es uno de los novelistas e intelectuales consagrados en la historia de la literatura peruana, y Vargas Llosa dedicó, por primera vez en su carrera, un ensayo largo en forma de libro al colega peruano de oficio que le había acompañado de manera persistente hasta este momento.

LA PROPIA IMAGEN REFLEJADA EN EL ESPEJO DE LAS OBRAS DE OTROS

Vargas Llosa había venido insistiendo –desde la década de los cincuenta, y en su caso particular como novelista– en la importancia de las experien-

[2] Mario Vargas Llosa, *García Márquez: historia de un deicidio*, Barral Editores, Breve Biblioteca de Respuesta, Barcelona, 1971.

[3] Mario Vargas Llosa, *Historia secreta de una novela*, Tusquets Editor, Cuadernos Marginales, Barcelona, 1971.

[4] Mario Vargas Llosa, *La orgía perpetua: Flaubert y* Madame Bovary, Taurus Editores, Madrid, 1975.

[5] Mario Vargas Llosa, *Contra viento y marea* I (1962 72), Seix Barral, Barcelona, 1986; *Contra viento y marea* II (1972 83), Seix Barral, Barcelona, 1986; *Contra viento y marea* III (1964 88), Seix Barral, Barcelona, 1990.

[6] Mario Vargas Llosa, *La verdad de las mentiras: ensayos sobre literatura*, Seix Barral, Barcelona, 1990.

[7] Mario Vargas Llosa, *Cartas a un novelista*, cit.

[8] Mario Vargas Llosa, *Literatura y política*, Fondo de Cultura Económica/Tecnológico de Monterrey, Cuadernos de la Cátedra Alfonso Reyes, Madrid, segunda edición, 2003, pp. 69-84.

[9] *Ibidem.*

cias personales, de datos autobiográficos, de los "demonios personales" del autor, para la concepción y génesis de una obra literaria. Había expresado la convicción de un cordón umbilical necesario entre la vida y la obra de un escritor, y en el caso de Arguedas se había visto obligado por sus propios conceptos a justificar sus hipótesis personales sobre las relaciones entre la vida vivida y la ficción producida:

La raíz de *todas las historias* es la experiencia de quien las inventa, lo vivido es la fuente que irriga las ficciones literarias. [...] que en *toda ficción*, aun en la de imaginación más libérrima, es posible rastrear un punto de partida, una semilla íntima, visceralmente ligada a una suma de vivencias de quien la fraguó. Me aventuro a sostener que *no hay excepción a esta regla*.[10]

Ya que "no hay excepción a esta regla", establecida por Vargas Llosa y para su caso propio, las novelas de Arguedas tenían que nacer en la experiencia autobiográfica del autor.

Cuando Arguedas subrayaba su necesidad de dar testimonio de la comunidad indígena "tal como es", Vargas Llosa se vio impulsado a corregir a un colega que se equivocaba. Terminó mezclando la necesidad expresada por Arguedas con los ingredientes de su propia novela y los proyectó sobre él:

Sin embargo, *junto al deseo de dar un testimonio fiel* de la realidad andina, en los orígenes de su vocación, *más decisiva*, hay *una razón personal*. Esa infancia atormentada y exaltada que tuvo, su orfandad precoz, los maltratos de la madrastra y el hermanastro, las orgías que este le obligó a presenciar y que laceraron su vida sexual, su condición de hombre desgarrado entre dos culturas, la necesidad *de exorcizar* de su memoria amarguras, nostalgias, odios, debieron ser tan determinantes como aquella otra razón (p. 84, subrayado nuestro).

La nociones de la génesis de una novela, concebidas y descritas por Vargas Llosa para su caso propio, *tenían que ser las mismas* en Arguedas, dijera lo que dijera el propio escritor.

La posición de Vargas Llosa en 1996, según indicó José Carlos Rovira, contrastó con las de su pasado: "Arguedas pretendió –y *el propio Vargas Llosa lo creyó en una época*– 'haber mostrado más verazmente la realidad india que otros escritores'".[11] En 1996, sin embargo, Vargas Llosa corrigió

[10] Mario Vargas Llosa, *Cartas a un novelista*, p. 26, subrayado nuestro.
[11] José Carlos Rovira, "Mario Vargas Llosa, lector de José María Arguedas", en Victorino

a Arguedas y se corrigió a sí mismo cuando escribió que "Arguedas *ha pretendido* darnos una visión real del mundo andino, pero *afortunadamente ha prevalecido* una visión que se construye sobre todo *al exorcizar sus demonios personales*".[12] Entre "*lo pretendido*" por Arguedas y lo proyectado por Vargas Llosa dominó la visión de 1996 en la que la metáfora de Vargas Llosa –"exorcizar sus demonios personales"– fue la que, afortunadamente, "en realidad" hizo que Arguedas escribiera las novelas de su vida.

En las superficies psíquicas creadas por Vargas Llosa para Arguedas, para darle una biografía, necesaria para su propio método, Vargas Llosa encontró los reflejos de sus propios "demonios personales", y en el trabajo de composición de la novela, en la que Arguedas "*pretendió*" realizar su proyecto, en realidad se dedicó, a imagen y semejanza de Vargas Llosa, a "*exorcizar sus demonios personales*". La insistencia de Vargas Llosa sembró dudas sobre la confiabilidad de las opiniones y de los proyectos de Arguedas, pero a la vez sembró dudas y desconfianza sobre las nociones metodológicas de Vargas Llosa cuando se proyectaron en forma de crítica literaria sobre una víctima indefensa.

Datos y detalles de la biografía de Arguedas se acumularon en Vargas Llosa y se configuraron como anécdotas curiosas para postular la existencia necesaria de "demonios personales" en un "José María Arguedas" que tendría que haberse visto en la necesidad de "exorcizarlos". Así, esta biografía –la historia de la vida de Arguedas–, se habría producido, por su propia fuerza y necesidad, al servicio de las exigencias metodológicas de Vargas Llosa. Sirvió, sin embargo, para ver en la crítica práctica los reflejos narcisistas de las normas de Vargas Llosa en los comentarios de textos de otro autor, y sirvió para mostrar ciertas inconsecuencias en las hipótesis de Vargas Llosa cuando se proyectaron sobre la figura de un autor completamente ajeno a él, a su posición política en los noventa y a su metodología novelesca al servicio de una crítica subjetiva.

BIOGRAFÍA, PATOGRAFÍA Y TANATOGRAFÍA

En la narración de Vargas Llosa, la historia de la vida de Arguedas se convirtió en una oscilación periódica entre momentos de vida sana y momentos de vida enferma que se extendió desde un nacimiento normal en

---

Polo García, editor, *Conversación de otoño: homenaje a Mario Vargas Llosa*, Caja de Ahorros del Mediterráneo, Murcia, 1997, p. 477, subrayado nuestro.

[12] En *ibid.*, p. 477, subrayados nuestros.

1911 y un fin enfermo marcado por el suicidio de 1969. Los movimientos de la vida de Arguedas se perfilaron como oleadas entre paz y tensión, entre sosiego y desasosiego, entre salud y enfermedad. En Vargas Llosa la biografía intencionada se convirtió en *patografía*, casi en *tanatografía*, cuando describió y presentó el cuadro patológico de la enfermedad en momentos depresivos en los que Arguedas, por primera vez a los ocho años, pensó en suicidarse (p. 51).

En lugar de descubrir los secretos complejos e íntimos del artista, Vargas Llosa intentó reducir la psicopatología de las depresiones en Arguedas a un problema esencial que contradice y malogra los intentos artísticos del escritor. La reducción se anudó en un núcleo que se presentó como sexual, producido como efecto de las acciones del hermanastro vividas en la infancia:

Pablo Pacheco, prototipo de gamonal serrano, cruel, prejuicioso, racista, abusivo y despótico, y que, como si estas prendas no fueran bastantes, practicaba el exhibicionismo y *el sadismo*. Esto último *tendría cataclísmicas repercusiones en Arguedas*, pues *afectó de manera irreversible su relación con la mujer y con el amor físico* (p. 49, subrayados nuestros).

El trauma se redujo a ser de tipo sexual: efecto de la observación de los actos sádicos de un hombre patriarcal, sexista y machista, y generó en Arguedas una herida que afectó para siempre "su relación con la mujer y con el amor físico".

El argumento de Vargas Llosa derivó, por efecto de una lógica cerrada, hacia la reducción del "amor físico" a una "heterosexualidad obligatoria"[13] y le expuso a Arguedas a una exigencia que no podía obedecer y satisfacer. La lógica (psico)analítica de Vargas Llosa cojeó aquí y en todas las repeticiones a lo largo del libro, porque sería igualmente posible que las vivencias traumáticas afectaran de manera irreversible la relación de Arguedas con seres masculinos (con hombres) y consigo mismo como ser humano y hombre sexualizado. Era posible también que la angustia y el desasosiego, la falta de bienestar y de placer experimentado en relaciones físicas con mujeres, fueran, como la depresión misma, *síntomas* de unos sufrimientos arraigados en otras escenas íntimas y dignos de análisis extendido.

---

[13] Adrienne Rich, "Compulsory Heterosexuality and Lesbian Existence", en Henry Abelove, editor, *The Lesbian and Gay Studies Reader*, Routledge, Nueva York, 1993, pp. 227-254.

Vargas Llosa intentaba aislar a Arguedas como un caso patológico muy particular, y leyó los síntomas en los que lo reprimido se exterioriza, como si formaran el núcleo y el meollo de las enfermedades de Arguedas. Era así como cierta angustia expresada en Arguedas frente a la mujer como objeto sexual, y ciertas reacciones neuróticas manifiestas frente al acto sexual entre hombre y mujer, se tomaran como las verosímiles razones de la enfermedad de Arguedas, sin necesidad de hablar de patriarcado, de ideología, de hipocresías, de prejuicios, de represión y de autorrepresión para acomodarse a las normas de la sociedad peruana de su tiempo.

La épica arguediana, sin embargo, no parece haberse constituido tan solo por eventos exteriores, sino también de vida interior, de sus autoconfesiones y de sus vivencias íntimas internas. Del "amor físico" en la vida personal e íntima de Arguedas –de sus deseos y fantasías sexuales, de sus perversiones y transgresiones– no se sabe gran cosa. Pero en su vida parece haber renunciado a los placeres sexuales y a la satisfacción física inmediata. Los deseos sexuales de Arguedas, no satisfechos en experimentaciones en la vida real, entre otras cosas por ese "malestar en la cultura" en el que se prohíben las experimentaciones, se derivaron, sin embargo –como en algunos "casos" estudiados por Freud–, en una curiosidad sin límites y en experimentos atrevidos, aventureros y constantes, dinámicos y transgresivos, en una serie de cuentos y novelas excepcionales en la narrativa peruana.

El elemento autobiográfico insinuado por Vargas Llosa para Arguedas se construyó como biografía y como patografía para corresponder a las necesidades conceptuales de la metodología novelesca construida por y para Vargas Llosa. El crítico literario encontraba en las novelas de Arguedas el mismo material que había proyectado sobre ellas. Ahora, todos los críticos que trabajan con Arguedas hablan de su biografía. Lo hacen, en la gran mayoría de los casos, para subrayar la posición excepcional y fructífera de un intelectual peruano bilingüe y bicultural –a caballo entre dos idiomas y dos culturas peruanas– que enriquece con sus obras la historia de la literatura peruana. El estudio de Vargas Llosa, en su momento, no aportó material nuevo para ampliar y complicar las perspectivas sobre las posibles relaciones entre vida y literatura en el caso de Arguedas.

LAS PÉRDIDAS SUFRIDAS Y SUS EFECTOS EN ARGUEDAS

Es posible que a Arguedas, como a César Moro y a Martín Adán, la vida limeña lo maltratara exponiéndole a privaciones de variada índole. En general, en testimonios de artistas y escritores peruanos –en César Moro, Sebastián Salazar Bondy, Fernando de Szyszlo, Oswaldo Reynoso, el mismo Mario Vargas Llosa y Alfredo Bryce Echenique, entre otros– la sensación de castración ha imperado en las relaciones entre los artistas/escritores y el medio ambiente limeño conformado por una burguesía descrita como desprovista de principios estéticos, de educación artístico-literaria, de cultura y de interés por los quehaceres culturales, llena de desprecio por el arte y la literatura y de una desconfianza total en relación con los artistas.

Fernando de Szyszlo citó a Guillermo Hoyos Osores, director de *La Prensa* y embajador, quien afirmaba que "la clase alta peruana es una aristocracia de *scotch* con soda y piscina, ahí no hay cuadros, muebles, objetos valiosos".[14] En un ambiente visto como hostil, la crítica literaria peruana – como se verá más tarde en la discusión de la mesa redonda sobre *Todas las sangres* en 1965– siempre ha aportado su dosis de incomprensión y de hostilidad frente a los escritores peruanos, quienes muchas veces han sido recibido con brazos abiertos en el extranjero. Muchos, sin embargo, son los artistas y escritores que se han quedado viviendo y trabajando en el Perú sin dejarse vencer por los obstáculos, simbólicos y concretos, puestos por el ambiente en el camino de la evolución artística.

Los sufrimientos psíquicos de un Martín Adán, por ejemplo, o de Arguedas, no llegaron a impedir ni a paralizar por completo las actividades artístico-literarias. Es posible que los sufrimientos hayan sido terribles, desagradables y patológicos y, a la vez, como se verá más tarde, la fuente de las mismas actividades creativas, agradables y placenteras –subversivas con respecto a normas impuestas en muchos casos– de las que emanaron las ganas de vivir y de crear que se manifestaron en obras literarias sembradas a lo largo de los caminos de la vida.

Y, sin embargo, Vargas Llosa insistió en 1996 en reducir el caso de Arguedas tan solo a la pérdida de inocencia sexual, pérdida que cobró una dimensión global en el tratado de Vargas Llosa:

---

[14] Fernando de Szyszlo, en Mariella Balbi, *Szyszlo, Travesía*, Universidad Peruana de Ciencias Aplicadas, Lima, 2001, p. 27.

No resulta difícil averiguar el origen de esta visión torcida del sexo (que, en última instancia, es de raíz cristiana), pues *el propio Arguedas lo señaló*, al revelar que las escenas exhibicionistas que observa Santiago en "El horno viejo" fueron fantaseadas a partir de las experiencias que le infligió su hermanastro Pablo Pacheco. Para ese niño, cuyo aprendizaje de la vida sexual consistió en vivencias que medio siglo después seguía llamando "traumáticas" y recreando en ficciones, *es comprensible que* el sexo fuera siempre algo perverso. En la realidad fíctica, el sexo se ha convertido en manifestación devastadora de la violencia que habita el mundo (p. 95. subrayados nuestros).

"No resulta difícil averiguar [...]", "es comprensible que [...]", y porque "el propio Arguedas lo señaló [...]", son fórmulas retóricas introducidas por Vargas Llosa en un intento de aislar y reducir la vida psicosexual de Arguedas a un núcleo sexual estable.

Pero lo que "señaló el propio Arguedas" se acomodó también a un discurso legitimador, normal y natural para el ambiente en el que vivía. Los efectos de la presión de la ideología, de los prejuicios, de las hipocresías y de la incomprensión, se pudieron ver en inhibiciones que ponían los límites de cierto sentido común a las confesiones posibles de la intimidad sexual del escritor. Entre otras pérdidas de diferente naturaleza sufridas a lo largo de su vida, Arguedas se perdió, por alguna razón, la posibilidad de vivir una vida sexual satisfactoria –normal o perversa–. Cuando intentó recuperar lo perdido, al parecer lo hizo siempre controlado por un impulso que lo llevaba a buscar relaciones sexuales posibles con mujeres, aunque casi siempre resultaban imposibles.

En la sección titulada "La antigua dolencia" (pp. 151-154), la patografía reduce otra vez la fuente de los sufrimientos a este núcleo:

De otro lado, su vida sexual, a juzgar por la manera como aparece el sexo en el mundo que fantaseó y por *indicios que han quedado de su vida privada*, parece haber sido *afectada por inhibiciones y una inseguridad profunda frente a la mujer* de la que nunca se liberaría del todo, ni siquiera en su segundo matrimonio con Sybila, mujer joven y moderna cuya falta de prejuicios en este dominio, *según confesión del propio Arguedas*, lo intimidaba (p. 152, subrayados nuestros).

En algo que ya aparecía como repetición estereotipada de un tópico de frustración sexual en tratados sobre Arguedas, Vargas Llosa insistía hasta el cansancio. Siempre, fueran como fueran, insatisfactorias y amenazantes, Arguedas intentaba vencer sus inhibiciones y su inseguridad profunda frente a la mujer buscando relaciones posibles con mujeres. Las relaciones que resultaron imposibles con mujeres, en la versión de Vargas Llosa, lanzaron a Arguedas a nuevas crisis depresivas. Las reacciones sintomáticas –visibles, manifiestas y patentes– eran tomadas por Vargas Llosa como datos válidos para analizar el estado psíquico de Arguedas.

Arguedas experimentó desde muy temprano, una serie de pérdidas serias y dolorosas que han sido enumeradas por los críticos de su obra. En la adolescencia y en la vida adulta pareció negarse, o le fue negada, una vida sexual satisfactoria y placentera, lo que vendría a significar otra pérdida intolerable para un ser humano que al parecer se había identificado con la normalidad heterosexualizada de la Lima de los intelectuales, los artistas y los escritores de la época. Arguedas dejaba que los discursos ideológicos de su entorno tomaran las riendas en su definición como ser humano, y las normas de incomprensión, de sentido común y de castración le infligían pérdidas, concretas y simbólicas, que generaron los efectos característicos de gran parte de su vida.

LA MELANCOLÍA, ESA FUENTE INCESANTE DE CREACIÓN Y DE INNOVACIÓN

La historia de la melancolía se remonta a la antigüedad. Lo ha documentado, entre otros, Conrado Tostado con el libro *De la melancolía en Aristóteles e Hipócrates*.[15] Al reseñar el libro, en agosto de 1994, Rubén Gallo y subrayó la visión en Aristóteles de la necesidad de equilibrio entre humores en la persona humana. Un desequilibrio de humores produce la melancolía que en casos extremos genera enfermedad y sufrimientos patológicos. En la melancolía de grado menor, sin embargo, Aristóteles encuentra las fuentes de la creatividad artística, literaria e intelectual. Freud retomó el tema. El individuo enfrentado con pérdidas, en el caso de perder a una persona querida, en particular, y en los casos de pérdidas más simbólicas, en general, dispone, según Freud, de dos maneras de reacción psíquica posibles: una adecuada, el duelo; otra inadecuada, de un duelo sin desarrollar, la melancolía.

El concepto aristotélico de las diversas facetas de la melancolía ha sido retomado y desarrollado por algunas teorías y críticas literarias del siglo XX, como lo indicó Atle Kittang en un artículo titulado "Melankoli i poesien"

---

[15] Conrado Tostado, editor, *De la melancolía en Aristóteles e Hipócrates*, Editorial Vuelta/Ediciones Heliópolis, México, 1994.

(Melancolía en la poesía).[16] Kittang observó y analizó el concepto de melancolía en una serie de teóricos y de poetas, y citó al John Keats de "Ode On Melancholy" ("Oda a la melancolía"):

Ay, in the very temple of Delight
Veiled Melancholy has her sovran shrine,
Though seen of none save him whose strenuous tongue
Can burst Joy's grape against his palate fine;
His soul shall taste the sadness of her might,
And be among her cloudy trophies hung.

[¡Ah!, en el mismo templo del Goce
la velada Melancolía tiene su santuario supremo,
que sólo ve el que estalla las uvas de la dicha
en fino paladar con lengua vigorosa:
saboreará su alma esa fuerza afligida,
y penderá entre aquellos trofeos nebulosos.][17]

La vida de John Keats fue breve (1795-1821), caracterizada por la muerte temprana de los padres, una carrera médica abortada, la pérdida del hermano menor, ataques salvajes de críticos y reseñadores conservadores, mala salud y muerte temprana. Pero Alejandro Valero comentó la oda de Keats de la siguiente manera:

La "Oda a la melancolía" comienza con una vigorosa protesta contra los símbolos convencionales del olvido, la muerte y la melancolía, típicos de la poesía del romanticismo. Es un debate entre *las dos personalidades de un poeta escindido*. [...] La melancolía como *unión de dolor y gozo* en un estado ideal para el poeta porque *le pone en contacto con la belleza* [...].[18]

Keats es un caso de poeta en el que las pérdidas y los sufrimientos no se dejan reducir a núcleos estables de problemas sexuales. En los estados de sufrimiento y de dolor, de depresión, la imaginación empática o trágica, afinada al dolor de las pérdidas y al goce de la escritura, genera belleza artístico-literaria de gran calidad.

---

[16] Atle Kittang, "Melankoli i poesien", *Klassekampen*, Oslo, 30 de julio de 1994, pp. 23 25.
[17] John Keats, *Odas y sonetos*, traducción, introducción y notas de Alejandro Valero, edición bilingüe, Ediciones Hiperión, Madrid, 1995. pp. 176-177.
[18] Alejandro Valero, "El proceso poético de John Keats", notas a John Keats, cit., p. 22, subrayado nuestro.

De alguna manera, el debate entre "las dos personalidades" de un escritor "escindido" en Arguedas era generador de actividades creativas y de literatura. A pesar de las pérdidas y las penas, como en el caso de Keats, Arguedas escribió y publicó literatura que ha fascinado a lectores y críticos. Cuando Ernesto, en *Los ríos profundos*; Gabriel, en *El Sexto*, y el narrador, en la última novela, se encuentran en situaciones de sufrimiento casi intolerable –en una especie de situación límite–, son capaces de observar detalladamente y de describir y de escribir, en primera persona del singular, las historias de los sucesos que producen las situaciones insufribles.

Una situación de este tipo, quizá la más intolerable e insufrible para Arguedas, se produjo en la vida real del autor con la mesa redonda en torno a *Todas las sangres*, en el Instituto de Estudios Peruanos, en Lima el 23 de junio de 1965. Los críticos literarios, "realistas", se mostraron incapaces de leer la novela. Los sociólogos empiricistas y politizados criticaron duramente lo que habían leído como defectos de la novela en su (pretendido) "reflejo" de la realidad andina y de la sociedad peruana. En estos momentos, al parecer, Arguedas experimentó una serie de pérdidas como profesionista, como escritor, como etnólogo, como testigo, como testimoniante, y como intelectual peruano progresista de la década de los sesenta:

> Que no es un testimonio. Bueno, ¡diablos! Si no es un testimonio, entonces *yo he vivido por gusto, he vivido en vano, o no he vivido*. ¡No! *Yo he mostrado lo que he vivido*, ahora puede que en el tiempo que esto que he vivido no es cierto, lo aceptaré, bueno, con gran alegría. Hay algunos elementos sí que no son exactamente sociológicos, que no son un testimonio exactamente etnográfico. Yo no estoy esperando que no lo digan, seguramente lo van a decir, y yo voy a confesar que hay algunas cosas que no son exactamente etnográficas y que pueden por eso conducir a ciertos errores, pero escribir una novela, *quien lee sabe que está leyendo una novela y no un tratado de sociología*.[19]

En la confusión del escritor peruano enfrentado con sus críticos connacionales, los argumentos se llenaron de negaciones en las que Arguedas en parte integró los comentarios negativos de sus críticos y los hizo suyos.

---

[19] José María Arguedas, *¿He vivido en vano? Mesa redonda sobre* Todas las sangres, *23 de junio de 1965*, introducción de Alberto Escobar, Instituto de Estudios Peruanos, Lima, 1985, p. 36, subrayado nuestro.

Las negaciones indicadas contrastaron con la seguridad con la que Arguedas entregó su primera intervención en la mesa redonda,[20] seguro de sí mismo y seguro también de estar entre críticos que sabían que habían leído "una novela y no un tratado de sociología". Estas circunstancias en las que se equivocó convirtieron la seguridad en inseguridad. Incorporó la pérdida en vez de distanciarse de ella, y en alguna dimensión Arguedas se perdió, cedió a los críticos, se censuró el derecho, como en el campo sexual, a la posible felicidad de una "perversidad" transgresora de las normas impuestas por esos críticos que se pronunciaron sin compasión y autoritariamente sobre su novela. La situación inesperada producida, y el sentido de las pérdidas, condujeron a Arguedas a una de las depresiones más graves de su vida. Sobrevivió a los impulsos suicidas con una especie de autoterapia en un trabajo profesional intenso que le hizo escribir mucho y producir fragmentos de manuscrito para lo que iba a ser su última novela, que no terminó, y que le hizo proyectar en detalle el suicidio y su propio entierro.

Las historias de la compleja vida de Arguedas –social, cultural, sexual, psíquica, política, profesional y literariamente– no se dejan reducir fácilmente a un núcleo narrativo coherente y unitario como el que intentó producir Vargas Llosa. Las historias se abren más bien en abanicos y para una gran multitud de posibilidades de interpretación de los deseos heterogéneos del escritor peruano bilingüe, bicultural, intelectual –el etnólogo, el escritor, el cuentista, el novelista– y del ser sexual. Las historias de la vida e Arguedas se constituyeron en intentos de sobrevivir en un medio ambiente que todo el mundo ha caracterizado como hostil y antagónico a artistas y escritores. Las historias de las novelas de Arguedas tampoco se dejan reducir a un cuerpo unitario y coherente. En cada una de ellas y entre ellas se siembran también incoherencias significativas.

EL CONTENIDO DOMINA EN LA CRÍTICA LITERARIA DE VARGAS LLOSA

Cuando Vargas Llosa realizó el comentario de cada novela de Arguedas en particular –y sobre todo en el caso de *Yawar Fiesta, Los ríos profundos, El Sexto* y *El zorro de arriba y el zorro de abajo*–, reaparecieron como inevitables los esquemas metodológicos de la paráfrasis del contenido de las novelas. Este contenido parafraseado apareció siempre como "social", y las

---

[20] *Ibid.*, pp. 25-26.

categorías de clasificación de los contenidos fueron muy familiares, básicamente las mismas de los artículos sobre Arguedas desde los años sesenta: "la violencia", "violencia y sexo", "la naturaleza animada", etc. La realidad, con una pretendida existencia extraliteraria, resultaba otra vez, en la crítica arguediana propuesta para fines del milenio, más interesante que la ficción. El principio y el fin de la crítica peruana del siglo xx se dieron un gran abrazo, entre José de la Riva-Agüero y Mario Vargas Llosa. Con esquemas fijos y catálogos, Vargas Llosa intentó nombrar para siempre los contenidos de las novelas de Arguedas. En el paso desde la biografía de Arguedas a lo que se llamaría, de una manera tradicional, comentario de texto, Vargas Llosa se ubicó sin problemas en la metodología histórico-biográfica de la crítica literaria.

En las evaluaciones de Vargas Llosa se introdujo también una jerarquía entre las novelas de Arguedas: "En 1958 publica *Los ríos profundos, su mejor novela*" (p. 176, subrayado nuestro). "*Todas las sangres*, publicada en 1964, es la novela más larga y la más ambiciosa que Arguedas escribió, aunque, tal, vez, *la peor de sus novelas*" (p. 254, subrayado nuestro). Entre estos dos extremos se ubicaron las otras novelas y los cuentos de Arguedas en las jerarquías de Vargas Llosa.

Los ríos profundos justificó su posición, porque se pareció al ideal elaborado por Vargas Llosa y proyectado sobre ella:

Aunque hondamente basada en experiencias personales [...], es más que un libro autobiográfico: una historia cuya diestra reelaboración ha despersonalizado los recuerdos del autor, confiriendo al mundo narrado *la apariencia de soberanía* que alcanzan *las ficciones logradas* (p. 176, subrayado nuestro).

"La apariencia de soberanía" ha sido una de las fórmulas usadas por Vargas Llosa en la descripción de la metodología de sus propias novelas, sus "ficciones logradas". Punto por punto, de esta misma manera, Vargas Llosa iba exigiendo a Arguedas unas novelas hechas a imagen y semejanza del modelo propuesto por el propio Vargas Llosa.

En *Los ríos profundos* es Ernesto el personaje que narra sus historias, y Vargas Llosa dedicó espacio en sus comentarios al personaje: Ernesto fue percibido como "adolescente solitario cuyos desasosiego y emotividad a flor de piel ocupan buena parte de la anécdota" (p. 177); "[...] Ernesto, el narrador de *Los ríos profundos*, es un desadaptado, un solitario y también un testigo [...]" (p. 179). "En el colegio (*es significativo que el Padre Direc tor lo llame 'loco', 'tonto vagabundo',* por no ser como los otros) sueña con huir para reunirse con su padre. Pero no lo hace y espera, 'contemplando todo, fijándolo en la memoria'" (p. 181, subrayado nuestro). Después de estas presentaciones, Vargas Llosa, atado por su propia metodología, dio un paso más e identificó de manera "normal" al narrador, Ernesto, con el autor histórico, Arguedas: "En una novela tan visiblemente autobiográfica, se puede decir que Arguedas ha transplantado de manera simbólica la narración de su propio empeño" (p. 181).

Ernesto, en la autobiografía ficticia narrada en *Los ríos profundos*, es un narrador que se independiza del autor para narrar "libremente" sus historias. Y, como sabemos, el personaje no es el autor, como ha repetido muy a menudo Vargas Llosa. Ernesto es un niño que narra ciertas experiencias de su formación y educación en ambientes que aparecen como hostiles. Es probable que Ernesto, siendo un niño ingenuo y sin experiencias existenciales variadas y múltiples, no sea un personaje digno de fe y de confianza en todo lo que narra. Parece inscribirse entre otros narradores entre los que no hay, según Wayne C. Booth, sino narradores que no despiertan confianza (*unreliable narrators*).[21] Ernesto justifica su existencia como narrador en su propio contexto, formal, y no en relación con un referente extratextual, por ejemplo, un postulado "José María Arguedas" histórico, cuya autobiografía sería de otro tipo.

Es imposible, en la lectura de la novela, aceptar, como lo hace Vargas Llosa, las calificaciones de "loco" y de "tonto vagabundo" que el Padre Director desparrama sobre Ernesto, ya que la institución sociopolítica y cultural de la Iglesia y sus "siervos" también existen, como bien observó Vargas Llosa, descalificados a más no poder en el contexto narrativo de la novela:

> El discurso masoquista que el Padre Director pronuncia ante los indios de Patibamba y su alusión untuosa y falaz para aplacar a las mujeres sublevadas *rozan la caricatura*. Ni el gamonal que explota al indio, ni el soldado que lo reprime, son *tan duramente retratados* en *Los ríos profundos* como el cura que inculca la resignación a las víctimas y combate la rebeldía con dogmas (p. 190, subrayados nuestros).

Este Padre, así descrito por Vargas Llosa y descalificado por el texto de la

---

[21] Wayne C. Booth, *The Rhetoric of Fiction*, The University of Chicago Press, Chicago/ Londres, primera edición británica, 1961, novena edición americana, 1969.

novela, es quien caracteriza y califica desde su "caricatura" también a Ernesto en el contexto de la novela. La narración de Ernesto, identificada con la historia de la vida de Arguedas, ambas producidas por Vargas Llosa, fueron contrastadas en el libro (pp. 186-187) con un resumen del libro de Karl Popper, *The Open Society and Its Enemies*, en una paráfrasis de la historia de la "sociedad abierta" postulada por Popper y aceptada por Vargas Llosa. Se *autorizó* la versión de Popper de la sociedad abierta, mientras que con su ayuda y apoyo se des*autor*izaron las narraciones del niño Ernesto, del escritor maduro Arguedas y de su novela. Vargas Llosa salió defendiendo las tesis de modernidad en Popper, pero en su estudio sobre Arguedas mostró desconocer sistemáticamente los avances de modernidad y de postmodernidad en los estudios literarios. El desoír las voces formales que otorgan a la novela sus datos intrínsecos, contrastó con el uso de datos extrínsecos (de un Popper, por ejemplo), y el estudio apuntó a conclusiones morales y políticas más que a aportaciones de nuevos conocimientos literarios.

En el método, la narración de Popper resultó ser más verídica y verificable que la narración de Ernesto y las de Arguedas:

> En *Los ríos profundos*, como en toda la obra literaria de Arguedas, es motivo recurrente la añoranza de este mundo primitivo y gregario –el de la "tribu" popperiana, colectividad aún no escindida en individuos, inmersa mágicamente en una naturaleza con la que se identifica y con la que se diluye, férreamente unida por una solidaridad que nace de la fe compartida en unos mismos dioses y unos ritos y ceremonias practicados en común– desde una caricatura de la sociedad moderna en la que el individuo se halla –como Ernesto en esta novela– desamparado y alienado, pues ha perdido el cordón umbilical con el conjunto social y se encuentra a merced de fuerzas hostiles que a cada paso amenazan con destruirlo (p. 187).

La naturaleza y la colectividad con las que se ve identificado y en las que "se diluye" Ernesto, vinieron a ser iguales a las de la propuesta de Popper, en un libro cuya naturaleza de literatura y cultura no impidió que Vargas Llosa se identificara con y se "diluyera" en ellas. Vargas Llosa evocó una "fe compartida" con Popper que se manifestó simbólicamente en "unos ritos y ceremonias practicadas en común", por ejemplo, en el rito de establecer contrastes rígidos y absolutos entre las sociedades llamadas "primitivas", "enemigas" de la "sociedad abierta", y las sociedades llamadas "modernas".

LA CRÍTICA POLITIZADA DE ARGUEDAS

La crítica literaria ha politizado a Arguedas, y los mensajes políticos postulados para sus novelas han atraído el interés y restado importancia a los procedimientos retórico-formales de las obras. Vargas Llosa ofreció una repetición con variación en la temática de lo político. Se colocó en 1996 en la tradición politizada de la crítica arguediana.

El problema central para este tipo de crítica es el hecho de que "lo político/la política" nunca se defina o teorice. La falta de teorización ha sido descrita por Diana Fuss en su libro *Essentially Speaking: Feminism, Nature, Difference*.[22] En contra de muchos tipos de feminismo, la acusación de ser o de no ser "político" ha sido una de las más usadas en críticas y polémicas entre feministas. El exigir o el denunciar "política" cuando en realidad no se sabe lo que quiere decir el término, ni cómo se manifiesta en hechos y acciones, viene a aparecer como una batalla contra molinos de viento, según la discusión esbozada por Diana Fuss.

Vargas Llosa, en 1996, agudizó su crítica de *Todas las sangres*. Para demostrar que esta era "tal vez, la peor de sus novelas", empleó esta "novela frustrada" como el ejemplo "más elocuente" para entender "la visión del mundo de un escritor", y para este fin *Todas las sangres* era considerada como "una novela sumamente instructiva" (p. 254).

Este objetivo crítico intentó otra vez corregir el objetivo novelesco de Arguedas, presentado como la voluntad de "mostrar que este mundo está signado por la injusticia y revelar los mecanismos de la desigualdad y el sufrimiento social en el Perú" (p. 255). Pero el objetivo central de Vargas Llosa –"mostrar que ésta es una novela frustrada"– se sobrepone al objetivo de Arguedas en un mecanismo crítico sumamente interesante: todo lo que es particular y concreto en la novela –en lo que se refiere al Perú– en el crítico se generalizó:

> La empresa, en la economía-ficción de *Todas las sangres*, no existe para crecer y multiplicarse (principio básico de una firma que compite en un mercado) sino para diseminar el mal: hacer sufrir a los débiles, despojarlos, arruinarlos y humillarlos (p. 257).
>
> Este sentimiento de abominación del dinero, del comercio, de toda forma de intercambio mercantil, del "negocio" (mala palabra siempre para el ideal arcádico de Arguedas) no es marxista (p. 258).

---

[22] Diana Fuss, *Essentially Speaking: Feminism, Nature and Difference*, Routledge, Londres/Nueva York, 1989.

Pero por debajo de ciertos estereotipos marxistas, la visión del capitalismo aquí expresada delata la desconfianza y el miedo instintivo del *hombre mágico, prerracional*, a la idea de cambio social y advenimiento de una modernidad industrial que pondrá fin a lo que Popper llama "el espíritu de la tribu", aquella cultura rural, colectivista, de religiosa identidad entre el hombre y el mundo natural, y la reemplazaría por un mundo urbano, secularizado, impersonal, de individuos aislados y gobernado no por dioses, ritos y creencias ancestrales, sino por leyes abstractas y mecanismos económicos (pp. 258-259, subrayados nuestros).

El capitalismo de la sierra del Perú existía, para Arguedas y muchos intelectuales más, en la opresión y en la explotación, en la injusticia, la desigualdad, la pobreza y el sufrimiento. Los datos socioeconómicos y culturales reconocidos por la crítica, han hecho de la novela un ejemplo de "novela realista" peruana.

Arguedas no pretendía, que se sepa, ser especialista en economía. Era un especialista, profesional y emocionalmente, en ciertas lenguas y culturas de ciertas partes de los Andes. La mayoría de los críticos han admitido esta especialización de Arguedas como característica particular y excepcional en él, y ella misma lo ha distinguido de muchos otros llamados indigenistas. Siendo bicultural y bilingüe, sabía "ser fiel al universo quechua y a la vez inteligible para sus lectores, básicamente ajenos a este universo".[23] Cuidaba y cultivaba esta especialización, y desarrollaba en sus estudios, en su vida profesional, y en la vida de maestro, de traductor, y de articulista.

La relación entre la narrativa de Arguedas y una realidad dada se apoyaba, como escribió Usandizaga, "en el conocimiento de su lenguaje en un sentido amplio":[24]

Intuía que la posesión de sentido de un mundo es un lenguaje; la comprensión de su superficie y la organización según un determinado sentido es lo que hace posible hablar de este mundo:[25]
    Arguedas ha vivido y leído directamente una cultura que le ha conformado un sistema de significados, o sea, un lenguaje. Y por esta vía de lenguaje identificado a universo cultural podemos responder a la pregunta sobre *la*

[23] Helena Usandizaga, "Realidad cultural y realismo en la narrativa de Arguedas", *Hueso Húmero*, 27, 1990, p. 118.
[24] *Ibidem.*
[25] *Ibidem.*

realidad de este universo, que es *real en tanto que tiene significación*, y podemos comprobar que, efectivamente, está en el texto de Arguedas.[26]

Las experimentaciones literarias y narrativas constantes y atrevidas en los textos de Arguedas se le escaparon a Vargas Llosa, porque las ideas del capitalismo de Popper lo cegaron en varios momentos de su estudio. No le interesaron a Arguedas tanto la crónica social de ciertas partes de los Andes, ni los mitos y los ritos de ese mundo, sino su incorporación "en una ética y una estética culturalmente informadas por lo quechua y estrechamente ligadas al conflicto cultural derivado del choque entre lo indio y lo español":[27]

> No parece propio, en este contexto, hablar de realidad no objetiva y no verificable, porque de lo que se trata es de la verdad no solamente individual sino también social de un conflicto dolorosamente vivido y minuciosamente formulado, en cuyo contexto las esquematizaciones, las idealizaciones, las exageraciones, las selecciones y las simplificaciones de los "datos reales" son elementos sin importancia, pero no porque estemos escuchando una "hermosa mentira", que traiciona esencialmente a "la realidad", sino al contrario, porque sirven al sentido.[28]

Los esquemas de los comentarios de Vargas Llosa no captaron estas facetas extraordinarias de los textos producidos por un especialista de culturas y lenguas que experimentaba sin cesar con sus narrativas hasta el fin mismo de su vida.

DOS VISIONES IRRECONCILIABLES DEL MUNDO

Arguedas no temía el cambio en lo personal, en la sociedad ni en la literatura. Buscaba cambios, como muchos peruanos más, destinados al beneficio de la gran mayoría de los peruanos. Nelson Manrique ha expuesto convincentemente los cambios de posición política vividos por Arguedas, entre las décadas de 1950 y 1960.[29] Como muchos intelectuales mexicanos del siglo

---

[26] *Ibid.*, p. 119, subrayado nuestro.
[27] *Ibid.*, p. 121.
[28] *Ibidem.*
[29] Nelson Manrique, "José María Arguedas y la cuestión del mestizaje", en Nelson Manrique, *La piel y la pluma. Escritos sobre literatura, etnicidad y racismo*, Casa de Estudios del Socialismo, SUR, Lima, 1999.

XX, antes y después de la revolución mexicana, buscaba en la etnología y en la antropología los instrumentos profesionales para poder colaborar en los procesos de cambios perfilados. Después de la revolución cubana, y hasta su muerte, compartía con Vargas Llosa la confianza y fe en la versión fidelista de transformación revolucionaria en América Latina. Arguedas no era, no podía (y no hubiera querido) ser un capitalista de tipo neoliberal. Parece cierto que Arguedas había sido sensible a las injusticias, a la explotación y a la opresión en el Perú. Parece cierto que se había aliado de manera general con la lucha contra la opresión y la explotación de los marginados.

Vargas Llosa publicó su libro en 1996, a dos años del inicio de la rebelión del Ejército Zapatista de Liberación Nacional en Chiapas, México. A propósito de los sucesos en Chiapas, y en torno a las novelas de Arguedas, se pueden evocar los nombres de Ricardo Pozas Arciniega, Rosario Castellanos, Elena Poniatowska y los de muchos intelectuales y escritores mexicanos más. Arguedas no había sido un caso aislado entre intelectuales y escritores que buscaban cambios sociales y culturales en América Latina y en el Perú. Se inscribía entre colegas de muchos países y de muchas culturas, en tradiciones literarias que habían venido produciendo sus obras a lo largo del siglo XX.

Vargas Llosa corría el peligro de simplificar la representación de Arguedas. Representar las posiciones de Arguedas como irracionales, nutridas por razones míticas o mitológicas, "primitivas", formó parte de una metodología que descalificó a Vargas Llosa más que a Arguedas. Helena Usandizaga ha sabido subrayar algunos de los desencuentros que se venían formulando entre la crítica y el objeto de estudio. Las posiciones de Arguedas las ha formulado de manera distinta de las de Vargas Llosa. En 1968, al recibir el Premio Inca Garcilaso de la Vega, Arguedas se definió políticamente y se situó como intelectual dentro de lo que llamó el socialismo:

> No pretendí jamás ser un político ni me creí con aptitudes para practicar la disciplina de un partido, pero fue la ideología socialista y el estar cerca de los movimientos socialistas lo que dio dirección y permanencia, un claro destino a la energía que sentí desencadenarse durante la juventud.[30]

Arguedas se basó en dos principios: en un socialismo "que no mató en mí lo mágico", y en "considerar siempre el Perú como una fuente infinita para la creación".[31]

---

[30] José María Arguedas, citado por José Carlos Rovira, p. 478.
[31] Arguedas, citado por Usandizaga, pp. 130-131.

Arguedas resulta mucho más complejo que las reducciones en las que Vargas Llosa pretendió encerrarlo. Rovira, por ejemplo, leyó el poema de 1962 titulado "A nuestro padre creador Túpac Amaru", y concluyó escribiendo que

> creo que esta manifiesta radicalización en la literatura de Arguedas en 1962, que está en conexión con algunos estímulos biográficos como su descubrimiento de la revolución cubana como realidad y que está en conexión con el mismo descubrimiento realizado por Vargas Llosa por los mismos años, no podría ser explicada como un gesto para la galería.[32]

Rovira leyó las opiniones de Vargas Llosa como dirigidas "a reducir la sinceridad radical del último Arguedas",[33] y a una "reducción de capacidad para entender la realidad" en Arguedas.[34]

En el proceso de descalificar a Arguedas, el Vargas Llosa de 1996 se identificó varias veces con la crítica adversa a Arguedas, pero con críticos de puntos de vista políticos distintos al suyo: se mostró partidario de la crítica lanzada por intelectuales de izquierda en la famosa mesa redonda sobre *Todas las sangres* en junio de 1965, y se mostró de acuerdo con las opiniones de Alberto Flores Galindo. En la sección del libro titulada "Verdad literaria y verdad sociológica" (pp. 261-263), Vargas Llosa dijo estar de acuerdo con Bravo Bresani, Aníbal Quijano, Henri Favre y otros. Describió la desesperación de Arguedas cuando enfrentó a los críticos, pero continuó:

> Arguedas creía que la literatura debía expresar fielmente la realidad, y sentirse desautorizado por sociólogos y críticos de izquierda como descriptor de ese mundo andino del que se sentía valedor y conocedor entrañable le hería profundamente (p. 263).

Vargas Llosa aceptó las "críticas justas" del "documento", y dio un paso más allá en la desautorización de Arguedas, ya que pretendió añadir argumentos "literarios" para rematarla.

Estos argumentos insistieron en la falsedad literaria en Arguedas y en la falta de "poder de persuasión" de la novela:

---

[32] Rovira, p. 482.
[33] *Ibidem.*
[34] *Ibid.*, p. 483.

Es cierto que los Andes de su libro no corresponden a los Andes reales de los sesenta (y tampoco del pasado). No es por ello que *Todas las sangres* fracasa como ficción, pues la verdad o la mentira de una novela –conceptos que en la literatura son sinónimos de excelencia o pobreza artística– no se miden confrontándola con la realidad objetiva [...]. La verdad y la mentira de una ficción están fundamentalmente determinadas por *su poder de persuasión* interno, su capacidad para convencer al lector de lo que cuenta (p. 263, subrayado nuestro).

Igual que los intelectuales de la mesa redonda de 1965, Vargas Llosa impuso sobre la novela de Arguedas una serie de exigencias literarias de cuño propio que le son extrañas y extraordinarias, tanto para la novela de Arguedas como para el género narrativo al que pertenece.

Los sociólogos y los dos críticos literarios que participaron en la mesa redonda "buscaban una crónica del presente donde hay imaginación de futuro".[35] Vargas Llosa impuso sobre la novela de Arguedas las exigencias formuladas para su propia novela. Frente a estas exigencias, la novela de Arguedas "fracasa", porque no se había escrito a imagen y semejanza de unas normas desconocidas por Arguedas, básicamente en la carencia de "poder de persuasión interno", otro concepto elaborado por Vargas Llosa para su propia metodología de composición. Los conceptos de "verdad y mentira", "que en la literatura son sinónimos de excelencia o pobreza artísticas", son conceptos inventados y manipulados por Vargas Llosa, construidos en los escritos sobre su propia novela.

Para Vargas Llosa, la novela "recuerda esas ficciones *precervantinas, ingenuas, candorosas, ejemplarizadoras,* en las que el bien y el mal están repartidos de manera simétrica, en acciones, episodios, personajes" (p. 265, subrayado nuestro). Además, en el campo de la política, Vargas Llosa presentó su paradoja: "[...] que en la novela escrita *con la intención de ser –y no sólo parecer– un progresista,* un hombre comprometido con la revolución socialista, *resultara, en verdad, una novela emblemáticamente reaccionaria y tradicionalista*" (p. 277, subrayado nuestro). Vargas Llosa condenó el resultado en un comentario final: "[...] su historia se vuelve *diatriba y caricatura, fracaso literario,* irrealidad" (p. 277, subrayado nuestro).

Pero Arguedas, tal como admitió Vargas Llosa, no aparecía nunca, y no quería aparecer, como un "autor", "suplantador de Dios", y como "Creador" de "realidades" alternativas. No quería ser "Creador" para ser distinguido de escritores "primitivos". No correspondía a tales categorías. Estas nociones le

---

[35] Usandizaga, p. 129.

eran extrañas. Han aparecido como nociones y fórmulas repetidas en la autopresentación de Vargas Llosa para un "autor", "suplantador de Dios", y "Creador" de sus propias dimensiones. Resultó casi malévolo el intento de dar un "*autor*retrato" de Arguedas comparado con los grandes "Creadores" del *boom*.

Arguedas andaba siempre, según testimonios de amigos, colegas y alumnos, con más modestia, y para sus novelas tenía ambiciones distintas de las de Vargas Llosa. Otro tipo de ser humano, otro tipo de escritor, otro tipo de intelectual peruano, otro tipo de profesionista, otro tipo de ser sexual, otro tipo de ser político y otro tipo de literatura que, por necesidad, son distintos de Vargas Llosa y sus modelos.

Vargas Llosa corrió el riesgo de efectuar, en la crítica literaria, los *defec*tos que había acusado a Arguedas de producir en el campo de la novela. La crítica de Vargas Llosa se parecía a esas críticas "ingenuas", "candorosas", "ejemplificadoras", de "sentido común", que en 1996 no tomaron en cuenta la inmensa variedad literaria en Hispanoamérica ni los avances teóricometodológicos de las asignaturas de estudios literarios. La insistencia repetida en un punto de partida definido y establecido de antemano, los comentarios y paráfrasis que sirvieron para comprobar –en las partes y en la totalidad de la obra– la unidad orgánica, el reflejo de la veracidad de la tesis de punto de partida anteriormente establecido; la oscilación entre los comentarios a la obra y la reconstrucción biográfica necesaria de un autor; las adivinaciones para relacionar la obra y la biografía del autor; las conclusiones que apuntaron a la figura real del autor histórico, sus posibles intenciones y su "visión del mundo": todos los detalles se inscribieron en un movimiento metodológico que llegó a configurar la forma de un círculo.

LAS UTOPÍAS Y LA UTOPÍA

José María Arguedas fue dejando huellas en los caminos de la literatura hasta su trágico fin en 1969. Con *Yawar Fiesta* –en la realidad de la historia literaria– dejó publicada una novela excepcional no sólo en la narrativa peruana sino en la hispanoamericana. Es la primera novela colectiva, en la que no destaca un héroe individual, en la que todo un pueblo de la sierra brilla con su actuación cultural, publicada en el Perú y en Hispanoamérica.

El propio Vargas Llosa intentó emplear las estrategias literarias colectivas de esta novela en las partes que narran la vida de la Mangachería en *La Casa Verde* y en el "coro" de voces de *Los cachorros*. Cuando Arguedas publicó *Los ríos profundos*, en 1958, resultó ser uno de los primeros casos de *Bildungsroman* logrado y notable en la narrativa peruana, y se elevó a modelo para muchos escritores peruanos, incluso para Vargas Llosa, gran cultivador de la novela individual y de la novela de formación, y para Alfredo Bryce Echenique. *El Sexto* fue una de las primeras novelas carcelarias de la narrativa peruana.

Arguedas seguía experimentando con sus novelas, en climas políticos diferentes, en *Todas las sangres*, por ejemplo, y terminó su vida antes de terminar su última novela que sobrepasa todos los esquemas presentados por Vargas Llosa. Este sería, en lo que a experimentación e innovación se refiere, el último ejemplo de una dedicación y entrega que terminó en un gran desafío para los críticos literarios.

"El discurso de la utopía andina es complejo y varía según la época en que se da y la clase que se lo apropia; su historia es 'una historia conflictiva, similar al alma de Arguedas', tal como ha estudiado Alberto Flores Galindo".[36] Cuando Usandizaga entró en el tema de la utopía en Arguedas, notó que se encuentra "enraizado en el imaginario andino" y que en esto reside, "fundamentalmente, su diferencia de otros escritores llamados indigenistas".[37] En clasificaciones de la historia de la literatura hispanoamericana, Arguedas se coloca, junto con Miguel Ángel Asturias y Rosario Castellanos, por ejemplo, en lo que se ha tendido en llamar "nuevo indigenismo" literario. Se caracterizan por ser autores con conocimiento íntimo de las culturas indígenas que incorporan los mitos, las cosmovisiones, y las tradiciones literarias autóctonas, orales y escritas, a sus obras.[38]

Arguedas trabajaba sus búsquedas del "país que está en todas partes pero no aquí y ahora", el país que no existe, –outopía– que es al mismo tiempo la alternativa deseada del "buen país", *eutopía*. En las novelas de Arguedas, "los mitos andinos se proyectan allí legítimamente hacia el futuro por su enraizamiento en el sistema perceptivo del mundo al que pertenece: se trata de proponer una alternativa al presente, que traería el fin del desorden".[39] Las lecturas de Usandizaga se opusieron de varias maneras a las de Vargas Llosa, y los análisis detallados de textos y de "paratextos",[40] condujeron a conclusiones opuestas a las de Vargas Llosa. Arguedas, por ejemplo, no temía los cambios, vio en ellos la posibilidad de

[36] *Ibid.*, p. 128.
[37] *Ibid.*, p. 127.
[38] Joanna O'Connell, *Prospero's Daughter. The Prose of Rosario Castellanos*, The University of Texas Press, Austin, 1997, pp. 58, 61.
[39] Usandizaga, p. 128.
[40] *Ibid.*, p. 129.

la creación de algo nuevo a partir del valor catártico de la rebelión, de las luchas y los encuentros simbólicos que se dan en su ficción. Hay fuerzas que luchan en la obra de Arguedas buscando un camino que una tradición y progreso, unidad y apertura.[41]

AMÉRICA LATINA, LAS UTOPÍAS Y LOS DISCURSOS ANTIUTÓPICOS

Arguedas ha sido un escritor entre muchos en cultivar la "función utópica" en la historia de América Latina. Fernando Ainsa se dedicó en el libro *De la edad de oro a el dorado: Génesis del discurso utópico americano* a dar una visión compleja del pensamiento utópico en América.[42] Observó la tensión entre "el *ser de la realidad* (hecha de desajustes estructurales profundos y antinomias aparentemente irreconciliables) y *lo que debería ser* América*, tal como se plantea en plataformas de todo tipo, políticas, sociales, filosóficas e, incluso, literarias".[43] América Latina ha sido tierra propicia para sueños utópicos y ha generado "un discurso utópico polisémico".[44] "América es un sitio privilegiado donde podrá realizarse el sueño de 'una felicidad más completa y mejor repartida entre los hombres, una soñada república, una Utopía' a la que se refiere Alfonso Reyes en *Ultima Thule*".[45] Entre los intelectuales utópicos en un período dado, Ainsa mencionó a Alfonso Reyes, Pedro Henríquez Ureña, José Martí, Eugenio María de Hostos, José Enrique Rodó, Manuel González Prada, Manuel Ugarte, y José Vasconcelos.

Las posturas antiutópicas expuestas por Vargas Llosa no eran originales. Ruth Levitas escribió, en *The Concept of Utopia*,[46] que Karl Popper y Friedrich Hayek tipifican la posición antiutópica cuando presentan la utopía como peligrosa por ser capaz de conducir a algún tipo de totalitarismo no definido.[47] Cuando Arnhelm Neusüss escribió la introducción a su antología de ensayos sobre la utopía, observó que los argumentos antiutópicos avanzan siempre desde la derecha política. Los ataques forman parte de una estrate-

---

[41] *Ibid.*, p. 128.

[42] Fernando Ainsa, *De la edad de oro a el dorado: Génesis del discurso utópico americano*, Fondo de Cultura Económica, México, 1992.

[43] *Ibid.*, p. 8, subrayado en el original.

[44] *Ibid.*, p. 23.

[45] *Ibid.*, p. 14.

[46] Ruth Levitas, *The Concept of Utopia*, Syracuse University Press, Hemel Hempstead, 1990.

[47] *Ibid.*, p. 3.

gia elaborada para neutralizar o recuperar los contenidos revolucionarios de los sueños utópicos, escribió Neusüss. El más pernicioso y corriente de los argumentos antiutópicos, descritos por Neusüss, es el que llama el "acercamiento realista", que se opone a la naturaleza contradictoria de muchas utopías. Desde esta posición, los antiutópicos insisten en que no hay que tomar las utopías en serio, porque son tan ilógicas que cualquiera entiende que no funcionan nunca en la sociedad y en la vida reales. El rechazo de los proyectos de los demás como utópicos y no realistas, escribió Levitas, forma parte de un proceso de promoción de los proyectos propios y forma parte intrínseca de un proceso político.[48]

Asumiendo con confianza que los cambios son posibles y deseables, la visión utópica parte de un análisis negativo de la sociedad actual para crear imágenes e ideales con poder para inspirar la rebelión contra la explotación y la represión.[49] Las utopías no terminaron con Arguedas. Se conformaron como estrategias literarias y críticas entre feministas, por ejemplo, hasta finales del siglo xx, tal como se observa en Frances Bartkowski, *Feminist Utopias*,[50] y en Joanna O'Connell, *Prospero's Daughter: The Prose of Rosario Castellanos*.[51] Y los socialistas compartieron con las feministas el hecho de considerar el trabajo de concientización política como un camino hacia el buen lugar (eutopía) que sigue siendo el país de ninguna parte (outopía).[52]

CONCLUSIÓN

La figura de José María Arguedas y las novelas por él publicadas no dejaron nunca de atraer y fascinar a Mario Vargas Llosa. Cuando cometió sus famosos "parricidios", en la década de 1960, –discutidos en el primer capítulo de este estudio–, dejando sobre el campo de batalla innumerables novelistas hispanoamericanos muertos, al único novelista peruano al que salvó de la matanza fue José María Arguedas. Este habría sido el único "padre" literario reconocido por Vargas Llosa entre novelistas peruanos de todos los tiempos.

[48] *Ibid.*, p. 4.
[49] Toril Moi, *Sexual Textual Politics*, Methuen, Londres, 1985, p. 122.
[50] Frances, Bartkowski, *Feminist Utopias*, University of Nebraska Press, Lincoln y Londres, 1989.
[51] Joanna O'Connell, cit.
[52] Bartowski, p. 13.

Esta posición de padre reconocido por el autor peruano más famoso de todos los tiempos, sin duda habría halagado a Arguedas hasta su muerte prematura en 1969. Menos mal que Vargas Llosa haya esperado mucho tiempo después de la muerte de Arguedas antes de efectuar el parricidio simbólico que con *La utopía arcaica* realizara sobre la figura paterna antes elogiada. Con este parricidio, sin embargo, es posible que Vargas Llosa se haya erigido en figura paterna de una nueva tendencia en la crítica literaria peruana: una crítica neoconservadora en la que la figura padre de Arguedas se ve sustituida por la de José de la Riva-Agüero.

EPÍLOGO

Mario Vargas Llosa ha venido publicando entre 1963 y 2004 novelas, libros, ensayos sueltos y artículos a un ritmo incansable, y se ha convertido en un intelectual dedicado, con pocas excepciones, a su trabajo preferido: la escritura. Con una carrera literaria de más de cuarenta años, lo que caracteriza al cuerpo de textos producidos por Vargas Llosa es su gran variedad de géneros y subgéneros, también en lo que a la novela se refiere. Esta variedad intrínseca a la obra del escritor, hace que el estudioso se enfrente con un desafío al intentar analizar los textos, porque, en cada momento, y en especial después de 1971, el autor ha venido sorprendiendo con sus invenciones, innovaciones, cambios y provocaciones incesantes frente a los que los estudiosos y la crítica han quedado perplejos.

Los estudios que aquí se publican no se definen por un enfoque único y estable. El enfoque varía, en sus fundamentos teóricos y en su metodología, según los textos estudiados y según los géneros literarios a los que se ven aliados. De esta manera, por ejemplo, muchas de las novelas publicadas a partir de 1973 no se leen de la misma manera que las novelas de la década de 1960.

Al mismo tiempo que ha venido publicando sus novelas, Vargas Llosa se ha dedicado a explicitar la metodología de su trabajo como novelista en gran número de artículos y ensayos. Es uno de los escritores hispanoamericanos que más a menudo ha insistido en autorretratarse en los métodos que emplea para la elaboración de sus novelas. Este gran conjunto de materiales ha sido estudiado en el primer capítulo del libro.

Al mismo tiempo, a lo largo de los años, hasta el libro publicado en 2004 sobre Victor Hugo (*La tentación de lo imposible*), Vargas Llosa se ha dedicado con entusiasmo a la crítica literaria práctica. El estudio de la crítica de Vargas Llosa que aquí se ha ofrecido, indica que lo que parece flexible y relativo en la metodología de su propia novela, se vuelve dogmático e inflexible en su práctica como crítico literario. Vargas Llosa, además, ha exhibido cierta compulsión para señalar una ruptura con la tradición narrativa peruana e hispanoamericana y para presentar a sus propios colegas del *boom* y sus novelas como la marca distintiva de una nueva novela hispanoamericana que supera con creces a los novelistas y las novelas que los preceden.

Los materiales representan en su conjunto lo que parecería ser una ruptura radical que conduce al parricidio, al matricidio y al fratricidio simbólicos en relación con otros autores y autoras hispanoamericanos. El silencio del que las escritoras hispanoamericanas son víctimas en la crítica literaria de Vargas Llosa llama a gritos por otra crítica que las incluya y que las tome en serio para hacerles justicia a ellas y a sus obras.

En sus novelas, Vargas Llosa se ha encontrado inmerso en tradiciones literarias de las que no escapa. En las primeras novelas de la década de 1960, quizá haya intentado romper con ciertas tradiciones narrativas, a través de innovaciones técnicas y de la modernización de los procedimientos narrativos, pero, no obstante, tal como los estudios aquí presentados intentan mostrar, reproduce inconscientemente estas tradiciones incluso cuando las modifica y las moderniza.

Los procedimientos técnicos empleados por Vargas Llosa han modernizado las modalidades narrativas tradicionales de la narrativa peruana e hispanoamericana, y el autor ha sido merecidamente aclamado por ser un innovador y rejuvenecedor de la ficción hispanoamericana. Sin embargo, los efectos de lectura producidos por los procedimientos narrativos producen la misma sensación naturalista de frustración, futilidad y determinismo.

El pesimismo, el fatalismo y el determinismo han aparecido en estos estudios como algunos de los efectos de lectura producidos por la actividad organizadora e interpretativa inherente a los procedimientos literarios empleados. Justamente aquí, a Vargas Llosa no le ha intersado transcender las fuerzas de la tradición narrativa que le ha rodeado.

El joven autor de los años sesenta –políticamente radical y progresista, activista de la transformación de los sistemas políticos en la sociedad real– había elaborado su producción narrativa bajo fuerzas tradicionales, y al hacerlo había llegado a presentar contradicciones posibles entre el Vargas Llosa histórico y el autor implícito de las novelas.

Se ha dedicado un capítulo de este libro a la descripción de ciertos sucesos en Cuba, entre 1968 y 1971, y a ciertos efectos visibles de esos sucesos en la producción literaria posterior de Vargas Llosa. Con estos sucesos y los resultados producidos en el mundo de los intelectuales y los escritores, la independencia intelectual y política de Vargas Llosa entró en conflicto directo con la historia contemporánea y, específicamente, con la política de Fidel Castro en Cuba. La ruptura con Fidel y con Cuba en 1971 llegó a marcar Vargas Llosa para lo que se ha considerado como la segunda etapa de su carrera intelectual. Cuba, Castro y la política dejaron huellas visibles en su desarrollo literario. La historia y la política irrumpieron en la vida cultural y literaria para producir efectos estético-literarios en las novelas de Mario Vargas Llosa posteriores a 1971. La novelística de Vargas Llosa después de 1971 se ha materializado entonces sobre dos fundamentos. Se han mantenido, al parecer, los principios metodológicos para la composición de la novela explicitada por el autor, y al mismo tiempo la novela ha cambiado de géneros narrativos. Esto se nota, por ejemplo, en *La tía Julia y el escribidor* que cultiva el melodrama y deriva hacia lo que suele llamarse la literatura trivial. Al mismo tiempo, sin embargo, tal como se ha intentado indicar en el estudio de *Historia de Mayta*, Vargas Llosa ha sido y sigue siendo un innovador y un rejuvenecedor de la novela peruana e hispanoamericana.

Se podrían identificar los efectos producidos por la historia y la política en el período dedicado por Vargas Llosa a la política peruana entre 1987 y 1990. Las experiencias hicieron que cambiara de género literario, y que por primera vez en su vida, en 1993, publicara un libro personal de memorias y de autobiografía. La política y la historia, y el fracaso personal en el intento de entrar en la historia política y llegar a ser presidente del Perú. Vargas Llosa intentó curar las heridas recibidas a través de una terapia de la escritura –el narrar y exorcizar los "demonios personales" producidos en la aventura política– en un libro que se caracteriza por ser uno de los más convencionales de su carrera.

Los cambios políticos experimentados a lo largo de dos décadas dejaron sus huellas también en la crítica literaria publicada por Vargas Llosa. Algunos de estos efectos han sido descritos y estudiados aquí en relación con la figura de José María Arguedas y sus obras, que habían venido apareciendo en artículos y ensayos de crítica literaria a lo largo de toda su carrera.

El estudio aquí publicado ha llegado a observar, en el libro publicado por Vargas Llosa en 1996, un paso más en la dirección de una crítica literaria tradicional, elaborada sobre la figura de José María Arguedas, pero en algo que parece ser la propuesta de una crítica literaria neoconservadora para la literatura peruana.

Muchos textos de Mario Vargas Llosa no han sido estudiados en este libro. Quedan muchas tareas y muchos proyectos para estudiosos e investigadores interesados en Vargas Llosa y sus publicaciones. Aquí se han indicado algunas pistas para futuros trabajos posibles; la publicación de *El Paraíso en la otra esquina* y *Diario de Irak* en 2003, y de *La tentación de lo imposible* en 2004, –después del cuarenta aniversario de su carrera literaria– ofrece nuevos materiales para estos estudios.

BIBLIOGRAFÍA

Adán, Martín, *La casa de cartón* [1928], Peisa, Lima, 1997.

Aguilar Mora, Jorge, "Estudio", en Jorge Aguilar Mora, estudio y selección, *Martín Adán: el más hermoso crepúsculo del mun≤do*, México, Fondo de Cultura Económica, 1992, pp. 9 158.

Ainsa, Fernando, *De la edad de oro a el dorado: Génesis del discurso utópico americano*, Fondo de Cultura Económica, México, 1992.

ALAT (Alfonso la Torre), "*Los cachorros* o la castración generacional", *Expreso*, Lima, 5 de noviembre de 1967.

Alcalde Cardozo, Javier, "Desarrollo, desintegración y conflicto social: el caso del Perú, 1968-1990", *Socialismo y participación*, 96, Lima, Octubre de 2003, pp. 33-54.

Aldrich, Earl M. Jr., *The Modern Short Story in Peru*, The University of Wisconsin Press, Madison, 1996.

Alegría, Ciro, "Intervención de Ciro Alegría", *Primer encuentro de narradores peruanos* [1965], Casa de la Cultura del Perú, Lima, 1969, pp. 85-96.

Alegría, Fernando, *Historia de la novela hispanoamericana*, Ediciones de Andrea, México, tercera edición, 1966.

Allott, Miriam, *Novelists on the Novel*, Routledge and Kegan Paul, Londres, 1968.

Alonso, Joseph, Daniel Lefort, y Jose A. Rodriguez Garrido, compiladores, *Avatares del surrealismo en el Perú y en América Latina*, Instituto Francés de Estudios Andinos/Pontificia Universidad Católica del Perú, Lima, 1992.

Althusser, Louis, "Materialismo histórico y materialismo dialéctico", traduccion al castellano en Eliseo Verón, compilador, *El proceso ideológico*, Editorial Tiempo Contemporáneo, Buenos Aires, 1971, pp. 173 195.

Alvarado, Jorge Bernedo, "Una burguesía sin proyecto de país", *La República*, Lima, 15 de febrero de 1998.

Anderson Imbert, Enrique, *Crítica interna*, Taurus, Madrid, 1961.

———, *Historia de la literatura hispanoamericana*, II. *Época contemporánea*, Fondo de Cultura Económica, Colección Breviarios, 156, México, primera edición, 1954; primera reimpresión, 1961.

Ang, Ien, "*Dallas* as Melodrama", *Watching* Dallas, traducido por Della Couling, Methuen, Londres/Nueva York, 1982, pp. 67 85.

Angvik, Birger, "Entrevista a M. Vargas Llosa", inédita, Londres, 1970.

———, "Mario Vargas Llosa's Theory of the Novel and Its Application in Criticism", *Ibero Americana. Nordic journal of Latin American Studies*, XVII, 1 2, Estocolmo,

1987, pp. 3 26.

————, "¿Metáforas? Las "'grandes verdades'", La República, Lima, 11 de mayo de 1989.

————, "La teoría de la novela de Mario Vargas Llosa y su aplicación en la crítica literaria", Hueso Húmero, 25, Lima, 1989, pp. 26 58.

————, "Tentativas del amor infinito" y "El mundo alucinante del amor a la literatura", en Óscar Ugarteche, editor, India bonita: ensayos de cultura gay en el Perú, MHOL, Lima, 1997, pp. 13 25 y 57-82.

————, A Novelist Who Feeds on Social Carrion: Mario Vargas Llosa, Editorial Porvenir, San José, 1997.

————, La ausencia de la forma da forma a la crítica que forma el canon literario peruano, Fondo Editorial de la Pontificia Universidad Católica del Perú, Lima, 1999.

————, Oscar Wilde, Universitetsforlaget, Oslo, 2000.

Arenas, Reinaldo, Antes que anochezca, Tusquets Editores, Barcelona, 1992.

Arguedas, José María, Los ríos profundos [1958], Casa de las Américas, La Habana, 1965.

————, Yawar Fiesta [1941], Editorial Universitaria, Santiago de Chile, 1968.

————, El Sexto [1962], Laia, Barcelona, 1974.

————, ¿He vivido en vano? Mesa redonda sobre Todas las sangres [23 de junio de 1965], introducción de Alberto Escobar, Instituto de Estudios Peruanos, Lima, 1985.

Aristóteles, Poetikk, Johan Grundt Tanum Forlag, Idé og Tanke, Oslo, segunda edición, 1963.

————, Poetics, traducido por Gerald Else, University of Michigan Press, Ann Arbor, 1970.

Auerbach, Erich, Mimesis. Darstellte Wirklichkeit in der Abendlandischen Literatur, Francke, Berna, 1946. Traducción al español: Mimesis. La representación de la realidad en la literatura occidental, Fondo de Cultura Económica, México, 1950.

Bajtin, Mihail, "The Bildungsroman and Its Significance in the History of Realism (Toward a Historical Typology of the Novel)", en Caryl Emerson y Michael Holquist, editores, M. M. Bakhtin. Speech Genres & Other Late Essays, traducción al inglés de Vern W. McGee, University of Texas Press, Austin, 1986, pp. 10 59.

————, Teoría y estética de la novela. Trabajos de investigación. Madrid, Taurus, 1989.

Balbi, Mariella Szyszlo, Travesía, Universidad Peruana de Ciencias Aplicadas, Lima, 2001.

Barchino, Matías, "Mario Vargas Llosa y la nueva autobiografía", en Victoriano Polo García, editor, Conversación de otoño: ho≤menaje a Mario Vargas Llosa, Caja de Ahorros del Mediterráneo, Murcia, 1997, pp. 203 215.

Barnet, Miguel, Biografía de un cimarrón, Ediciones Ariel, Barcelona, 1968.

————, La canción de Rachel, Editorial Estela, Barcelona, 1970.

Barrig, Maruja, "Pitucas y marocas en la nueva narrativa peruana", Hueso húmero, 9, Lima, 1981, pp. 73 89.

Barthes, Roland 1964, Essais critiques, Seuil, París. Traducción al español: Ensayos crí-

ticos, Seix Barral, Barcelona, 1967.

————, "Introducción al análisis estructural de los relatos", en Roland Barthes *et. al.*, *Análisis estructural del relato*, Editorial Tiempo Contemporáneo, Buenos Aires, 1970.

————, *Le plaisir du texte*, Seuil, París, 1973. Traducción al español: *El placer del texto y Lección inaugural*, Siglo XXI Editores, Madrid, quinta edición, 1984.

————, *Roland Barthes par Roland Barthes*, A. Colin, Paris, 1975. Traducción al español: *Roland Barthes por Roland Barthes*, Paidós Ibérica, Barcelona, 2004.

————, *Mythologies*, Seuil, París, 1957. Edición noruega: *Mytologier*, Gyldendal Norsk Forlag, Oslo, 1976.

————, "De l'oeuvre au texte", en *Le bruissement de la langue*, Seuil, Paris, primera edición, 1971; consultada, 1984.

————, "Textual Analysis of Poe's 'Valdemar'" [1973], traducción al inglés por Geoff Bennington, en David Lodge, editor, *Modern Criticism and Theory: A Reader*, Longman, Londres y Nueva York, 1991, pp. 172 195.

————, *S/Z* [1970], Ediciones Deva's, Madrid, 2004.

Bartkowski, Frances, *Feminist Utopias*, University of Nebraska Press, Lincoln y Londres, 1989.

Bataille, Georges, *Literature and Evil* [1957], traducción al inglés de Alastair Hamilton, Marion Boyars, Londres, 1973.

Baudelaire, Charles, *De l'essence du rire* [1855], edición en inglés: *The Essence of Laughter*, Meridien Books, Nueva York, 1956.

Bayly, Jaime, *No se lo digas a nadie*, Seix Barral, Barcelona, 1994.

————, *Fue ayer y no me acuerdo*, Seix Barral, Barcelona, 1995.

————, *Los últimos días de La Prensa*, Peisa, Lima, 1996.

————, *La noche es virgen*, Peisa, Lima, 1997.

Becker, George J., "Realism: An Essay of Definition", *Modern Languages Quarterly*, x, Seattle, 1949, pp. 184-197.

Belevan, Harry, "Apuntes para un análisis de la narrativa peruana de expresión fantástica", en Harry Belevan, editor, *Antología del cuento fantástico peruano*, Universidad Nacional Mayor de San Marcos, Lima, 1977, pp. xlvii lii.

Belsey, Catherine , *Critical Practice*, Routledge, Londres, 1980.

————, *Practical Criticism*, Methuen, Londres, 1980.

Bendezú, Francisco, "El escritor debe trabajar como un peón", entrevista con Mario Vargas Llosa, *Oiga*, 177, Lima, 1966.

Benedetti, Mario, *Letras del continente mestizo*, Arca Editorial, Montevideo, segunda edición, 1969; en particular, "Mario Vargas Llosa y su perfil escándalo", pp. 237-258.

Bengoa, José, *La emergencia indígena en América Latina*, Fondo de Cultura Económica, México, 2000.

Bennett, Tony, *Formalism and Marxism*, Methuen, Londres, 1979.

Berg, Mary G., "Clorinda Matto de Turner", en Diane E. Marting, editora, *Spanish American Women Writers. A Bio Bbliographical Source Book*, Greenwood Press,

Nueva York, 1990, pp. 303 315.

Bergson, Henri, *Le rire. Essai sur la signification du comique* [1900], Presses Universitaires de France, Paris, 1958, en particular la sección de comedia *vs.* tragedia, traducción al noruego incluida en la antología *Teorier om diktekunsten*, Universitetsforlaget, Oslo, 1979, pp. 179-191.

Berlin, Isaiah, "Decadencia de las ideas utópicas en Occidente", traducción de Denisse Dresser, *Vuelta*, 112, México, 1986, pp. 17 27.

Bernabé, Mónica, "Dandismo y rebeldía en el Perú: el caso de Abraham Valdelomar", *Iberoamericana*, III, 11, Pittsburg, 2003, pp. 41-63.

Bertens, Hans, "Introduction", en Hans Bertens, *The Idea of the Postmodern. A History*, Routledge, Londres/Nueva York, 1995, pp. 3 19.

Bhaba, Homi K., *Narration and Nation*, Routledge, Nueva York, 1990.

Bioy Casares, Adolfo, *Memorias*, Tusquets Editores, Barcelona, 1994.

Birmele, Jutta, "Strategies of Persuasion, The Case of Leonardo da Vinci", en Sander L. Gilman, Jutta Birmele, Jay Geller y Valerie D. Greenberg, editores, *Reading Freud's Reading*, New York University Press, Londres/Nueva York, 1994, pp. 129 151.

Björck, Staffan, *Romanens formvärld* [1953], Natur och Kultur, Estocolmo, 1968.

Boileau-Despréaux, Nicolas, *L' art poétique* [1674], en particular "Chant III", traducción al noruego incluida en la antología *Teorier om diktekunsten*, Universitetsforlaget, Oslo, 1970, pp. 128-147.

Boldori, Rosa, "*La ciudad y los perros*, novela del determinismo ambiental", *Revista Peruana de Cultura*, Lima, 9-10 de diciembre de 1966, pp. 92-113.

———, *Mario Vargas Llosa y la literatura en el Perú de hoy*, Instituto Argentino de Cultura Hispánica de Rosario, Colección Hispanoamérica, Rosario, 1969.

Booth, Wayne C., *The Rhetoric of Fiction* [1961], The University of Chicago Press, Chicago/Londres, primera edición británica, 1961; novena edición americana, 1969.

Bourricaud, Francois, *Power and Society in Contemporary Peru*, Faber & Faber, Londres, 1970.

Bowling, L., "What is Stream of Consciousness Technique?", *PMLA*, 65, Modern Language Association, Nueva York, 1950, pp. 333-345.

Brodzki, Bella, y Celeste Schenck, "Introduction", *Life/Lines. Theorizing Women's Autobiography*, Cornell University Press, Ithaca, 1988, pp. 1 15.

Brooks, Peter, *The Melodramatic Imagination*, Columbia University Press, Nueva York, 1985.

Bruce, Jorge, "La premodernidad reflejada en el agua", *Márgenes*, VIII, 12, Lima, 1994, pp. 55 74.

Bryce Echenique, Alfredo, *Un mundo para Julius*, Seix Barral, Barcelona, 1970.

———, "Instalar el humor en el corazón mismo de la tristeza", *Nuevo texto crítico*, IV, 8, Stanford University, Stanford, 1991, pp. 55 72.

———, *Permiso para vivir: antimemorias*, Editorial Anagrama, Barcelona, 1993.

Buckley, Jerome Hamilton, *Season of Youth: The Bildungsroman from Dickens to Golding*, Harvard University Press, Cambridge, 1975.

Butler, Judith, *Gender Trouble: Feminism and the Subversion of Identity*, Routledge, Londres/Nueva York, 1990.

———, *Bodies that Matter*, Routledge, Londres/Nueva York, 1993.

Cabrera Infante, Guillermo, "Bitt fra den skjeggete krokodillen", *Kontinent Skandinavia*, 4, Oslo, 1981.

———, *Mea Cuba*, Plaza y Janés, Barcelona, 1982.

Cano Gaviria, Ricardo, editor, *El buitre y el ave fénix: conversaciones con Mario Vargas Llosa*, Anagrama, Barcelona, 1972; en particular, "Conversaciones con Mario Vargas Llosa", pp. 11-111.

S/a, "Once preguntas claves a Mario Vargas Llosa", entrevista con Mario Vargas Llosa, *Caretas*, 359, Lima, 1967.

Carrillo, Francisco, *Cuento peruano 1904 1971*, Ediciones de la Biblioteca Universitaria, Lima, segunda edición, 1971.

S/a, "Sobre *La ciudad y los perros*", *Casa de las Américas*, 30, La Habana, mayo-junio de 1965, pp. 63-80.

Casal, Lourdes, compiladora, *El caso Padilla: literatura y revolución en Cuba*, Editorial Universal & Atlántida, Miami, s. f.

———, *El caso Padilla: literatura y revolución en Cuba (documentos)*, Ediciones Universal, Miami, 1971.

Castilla del Pino, Carlos, "Paradojas en la novela", *El País*, "Libros", Madrid, 17 de octubre de 1985, pp. 3 5.

Castro Arenas, Mario, *La novela peruana y la evolución social*, José Godard Editor, Lima, segunda edición corregida y aumentada, s. f.

———, "El *boom*: guerrilleros de la novela", *7 Días*, Lima, 18 de mayo de 1969.

———, "Una "conversación" que no convence", *7 Días*, Lima, 8 de febrero de 1970.

Castro, Fidel, "Discurso de clausura del Primer Congreso Nacional de Educación y Cultura", *Casa de las Américas*, XI, 65-66, La Habana, 1971. Reproducido en Lourdes Casal, *El caso Padilla: literatura y revolución en Cuba (documentos)*, Ediciones Universal, Miami, 1971.

Castro Klaren, Sara, "El dictador en el paraíso: Ribeyro, Thorndike, Adolph", *Hueso húmero*, 10, Lima, 1981, pp. 94 115.

Chapman, Antony J., *It's a Funny Thing, Humour*, Pergamon Press, Oxford, 1977.

Chapman, Antony J., y Hugh C. Foot, *Humour and Laughter: Theory, Research and Applications*, John Wiley & Sons, Londres, 1976.

Chatwin, Bruce, *In Patagonia*, Picador, Londres, 1977.

Chávez de Paz, Darío, "La realidad estructural de *La Casa Verde*: orientaciones de la nueva novela latinoamericana", *Expresión*, 1, Lima, 1966, pp. 43-65.

Chirinos Rivera, Sonia, "En torno a *Historia de Mayta*", *Oiga*, 14, Lima, 1985.

Chocano, Magdalena, "Ucronía y frustraci6n en la conciencia histórica peruana", *Márgenes*, 1, 2, Lima, 1987, pp. 43 60.

Cocteau, Jean, *Le livre blanc*, traducción al inglés de Margaret Crosland, Peter Owen Publishers, Londres, 1990.

Cohn, Dorrit, "Narrated Monologue: Definition of a Fictional Style", *Comparative*

Literature, XVIII, 1966, pp. 97-112.

Collazos, Óscar, Julio Cortázar, y Mario Vargas Llosa, *Literatura en la revolución y revolución en la literatura*, Siglo XXI, México, 1970.

Cornejo Polar, Antonio, "La tía Julia y el escribidor", *Revista de crítica literaria latinoamericana*, 6, Lima, 1977, pp. 159 162.

⸺, "Hipótesis sobre la narrativa peruana última", *Hueso húmero*, 3, Lima, 1979, pp. 45 64.

⸺, "El problema nacional en la literatura peruana", *Quehacer*, 4, Lima, 1980.

⸺, "El problema nacional en la literatura peruana", en Varios, *Sobre literatura y crítica latinoamericanas*, Ediciones de la Facultad de Humanidades y Educación, Caracas, 1982, pp. 19 31.

⸺, "La historia como apocalipsis", *Quehacer*, 33, Lima, 1985, pp. 76 87.

Cornejo Polar, Antonio, Washington Delgado, Mirko Lauer, Marco Martos, y Abelardo Oquendo, "Vargas Llosa, pre y post", *Hueso húmero*, núm 1, Lima, 1979, pp. 36 57.

Coseriu, Eugenio, *Teoría del lenguaje y lingüística general*, Editorial Gredos, Madrid, 1967.

Couffon, Claude, "*Escalas melografiadas*, un cuerpo vivo", en Claude Couffon, editor, *César Vallejo. Escalas melografiadas*, nueva versión establecida por Claude Couffon, según manuscrito inédito del poeta, Universidad Nacional de San Augustín, Arequipa, 1994, pp. 11 18.

Creidor, Rosa, "Ficción y balance", *Caretas*, 827, Lima, 1984.

Cristófani Barreto, Teresa, organización general, "Virgilio Piñera. 1912-1979", en el sitio en internet de la Facultad de Filosofía, Letras y Ciencias Humanas de la Universidad de São Paulo, s. f., url: http://www.fflch.usp.br/sitesint/virgilio/.

Cristófani Barreto, Teresa, Pablo Gianera, y Daniel Samoilovich, "Virgilio Piñera: cronología 1970-1979", *Revista USP*, 45, São Paulo, 2000, p. 149.

Croce, Benedetto, *Breviario di estetica* [1913], Gyldendal Norsk Forlag, Oslo, 1966.

De Lauretis, Teresa, *Technologies of Gender: Essays on Theory, Film and Fiction*, Indiana University Press, Bloomington, 1984.

De León Hazera, Lydia, *La novela de la selva hispanoamericana: nacimiento, desarrollo y transformación*, Publicaciones del Instituto Caro y Cuervo, Bogotá, 1971.

De Man, Paul, "Autobiography as De facement", *Modern Language Notes*, 94, PMLA, Modern Language Association, Nueva York, 1979, pp. 919 930.

De Saussure, Ferdinand, *Curso de lingüística general* [1916], traducción y notas de Mauro Armiño, Fontamara, México, sexta edición, 1993.

Del Castillo C., Daniel, "Lo autobiográfico en el Perú", *Márgenes*, VIII, 12, Lima, 1994, pp. 37 54.

Diez Canseco, José, *Duque* [1934], Ediciones Peisa, Biblioteca Peruana, Lima, 1973.

⸺, *Suzy* [1930], editado par Renée Diez Canseco, Perugraph Editores, Lima, 1979.

Díez Martínez, Luis Alonso, "Saga del Perú en su hora cero", *Cuadernos Hispamericanos*, 243, Madrid, 1970, pp. 718-725.

⸺, *Style and Technique in the Novels and Short Stories of Mario Vargas Llosa in Relation to Moral Intention*, (Universidad de Londres, 1969) Centro Cultural de

Documentación CIDOC, series Cidoc, Cuaderno 2, Cuernavaca, 1970.

Dillon, Elizabeth Maddock, "Fear of Formalism: Kant, Twain, and Cultural Studies in American Literature", *Diacritics*, 27, 4, The Johns Hopkins University, Washington, 1997, pp. 46 69.

Donoso, José, *Historia personal del* boom, Anagrama, Barcelona, 1972; nueva edición con apéndice del autor seguido de "El *boom* doméstico" por María Pilar Donoso, Editorial Andrés Bello, Santiago de Chile, 1987; también Aguilar Chilena de Ediciones, Santiago de Chile, 1998.

————, *Conjeturas sobre la memoria de mi tribu*, Alfaguara, Santiago de Chile, 1996.

Donoso, María Pilar, "El *boom* doméstico", en José Donoso, *Historia personal del* boom, nueva edición con apéndice del autor, Editorial Andrés Bello, Santiago de Chile, 1987.

Dorfman, Ariel, *Imaginación y violencia en América*, Editorial Universitaria, Santiago de Chile, 1970, especialmente "José María Arguedas y Mario Vargas Llosa: dos visiones de una sola América", pp. 193-223.

Eagleton, Terry, *Marxism and Literary Criticism*, Methuen Londres, 1976.

————, *Literary Theory. An Introduction*, Basil Blackwell Publisher Limited, Londres, 1983. Traducción al español: *Una introducción a la teoría literaria*, Fondo de Cultura Económica, México, 1988.

Eakin, Paul John, *Fictions in Autobiography*, Princeton University Press, Princeton, 1985.

Eco, Umberto, *Opera aperta* [1962], traducción al español: *Obra abierta*, Editorial Seix Barral, Barcelona, 1965.

Edwards, Jorge, "El gusano de la conciencia", *Amaru*, Lima, 12 de junio, 1970, pp. 90-92.

————, *Adiós, poeta*, Tusquets Editores, Barcelona, 1990.

————, *Persona non grata* [1973], Tusquets Editores, Barcelona, 1991.

"El escritor y la política según Mario Vargas Llosa", *Triunfo*, Madrid, 27 de junio de 1970.

Elías B., Enrique (Milton von Hesse), "¡Aquí! Los personajes de *Conversación en La Catedral*", *Gente*, 132, Lima, marzo de 1970.

Eliot, Thomas Stearns, *The Sacred Wood* 1920, Methuen, Londres, 1950 en particular "Tradition and the Individual Talent".

————, *Selected Prose of TS. Eliot*, Frank Kermode, edi≤tor, Faber and Faber, Londres, 1975.

Ellis, Robert Richmond, *The Hispanic Homograph: Gay Self-Representation in Contemporary Spanish Autobiography*, University of Illinois Press, Urbana/Chicago, 1997.

Encuentro Internacional Narradores de esta América, Universidad de Lima/Fondo de Cultura Económica, Lima, 1998.

"Entrevista", *Tiempos Modernos*, Buenos Aires, 3 de julio de 1965.

Escobar, Alberto, estudio, antología y notas, *La narración en el Perú*, Editorial Letras Peruanas, Lima, s/f., en especial el "Prólogo", pp. xi-xxxvi; segunda edición: *La narración en el Perú: Lima*, Librería Editorial Mejía Baca, Lima, 1960.

———, "Impostores de sí mismos", *Revista Peruana de Cultura*, Lima, 2 de julio de 1964, pp. 119-125.

Falcón, David, "Discordia sobre *La tía Julia*", *La Prensa*, Lima, 23 de noviembre de 1977.

Fergusson, Francis, *The Idea of a Theater* 1949, Doubleday Anchor Books, Nueva York, 1955.

Fernández Retamar, Roberto, *et. al.*, "Mesa redonda sobre el intelectual y la revolución", *Casa de las Américas*, x, 56, La Habana, 1969.

Ferrari, Americo, "El concepto del indio y la cuestión racial en el Perú en los *Siete ensayos* de José Carlos Mariátegui", *Revista iberoamericana*, 127, Lima, 1984, pp. 395 409.

Filer, Malva E., "Vargas Llosa: el novelista como crítico", en Charles Rossman, editor, *Mario Vargas Llosa; estudios críticos*, Editorial Alhambra, Madrid, 1983.

Fjord Jensen, Johan, *Nykritikken* [1962], traducción al noruego, Gyldendal Norsk Forlag, Oslo, 1965.

Flaubert, Gustave, "Letter to L. Coulet", citado en Miriam Allott, *Novelists on the Novel*, Routledge and Kegan Paul, Londres, 1968.

Flores Galindo, Alberto, editor, *El pensamiento comunista. 1917 1945*, Mosca Azul Editores, Lima, 1982; en especial, "Entre Mariátegui y Ravines: dilemas del comunismo peruano", pp. 9 43.

———, *Buscando un inca: identidad y utopía en los Andes*, Editorial Horizonte, Lima, 1988; en especial, "Europa y el país de los Incas: la utopía andina", pp. 15 77; "El horizonte utópico", pp. 287 343; "El Perú hirviente de estos días", pp. 346 389, y "Epílogo: sueños y pesadillas", pp. 410 420.

———, "La imagen y el espejo: la historiografia peruana 1910 1980", *Márgenes*, ii, 4, Lima, 1988, pp. 55 83.

———, *Dos ensayos sobre José María Arguedas*, Sur, Lima, 1992 ("Arguedas y la utopía andina" [1986], pp. 5 34, y "Los últimos años de Arguedas" [1988], pp. 35 47).

Forgacs David, "Marxist Literary Theories", en Ann Jefferson y David Robey, editores, *Modern Literary Theory. A Comparative Introduction*, B. T. Batsford Ltd., Londres, segunda edición, 1987, pp. 166 203.

Forster, Edward Morgan, *Aspects of the Novel*, Edward Arnold & Co., Londres, 1927.

———, *Aspects of the Novel and Other Writings*, Oliver Stallybras, editor, Edward Arnold & Co., Londres, 1974.

Foster, David William, *Alternate Voices in Contemporary Latin American Narrative*, University of Missouri Press, Columbia, 1985.

Franco, Jean, *The Modern Culture of Latin America. Society and the Artist*, Pall Mall Press, Londres, 1967.

———, "El viaje frustrado en la literatura hispanoamericana contemporánea" *Casa de las Américas*, 53, La Habana, marzo-abril de 1969, pp. 119-122.

Frank, Andre Gunder, *Capitalism and Underdevelopment in Latin America*, Penguin Books, Londres, 1969.

Franqui, Carlos, *Retrato de familia con Fidel*, Seix Barral, Barcelona, 1981.

————, *Vida, aventuras y desastres de un hombre llamado Castro*, Editorial Planeta, Barcelona, 1988.

Freud, Sigmund, "El olvido de nombres propios" [1901], *Psicopatología de la vida cotidiana, Obras Completas*, VI, Amorrortu Editores, Buenos Aires, s/f., pp. 9 15.

————, "Recordar, repetir y reelaborar" [1914], *Nuevos consejos sobre la técnica del psicoanálisis, II, Obras contpletas*, XII, Amorrortu Edito≤res, Buenos Aires, s/f., pp. 149 157.

————, "The Uncanny" [1919], traducción y edición de James Strachey, *Standard Edition of the Complete Psychological Works*, xvii, The Hogarth Press, Londres, 1955, pp. 219 256.

————, *Der Witz and seine Beziehung zum Unbewussten* [1905], edición en inglés, *Jokes and their Relation to the Unconscious*, Norton, Nueva York, 1960.

————, *Jokes and their Relation to the Unconscious*, Norton, Nueva York, 1960.

————, "Mourning and Melancholia" [1907], en Angela Richards, compiladora y editora, *On Metapsychology: The Theory of Psychoanalysis*, James Strachey, editor general, The Pelican Freud Library, Londres, 1984, pp. 251 268.

Frey, John R., "The Historical Present in Narrative Literature, Particularly in Modern German Fiction", *The Journal of English and Germanic Philology*, XLV, University of Illinois, Chicago, pp. 43-67, 1946.

————, "Author Intrusion in the Narrative: German Theory and Some Modern Examples", *The Germanic Review*, XXIII, Columbia University, Nueva York, 1948, pp. 274-289.

————, "Past or Present Tense? A Note on the Technique of Narration", *The Journal of English and Germanic Philology*, XLVI, University of Illinois, Chicago, 1948, 205-208.

Friedman, N., "Point of View in Fiction: The Development of a Critical Concept", PMLA, The Modern Language Association, Nueva York, 1955, pp. 1160-1184.

Fuentes, Carlos, *La nueva novela hispanoamericana*, Editorial Joaquín Mortiz, México, 1969.

Fuss, Diana, *Essentially Speaking: Feminism, Nature and Difference*, Routledge, Londres/Nueva York, 1989.

G. S. de F. (Grazia Sanguinetti de Ferrera), "Notas a *Conversación en La Catedral*", *La Prensa*, Lima, 23 de marzo de 1970.

Gallo, Rubén, "De la melancolía en Aristóteles e Hipócrates", *Vuelta*, 213, México, agosto de 1994, pp. 51 53.

García Posada, Miguel, "Hablando de sí mismo. Autobiografía y testimonio politico en las memorias de Vargas Llosa", *El País*, Madrid, 27 de marzo de 1993.

Garro, Elena, *Memorias de España. 1937*, Siglo XXI Editores, México, 1992.

Geisdorfer Leal, Rosemary, *Novel Lives: The Fictional Autobiographies of Guillermo Cabrera Infante and Mario Vargas Llosa*, University of North Carolina at Chapel Hill, Department of Romance Languages, Valencia, 1986.

Genet, Jean, *Journal du voleur* [1949], Gallimard, París, traducción al inglés de Lenard

316 LA NARRACIÓN COMO EXORCISMO

Frechtman, *The Thief's Journal*, Grove Press, Nueva York, 1964.

Gerassi, John, *The Great Fear in Latin America*, Collier Books, Nueva York, 1965.

Ghibellini Harten, Mario, "*Historia de Mayta*" *Debate*, 30, Lima, 1984, p. 85.

Gide, André, *Si le grain ne meurt* [1920], traducción al inglés de Dorothy Bussy, *If It Die*, Penguin Books, Londres, 1977.

Gil Albert, Juan, *Memorabilia*, Tusquets Editores, Barcelona, 1975.

Gil de Biedma, Jaime, *Retrato del artista en 1956*, Plaza y Janés, Barcelona, 1994.

Gili y Gaya, Samuel, *Curso superior de sintaxis española*, Biblograf, Vox, Barcelona, novena edición, 1964.

Ginesta, Jean Marie, "*El pez en el agua*: circunstancias personales, compromiso político y creación literaria. Mario Vargas Llosa y la nueva autobiografía", en Victoriano Polo García, editor, *Conversación de otoño: homenaje a Mario Vargas Llosa*, Caja de Ahorros del Mediterráneo, Murcia, 1997, pp. 113 126.

Glantz, Margo, *Las genealogías*, Secretaría de Educación Pública, México, 1987.

González Echevarría, Roberto, *The Voice of the Masters: Writing and Authority in Modern Latin American Literature*, University of Texas Press, Austin, 1985.

————, *Myth and Archive: Toward a Theory of Latin American Narrative*, Cambridge University Press, Cambridge, 1990. Traducción al español: *Mito y archivo. Una teoría de la narrativa latinoamericana*, Traducción de Virginia Aguirre Muñoz, Fondo de Cultura Económica, México, 2000.

González Stephan, Beatriz, *La histortografía literaria del liberalismo hispanoamericano del siglo XIX*, Ediciones Casa de las Américas, La Habana, 1987.

González Vigil, Ricardo, "Vargas Llosa: el realismo en crisis", *El Dominical* (suplemento de *El Comercio*, Lima, 25 de noviembre de 1984.

————, editor, *El cuento peruano 1920 1941*, Ediciones COPE, Lima, 1990, especialmente "Prólogo", pp. 9-≤35, y "Sección I", pp. 39 53.

Goytisolo, Juan, *Coto vedado*, Seix Barral, Barcelona, 1985.

————, *En los reinos de taifa*, Seix Barral, Barcelona, 1986.

Gutiérrez Correa, Miguel, "Mito y aventura en *La Casa Verde*", *Narración*, 1, Lima, 1966, pp. 28-30.

Gutiérrez, Miguel, "Ideología y política en los estudios literarios peruanos", *Hueso húmero*, 4, 1980, pp. 17 33.

Hamilton, Carlos, *Historia de la literatura hispanoamericana*, Espasa, Madrid, segunda edición, 1966.

Harss, Luis, *Los nuestros*, Editorial Sudamericana, Buenos Aires, tercera edición, 1969, en especial "Mario Vargas Llosa y los vasos comunicantes".

Harvey, Sally, "*La tía Julia y el escribidor*: Self Portrait *en soi*", *Antípodas: Journal of Hispanic Studies of the University of Auckland and La Trobe*, 1, Auckland, 1988, pp. 74 87.

Hebdige, Dick, *Subculture: The Meaning of Style* [1979], Routledge, Londres/Nueva York, 1989.

Henríquez Ureña, Pedro, *Las corrientes literarias en la América Hispana*, Fondo de Cultura Económica, México, tercera edición, 1969.

Hernández de Lopez, Ana María, editora, *Mario Vargas Loosa:* opera omnia, Editorial Pliegos, Madrid, 1994.

Hernández, Max, *Entre el mito y la historia: psicoanálisis y pasado andino*, Ediciones Psicoanalíticas Imago, Lima, 1987.

———, *Memoria del bien perdido: conflicto, identidad y nostalgia en el Inca Garcilaso de la Vega*, Instituto de Estudios Peruanos/Biblioteca Peruana de Psicoanálisis, Lima, 1993.

Herring, Hubert, *A History of Latin America*, Alfred A. Knopf, Nueva York, tercera edición, 1968.

Hildebrandt, Martha, *Peruanismos*, Moncloa-Campodónico Editores Asociados, Lima, 1969.

Holroyd, Michael, "Introduction", en Lytton Strachey, *Eminent Victorians*, Penguin Books, Londres, 1986, pp. vii xii.

Hopenhayn, Martín, *Ni apocalípticos ni integrados: aventuras de la modernidad en América Latina*, Fondo de Cultura Económica, México, 1995.

Horacio, *Ars poetica*, traducción al noruego, Johan Grundt Tanum Forlag, Idé og Tanke, Oslo, 1963.

Hutcheon, Linda, *A Theory of Parody*, Methuen, London, 1985.

I Encuentro Internacional de Peruanistas, Universidad de Lima/UNESCO/Fondo de Cultura Económica, Lima, 1998.

Isherwood, Christopher, *Christopher and His Kind. 1929 1930*, Farrar, Staruss and Giroux, Nueva York, 1976.

Jackson Jr., Earl, *Strategies of Deviance*, Indiana University Press, Bloomington, 1995.

Jackson, Rosémary, *Fantasy: The Literature of Subversion*, Methuen, Londres, 1981.

Jakobson, Roman, "Sobre el realismo artístico" [1921], en Tzvetan Todorov, editor, *Teoría de la literatura de los formalistas rusos*, Editorial Signos, Bue≤nos Aires, 1970.

Jarman, Derek, *At Your Own Risk: A Saint's Testament*, The Overlook Press, Nueva York, 1993.

Jay, Martin, *Imagination: Culture and Creativity*, Routledge, Londres/Nueva York, 1994, en especial, "The Apocalyptic Imagination and the Inability to Mourn", pp. 30 47.

Jefferson, Ann y David Robey, editores, *Modern Literary Theory. A Comparative Introduction*, B. T. Batsford Ltd. Londres, se≤gunda edición, 1991.

Kany, Charles, *American-Spanish Semantics*, The University of California Press, Berkeley, 1960, traducción al español: *Semántica hispanoamericana*, Aguilar, Madrid, 1962.

Keats, John, *Odas y sonetos*, traducción, introduccidn y notas de Alejandro Valero (edición bilingüe), Ediciones Hiperión, Madrid, 1995.

Kirschen, Leonard, "Aquí Vargas Llosa en la intimidad", entrevista con Mario Vargas Llosa, *Suceso*, suplemento de *Correo*, Lima, 7 de mayo de 1967.

Kittang, Atle, *Møtestader*, Det Norske Samlaget, Oslo, 1988, en especial, "Mellom psykoanalyse og dikting. Eit bidrag til formidling" [1985], pp. 127 146.

———, "Melankoli i poesien", *Klassekampen*, Oslo, 30 de julio de 1994, pp. 23 25.

Klahn, Norma, y Wilfredo H. Coren, editores, *Los novelistas como críticos*, I, II, Fondo de Cultura Económica, México, segun≤da edición, 1995.

Kosofsky Sedgwick, Eve, *Between Men: English Literature and Male Homosocial Desire*, Columbia University Press, Nueva York, 1985.

Kristal, Efraín S., "La política y la crítica literaria. El caso de Vargas Llosa", *Perspectivas*, 4, 2, 2001, pp. 339-351. Reproducido en url: http://www.artewebperu.com/literatura/elcasodevargasllosa.pdf.

Kristeva, Julia, *Black Sun: Depression and Melancholia*, traducción al inglés de Leon S. Roudiez, Columbia University Press, Nueva York, 1989.

Lafforgue, Jorge, editor, *Nueva novela latinoamericana*, T. I, Editorial Paidós, Buenos Aires, 1969, en especial, "La ciudad y los perros, novela moral", pp. 209-240.

Lambert, Jacques, *Latin America: Social Structures and Political Institutions*, The University of California Press, Los Angeles, 1964. Traducción al español: *América Latina: estructuras sociales e instituciones políticas*, Editorial Taurus, Madrid, 1967.

Lapesa, Rafael, *Historia de la lengua española*, Escelicer, Madrid, sexta edición, 1965.

Lejeune, Philippe, *L'autobiographie en France*, A. Colin, París, 1971.

———, *Le pacte autobiographique*, Le Seuil, París, 1975.

Lévano, César "¡Es Esparza Zañartu!", *Caretas*, 420, Lima, 1970.

———, "La novela de una frustración", *Caretas*, 420, Lima, 1970.

Levin, Harry, "What is Realism?", *Comparative Literature*, III, 1950, pp. 193-199.

Levitas, Ruth, *The Concept of Utopia*, Syracuse University Press, Hemel Hempstead, 1990.

Lewis, Oscar, *Five Families (Mexican Case Studies in the Culture of Poverty*, Basic Books, Nueva York, 1959. Traducción al español: *Antropología de la pobreza*, Fondo de Cultura Económica, México, 1961.

Lindqvist, Sven, *Slagskyggen. Latin-Amerika i dag og i morgen*, Gyldendal Norsk Forlag, Oslo, 1970.

Lionnet, Françoise, *Autobiographical Voices: Race, Gender, Self Portraiture*, Cornell University Press, Ithaca, 1989.

Llaque, Paúl, "Vargas Llosa: el individuo y las estructuras", *La casa de cartón. Revista de Cultura*, 8, Lima, 1996, pp. 9 18.

Loayza, Luis, *Una piel de serpiente*, Populibros Peruanos, Lima, 1964.

———, "Los personajes de *La Casa Verde*, *Amaru*, Lima, 1 de enero de 1967, pp. 84-87.

———, "Riva Agüero en los *7 ensayos*", *Hueso húmero*, 2, Lima, 1979, pp. 58 73.

———, "Una teoría de la literatura peruana", *Hueso húmero*, 19, 1984, pp. 29 44.

———, *Sobre el 900*, Hueso Húmero Ediciones, Lima, 1990.

———, *El sol de Lima* [1974], Fondo de Cultura Económica México, segunda edición, corregida y aumentada, 1993.

Lodge, David, editor, *Modern Criticism and Theory. A Reader*, Longman Londres y Nueva York, quinta impresión, 1991.

López Blanquet, Marina, *El estilo indirecto libre en español*, s/ed., Montevideo, 1968.

Loveluck, Juan, editor, *La novela hispanoamericana*, Editorial Universitaria, Santiago de Chile, tercera edición, 1969.

Lubbock, Percy, *The Craft of Fiction*, Cape, Londres, 1921; nueva edición: Viking Press, Nueva York, 1957.

Luchting, Wolfgang, "Los fracasos de Vargas Llosa", *Mundo Nuevo*, 51-52, París, septiembre-octubre de 1970.

Lukács, Georg, *The Meaning of Contemporary Realism* [1957], traducción al inglés de John y Necke Mander, Merlin Press, Londres, 1957, segunda reimpresión, 1969.

Macheray, Pierre, *Pour une Théorie de la Production Litéraire*, Libraire François Maspero, París, 1966. Traducción al español: *Para una teoría de la producción literaria*, Ediciones de la Biblioteca de la Universidad Central de Venezuela, Caracas, 1974. Traducción al inglés: *A Theory of Literary Production*, Routledge & Kegan Paul, Londres y Nueva York, 1978, reimpresión.

Magnarelli, Sharon, "Mario Vargas Llosa's *La señorita de Tacna*: Autobiography and/as Theater", *Mester*, 14, 2, Los Angeles, 1985, pp. 79 88.

Malmberg, Bertil, *La América hispanohablante*, Ediciones ISTMO, Colección Fundamentos 3, Madrid, 1966.

Manrique, Nelson, *La piel y la pluma. Escritos sobre literatura, etnicidad y racismo*, Casa de Estudios del Socialismo, SUR, Lima, 1999, en especial, "José María Arguedas y la cuestión del mestizaje".

Marett, Robert, *Peru*, Ernest Benn Limited, serie Nations of the Modern World, Londres, 1969.

Mariátegui, José Carlos, *Siete ensayos de interpretación de la realidad peruana* [1928], Empresa Editores Amauta, Lima, 1971; nueva edición, Biblioteca Amauta, Lima, cuadragésima novena edición, vigésima sexta popular, 1987. Cf. en especial "El Proceso de la literatura", pp. 229 350.

――――, "Nacionalismo y vanguardismo en la literatura y el arte" [1925], en Jorge Schwartz, editor, *Las vanguardias latinoamericanas: Textos programáticos y críticos*, Ediciones Cátedra, Madrid, 1991, pp. 504 505. Edición del Fondo de Cultura Económica: México, 2002, pp. 542-544.

――――, "Arte, revolución y decadencia" [1926], en Hugo J. Verani, editor, *Las vanguardias literarias en Hispanoamérica, (Manifiestos, proclamas y otros escritos)*, Fondo de Cultura Eco≤nómica México, tercera edición, 1995, pp. 182 184.

"Mario, el símbolo de la libertad", *Oiga*, Lima, 28 de diciembre de 1987, pp. 20 23.

"Mario Vargas Llosa habla de cine", *Hablemos de cine*, 52, Lima, marzo-abril de 1970, pp. 30-35.

Maristany, Luís, editor, *("Contemporáneos"). José Gorostiza, Xavier Villarrutia, Jorge Cuesta, Gilberto Owen, Salvador Novo. Poesías*, Grupo Anaya, Madrid, 1992, especialmente "Contemporáneos extemporáneos", pp. 9 40.

Martin, Biddy, "Lesbian Identity and Autobiographical Difference(s)", en Bella Brodzki y Celeste Schenck, editoras, *Life/Lines*, Cornell University Press, Ithaca, 1988, pp. 77 103.

Martínez Moreno, Carlos, "Una hermosa ampliación: *Los cachorros*", *Amaru*, Lima, julio-septiembre de 1967, pp. 84-86.

Marting, Diane E., editora, *Spanish American Women Writers. A Bio-Bbliographical*

Source Book, Nueva York, Greenwood Press, 1990.

Mazquiarán de Rodríguez, Mercedes, "Mercedes Cabello de Carbonera", en Diane E. Marting, editora, *Spanish American Women Writers*. *A Bio Bibliographical Source Book*, Greenwood Press, Nueva York, 1990, pp. 94 104.

Menton, Seymour, *La narración de la revolución cubana*, Editorial Playor, Madrid, 1978.

Meseguer Illán, Diego, "José Carlos Mariátegui y el realismo literario marxista", *Textual*, 5 6, Lima, 1972, pp. 9 11.

Milani, Domingo, *La realidad mexicana en su novela de hoy*, Monte Avila Editores, Caracas, 1969.

Miller, D. A., *The Novel and the Police*, University of California Press, Berkeley, 1988.

Mills, Sara, y Lynne Pearce, *Feminist Readings/Feminists Reading*, Prentice Hall Londres, segunda edición, 1996.

Moi, Toril, *Sexual Textual Politics. Feminist Literary Theory*, Methuen, Londres, 1985; Traducción al español: *Teoría literaria feminista*, Ediciones Cátedra, Madrid, 1985.

Moix, Terenci, *El cine de los sábados. Memorias. El peso de la paja*, Plaza y Janés, Barce≤lona, 1990.

————, *El beso de Peter Pan. Memorias. El peso de la paja 2*, Plaza y Janés, Barcelona, 1993.

————, *Extraño en el paraíso. Memorias. El peso de la paja 3*, Pla≤neta, Barcelona, 1998.

Molloy, Silvia, *At Face Value: Autobiographical Writing in Spanish America*, Cambridge University Press, Nueva York, 1991, traducción al español de José Esteban Calderón, *Acto de presencia: la escritura autobiográfica en Hispanoamérica*, El Colegio de México/Fondo de Cultura Económica, México, 1996.

Monterroso, Augusto, *Los buscadores de oro*, Anagrama, Barcelona, 1997.

Montori, Javier, "Con Mario Vargas Llosa en el valle de los canguros", entrevista con Mario Vargas Llosa, *Correo*, Lima, 27 de febrero de 1970.

Moody, Michael W., "The Web of Defeat: A Study of Theme and Technique in Mario Vargas Llosa's *La Casa Verde*", University of Washington, Washington, 1969.

More, Thomas, *Utopia*, Introducción de Richard Marius, Everyman, Londres, 1994.

Moro, César, "Prosa varia", en *Prestigio del amor*, selección, traducción y prólogo de Ricardo Silva-Santisteban, Pontificia Universidad Católica del Perú, Lima, 2002, pp. 307-428.

Muir, Edwin, *The Structure of the Novel*, The Hogarth Press, Londres, 1928.

Mulvey, Laura, "Melodrama In and Out of the Home", en Colin Mac Cabe, editora, *High Theory/Low Culture*, Saint Martin's Press, Nueva York, 1986, pp. 61 85.

Neale Silva, Eduardo, *César Vallejo, cuentista. Escrutinio de un multiple intento de innovación*. Salvat Editores, Barcelona, 1987.

Neusüss, Arnhelm, editor, "Dificultades de una sociología del pen≤samiento utópico", *Utopia: Concepto y fenómenos de lo utópico*, Barral Editores, Barcelona, 1971, pp. 9 87.

Ney Barrionuevo, Carlos, "*La Crónica*: semillero de situaciones personales", *Estampa cultural* suplemento de *Expreso*, Lima, 17 de mayo de 1970.

Novo, Salvador, "Memories", en Winston Leyland, editor, *Now the Volcano*, Gay Sunshine Press, San Francisco, 1979.

Nudelstejer, Sergio, "Mario Vargas Llosa. El juego entre ficción y realidad", *Excélsior*, México, 16 de enero de 1994.

Nugent, Guillermo, *et al.*, *Perú hoy: la clase media ¿existe?*, DESCO, Lima, 2003.

Núñez, Estuardo, *La literatura peruana en el siglo xx. 1900-1965*, Editorial Pormaca, México, 1965.

O'Connell, Joanna, *Prospero's Daughter. The Prose of Rosario Castellanos*, The University of Texas Press, Austin, 1997.

O'Hara, Edgar, "Mario Vargas Llosa o el desarrollo de una involución", *Marka*, 143, Lima, 1980, pp. 40 41.

Oliart, Alberto, "La tercera novela de Vargas Llosa", *Cuadernos Hispanoamericanos*, 248-249, Madrid, 1970, pp. 497-511.

Olivari, Walter, "Somos politizados, no democráticos", *El Comercio*, Lima, 15 de febrero de 1998.

Oquendo de Amat, Carlos, *Cinco metros de poesía*. En el original de la Biblioteca Bancroft de la Universidad de Berkeley, en la página final se escribe: "(Este libro fue escrito entre los años 1923 1925 [sic]. Su publicación terminó el 31 de diciembre de 1927.)"

Ortega y Gasset, José, *La deshumanización del arte*, Ediciones de la Revista de Occidente, Madrid, novena edición, 1967.

Ortega, Julio, *La contemplación y la fiesta*, Monte Ávila Editores, Caracas, 1969.

Oviedo, José Miguel, editor, *Narradores peruanos. Antología*, Monte Ávila Editores, Caracas, 1968, en especial, "El cuento peruano contemporáneo", pp. 7 26.

———, *Mario Vargas Llosa: la invención de una realidad*, Barral Editores, Breve Biblioteca de Respuesta, Barcelona, 1970. Posterior, editado por Editorial Seix Barral, Barcelona, 1982.

———, "*La tía Julia...* or the Coded Self Portrait", en A. Friedman y C. Rossman, editores, *Mario Vargas Llosa*, Texas University Publications, Austin, 1978.

Padilla, Heberto, "Intervención en la Unión de Escritores y Artistas el martes 27 de abril de 1971", Suplemento, *Casa de las Américas*, XI, 65-66, La Habana, 1971, pp. 191-203.

Paredes, Alberto, *Las voces del relato*, Universidad Veracruzana, Xalapa, 1987.

———, *Abismos de papel: los cuentos de Julio Cortázar*, Universidad Nacional Autónoma de México, México, 1988.

Paz, Octavio, *Itinerario*, Fondo de Cultura Económica, México, 1993.

Pedersen, Bertel, *Parodiens teori*, Berlingske Forlag, Copenhague, 1976.

Pendle, George, *A History of Latin America*, Penguin Books, Londres, 1967.

Peregrín Otero, Carlos, "Vargas Llosa: teoría y praxis", *Ruedo Ibérico*, París, mayo-octubre de 1976.

Pérez Firmat, Gustavo, *Idle Fictions: The Hispanic Vanguard Novel, 1926-≤1934*, Duke University Press, Durham y Londres, 1982, primera impresión en libro de bolsillo, 1993.

Picado Gómez, Manuel, *Literatura, ideología, crítica*, Editorial Costa Rica, San José, 1983.

Piggford, George, "Camp Sites: Forster and the Biographies of Queer Bloomsbury", en Robert K. Martin & George Piggford, editores, *Queer Forster*, University of Chicago Press, Chicago/Londres, 1997, pp. 89 112.

Pike, Frederick B., *The Modern History of Peru*, Weidenfeld & Nicholson, Londres, 1967.

Pindado, Jesús, "Vargas Losa: el discurso periodistico polémico", en Ana Maria Hemández de Lopez, editora, *Mario Vargas Llosa: opera omnia*, Editorial Pliegos, Madrid, 1994, pp. 367 380.

Pinto, Ismael, "Trece preguntas a Mario Vargas Llosa", entrevista con Mario Vargas Llosa, *Expreso*, Lima, 10 de junio de 1966.

Poe, Edgar Allan, *The Fall of the House of Usher and Other Writings*, edición e introducción de David Galloway, Penguin, Londres, 1986.

"Polémica Vargas Llosa-Gunther Grass", *Quehacer*, 42, Lima, 1986.

Polo García, Victoriano, editor, *Conversación de otoño: homenaje a Mario*, Caja de Ahorros del Mediterráneo, Murcia, 1997.

Poniatowska, Elena, editora, *Antología mínima de Vargas Llosa*, Editorial Tiempo Contemporáneo, Buenos Aires, 1969, especialmente "Al fin un escritor que le apasiona escribir, no lo que se diga de sus libros", entrevista con Mario Vargas Llosa, pp. 7-81.

Porat, Ziva Ben, "Method in Madness: Notes on the Structure of Parody, Based on MAD TV Satires", *Poetics Today*, 1, Tel Aviv, 1979, pp. 245 272.

Pouillon, Jean, *Temps et roman* [1946], traducción al español, Editorial Paidós, Buenos Aires, 1970.

Pozas Arciniega, Ricardo, *Juan Pérez Jolote: biografia de un tzotzil*, Fondo de Cultura Económica, México, 1952.

Primer encuentro de narradores peruanos [1965], Casa de la Cultura del Perú, Lima, 1969.

Probyn, Elspeth, *Sexing the Self*, Routledge, Londres/Nueva York, 1994.

Quiroga, Horacio, *Cuentos*, edición de Leonor Fleming, Ediciones Cátedra Madrid, cuarta edición, 1997.

Rama, Angel, y Mario Vargas Llosa, *García Márquez y la problemática de la novela*, Corregidor-Marcha Ediciones, Buenos Aires, 1973, especialmente "Demonio vade retro", pp. 7-11; "El fin de los demonios", pp. 23-37, y "Segunda respuesta a Mario Vargas Llosa", pp. 57-89.

Reedy, Daniel R., "Clorinda Matto de Turner", en Diane E. Marting, editora, *Spanish American Women Writers. A Bio Bibliographical Source Book*, Greenwood Press, Nueva York, 1990, pp. 483 492.

Regan, Stephen, editor, *The Politics of Pleasure: Aesthetics and Cultural Theory*, Open University Press, Buckingham, 1992.

Reisz de Rivarola, Susana, "La historia como ficción y la ficción como historia. Vargas

Llosa y Mayta", *Hueso húmero*, 21, Lima, 1986, pp. 112 134.

Reynoso, Oswaldo, *En octubre no hay milagros*, Wuaman Puma, Lima, 1965.

————, *Los inocentes*, Ediciones de la Rama Florida, Lima, 1961; nueva edición: *Los inocentes: relatos de collera*, Peisa, Lima, 1997.

Ribeyro, Julio Ramón, *Los gallinazos sin plumas*, Círculo de Novelistas Peruanos, Lima, 1955.

————, *Los geniecillos dominicales*, Populibros peruanos, Lima, 1965.

————, *La tentación del fracaso I. Diario Personal 1950-1960*, Jaime Campodónico/ COFIDE, Lima, 1992.

————, *La tentación del fracaso II. Diario Personal 1960-1974*, Jaime Campodónico/ COFIDE, Lima, 1993.

————, *La tentación del fracaso III. Diario Personal 1975-1978*, Jaime Campodónico/ COFIDE, Lima, 1995.

Rich, Adrienne, "Compulsory Heterosexuality and Lesbian Existence" [1980], en Henry Abelove, editor, *The Lesbian and Gay Studies Reader*, Routledge, Nueva York, 1993, pp. 227 254.

Rico, Francisco, *La novela picaresca y el punto de vista*, Seix Barral, Barcelona, 1973.

Rincón, Carlos, "Para un plano de batalla de un combate por una nueva crítica en Latinoamérica", *Casa de las Américas*, 67, La Habana, julio-agosto de 1971, pp. 39- 59.

Rivas, José Andrés, "*El hablador*. Metáfora de una autobiografía nostálgica", *Antípodas: Journal of Hispanic Studies of the University of Auckland and La Trobe*, 1, Auckland, 1988, pp. 190 200.

Rodríguez Monegal, Emir, *El boom de la novela latinoamericana*, Editorial Tiempo Nuevo, Caracas, 1972.

Rodriguez Rea, Miguel Ángel, *Tras las huellas de un crítico: Mario Vargas Llosa, 1954 1959*, Pontificia Universidad Católica del Perú, Lima, 1996.

Rojas Crisóstomo, Antonio, "Derechos civiles y democracia", *El Comercio*, Lima, 15 de febrero de 1998.

Romberg, Bertil, *Studies in the Narrative Technique of the First Person Novel*, Almqvist & Wiksell, Estocolmo, 1962.

Roth, Philip, *The Facts. A Novelist's Autobiography*, Penguin Books, Nueva York, 1989.

Rovira, José Carlos, "Mario Vargas Llosa, lector de José María Arguedas", en Victorino Polo García, editor, *Conversación de otoño: homenaje a Mario Vargas Llosa*, Caja de Aho≤rros del Mediterráneo, Murcia, 1997, pp. 473 499.

Rowe, William, *Ensayos arguedianos*, Sur, Lima, 1996.

Saal, Frida, "Algunas consecuencias políticas de la diferencia psíquica de los sexos", en Néstor Braunstein, editor, *A medio siglo de El malestar en la cultura de S. Freud*, Siglo XXI Editores, México, 1981.

Salazar Bondy, Sebastián, "El criollismo como falsificación" [1964], en Sebastián Salazar Bondy, *Lima la horrible*, Ediciones Era México, tercera edición, 1968, pp. 23 33.

Salazar, Jorge, "La nueva novela de Mario Vargas Llosa", entrevista a Mario Vargas Llosa, *Caretas*, 826, Lima, 1984.

Sánchez, Luis Alberto, *La literatura peruana*, 6 tomos, Editorial Guarania, Buenos Aires, s/f.

———, *Proceso y contenido de la novela hispanoamericana*, Editorial Gredos, Madrid, 1953.

———, *Introducción crítica a la literatura peruana*, s/ed., Lima, 1974.

———, "Prólogo" a Abraham Valdelomar, *Obras*, Fundación del Banco Continental para el Fomento de la Educación y la Cultura, T. I, Lima, 1988, pp. VII-XIX.

Santamaría, Haydée, "Carta a Mario Vargas Llosa", *Casa de las Américas*, XI, 65-66, La Habana, 1971. Reproducida en *Casa de las Américas*, XI, 67, La Habana, 1971.

Sartre, Jean Paul, *Situations II*, Gallimard, París, 1948. Traducción al español: *Situaciones*, Losada, Buenos Aires, tercera edición, 1962.

Schiller, Friedrich, "Über naive und sentimentalishe Dichtung" [1795], traducción al noruego publicada en la antología *Teorier om diktekunsten*, Universitetsforlaget, Oslo, 1970, pp. 102-116.

Schreber, Daniel Paul, *Memoirs of My Nervous Illness*, traducción y edición de Ida Macalpine y Richard A. Hunter, W.M. Dawson, Londres, 1955.

Schulman, Iván, editor, *Coloquio sobre la novela hispanoamericana*, Fondo de Cultura Económica, México, 1967.

Schwartz, Jorge, editor, *Las vanguardias latinoamericanas: Textos programáticos y críticos*, Ediciones Cátedra, Madrid, 1991. Edición del Fondo de Cultura de Cultura Económica: México, 2002.

Sedgwick, Eve Kosofsky, *Between Men: English Literature and Male Homosocial Desire*, Columbia University Press, Nueva York, 1985.

Sheridan, Guillermo, introducción, selección y notas, *Homenaje nacional a los contemporáneos. Monólogos en espiral. Antología de narrativa*, Instituto Nacional de Bellas Artes, México, 1982, en especial, "Los poetas en sus relatos", pp. 5 11.

Smith, Paul Julian, *The Body Hispanic: Gender and Sexuality in Spanish and Spanish American Literature*, Clarendon Press, Oxford, 1989.

———, *Laws of Desire: Questions of Homosexuality in Spanish Writing and Film, 1960 1990*, Clarendon, Oxford, 1992.

———, *Representing the Other: "Race", Text and Gender in Spanish and Spanish American Narrative*, Clarendon, Oxford, 1992.

Solfrini, Giuseppe, "Populism and Authoritarianism in Peru: An Old Vice in the Neoliberal Era", en Jolle Demmers, et. al., *Miraculous Metamorphoses: The Neoliberalism of Latin American Populism*, Zed Books, London/Nueva York, 2001, pp. 108-131.

Sommer, Doris, "Not Just a Personal Story: Women's *Testimonios* and the Plural Self", en Bella Brodzki y Celeste Schenck, editoras, *Life/Lines*, Cornell University Press, Ithaca, 1988, pp. 107 130.

———, "Irresistible Romance: The Foundational Fictions of Latin America", en Homi K. Bhaba, editor, *Narration and Nation*, Routledge, Nueva York, 1990, pp. 71 98.

Sommers, Joseph, *Yáñez, Rulfo, Fuentes: la novela mexicana moderna*, Monte Avila Editor, Caracas, 1969.

Soubeyroux, Jacques, "Forma y sentido en la autobiografía de la na≤rrativa de Mario Vargas Llosa" *Iris*, Université Paul Valéry, Montpellier, 1990, pp. 100 120.

Standish, Peter, "Contemplating Your Own Novel: The Case of Mario Vargas Llosa", *Hispanic Review*, 61, Pennsylvania, 1993, pp. 53 63.

Steen, Ellisiv, Kristin Lavransdatter, *Kritisk studie*, H. Aschehoug & Co., Oslo, 1959.

Stevick, Philip, editor, *The Theory of the Novel*, Collier-Macmillan, Londres, 1967.

Strachey, Lytton, *Eminent Victorians*, introducción de Michael Holroyd, Penguin Books, Londres, 1986.

Swales, Martin, *The German Bildungsroman from Wieland to Hesse*, Princeton University Press, Princeton, 1978.

Tamayo Vargas, Augusto, *Literatura peruana*, 2 tomos, José Godard Editor, Lima, s/f.

Tealdo, Alfonso, "Cómo atrapar el ángel", entrevista con Mario Vargas Llosa, *Caretas*, 337, Lima, 1966.

"The Peruvian Labyrinth", *Times Literary Supplement*, Londres, febrero de 1970.

Torres Rioseco, Arturo, *La novela iberoamericana*, The University of New Mexico Press, Albuquerque, 1952.

Tostado, Conrado, editor, *De la melancolía en Aristóteles e Hipócrates*, Editorial Vuelta/ Ediciones Heliópolis, México, 1994.

"Tres periodistas en busca de Mario Vargas Llosa", *7 Días*, Lima, 27 de julio de 1969.

Unruh, Vicky, "Mariátegui's Aesthetic Thought: A Critical Reading of the Avant Gardes", *Latin American Research Review*, 2 t., 3, University of Pittsburg, Pittsburg, 1989, pp. 45 69.

————, *Latin American Vanguards: The Art of Contentious Encounters*, University of California Press, Berkeley, 1994.

Urquidi Illanes, Julia, *Lo que Varguitas no dijo*, Editorial Khana Cruz, Biblioteca Popular Boliviana de Ultima Hora, La Paz, 1983. Traducción al inglés de C. R. Perricone, *My Life With Mario Vargas Llosa*, P. Lang, Nueva York, 1988.

Usandizaga, Helena, "Realidad cultural y realismo en la narrativa de Arguedas", *Hueso Húmero*, 27, Lima, 1990, pp. 115 132.

Valdelomar, Abraham, *El Caballero Carmelo y otros cuentos criollos* [1918], Peisa, Lima, 1996.

————, *Los ojos de Judas y otros cuentos*, Ricardo Silva-Santisteban, editor, Grupo Editorial Norma, Colección Cara y Cruz, Lima, 2003.

Valdivieso, Teresa L., "Reflexiones sobre la crítica vargasllosiana", en Ana María Hernández de Lopez, editora, *Mario Vargas Llosa: opera omnia*, Editorial Pliegos, Madrid, 1994, pp. 415 423.

Valero, Alejandro, "El proceso poético de John Keats", en John Keats, *Odas y sonetos*, traducción, introducción y notas de Alejandro Valero, edición bilingüe, Ediciones Hiperión, Madrid, 1995, pp. 9 24.

Vallejo, César, *Escalas*, Talleres Gráficos de la Penitenciaría, Lima, 1923.

————, *Fabla salvaje*, La Novela Peruana, 1, 9, Lima, 1923.

————, *El tungsteno*, Editorial Cenit, Colección La Novela Proletaria, Madrid, 1931.

————, "Paco Yunque" y "Cera", en Alberto Escobar, editor, *La narración en el Perú*,

Librería Editorial Juan Mejía Baca Lima, segunda edición, 1960, pp. 241 263.

———, "Escalas" [1923], en *Cuentos y novelas completos*, Moncloa Campodónico Editores Asociados, Lima, segunda edición, 1970.

———, *Tungsteno y Paco Yunque*, Juan Mejía Baca & P. L. Villanueva, Lima, 1977.

———, *Cuentos completos*, introducción de Carlos Meneses, Premiá Editores, México, 1979.

———, "Literatura proletaria" [1928] (pp. 480-482), y "Anotaciones" (pp. 479-480), en Jorge Schwartz, editor, *Las vanguardias latinoamericanas: Textos programáticos y críticos*, Ediciones Cátedra, Madrid, 1991; edición del Fondo de Cultura Económica, México, 2003.

———, *Escalas melografiadas* [1923], nueva versión establecida por Claude Couffon, según manuscrito inédito del poeta, prólogo de Claude Couffon, Universidad Nacional de San Agustín, Arequipa, 1994.

———, "Contra el secreto profesional" [1927] (pp. 192 194), y "Muro este", "Muro dobleancho", "Alféizar", "Más allá de la vida y la muerte" (pp. 341-354), en Hugo J. Verani, editor, *Las vanguardias literarias en Hispanoamérica. (Manifiestos, proclamas y otros escritos)*, Fondo de Cultura Económica México, tercera edición, 1995.

Vanden, Harry E., *Mariátegui: infuencias en su formación ideológica*, Biblioteca Amauta, Lima, 1975.

Vargas Llosa, Mario, "Narradores de hoy. José María Arguedas", *El Comercio* (suplemento Dominical, Lima, 4 de septiembre de 1955.

———, "Crónica de un viaje a la selva", *Cultura Peruana*, 123, Lima, septiembre de 1958.

———, "*La casa de cartón*, 1. La poesía y el realismo", *Cultura peruana*, XIX, Lima, 1959, pp. 135 136.

———, "Dos libros de Cernuda: ensayos de un refractario", *Expreso*, Lima, 28 de mayo de 1964.

———, "El vicario, una apasionada exposición", *Expreso*, Lima, 29 de septiembre de 1964.

———, "En torno a un dictador y al libro de un amigo", *Expreso*, Lima, 27 de diciembre de 1964.

———, "Espinosa Dueñas: un grabador comprometido", *Expreso*, Lima, 1 de julio de 1964.

———, "José María Arguedas describe al indio auténtico", *Visión del Perú*, 1 de agosto de 1964, pp. 3 7.

———, "La Sarraute y las larvas", *Expreso*, Lima, 5 y 15 de octubre de 1964.

———, "Literatura confidencial", *Expreso*, Lima, 30 de octubre de 1964.

———, "Los otros contra Sartre", *Expreso*, Lima, 19 de junio de 1964.

———, "Una narración glacial", *Expreso*, Lima, 25 de agosto de 1964.

———, "Una teoría iconoclasta", *Expreso*, Lima, 19 de agosto de 1964.

———, "Actualidad de Flaubert", *Expreso*, Lima, 9 de marzo de 1965.

———, "Camus y la literatura", *Expreso*, Lima, 31 de enero de 1965.

———, "Elogio de Sebastián", *Expreso*, Lima, 19 de septiembre de 1965.

————, "José María Arguedas y el indio", prólogo a *Los ríos profundos*, Casa de las Américas, La Habana, 1965, pp. vii-XXLV.

————, "Leroy Jones: sexo, racismo y violencia", *Expreso*, Lima, 28 de noviembre de 1965.

————, "Los secuestradores de Altona", *Expreso*, Lima, 3 de octubre de 1965.

————, "*Muerte y resurrección de la novela*: un ensayo de Romain Gary", *Expreso*, Lima, 12 de diciembre de 1965.

————, "Preguntas a Julio Cortázar", *Expreso*, Lima, 7 de febrero de 1965.

————, "Prometeo o la vida de Balzac", *Expreso*, Lima, 11 de abril de 1965.

————, "Vargas Llosa retorna a su primer amor", *Expreso*, Lima, 23 de mayo de 1965.

————, "xi Exposición Internacional del Surrealismo", *Expreso*, Lima, 26 de diciembre de 1965.

————, "La obra de arte y el infinitivo", *Expreso*, Lima, 27 de marzo de 1966.

————, "Pero qué diablos quiere decir pornografía", *Expreso*, Lima, 13 de febrero de 1966.

————, "Trece preguntas a Mario Vargas Llosa", *Expreso*, Lima, 10 de junio de 1966.

————, "Una biografía de Proust", *Expreso*, Lima, 13 de marzo de 1966.

————, "Una exposición sarcástica en la novela espanola", *Expreso*, Lima, 9 de enero de 1966.

————, "Carlos Fuentes en Londres", *Caretas*, 363, Lima, 1967.

————, "Ciro Alegría según Mario Vargas Llosa", *Caretas*, 349, Lima, 1967.

————, "Ensoñación y magia en José María Arguedas", prólogo a *Los ríos profundos*, Editorial Universitaria, Santiago de Chile, 1967, pp. 9-17.

————, *La casa verde* [1965], Editorial Seix Barral, Biblioteca Formentor, Barcelona, quinta edición, 1967; José Godard Editor, Lima, 1967.

————, *La ciudad y los perros* [1963], Editorial Seix Barral, Biblioteca Breve, Barcelona, novena edición, 1967. Populibros Peruanos, Lima, 1965. Traducción al inglés de Lysander Kemp, *The Time of the Hero*, Jonathan Cape, Londres, 1967.

————, "Once preguntas claves a Mario Vargas Llosa", *Caretas*, 359, Lima, 1967.

————, "Vargas Llosa responde a Recavarren", *Caretas*, 357, Lima, 1967.

————, "Impresión de Dublín", *Caretas*, 372, Lima, 1968.

————, "La vanguardia: Brecht y el Marat-Sade de Weiss", *Caretas*, 368, Lima, 1968.

————, "Literatura y exilio", *Caretas*, 370, Lima, 1968.

————, "Primitives and Creators", *The Times Literary Supplement*, Londres, 14 de noviembre de 1968, pp. 1287 1288.

————, "Carta de batalla por *Tirant lo Blanc*", Prólogo a Joanot Martorell, *Tirant lo Blanc*, Alianza Editorial, Madrid, T. i, 1969, pp. 9 41.

————, "Conferencia de Vargas Llosa", en *Primer encuentro de narradores peruanos 1965*, Casa de la Cultura del Perú, Lima, 1969, pp. 153-165.

————, *Conversación en La Catedral*, Editorial Seix Barral, Nueva Narrativa Hispánica, 2 tomos, Barcelona, 1969.

————, "Intervención de Vargas Llosa", en *Primer encuentro de narradores peruanos 1965*, Casa de la Cultura del Perú, Lima, 1969, pp. 85-96.

————, "Novela primitiva y novela de creación en América Latina", *Revista de la Universidad de México*, 23, 10, 1969, pp. 29 36.

————, "Sebastián Salazar Bondy y la vocación del escritor en el Perú", en Elena Poniatowska, editora, *Antología mínima de Vargas Llosa*, Editorial Tiempo Contemporáneo, Buenos Aires, 1969, pp. 157-211.

————, "Tres notas sobre Arguedas", en Jorge Lafforgue, editor, *Nueva novela latinoamericana*, T. I. Editorial Paidós, Buenos Aires, 1969, pp. 30-54.

————, "El escritor y la política según Mario Vargas Llosa", *Triunfo*, Madrid, 27 de junio de 1970.

————, *Los cachorros: Pichula Cuéllar* [1967], Editorial Lumen, Colección Palabra e Imagen, Barcelona, 1967; Casa de las Américas, Colección la Honda, La Habana, 1968; Editorial Lumen, Ediciones de Bolsillo, Barcelona, 1970.

————, "Luzbel, Europa y otras conspiraciones", en Óscar Collazos, Julio Cortázar, Mario Vargas Llosa, *Literatura en la revolución y revolución en la literatura*, Siglo XXI Editores, Mexico, 1970, pp. 78-93.

————, "Vargas Llosa y sus "Personajes": habla el autor de *Conversación en La Catedral*", *Estampa cultural*, suplemento de *Expreso*, Lima, 5 de julio de 1970.

————, *García Márquez: historia de un deicidio*, Barral Editores, Breve Biblioteca de Respuesta, Barcelona, 1971.

————, *Historia secreta de una novela*, Tusquets Editor, Cuadernos Marginales, Barcelona, 1971.

————, "La secreta historia de *La Casa Verde*", *Triunfo*, Madrid, 27 de noviembre de 1971, pp. 42-43.

————, *Los jefes* [1959], Barral Editores, Libros de Enlace, Barcelona, 1971; José Godard Editor, Lima, 1968.

————, "El regreso de Satán", *Marcha*, Montevideo, Junio de 1972.

————, "Resurrección de Belsebú o la disidencia creadora", *Marcha*, Montevideo, agosto de 1972.

————, "El regreso de Satán" y "Resurrección de Belsebú o la disidencia creadora", también publicados en Ángel Rama, Mario Vargas Llosa, *Gabriel García Márquez y la problemática de la novela*, Corregidor-Marcha Ediciones, Buenos Aires, 1973, pp. 13-22 y 39-56.

————, *Pantaleón y las visitadoras*, Editorial Seix Barral, Barcelona, 1973.

————, "*El Sexto* de José María Arguedas: la condición marginal", prólogo a José María Arguedas, *El Sexto*, Laia, Barcelona, 1974.

————, "*El Sexto*: la condición marginal", *Postdata*, 3, Lima, 1974, pp. 36 38.

————, "La novela" [1966], conferencia pronunciada en la Universidad de Montevideo el 11 de agosto de 1966, publicada en *Mario Vargas Llosa: La novela. José María Arguedas: La novela y el problema de la expresión literaria en el Perú*, América Nueva, Montevideo, 1974, pp. 9 50.

————, *La orgía perpetua: Flaubert y* Madame Bovary, Taurus Ediciones, Madrid, 1975.

————, "José María Arguedas entre sapos y halcones", conferencia en la Academia

Peruana de la Lengua en 1977, publicada como *José María Arguedas entre sapos y halcones*, Ediciones Cultura Hispánica/Centro Iberoamericano de Cooσperación, Madrid, 1978.

——, *La utopía arcaica*, Cambridge University Press, Cambridge, 1978.

——, "Literatura y suicidio: el caso de Arguedas", *Revista Iberoamericana*, 110 111, Lima, pp. 1980, 5 28.

——, "Arguedas entre la ideología y la arcadia", *Revista Iberoamericana*, 116 117, Lima, 1981, pp. 33 46.

——, "Arguedas entre la ideología y la arcadia", prólogo a *Todas las sangres*, Alianza Editorial, Madrid, 1982.

——, "La utopía arcaica", *Sábado*, suplemento de *Unomásuno*, México, 1982.

——, "Carta a Haydée Santamaría" [1971], en Mario Vargas Llosa, *Contra viento y marea 1962-1982*, Seix Barral, Barcelona, 1983, pp. 164-165.

——, "Cómo nace una novela", en Charles Rossman y Alan Warren Fiedman, coordinadores, *Mario Vargas Llosa: estudios críticos*, Alhambra, Madrid, 1983.

——, *Contra viento y marea 1962-1982*, Seix Barral, Barcelona, 1983.

——, "El socialismo y los tanques" [1970], en Mario Vargas Llosa, *Contra viento y marea 1962-1982*, Seix Barral, Barcelona, 1983, pp. 160-163.

——, "José María Arguedas, entre sapos y halcones", prólogo a José María Arguedas, *Relatos completos*, Alianza Editorial, Madrid, 1983.

——, "El arte de mentir", *El País*, Madrid, 25 de julio de 1984, pp. 9 10.

——, *Historia de Mayta*, Seix Barral, Barcelona, 1984.

——, "El oficio del escritor", conferencia en Lima, 20 de diciembre de 1985.

——, *Contra viento y marea I 1962 72*, Seix Barral, Barcelona, 1986.

——, *Contra viento y marea II 1972 83*, Seix Barral, Barcelona, 1986.

——, "Un manifiesto por la reforma", entrevista, *Posible*, 8, Lima, 1987, pp. 2 10.

——, *Contra viento y marea III 1964 88*, Seix Barral, Barcelona, 1990.

——, "La literatura es fuego", conferencia al aceptar el Premio Internacional de Novela Rómulo Gallegos, Caracas, 10 de agosto de 1967; publicada en *Mundo Nuevo*, 17 de noviembre de 1967, pp. 93-95. Reproducido en *Contra viento y marea*, I, Seix Barral, Barcelona, 1990, pp. 176 181.

——, *La verdad de las mentiras: ensayos sobre literatura*, Seix Barral, Barcelona, 1990.

——, *A Writer's Reality*, Myron I. Lichtblau, editora, Houghton Mifflin Company, Boston, 1991.

——, "Fish Out Of Water", *Granta*, 36, Nueva York/Londres, 1991.

——, *El pez en el agua*, Seix Barral, Barcelona, 1993.

——, *Desafíos a la libertad*, El País/Aguilar, Madrid, 1994.

——, "Una corrida en los Andes", *The Discerning Eye (Studies Presented to Robert Pring Mill on His Seventieth Birthday*, The Dolphin Book Co., Oxford, 1994, pp. 189 206.

——, *La utopía arcaica. José María Arguedas y las ficciones del indigenismo*, Fondo de Cultura Económica, Lima, 1996.

——, *Ojos bonitos, cuadros feos*, Peisa, Lima, 1996.

————, *Cartas a un novelista*, Editorial Ariel, Barcelona, 1997.

————, *Los cuadernos de don Rigoberto*, Alfaguara, Barcelona, 1997.

————, "Clausura", en *Encuentro Internacional Narradores de esta América*, Universidad de Lima/Fondo de Cultura Económica, Lima, 1998, pp. 277-280.

————, "La solitaria y el catoblepas", en *Encuentro Internacional Narradores de esta América*, Universidad de Lima/Fondo de Cultura Económica, Lima, 1998, pp. 21-29.

————, *Making Waves*, John King, editor y traductor, Penguin Books, Londres, 1998.

————, "Diálogos: La invención de una realidad", en Mario Vargas Llosa, *Literatura y política*, Fondo de Cultura Económica/Instituto Tecnológico y de Estudios Superiores de Monterrey, Cuadernos de la Cátedra Alfonso Reyes, Madrid, 2001, segunda edición, 2003, pp. 67-97.

————, *Diario de Irak*, Alfaguara, Barcelona, 2003.

————, *Literatura y política*, Fondo de Cultura Económica/Tecnológico de Monterrey, Cuadernos de la Cátedra Alfonso Reyes, Madrid, segunda edición, 2003 ("Literatura y política: dos visiones del mundo", pp. 39-66, y "Diálogos: La invención de una realidad", pp. 67-97.

————, *La tentación de lo imposible*, Alfaguara, Barcelona, 2004.

Vargas Llosa, Mario, *et. al.*, "Carta a Fidel Castro" [1971], en Mario Vargas Llosa, *Contra viento y marea 1962-1982*, Seix Barral, Barcelona, 1983, pp. 166-168.

"Vargas Llosa y sus 'Personajes': habla el autor de *Conversación en La Catedral*", *Estampa cultural*, suplemento de *Expreso*, Lima, 5 de julio de 1970.

Vargas, Raúl, "El autor premiado en público. Un escándalo llamado Vargas Llosa", *Expreso*, Lima, 1 de enero de 1964.

Verani, Hugo J., editor, *Narrativa vanguardista hispanoamaricana*, Universidad Autónoma de México, Coordinación de Difusión Cultural. Dirección de Literatura, México, 1996, especialmente, "La narrativa hispanoamericana de vanguardia", pp. 41 73.

————, editor, *Las vanguardias literarias en Hispanoamérica. (Manifiestos, proclamas y otros escritos)*, Fondo de Cultura Económica, México, tercera edición, 1995 (primera edición, 1986).

Vidal, Luis Fernando, editor, *Cuentos limeños 1950-1980*, Ediciones Peisa, Lima, 1982.

Viñas, David, *Literatura argentina y realidad política*, Jorge Alvarez Editor, Buenos Aires, 1964.

Vinduet, 4, Oslo, 1969 (artículos relacionados con el caso Padilla).

————, núms. 3-4, Oslo, 1971 (artículos relacionados con el caso Padilla).

Wellek, René, "The Main Trends in Twentieth Century Criticism", *The Yale Review*, otoño, Yale University, Yale, 1961, pp. 102-118.

Wellek, René, y Austin Warren, *Theory of Literature* [1949], Penguin Books, Londres, 1953.

Weston Moody, Michael, "The Web of Defeat: A Study of Theme and Technique in Mario Vargas Llosa's *La Casa Verde*", University of Washington, 1969.

Westphalen, Emilio Adolfo, *Escritos varios sobre arte y poesía*, Fondo de Cultura

Econó≤mica, Lima, 1997, especialmente, "La poesía y los críticos" [1939], pp. 28 34.

Wilde, Oscar, "Intentions", en Richard Ellmann, editor, *The Artist as Critic: Critical Writings of Oscar Wilde*, The University of Chicago Press, Chicago, 1982, pp. 290 432.

————, *The Artist As Critic: Critical Writings of Oscar Wilde* [1891], editado por Richard Ellman, The University of Chicago Press, Chicago, 1982.

————, "The Soul of Man under Socialism" [1891], en Richard Ellmann, editor, *The Artist as Critic: Critical Writings of Oscar Wilde*, The University of Chicago Press, Chicago, 1982, pp. 255 289.

————, "De Profundis" [1905], edición e introducción de Hesketh Pearson, en Oscar Wilde, *De Profundis and Other Writings*, Penguin, Londres, 1986, pp. 97-211.

————, *Complete Shorter Fiction*, edición e introducción de Isobel Murray, Oxford University Press Oxford, décimo≤tercera impresión, 1992.

Williams, Raymond L., "¿Cuántos años abarca *Conversación en la Catedral?*" *La Crónica*, Lima, 18 de noviembre de 1971.

Woolf, Virginia, *A Room of One's Own*, Harcourt Brace Javanovich, Nueva York, 1981.

————, *Moments of Being*, edición e introducción de Jeanne Schulkind, The Hogarth Press, Londres, 1985.

————, *A Room of One's Own*, prologado por Mary Gordon, Harvest Book, Harcourt Brace & Company, Londres, 1989.

————, *Orlando: A Biography*, The Hogarth Press, Londres, 1990.

————, *Three Guineas*, Harcourt Brace & Company, Londres/Nueva York, 1996.

Yergin, Daniel, y Joseph Stanislaw, *The Commanding Heights: The Battle Between Government and the Marketplace That Is Remaking the Modern World*, Simon and Schuster, Nueva York, 1997.

Young, Allen, *Gays under the Cuban Revolution*, Grey Fox Press, San Francisco, 1981.

Zamora Vicente, Alonso, *Qué es la novela picaresca*, Editorial Columba, Buenos Aires, 1962.

————, *Dialectología española*, Editorial Gredos, Madrid, segunda edición, 1967.

Zum Felde, Alberto, *La narrativa en Hispanoamérica*, Editorial Aguilar, Madrid, 1964.

Este libro se terminó de imprimir
en los talleres de Editorial Laberintos S.A.C.,
Lima, en diciembre de 2004, con
un tiraje de 1000 ejemplares.
La edición estuvo al cuidado de Víctor Coral.